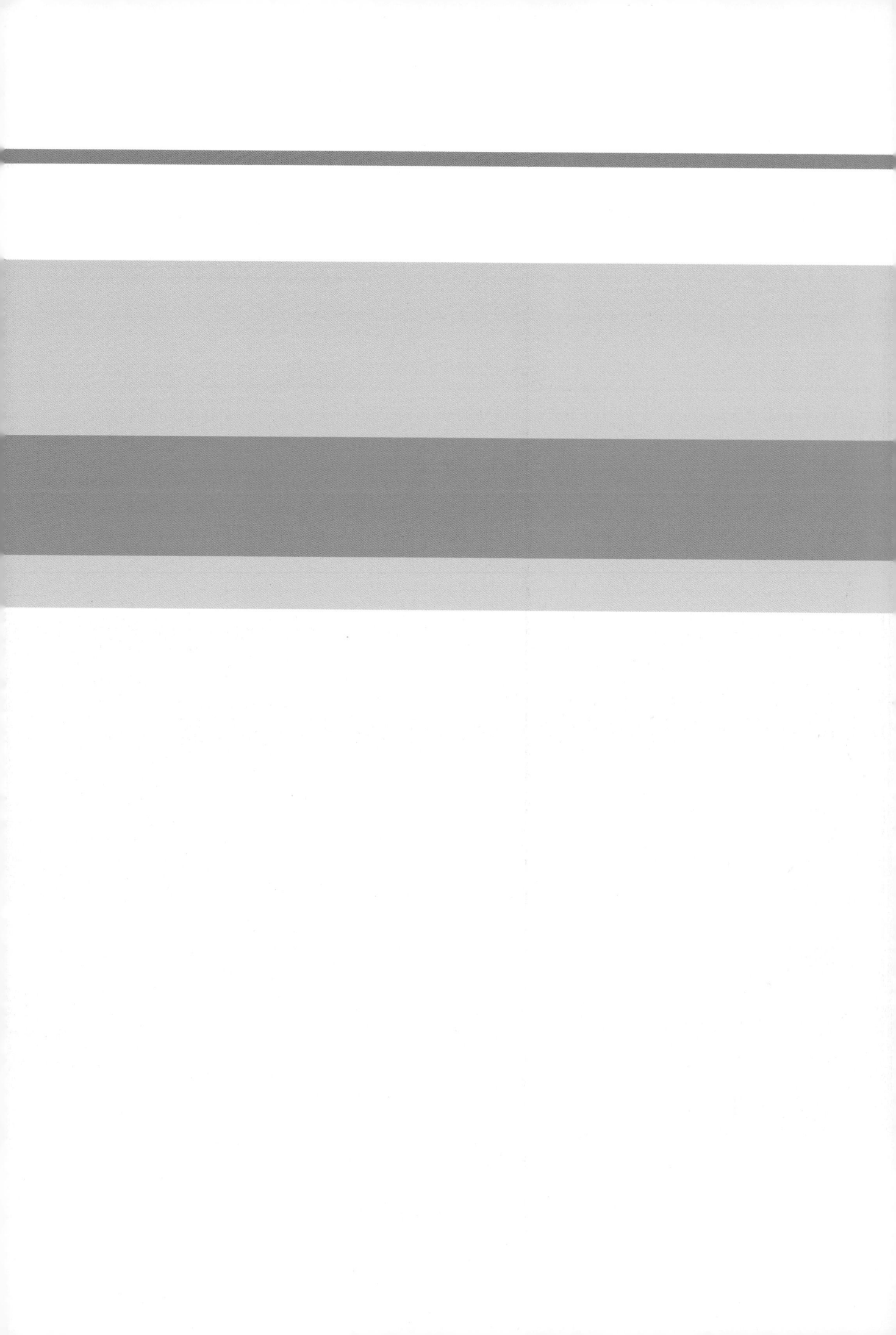

2018—2019年

厦门发展报告

厦门市发展研究中心 编著

厦门大学出版社
XIAMEN UNIVERSITY PRESS
国家一级出版社
全国百佳图书出版单位

图书在版编目(CIP)数据

2018—2019 年厦门发展报告/厦门市发展研究中心编著.—厦门:厦门大学出版社,2019.6
ISBN 978-7-5615-7493-5

Ⅰ.①2…　Ⅱ.①厦…　Ⅲ.①区域经济发展—研究报告—厦门—2018—2019　Ⅳ.①F127.573

中国版本图书馆 CIP 数据核字(2019)第 116913 号

出 版 人　郑文礼
责任编辑　许红兵
封面设计　李嘉彬
技术编辑　朱 楷

出版发行　厦门大学出版社

社　　址　厦门市软件园二期望海路 39 号
邮政编码　361008
总 编 办　0592-2182177　0592-2181406(传真)
营销中心　0592-2184458　0592-2181365
网　　址　http://www.xmupress.com
邮　　箱　xmup@xmupress.com
印　　刷　厦门集大印刷厂

开本　889 mm×1 194 mm　1/16
印张　16.75
插页　3
字数　518 千字
版次　2019 年 6 月第 1 版
印次　2019 年 6 月第 1 次印刷
定价　98.00 元

厦门大学出版社
微信二维码

厦门大学出版社
微博二维码

序

2018 年是改革开放 40 周年。厦门作为我国最早设立的经济特区之一，40 年来坚持锐意改革、扩大开放，较好发挥了改革开放"试验田"、"重要窗口"和对台交流合作"桥梁纽带"作用，经济社会发展取得了令人瞩目的成就。全市生产总值从 1978 年 4.8 亿元增加到 2018 年 4791.4 亿元，增长 302.78 倍，年均增速 15.4%；财政总收入从 1978 年 1.55 亿元增加到 2018 年 1283.28 亿元，增长 882.34 倍，年均增速 18.4%；城镇居民人均可支配收入从 1980 年 451 元增加到 2018 年 54401 元，年均增速 13.8%；农民人均可支配收入从 1980 年 168 元增加到 2018 年 22410 元，年均增速 13%；荣获全国文明城市"五连冠"、联合国人居奖、全国综治最高荣誉"长安杯"、法治政府建设典范城市、国家生态市、国际友城交流合作奖"六连冠"等荣誉。今天的厦门已经成为一座经济蓬勃发展、人民安居乐业的高素质高颜值城市，成为一座对外交流密切的现代化国际化城市。

2019 年是中华人民共和国成立 70 周年，也是厦门市坚持高质量发展落实赶超的关键之年。我们要在市委、市政府的坚强领导下，以习近平新时代中国特色社会主义思想为指导，继续高举改革开放伟大旗帜，全面贯彻落实党的十九大和十九届二中、三中全会精神，坚持稳中求进工作总基调，坚持高质量发展落实赶超，以招商引资为抓手，以供给侧结构性改革为主线，加快建设现代化经济体系，迅速做强做大厦门经济总量，强力推进岛内大提升、岛外大发展，全力推进跨岛发展和区域协同发展，全面实施乡村振兴战略，持续深化对台交流合作，不断增强人民群众获得感幸福感安全感，在新征程中激发发展新动能，跑出发展新速度，拼出发展新格局，以实际行动展现经济特区新时代、新定位、新使命下的应有作为和担当。

《2018-2019 年厦门发展报告》主要围绕改革开放 40 周年主题，全面系统总结了厦门改革开放 40 年来的巨大成就和宝贵经验，对新时代厦门的未来发展进行了认真思考和深入探讨；紧密结合当前国内外形势变化，分析研判了 2018 年厦门经济社会运行情况，提出了 2019 年的相关工作建议。希望本书的出版能够进一步引起各方面对厦门新起点上改革开放工作的关注和研究，携手共进，一起为经济特区改革开放和现代化建设事业谋思路、出新招。

厦门市发展和改革委员会主任

2019 年 4 月

目录

第一篇　运行分析篇

第二篇　改革开放篇

第三篇　新时代发展篇

第一篇 运行分析篇

YUN HANG
FEN XI PIAN

第一章 2018 年厦门市发展评述与 2019 年展望

一、2018 年厦门发展评述

（一）发展综述

　　2018 年，厦门市高质量发展稳步推进，各项主要指标总体平稳，保持在合理区间，全年共实现地区生产总值（GDP）4791.4 亿元，增长 7.7%。深化实施千亿产业链群培育工程，新增计算机与通讯设备、机械装备、文化创意 3 条产业链群突破千亿规模，总数达到 8 条。外贸综合竞争力居全国第 5 位，进出口总额、合同和实际使用外资规模仍居全省首位，固定资产投资保持两位数增长，居民收入增幅高于经济增速，金融、物价稳定运行。详见图 1-1、表 1-1。

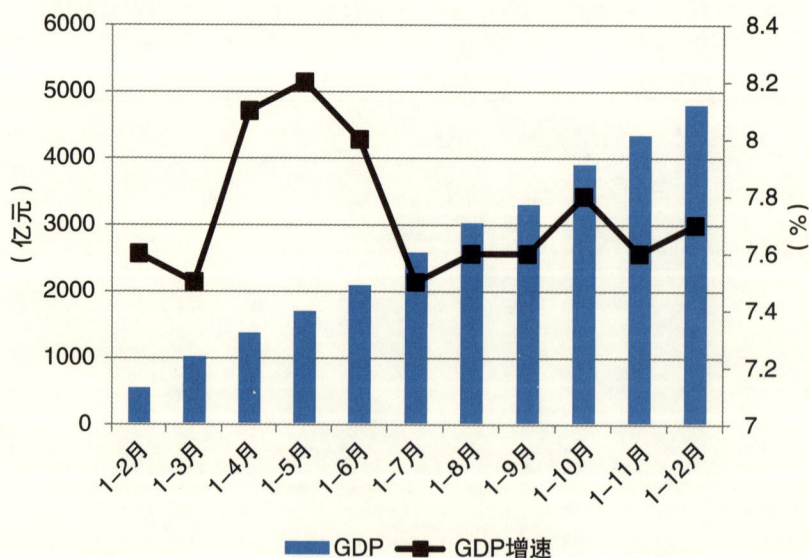

图 1-1 2018 年厦门市地区生产总值情况

表 1-1　2018 年厦门市主要发展指标表

主要指标	单位	完成值	增速（%）
地区生产总值（GDP）	亿元	4791.4	7.7
全社会固定资产投资	亿元	—	10.1
社会消费品零售总额	亿元	1542.4	6.6
外贸进出口总额	亿元	6002.6	3.2
合同利用外资	亿元	465.4	—
实际利用外资	亿元	107.3	—
财政总收入	亿元	1283.3	8.1
地方级财政收入	亿元	754.5	8.3
全体居民人均可支配收入	元	50948	9.3
居民消费价格总指数（CPI）	%	101.8	—

数据来源：《厦门统计月报》

1. 产业加快转型升级

2018 年厦门市三次产业结构调整为 0.5：41.3：58.2；第二、三产业对经济增长的贡献率分别为 45.1%和 54.6%。从行业发展情况看，对经济拉动作用最大的行业是工业、交通运输业和其他服务业，分别拉动 GDP 增长 3、0.8 和 2.6 个百分点。见表 1-2。

表 1-2　2018 年厦门市 GDP 核算结构表

指标名称	增加值（亿元）	同比增速（%）	占 GDP 比重（%）	拉动增长百分点（个）
地区生产总值（GDP）	4791.4	7.7	—	—
第一产业	24.4	2.6	0.5	0
第二产业	1980.2	8.1	41.3	3.3
工业	1672.2	8.5	34.9	3.0
建筑业	322.3	5.9	6.7	0.4
第三产业	2786.9	7.5	58.2	4.4
交通运输、仓储和邮政业	365.6	10.5	7.6	0.8
批发和零售业	394.1	2.8	8.2	0.2
住宿和餐饮业	97.3	3.9	2.0	0.1
金融业	524.2	5.3	10.9	0.6
房地产业	352.1	1.9	7.3	0.1
其他行业	1035.9	11.9	21.6	2.6

数据来源：《厦门统计月报》

（1）制造业持续提质增效

重点产业链集群不断做大做强，继平板显示产业链后，2018 年计算机与通讯设备、机械装备等 2 条产业链集群也达到千亿规模；生物医药与健康、半导体和集成电路、新材料等重点制造业产业链实现较快增长，增速分别达到 20%、18.6%、18%。天马微电子低温多晶硅面板市场占有率跃居全球第一，联芯集成电路成为国内最先进的 28 纳米晶圆专业生产企业；宸鸿新一代手机触控、强力巨彩 LED 产业园等开工建设，ABB 工业中心、厦顺四期等竣工投产，宸美光电等行业龙头企业持续增资扩产。

工业企业经济效益持续向好。2018 年全市工业经济效益综合指数 254.07，比上年同期提高 11.52 个点；规上工业企业劳动生产率 26.14 万元 / 人，比上年增长 11.9%。实施"中国制造 2025"、促进工业稳增长和转型升级连续两年获国务院表扬，入选全国首批 6 个"服务型制造示范城市"，制造业质量竞争力指数达 90.3，位居全国前列。

（2）服务业逐步壮大升级

现代服务业重点行业提质发展。航运物流业稳定增长，集装箱吞吐量 1070.2 万标箱，居全球第 14 位；获批全国供应链创新与应用试点城市。金融业健康发展，金融机构本外币贷款余额增长 8%，引进中金资本等机构，海峡黄金珠宝产业园开工建设。旅游会展业持续壮大，全年接待国内外游客 8900 万人次、实现旅游总收入 1400 亿元，分别增长 13.7% 和 19.8%；会展业实现经济收益 400 亿元，璞尚、万豪等高品质酒店投入运营。商贸业不断升级，华润万象城、宝龙一城等高端商业体相继开业，电商平台交易额增长 42.1%。软件信息服务业竞争力持续提升，营业收入增长 15.6%，4399、吉比特等 4 家企业入选 2018 年中国互联网企业百强。

服务业新模式、新业态加快发展。服务外包合同执行金额增长 15.1%，厦门软件园荣获中国服务外包产业集聚园区，太古发动机等 5 家企业入选中国服务外包百强企业。人工智能公共服务平台、超算中心及 AI 语音芯片等项目落地。融资租赁快速发展，累计租赁引进飞机 103 架，金额 70.5 亿美元。外贸综合服务、跨境电商、保税进口等新型贸易业态发展迅速。好慷在家、美团、一品威客等平台经济在全国范围内快速扩张，十点文化传播、趣店科技、点触科技等互联网企业蓬勃发展。

（3）创新动能不断增强

创新投入不断增加，全社会研发投入占 GDP 比重达到 3.4%，每万人拥有有效发明专利数量为全国的 2.4 倍，高新技术成果转化项目增长 70%，技术交易合同数及金额分别占全省的 58.8% 和 63.8%。高新技术产出稳步增长，国家高新技术企业净增 200 家，累计超过 1600 家，规上高新技术产业增加值占规上工业增加值比重达到 68%。创新平台建设持续推进，火炬高新区国家双创基地建设获国务院表扬，自主创新示范区在全省考评中获第一；清华海峡研究院、厦门大学能源与石墨烯创新平台加快建设，新设国科大（厦门）环境监测研究院等新型研发机构，新增国家级小微企业创业创新示范基地 2 个、国家级中小企业公共服务示范平台 3 个。积极引进创新人才，国家"千人计划"人才增至 110 人。

2. 城乡建设统筹推进

（1）基础设施不断完善

2018 年全市基础设施投资增长 16.8%，城市功能持续提升。地铁 2 号线实现洞通并完成全部车站主体结构，3、4、6 号线进展顺利，第二西通道、第二东通道、福厦高铁厦门段等加快建设，国道 324 改线等一批重点交通项目建成投用。建成一批调水项目，提标改造 8 座污水厂并投入运行；西部垃圾焚烧发电厂二期等项目投产投用；综合管廊总评位居全国第一，海绵城市总评位居全国前列。

（2）岛外新城加快建设

不断加大岛外投资力度，2018 年岛外固定资产投资占全市 75%。其中新城基地完成投资 992.8 亿元，集美新城完成投资 202.8 亿元。软件园三期营收增长 40.3%，机械工业集中区等园区产业集聚发展；环东海域新城完成投资 506 亿元，滨海酒店群加快建设，滨海旅游线一、二期基本建成；马銮湾新城完成投资 243 亿元，"五纵六横"骨干网路基本成形，陆域吹填、生态绿化、共建配套等进展顺利。

（3）乡村振兴成效明显

都市现代农业提升发展，共实现营收 829 亿元，增长 12.1%；7 家企业入选全国农业产业化龙头企业 500 强，获批国家农产品冷链流通标准化示范城市。国家级农村产业融合试点区示范工作持续推进，禾沣农业文旅生态园、百利现代农业科技园等投入运营。乡村休闲旅游收入 8.4 亿元，接待游客 650 万人，增长 16%，大帽山境、香山乡苑、青礁院前社等加快建设。开展农村人居环境整治行动，1414 户农村厕所完成无害化改造，346 个自然村实施分散式污水处理，278 个自然村完成截污纳管工程，146 个行政村加快实施农村生活垃圾治理。翔安区入选全国农村创业创新典型县范例，白交祠村、马塘村入选 2018 年中国美丽休闲乡村。

3. 改革开放持续深化

（1）重点领域改革成效凸显

供给侧结构性改革深入推进，去产能、去库存、去杠杆成效显著。去产能方面，全市规模以上工业产品产量中，钢化玻璃下降 19.3%，铝材产量下降 5.9%，橡胶轮胎外胎下降 4%；去库存方面，全市年末商品房待售面积 257.39 万平方米，比上年末下降 16.3%。

营商环境水平不断提升，厦门经国家发改委评定在全国 22 个营商环境较优城市中居第 2 位；在由第三方参照世界银行评价体系的评估中，相当于全球经济体第 25 位水平，比上年提高 2 位，特别是执行合同、登记财产、获得电力、办理破产分别相当于全球第 8、13、13、14 名水平，达到全球先进水平。建筑许可、开办企业、跨境贸易、纳税服务等被列为全国专项改革试点；"五个一"审批管理体系作为标准在全国推广，"多规合一"、"并联审批和多图联审"两项改革举措被国务院列入全国优化营商环境典型做法；实施"三十五证合一"，全市"一趟不用跑"、"最多跑一趟"事项占比提升至 93%；综合信用指数在 36 个省会及副省级城市中排名第 2 位，成为国家信用数据全量实时备份唯一城市；推广"银税互动"、"无还本续贷"等小微企业金融产品，小微企业贷款余额增长 23.8%；降成本优环境专项行动深入推进，全年累计为企业减负 300 亿元以上。

体制机制改革不断深化。国有企业改革创新取得实效，市属国企资产总额、利润总额分别增长 12.6% 和 7%，市属国有企业混合所有制户数占比近 70%，厦门首家体育产业集团挂牌成立。投融资体制机制改革加快推进，强化项目投资管理，获评全国投资项目在线审批监管示范平台。医药卫生体制改革取得进展，分级诊疗和家庭医生签约服务有序推进，开展同安区紧密型医共体试点。

（2）开放新格局逐步形成

自贸试验区建设成效显著。厦门自贸试验区累计推出 361 项创新举措，其中 63 项全国首创。港口竞争力优势凸显，进出口整体通关时间压缩 1/3，口岸政府性收费降至大陆最低水平。航空维修、融资租赁、艺术品、青创基地等 16 个重点平台规模不断壮大；获批国家跨境电商综合试验区、集装箱货物过境运输口岸、首批国家文化出口基地等。

"海丝"战略支点建设全面推进。实现与"海丝"沿线国家和地区贸易额 1515 亿元；2018 年新增"引进来"项目 68 个、"走出去"项目 30 个。新增"海丝"港口航线 13 条，开通国内首条连接东南亚六国的邮轮航线；中欧（厦门）班列新开通厦门—布达佩斯班列，共通达 12 个国家 30 多个城市；开辟厦门—金边等 3 条空中航线。中国—东盟海洋合作中心、厦门南方海洋研究中心加快建设。成功举办 2018 厦门国际海洋周、第三届"一带一路"财经发展论坛等展会。

对台融合持续深化。对台经贸合作扎实推进，全年新批台资项目 782 个，增长 13.7%；台湾地区水果进口量连续 11 年排名大陆城市第一；成立全国厦金旅游集散联盟；两岸股权中心新设"台资板"，挂牌台企

7 家；成立首家两岸合资消费金融公司厦门金美信消费金融有限公司；建设两岸青年就业创业基地 30 个，其中国家级基地 7 家，在厦台湾地区青创团队达到 500 个。厦台同胞融合更为密切，"小三通"运送旅客 173.8 万人次，增长 7.7%；率先实行台湾地区居民以个人身份参加养老保险政策。对台交流积极推进，成功举办 2018 两岸企业家峰会年会、第十届海峡论坛、工博会等重大活动。

4. 民生保障有力有效

（1）公共服务水平提升

民生投入不断加大，财政资金进一步向民生项目倾斜，全年财政支出科目排名前三的分别为城乡社区事务 210.2 亿元，教育 136.46 亿元，一般公共服务 86.62 亿元；新增中小学和幼儿园学位 2.75 万个、医疗床位 4000 张、养老床位数 1612 张，建设保障性住房 2.8 万套，公开配租公共租赁住房 3000 套。教育布局更加优化，厦门一中海沧校区、科技中学翔安校区正式招生，双十中学、外国语学校、实验小学岛外校区开工建设，2.04 万名进城务工人员随迁子女实现积分入学。医疗健康服务水平不断提升，建成厦门大学附属翔安医院、弘爱医院、心血管病医院等一批重点医疗项目，名医工作室柔性引进专家 170 名，定期为市民开展诊疗服务。文体设施加快建设，市图书馆集美新馆投用，市体育中心综合健身馆建成，城市步道、市游泳馆改造等项目加快建设，中小学校体育设施持续对外开放。

（2）社会保障统筹推进

2018 年全市新增就业 18.7 万人，城镇登记失业率控制在年度目标 3.8% 以内。居民收入稳定增加，全市居民人均可支配收入 5.1 万元，增长 9.3%，比 GDP 增速快 1.6 个百分点；其中城镇居民人均可支配收入 5.44 万元，增长 8.8%，农村居民人均可支配收入 2.24 万元，增长 9.5%，城乡居民收入差距逐渐缩小。建立职工、城乡居民统一的大病医疗保险制度，取消居民准入门槛，最高赔付额度分别提高到 50 万元和 40 万元。

5. 生态环境有效提升

（1）污染防治成效良好

厦门空气质量优良率在全国 169 个重点城市中排名第 2 位，率先在全省将扬尘管控情况纳入企业信用评价。深入实施"水十条"，集中式饮用水水源水质达标率达到 100%，城市生活污水集中处理率 96%；全面推行河（湖）长制，国控省控断面水质达标率保持 100%。海沧湾综合整治工作获评国家蓝色海湾综合整治示范工程。全面实施土壤污染防治行动计划，危险废物处置利用率超过 96%。

（2）生态文明有序推进

持续推进绿色低碳发展，改造提升城市园林绿地 532 公顷、完成营造林 3266.67 公顷；获批国家绿色货运配送示范工程创建城市，新能源汽车动力蓄电池回收利用纳入国家试点，新能源汽车推广量居全省第一，碳排放智能管理云平台建成投用，在全省率先完成重点企业碳排放配额履约工作。生态文明机制不断完善，率先在全国形成生态系统价值核算沿海样本、在全省开展生态环境损害赔偿试点，生活垃圾分类覆盖岛内全部小区、全市居民小区覆盖率达 93%，垃圾分类工作在全国 46 个重点城市中位居第一。

（二）主要问题

2018 年厦门经济社会总体保持健康平稳发展，但由于外部环境复杂多变，经济稳步增长的基础不扎实，转方式、调结构、促创新等方面均有待加强，发展中存在以下困难和问题：

1. 产业转型任务仍较艰巨

产业竞争力优势不明显，占制造业 7 成以上的跨国公司和台资企业，大部分集中于产业链的生成制造等低附加价值环节，技术创新、人力资本等溢出效应较差，带动性强、高附加值、高科技含量的龙头项目储备不足。科学研究和技术服务业引领作用偏弱,厦门科学研究和技术服务业营业收入增长 9.0%,比全国平均水平低 1.7 个百分点,对规上服务业的贡献率为 3.4%,也低于全国平均水平 6 个百分点。

2. 消费市场缺乏新增长点

消费增速下滑趋势明显,2018 年厦门市社会消费品零售总额 1542.42 亿元,同比增长 6.6%,较上年回落 6.1 个百分点,分别低于全国、全省增速 2.4 和 4.2 个百分点。汽车、互联网零售等消费增长的主要支撑因素作用减弱。2018 年全市汽车类零售额 314.06 亿元,较上年下降 3.6%,增幅比上年回落 7.7 个百分点;全市限额以上企业通过互联网实现零售额 270.63 亿元,仅增长 8.0%,比上年增速大幅回落 73.3 个百分点。

3. 民间投资结构过于单一

2018 年全市民间投资比上年下降 1.5%,呈现负增长态势。从投资构成来看,民间投资以房地产开发投资为主,占比高达 70% 以上。2018 年以来,全市房地产开发投资几乎为零增长,土地购置费下降是造成民间投资负增长的主要原因。民企投资集中于房地产,投资实体经济的意愿较低,不利于厦门的产业转型升级和创新发展。

4. 外贸受外部环境影响较大

2018 年,全市实现外贸进出口总额 6002 亿元,增长 3.2%,较上年回落 8.1 个百分点。一方面是中美贸易摩擦影响较大,7 月实施的 340 亿美元加征关税商品清单影响全市对美出口额约 69 亿元、自美进口额约 58 亿元;第二阶段 160 亿美元加征关税商品清单影响全市对美出口额 13.8 亿元、自美进口额 17.4 亿元。另一方面,汇率波动也造成了较多制造业和外贸企业的成本上升、经济效益下滑。后续外贸发展仍面临较大的不确定因素。

5. 发展不均衡问题仍较突出

一是岛内外发展仍不均衡,岛外水、电、道路等基础设施配套仍不完善,教育、医疗、养老等生活性服务业发展不足,岛外新城建设、产城融合、人气集聚还需大力推进。二是补短板任务仍较艰巨,医疗卫生资源供给不足,全市每千人医疗床位数在同类城市中处于较低水平,且存在产科床位数紧缺、全科医生数不足等问题;教育资源仍较紧缺,存在学前教育、义务教育、职业教育等学位缺口,农村小学教师学科结构失衡、教师老龄化、学校管理绩效较低等问题依然存在。

二、2019 年厦门发展展望

(一)国内外宏观环境及影响预判

1. 国际:经济动能减弱,贸易风险上升

2018 年全球产出增速为 3.7%,与 2017 年持平;世界经济增长并没有延续 2017 年各国同步强劲回升的势头,除美国等少数经济体的增速继续上升之外,其他大部分经济体增速出现回落;美、加、德、法、韩、印等多国制造业 PMI 下跌,景气指数减弱。面对 2019 年可能出现的贸易冲突进一步升级、债务负担加重、金融状况收紧等风险,国际组织纷纷下调 2019 年全球增长预期,国际货币基金组织(IMF)最新预测 2019 年全球经济增速为 3.5%,比 2018 年回落 0.2 个百分点。权威机构认为 2019 年美国经济增长势头也将有所减弱,IMF、美联储和高盛分别预测 2019 年美国经济增长 2.5%、2.3% 和 2%,主要是受减税政策的刺激效应减弱,美联储持续加息削弱房地产、汽车、企业投资增长动力,以及关税措施的负面效应显现等因素影响。

美国在 2018 年频繁加征关税，提高原产地标准，挑起贸易冲突，导致全球贸易增速明显放缓，世贸组织（WTO）预测 2018 年全球货物贸易实际增速为 3.9%，比 2017 年回落 0.8 个百分点，2019 年增速将进一步下滑至 3.7%；石油、金属和农产品等大宗商品价格均出现回落，预计 2019 年仍将维持低位运行。特朗普的贸易政策看似向各个国家发难，实则主要针对中国，随着美国先后与韩国、墨西哥和加拿大达成新的自贸协定，启动与欧盟和日本的贸易谈判，并处处设定限制中国与这些国家贸易的条款，需警惕美国在 2019 年将进一步集中力量对我国施加包含贸易、金融在内的多方面压力的风险，打击我国高科技行业发展。厦门经济外向度较高，且以美国为重要外贸市场，随着中美贸易摩擦的升级将面临更多外部不确定性，应密切关注美国贸易政策变化，及时采取应对措施，并积极调整、开拓新市场。

2. 国内：经济保持平稳，发展迎难而上

2018 年我国坚持高质量发展，全年 GDP 增长 6.6%，虽比 2017 年回落 0.2 个百分点，但仍稳定在 6.5% 左右的经济预期增长范围；内需成为稳定经济增长的主要动力，最终消费支出对经济增长的贡献率为 76.2%，资本形成总额贡献率达 32.4%；货物贸易规模保持世界第一；经济新动能快速成长，科技引领发展作用不断增强；宏观杠杆率趋稳，M2 增长低于名义 GDP 的增长，地方政府债务规模控制在限额以内。IMF、世界银行、经合组织、中国社科院等权威机构均预测中国 2019 年增速将保持在 6% 以上的平稳区间。

2019 年我国将面临更加严峻复杂的外部环境，经济发展稳中有变、变中有忧，中央强调要辩证看待国际环境和国内条件的变化，坚定不移地办好自己的事，保持战略定力，统筹推进稳增长、促改革、调结构、惠民生、防风险工作。国家将进一步强化宏观政策的逆周期调节功能，实施积极的财政政策，更大规模减税降费、增加地方政府专项债券规模；稳健的货币政策要保持流动性合理充裕，解决企业融资难融资贵问题；结构性政策将深化国资国企、财税金融、土地、市场准入、社会管理等领域改革。全国持续稳定的经济基本面、持续深入的转型升级和改革开放战略、稳健且具针对性的宏观调控政策，将使厦门在 2019 年有更大的空间应对中美贸易摩擦，推动经济健康发展。

（二）厦门市经济走势预测

虽然 2019 年国内外形势将面临较大的不确定性，但厦门市仍将坚持高质量发展，以"双千亿"工作为抓手，积极推进产业转型升级，优化调整结构，增强创新动能和产业竞争力；大力培育内需市场，推动消费提质升级，促进有效投资；不断深化改革开放，打造国际一流营商环境，拓展外贸新市场与增长点，打造自贸区创新高地和"海丝"建设支点；提高生态环境、民生服务水平，增强人民获得感。

基于当前国内外环境要素情况，采用自回归移动平均（ARIMA）模型对厦门整体经济走势进行预测。选取 GDP 年度对数序列进行建模，样本空间为 1980-2018 年。对 GDP 对数序列进行单位根检验，结果显示在 95% 的置信水平下，GDP 为一阶单整 I(1) 序列。经过观察 AC、PAC 图，并比较拟合优度参数 AIC（Akaike Information Criteria）和 SC（Schwarz Criteria）等各参数，选用 ARIMA(2，1，3) 模型进行建模，回归模型如下：

$$d(GDP)_t = 1.981 \times d(GDP)_{t-1} - 0.975 \times d(GDP)_{t-2} + \varepsilon - 0.946 \times \varepsilon_{t-1} - 1.304 \times \varepsilon_{t-2} + 1.05 \times \varepsilon_{t-3}$$

依据该模型进行预测，2019 年 GDP 将达到 5240 亿元，实际增速将达到 7.5%。

三、2019 年厦门发展对策建议

（一）保持经济健康稳定增长

1. 大力扶持实体经济

一是全力帮扶企业，深入开展企业服务年活动，积极跟进落实国家新一轮税费优惠政策，及时兑现已出台的各项惠企措施，研究出台降成本新举措，力争全年为企业降低成本 350 亿元；健全分类帮扶工作机制，协调解决企业生产经营中出现的困难和问题。二是支持民营经济发展，鼓励更多社会资本进入新经济、科技创新、社会民生等领域；出台针对民营经济特点的扶持政策，加快实施新一轮技改专项行动，支持企业参加境内外各类展会，用好应急转贷资金、政策性融资担保和纾困基金等。三是持续加强招商引资，聚焦产业链缺失、薄弱环节和未来发展重点，完善项目策划生成机制，拓展项目储备；完善惠企招商政策，梳理总部、人才、住房、个税、教育等投资者最为关注的事项，力促好项目、大项目落地生效。

2. 着力落实千亿投资

一是积极促进民间投资。用足用好国务院及省市促进民间投资的系列政策措施，进一步放开民间投资市场准入，加强产业、创新、教育、医疗卫生、高端养老等领域的民间投资项目策划，尽快落实项目用地选址和用地规模，大力推广政府和社会资本合作 (PPP) 模式，完善公共服务和基础设施领域鼓励民间投资参与的政策措施。二是强化重大项目带动，深化"五个一批"项目推进机制，推动新机场主体工程、新会展中心、轨道交通等一批重大基础设施项目，机械工业集中区、厦钨新能源材料产业园等一批重大产业项目，马銮湾医院、岛外分校等一批民生补短板项目加快建设。三是强化投资要素保障，支持存量土地二次开发，依法依归收回逾期未用土地，提高土地和投资产出效率；破解征收难题，积极推进何厝、岭兜等旧村整村改造；完善融资渠道，用足用好各项融资政策，加强地方政府专项债券资金使用。

3. 促进消费提质升级

一是促进实物消费不断提挡升级，加大新能源汽车、智能家电、智能可穿戴设备、虚拟 / 增强现实、健康养老等商品的开发和推广力度，丰富居民消费选择。二是积极培育壮大服务消费，依托厦门闽南大戏院、灵玲马戏城等优质资源，大力发展文化体育、演艺娱乐、时尚休闲、教育培训、健康养老等消费领域，进一步加强服务消费产品和标准体系建设，探索服务消费统计体系。三是积极探索消费新业态、新模式，促进体验式消费升级，大力发展体验式购物中心，培育"零售 + 服务"、"零售 + 餐饮"、"零售 + 视觉"等个性化消费模式；鼓励发展智慧型社区便利商业，推广"智慧 + 零售"等新型消费模式；鼓励住房租赁消费，建立供应主体多元、经营服务规范、租赁关系稳定的住房租赁市场体系。

4. 推动外贸平稳发展

一是积极跟踪应对贸易摩擦，建立多部门应对中美贸易摩擦联席会议制度，密切跟踪形势变化，掌握企业影响情况，及时研究对策，加强相关政策储备，减轻外贸形势变化带给企业的成本负担；支持企业大力拓展多元化新兴市场，降低对美国市场的依赖度。二是鼓励银行等金融机构创新产品，帮助企业规避汇率波动风险，如采取多元化外币交易、远期结汇、外汇保值、信保等方式，减少利润损失。三是坚持进出口并重，鼓励大宗商品和消费品进口，扩大先进技术设备、关键零部件等进口，削减进口环节制度性成本；调整出口商品结构，扩大自主品牌和高附加值产品出口。四是培育外贸新增长点，支持外贸综合服务、设备融资租赁、服务外包等新型贸易业态发展。

（二）打造千亿产业链群

1. 提高自主创新能力

加快建设国家自主创新示范区，建立健全产业合作对接、要素双向流动等机制，着力构建以企业为主体、市场为导向、人才为依托、产学研深度融合的创新体系。一是强化企业创新主体地位，优化企业研发经费补助政策，提升龙头企业整合运用创新资源能力，增强中小企业创新创业活力，培育一批"独角兽"、"专精特新小巨人"企业。二是健全政产学研合作机制，积极推进厦门大学能源与石墨烯创新平台、清华海峡研究院等创新平台建设，推动中国航天十二院厦门分院、沈阳新松机器人产业研究院等项目落地，以开放、协同、高效的技术研发平台，以及产业链、资金链、政策链有机融合，推动研发及成果产业化。三是持续推进"双创"发展，发挥火炬高新区国家双创示范基地作用，加快发展创新工场、加速器等新型孵化模式，支持中以协同创新中心、硅谷创新创业基地等平台建设。四是做好人才服务，围绕产业链引进科研人才、领军型创业人才和创新团队，建立人才安居保障体系，完善人才激励机制。

2. 实施产业链拓展工程

一是做大做强高端制造业。加快平板显示产业技术创新，建设宸鸿新一代手机触控项目，支持弘信电子等企业加大技术研发并向新兴应用终端延伸，重点布局新型显示技术。提升半导体和集成电路产业规模和水平，推动联芯集成电路提升产能，建设清华大学半导体工业技术研究院，加快通富微电子、士兰微 4/6 英寸化合物半导体及 12 英寸特色工艺晶圆制造生产线等建设，推进产业链各环节协同发展。积极对接国家新材料产业"折子工程"，力促厦钨三元正极材料全线投产。推动机械装备产业突破一批核心基础零部件和先进基础工艺，加快实现智能制造。二是做优做精现代服务业。支持软件信息业向大数据、移动互联网、物联网、云计算等领域发展，促进人工智能与经济社会发展深度融合，争创国家数字经济发展示范区。创新发展商贸流通业，鼓励发展社区零售、智慧零售等新模式，推动京东电商园一期竣工投用，加快建设东南区域物流枢纽中心。建设两岸区域性金融服务中心，完善多层次资本市场。积极创建全域旅游示范城市，推进国际会展中心片区提升改造。大力发展动漫游戏、影视演艺、艺术品等文化创意产业，办好第 28 届金鸡百花电影节。

3. 推动产业融合发展

一是推动制造业与信息化融合发展，力促戴尔扩展项目投产，鼓励计算机与通讯设备产业软硬件融合，大力发展高端服务器与存储设备等核心产业；以智能工厂为发展方向，开展智能制造试点示范，促进传统制造业转型升级。二是推动商贸物流业与制造业融合发展，支持商贸物流业服务于"工业 4.0"时代的智能化生产、定制化生产、柔性化生产等需要，从产业链、供应链、价值链等不同方向，创新发展消费需求分析、功能设计、仓配一体化、区域供应链、入厂物流、订单末端配送、嵌入式电子商务等多种模式，推动商贸物流体系创新与制造业转型升级。三是推动商旅文融合发展。支持大型商旅文综合体开发，引导中山路等传统商圈、城区通过业态创新建设集旅游、历史、文化、商业为一体的特色街区。支持文化业态旅游，打造演艺、专题博物馆、非遗等特色旅游产品。鼓励景区引入影院、剧场、书店、创意工坊等文化业态。实施旅游文化商品品牌建设工程，提升旅游商品的文化内涵和附加值。

（三）优化提升跨岛发展

1. 完善城区功能建设

一是完善交通体系，积极推进厦门新机场项目进度；建设国际集装箱干线港，完善国际航运中心基础配套；提速轨道交通建设，完善地铁 1 号线运营服务，加快推进 2、3、4、6 号线建设；完善"两环八射"

快速路网体系，加快第二西通道、新机场高速等项目建设；建立主要交通枢纽、会议设施、酒店之间 15 分钟快速交通系统。二是加快岛外新城建设，环东海域新城重点加快推进滨海旅游浪漫线、趣店金融科技园、环东海域医院、污水厂、东部体育会展等项目进展，打造国际化滨海新城；马銮湾新城依托轨道建设布局市级公共设施，推进"四线五片"建设，加快建设马銮湾医院、南岸滨水公园、再生水厂等项目，进一步承接本岛功能转移；集美新城要积极推进软件园三期、前场物流园区、机械工业集中区三期建设，集聚产业要素和人气商气。三是优化提升本岛，推进五缘湾北片区、湖里体育公园片区、何厝、岭兜等岛内旧村整村改造；全面启动重要通道、节点、片区的绿化、美化、净化提升工程；加快城市道路路面改造、设施美化，推进重要街区里面综合整治。

2. 实施乡村振兴战略

一是加大都市现代农业设施投入，建设蔬菜生产基地，做好高科技种苗业、现代设施农业、渔业捕捞等优势特色产业设施建设，加快实施 25 个农业产业化项目，培育 10 个"三品一标"认证产品。推动农村三产深度融合，发展休闲农业和乡村旅游业，建设"农家乐"、"森林人家"、"水乡渔村"、"田园综合体"等乡村旅游示范项目；发展农产品初加工、精深加工及综合利用，建设区域性农村电商物流配送中心。二是提升农村人居环境质量，以美丽宜居乡村为导向，抓好 8 个市级重点示范村、12 个市级示范村建设，继续实施农村人居环境整治"一革命四行动"，推行生活垃圾治理处理城乡一体化、农村生活污水分散式治理、农村"厕所革命"，着力提升村容村貌。完善农村道路通讯、供水供电等基础设施和教育文化、医疗健康等公共服务设施。

3. 推动闽西南协同区建设

一是加快编制闽西南协同发展的基础设施建设、产业创新、招商引资、生态环境、社会民生等领域专项规划，强化项目对接、信息沟通、事务协调，推动区域一体化发展。二是探索建立更有效的区域协调发展机制，争取在产业合作园区实现成本分担和财税分成等机制突破，探索创新协同发展区投融资新模式。三是扎实推进涉厦重大项目建设，加快厦门泉州（安溪）经济合作区、城际轨道 R1 线等第一批项目建设，发挥闽西南协同发展区办公室统筹协调作用，策划生成第二批项目。

（四）深入推进改革开放

1. 打造国际一流营商环境

围绕国家营商环境评价体系，以问题为导向，推动营商环境不断优化。一是营造透明高效的政务环境。提升"互联网＋政务"服务水平，加快推进电子证照库建设，逐步实现开办企业、房产抵押登记、纳税等一批审批服务事项实现全流程网上办理。持续深化"放管服"改革，深入推进"多证合一"、"证照分离"；推动工程建设项目审批制度改革走在全国前列，优化完善多测合一、区域综合评估、联合竣工验收等。实现更多服务事项"一趟不用跑、最多跑一趟"。二是营造规范便捷的市场环境。以"实体经济需求"为导向，加快发展普惠金融、科技金融、绿色金融，积极推动"银税互动"等面向中小企业的信贷模式，强化无还本业务指标考核，推进联合授信管理试点工作。优化用电、用水、用气报装服务，结合电子证照库应用，试点客户办电"零资质资料提交"。三是营造公平公正的法制环境。建设厦门知识产权运营服务平台，推动设立厦门知识产权保护中心，严格专利行政执法。积极探索司法助力营商环境建设的"1+3+5"模式，实施高品质的诉讼服务、高标准的审判质效、高水平的司法公开"三大提升行动"。

2. 推动重点领域改革

加快推进中央赋予的重大改革任务，推动经济体制、对外开放体制等 11 个重点领域改革。一是深化财税体制改革，加强财政专项资金整合，全面实施预算绩效管理，加快建成全方位、全过程、全覆盖的预算绩效管理体系；加强地方政府债务管理，争取增加地方政府专项债券规模，防范地方政府债务风险，着力营造有利于创新发展的财税环境。二是推进投融资体制机制改革，建立政策性导向的融资担保绩效考核机制，推动区级新设政策性融资担保机构运营，完善政企对接长效机制，引导民间资本设立各类基金。三是扩大国企混合所有制改革，积极推进国有资本投资、运营公司出资的国有企业，以及主业处于竞争领域的商业类国有企业开展混合所有制改革；深化国有资本投资运营试点，健全国企法人治理结构、选人用人、强化激励等经营机制。四是加快医药卫生体制改革，做好药品集中采购试点，深化医联体建设，构建分级诊疗体系，完善公立医院管理体制和薪酬制度。

3. 促进自贸区创新发展

一是扩大投资领域开放，围绕培育打造千亿产业链群，进一步推动放宽金融、专业服务、文化娱乐、电信等现代服务业准入限制；取消厦门片区内外商独资建筑业企业承揽福建省中外联合建设项目的中外方投资比例限制；进一步放宽对专利代理机构股东的条件限制。二是创新发展重点平台，建设航空维修、跨境电商、融资租赁、国际贸易"单一窗口"、国际航运中心、中欧（厦门）班列、整车进口口岸、进口酒、黄金、机电设备、青创基地、游艇、艺术品等一批平台，积极争取业务开放和税收优惠政策。三是进一步提升口岸通关效率，加快建设厦门国际贸易"单一窗口"3.0版，实现国际贸易主要环节、主要进出境商品和主要出入境运输工具三个全覆盖，打造口岸公共信息服务生态圈，争取通关效率进入沿海港口前三名。四是深化金融创新，创新发展跨境人民币双向投资业务，支持在厦门片区内设立跨境人民币投资基金，争取在厦门开展海外投贷基金业务；拓展离岸银行业务，开展设立跨境双向资金池、收取境外人民币同名账户资金、远期结售汇和外汇衍生品交易等业务

4. 打造"海丝"建设支点

一是打造互联互通枢纽，做大做强"丝路海运"品牌，推进陆海资源整合，创新航运服务模式和构建信息服务平台；加快启动厦门新机场建设，拓展"一带一路"航班航线布局；支持中欧（厦门）班列开展国际多式联运业务，设立多式联运监管中心。二是推动多元经贸合作，加强对"海丝"沿线重点国别重点产业研究，大力引进外资项目；打造"走出去"一站式服务平台；支持帮助企业寻找"海丝"和"金砖"出口替代市场和进口替代商品，应对中美贸易摩擦影响；以获批跨境电商综试区试点城市为契机，组建跨境电商出口联盟；进一步做强"海丝"等新兴市场飞机维修业务，建设文化出口基地，积极开拓"海丝"游戏出口市场。三是加强双向交流，深化东盟海洋合作中心、"海丝"智库、"海丝"商会联盟等建设；打造厦门特色"一带一路"邮轮航线；加强同一带一路沿线国家的文化与教育交流。

5. 推动厦台融合发展

一是加强经贸合作，推进两岸交流合作综合配套改革，加快"一区三中心"建设，鼓励台资来厦投资设立集成电路、高端医疗器械、精密机械、文化教育、航运物流、旅游、生物医药、健康养老、增值电信、电影后期制作服务等企业，引进一批台湾地区百大项目；推动厦台在金融、工程建设、跨境物流等领域深度合作，探索建立厦金旅游协作示范区。二是完善台胞服务机制，在厦门市"惠台60条"系列措施的基础上，适时出台台胞台企同等待遇的升级版；放宽台湾地区专业技术等级证在厦门片区和厦门市台资企业使用范围，允许在厦台胞按规定参加职称评审。三是积极推动厦台交流，扩大海峡论坛、工博会、文博会等重大交流活动影响，办好郑成功文化节、保生慈济文化节、龙舟节等民间交流活动，提升两岸青创基地、厦门（集美）对台研学基地等交流平台，推动厦台社区村里结对共建。

（五）提高民生服务水平

1. 促进教育均衡发展

持续推进优质教育资源均衡跨岛发展，加快补齐教育短板。大力实施名校跨岛发展战略，推动实验小学翔安校区、双十中学翔安校区、外国语中学集美校区等项目加快建设。推动国贸等教育集团兴办普惠性学前教育，吸引国内外知名教育机构兴办国际学校和高端民办学校，增加学位有效供给。提高职业教育办学质量，实现与产业需求精准对接，加快同安、翔安职业学校选址。支持在厦高校加快"双一流"建设和应用型本科高校建设。

2. 提升医疗卫生水平

加大医疗资源供给力度，加快推进马銮湾医院、环东海域医院等重大项目建设，力促翔安医院、第三医院三期、市心血管医院新址投入使用；提高社会资本办医比例，推动医鼎妇产医院等项目启动建设，支持社会资本举办康复护理、中医等专科医疗机构。持续深化医药卫生体制改革，加快家庭医生签约和紧密型医联体建设，构建分级诊疗新格局；发挥医保整合优势，推进公立医院管办分离改革，严格控制公立医院医疗费用不合理增长。

3. 加强公共文体服务

加快基层文体设施建设，推进闽南戏曲艺术中心前期工作，推动市体育中心综合健身馆、软件园三期体育馆等加快建设，构建全域"15 分钟公共文化圈"。高标准进行市级重大公建设施规划布局，按照举办国际大型体育赛事标准，推动新的市级大型体育中心以及翔安体育交流中心、厦门理工学院综合体育馆、厦门医学院体育馆、厦门城市职业学院体育馆等赛事配套场馆前期工作。广泛开展各类群众性文体活动，创作一批文艺精品，推广全民健身，进一步推动文体设施向公众开放。

4. 提高社会保障水平

强化稳就业，健全就业服务体系，加强就业和创业技能培训，及时兑现落实稳岗补贴，引导帮扶被征地农民、海域退养渔民、农村富余劳动力、户籍就业困难人员的稳定就业；建立劳动报酬正常增长机制，提高居民收入水平。提高低保对象和特困人员救助供养标准，加快 9 个社区老年人日间照料中心和 30 个农村幸福院项目建设，加快林边公寓、五显公寓等保障性住房建设。

（六）加强生态环境保护

1. 加大环境治理力度

建设资源环境监测预警大数据，深化生态环境损害赔偿制度改革，坚决打好污染防治攻坚战，全面提升环境质量。一是打好蓝天保卫战，实施新一轮大气污染防治行动，加强机动车、工业、扬尘三大污染源治理，健全厦漳泉区域空气质量联防、联控、联治机制，确保空气质量位居全国前列。二是打好碧水保卫战，深入实施水污染防治行动计划，全面推行"河长制"、"湖长制"，深化小流域综合治理，巩固黑臭水体和小流域整治成果，深入推行排污许可证管理，加快推进前埔污水处理厂三期扩建、翔安污水处理厂四期等项目。三是打好净土保卫战，全面实施土壤污染防治行动计划，加强土壤污染源监管，加快东部垃圾焚烧厂二期等建设，实现生活垃圾分类覆盖率 100%，原生垃圾"零填埋"。

2. 促进绿色低碳发展

一是提升城市园林绿化水平，实现建成区绿化覆盖率 40% 以上、建成区绿地率 35% 以上，创建国家生态园林城市。二是大力发展绿色建筑、交通、物流，落实绿色建筑行动实施方案，加快绿色海港、空港建设，实施城市绿色货运配送示范工程，加大新能源公交车、共享单车投放力度，推进绿道及慢行系统建设。三是支持企业低碳节能发展，推进碳排放智能管理云平台应用，鼓励企业参与碳排放权、用能权交易；建设重点企业能耗在线监测系统，做好节能评审与节能监察；着力建设台商投资区循环经济信息服务与管理平台。

参考文献

1 国务院 .2019 年政府工作报告［R］.2019.

2 厦门市人民政府 .2019 年政府工作报告［R］.2019.

3 厦门市发展和改革委员会 . 关于厦门市 2018 年国民经济和社会发展计划执行情况与 2019 年国民经济和社会发展计划草案的报告［R］.2019.

4 厦门市统计局 .2018 年厦门市 GDP 分析［R］.2019.

课题执笔：许　林

第二章　2018 年思明区发展评述与 2019 年展望

一、2018 年思明区发展评述

（一）发展综述

2018 年以来，思明区在经济下行压力持续加大下，攻坚克难、主动作为，主要经济指标匹配性较好，经济发展的韧性和活力持续增强，经济运行质量更优、效率更高、动力更强，实现了新起点上的新发展。

1. 经济发展质量实现新提升

2018 年，思明区按照高质量发展要求，主动适应经济发展新常态，以更加鲜明的目标导向，努力推进赶超发展，经济实力不断增强，实现地区生产总值 1450 亿元，居全省前列，增速 7.2%。经济效益不断提升，财政总收入 240 亿元，位居全省首位，增速 7%，其中区级财政收入 56 亿元。扎实开展招商引资，合同利用外资 140 亿元，实际使用外资 18.5 亿元，内资 1000 亿元。主要经济指标完成情况除 GDP 增长速度和固定资产投资外均好于预期，地区生产总值总量、财政总收入总量、社会消费品零售总额、合同利用外资总量、实际利用外资总量均居全市第一。详见表 2-1、图 2-1 至图 2-4。

表 2-1　2018 年思明区主要经济指标及排名

指　标	思明区		思明区排名	
	总量	增速	总量	增速
GDP（亿元）	1450	7.2	1	5
其中：二产	160	4.3	6	6
三产	1290	7.7	1	3
规模以上工业增加值（亿元）	87	7.1	6	3
社会消费品零售总额（亿元）	579	10.8	1	4
固定资产投资额（亿元）	192	−19.7	1	6
财政总收入（亿元）	240	7	1	3
区级财政收入（亿元）	56	5.2	1	3
合同利用外资（亿元）	140	57.6	1	1

续表

指　标	思明区		思明区排名	
	总量	增速	总量	增速
实际利用外资（亿元）	18.5	9.5	1	1
全体居民人均可支配收入（元）	65052	8	1	3

资料来源：思明区发改局、思明区统计局

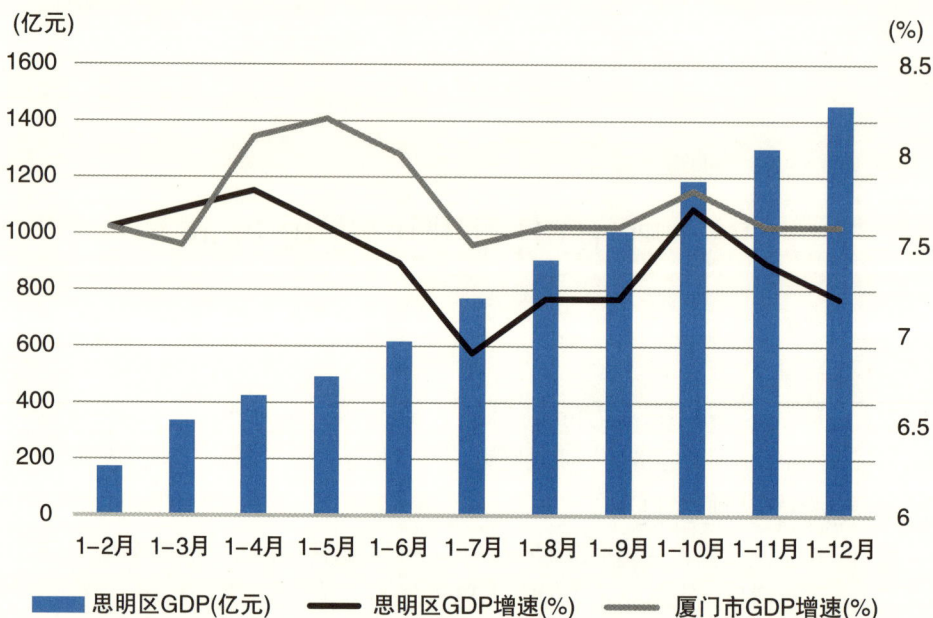

资料来源：思明区发改局、厦门市统计局

图 2-1　思明区 2018 年 GDP 情况

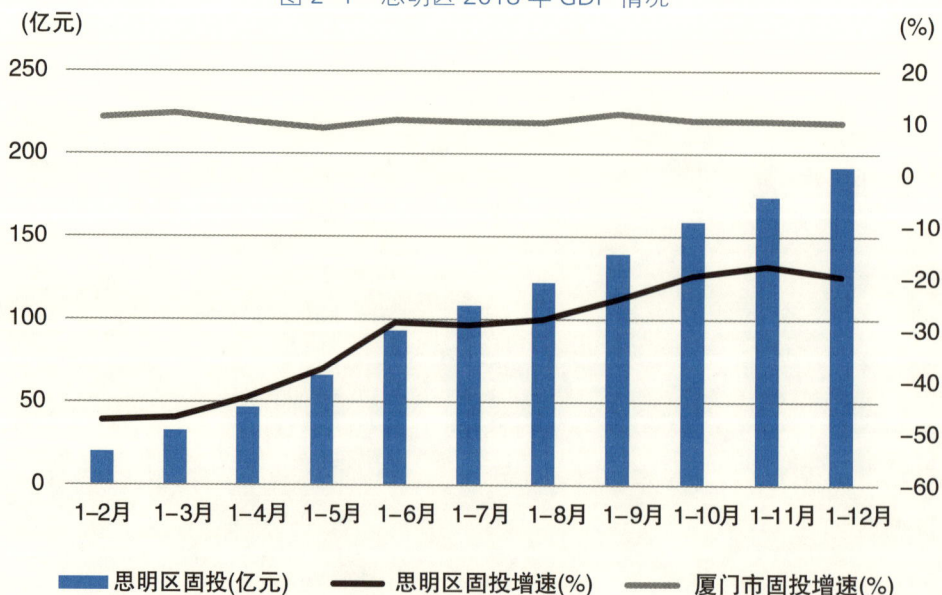

资料来源：思明区发改局、厦门市统计局

图 2-2　思明区 2018 年固定资产投资情况

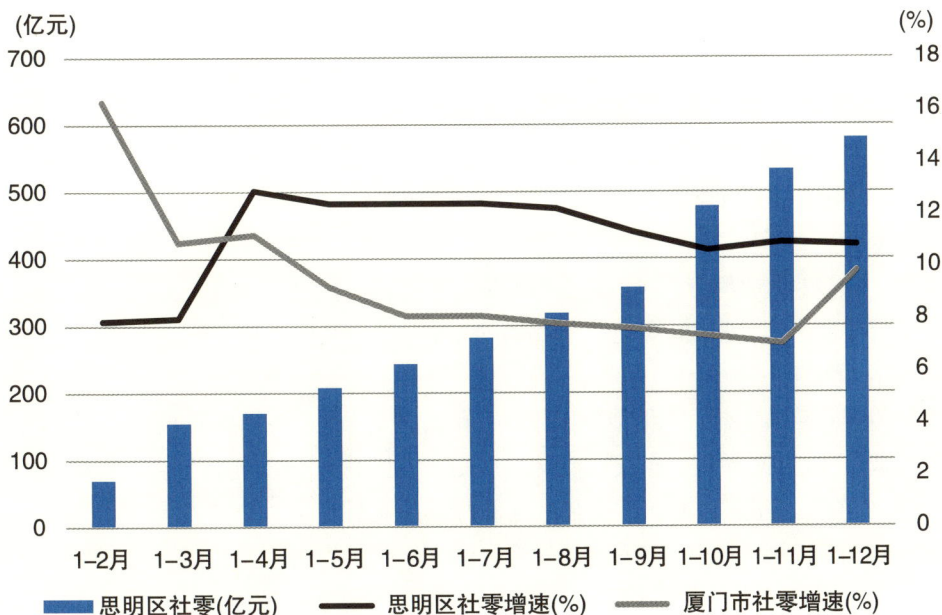

资料来源：思明区发改局、厦门市统计局

图 2-3　思明区 2018 年社会消费品零售总额情况

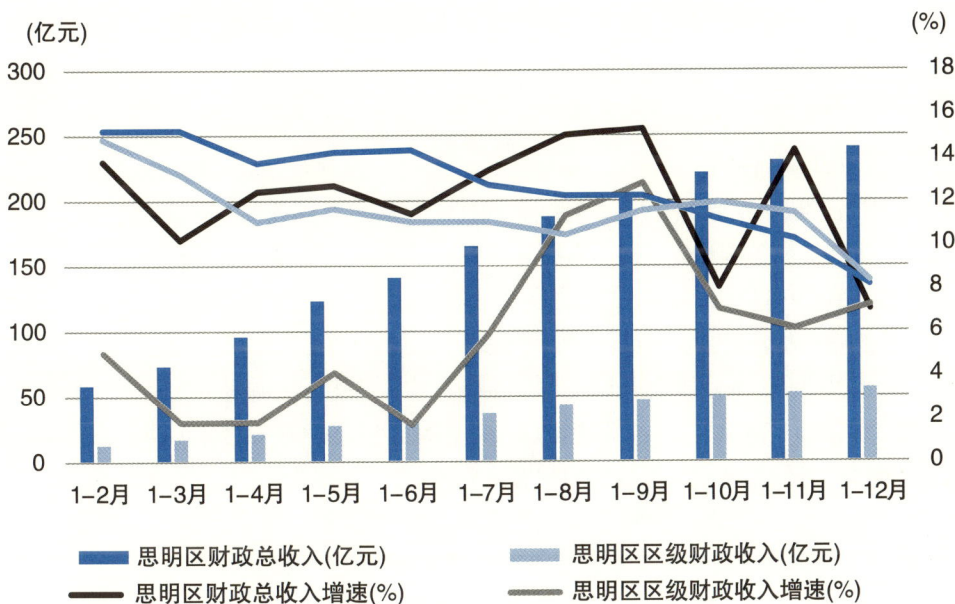

资料来源：思明区发改局、厦门市统计局

图 2-4　思明区 2018 年财政收入情况

2. 产业转型升级取得新成效

以"高端、新兴、特色"为产业重点，以总部经济为引擎，思明区加快建立金融、会展、商贸、旅游、文创、软件信息为主导的"1+6"产业体系。

总部经济招大引强。总部企业达 76 家，出台《思明区专业特色楼宇培育扶持办法》，开发思明区楼宇经济信息管理系统，支持楼宇引强引优，神州优车集团管理总部及瑞幸咖啡全国总部正式落户思明区。

金融业加快发展。引进金融项目 247 个，注册资金 213.46 亿元。由台湾"中国信托商业银行"、金圆集团、国美电器发起设立的金美信消费金融公司开业。区级引导基金新参股华盖安鹭文化、厦门中文挑战者 2 支子基金。引入兴旺互联、金砖高端制造基金等金融项目。

商贸业转型升级。引进商贸项目 1586 个，注册资金 239.41 亿元。加快观音山广场、九牧创新中心等重点项目建设进度。优化完善地铁沿线商业布局，推动华润万象城、宝龙一城等建成投用，促进了消费升级。

旅游业加快提升。借助鼓浪屿申遗成功，整合 53 个申遗核心要素优质资源，规划"世遗之光" 4 条精品线路串连全岛，积极对接安缦酒店等国际高端酒店管理机构，做好安缦酒店姊妹品牌 Chedi 在悦海湾酒店的落户，主动对接恒兴集团云顶山麓酒店、磐基国际华尔道夫酒店、厦门市国际中心酒店招商项目，全力引进世界顶级品牌酒店。

会展业加快发展。积极培育"生根型"专业展览和国际性会议，鼓励品牌展会以展促会，在大型专业展览同期创设或套开行业高端论坛、会议，新引入无人店产业、医疗美容等博览会及奥梅埃森等展会公司。会展业实现效益 294 亿元，获评"2018 中国最具竞争力会展强区"。

文化创意产业加快发展。积极打造观音山黄金沙滩文化产业基地，以龙山文创园为平台打造国家级文化产业创意示范园。海峡联合影业正式落地，影视协拍服务平台上线试运行，积极对接华纳、IMAX、华策影视等项目。举办中国国际影视文化投资论坛，助力第 28 届金鸡百花电影节落户厦门，引入台湾凯渥经纪、华谊嘉信等优质项目。

软件和信息服务业快速发展。积极落实《思明区促进互联网经济发展办法》、《思明区引进和培育优秀软件信息企业六条措施》等创新政策，思明区软件和信息服务业企业实现增产增效和集聚发展，产值占全市 77%。美图、4399、吉比特、美柚等企业入选年度互联网百强企业，省互联网企业 20 强中思明企业占 11 家，星网智慧、华睿晟、点触科技、十点文化等企业实现了超高速增长。

3. 城区品质迈上新台阶

重大片区建设加快推进。观音山片区，持续做好片区共享单车、交通、摊点、绿化、文明施工等各项整治工作，才子汇等 3 栋商务楼宇竣工，新增楼宇空间 13 万平方米，楼宇云平台正式上线，观音山广场加大了招商引资力度。到 2018 年 12 月止，总共引进了七匹狼、特步、安踏、鸿星尔克、九牧王等 50 多家知名总部型企业，以及中铁物资集团、中铁一局、中铁二十二局、中国工艺、国家电网（亿力科技）等央企。两岸金融中心，以海西金谷广场为载体，瞄准两岸金融机构、非银行金融机构、金融要素交易平台等国内外龙头企业，加大了招商引资力度。沙坡尾特色街区，推动沙坡尾渔港（活态）博物馆建设，带动不辍旧物馆和海洋文化展示厅等特色文化教育基地的发展。依托 129 艺术西区、中华儿女美术馆、微风乐集、猫咪博物馆等创意企业，不定期举办自由滑板、文化年历、撸猫等活动，带动创意产业发展。

市政基础设施不断完善。完成禾祥东、厦港等片区水务及燃气管道改造。打通龙山东二路、汇文西路等断头路，推动寿山路等道路整治提升。推动污水管网纳入市污水系统。加快建设斑鸠山公园、后江小学等地下停车场。推动中华街道、民立小学等机关企事业单位开放错时共享停车位，推动辖内洪文、岭兜"金包金"、斑鸠山等新增停车泊位。开展混装混运、落后小区、盲点区域等垃圾分类专项整治，人均垃圾量实现零增长。

城区景观加速提升。结合新一轮城市整治提升工程，统筹资金确保立面美化、园林绿化、夜景亮化等项目开展，加快火车站周边等街区立面整治，思明南路夜景工程涉及鸿山公园、鸿山寺等 7 处载体，于 2018 年底前完工。实施铁路公园一中游泳馆旁街心公园的景观提升，厦大一叠书雕塑、曾厝垵边防派出所庭院绿化景观改造提升，完成同文顶社科文化公园提升改造、省军区厦门黄厝点营区绿化提升初步方案设计。全面开展鼓浪屿绿化景观、综合治理、品质内涵专项保护提升，鼓浪屿展现更加靓丽容姿。城市更新有序推进。基本完成 136 个老旧小区的城市更新，何厝、岭兜旧村改造各项前期工作有序开展。选定营平片区东至思明北路，西至鹭江道，南至大同路，北至厦禾路，总占地面积约 25.03 万平方米的范围作为旧城有机更新试点片区，营平片区的前期工作有序开展。

城区管理更加精细化。深化城管体制改革试点，设立鼓浪屿街道网格化服务管理指挥中心。加强绩效考核、活用经济杠杆，提升市政园林精细化管理力度。委托专业机构对"三不管"地带的市政、绿化、环卫设施面积进行精准测绘，全面提升辖内市政基础设施管养水平。

4. 对外开放呈现新局面

对外合作水平不断提升。思明区主动参与"海丝"沿线重点国家贸易金融、旅游会展、人文交流等领域合作，紧抓"后金砖"、产业转移等有利契机，不断完善与欧美、亚太等区域的先进国家和地区的招商网络，提升引进成长型外资企业效率，同时对就业、经济发展、技术创新贡献大的外资项目予以重点支持，利用外资质量不断提升。

安溪思明园加快建设。目前，启动区 8 栋通用厂房已销售 7 栋，落户 12 家企业。自建区招商企业已落户 2 家。其中 1 家为安溪翔业厨卫科技有限公司，计划投资 2.5 亿元，目前自建厂房正在建设，计划 7 月份封顶；另外一家为图途（厦门）户外用品有限公司，计划总投资约 2.2 亿元，目前正处于前期设计阶段。厦门峻源生物科技有限公司等三家企业已签意向协议，共计购买 21138.42 ㎡厂房。

对台合作不断深入。设立全省首家台湾人才服务中心，兑现台青创业就业优惠政策 364 人次 485 万元，全市首家台湾青年公寓投用。龙山文创园获评"海峡两岸青年就业创业基地"。依托厦门软件园一二期、两岸金融中心和龙山文创园等产业载体，积极吸引台湾企业入驻。引导热心台胞和社团自愿自发参与曾厝垵、沙坡尾、龙山文创园、官任国际社区等各具鲜明特色、功能各异的台胞驿站联谊点建设。

5. 民生福祉得到新改善

教育强区深入推进。完成厦门第二实验小学扩建项目，加快瑞景小学扩建、莲花中学改扩建项目，新增 1140 个义务教育学位；启动建设第五幼儿园、金桥幼儿园项目，完成区劳保中心办公楼改造幼儿园项目，新增 900 个基础教育学位。建设完善"名师工作室"、"名师发展工作室"、"青年教师共同体"、"名师跨校带教"，充分发挥名师示范辐射作用。修订完善区教育人才引进和考核办法，通过提高安家补贴、教育人才津贴标准，提高对高层次教育人才、骨干教育人才和优秀教育人才吸引力；修订区教育系统引进教育人才住房补贴办法，通过为新招聘的重点高校优秀毕业生及具备博士、硕士学历，取得一级及以上教师职称的教师提供 5~8 年住房租赁补贴，大力营造待遇引才、待遇留才教育环境。

医疗事业加快发展。设立思明区中医药调理中心官任站，举办"美哉思明"医美产业发展研讨会。积极对接华大医疗集团项目、德润产业集团设立康复专科医院和第三方检验中心等项目。开元、梧村社区卫生服务中心动工建设，鼓浪屿龙头社区等 5 个社区评为省级卫生社区。加强卫生公共服务保障和监督管理，在全省首推病媒生物密度第三方监测评估服务。全面推行网上生育登记，积极培育流动人口社会融合示范社区和基本公共卫生计生服务均等化示范点。

文化体育事业加快发展。加快推进图书馆、文化馆大楼翻新改造工作，全面面向市民开放。积极开展文物思明之旅宣讲和"思明文化印记"微信公众推广。借助全国体育产业大会等平台，举办多场思明区体育发展推介会。引进国际标准舞世界公开赛，加快大唐中心体育综合体改造进度。

就业和社会保障不断完善。推出"培训超市"新模式，出台《2018 年提升社区就业服务实施方案》，实现社区就业服务工作标准化，补齐就业服务短板。加强与甘肃临夏对口县的协作对接，做好临夏人员来厦输转及培训工作。建立社会救助资金的长效监督检查机制，全力做好特困、孤寡、失能、高龄等老年人的兜底保障工作。

养老体系加快完善。中民养老落户，万寿路 35 号改造项目有序推进。推动老旧小区适老化改造。加快推进区级智慧养老服务中心建设。开展医养结合服务试点，推动社区卫生、养老服务站"两站合一"，医疗护理员、社区助老员"两员"联动，继续推动养老机构内设医疗机构。

"平安思明"深入推进。深入开展建筑、燃气、交通等重点领域安全专项治理，围绕事故多发点段、易堵路段以及辖区学校、老旧城区周边路段交通设施及标志标线的规范问题，通过舆情预警、群众监督、责任区民警排查等渠道，主动介入，有效采取措施整改。稳步推进国家食品安全示范城市创建，加强小作坊、小餐饮、小摊贩监管工作。开展扫黑除恶专项斗争。积极探索严重精神障碍患者监护人"以奖代补"、危险物品"一体化"监管、社区戒毒社区康复"阳光工程"、失信人员"黑名单"惩戒体系等创新举措。

社会治理不断深化。推行文明创建"片长制"。建立社区工作者薪酬正常增长机制和适度调节机制，将社区根据主体功能区划分为新城区社区、老城区社区、村改居社区三类社区进行分类考评，优化考核评价体系。上李社区、瑞景社区、莲云社区等社区积极打造特色示范项目。在思明区试点社区、业委会、物业"三位一体"联动服务，推进家安工程建设。官任社区积极培育社区文化品牌，共建共享社区资源，把官任社区打造成为全市乃至全省最具美誉度的国际化社区。

6. 生态环境展现新面貌

生态环境质量进一步提升。牵头制定《厦门市思明区轻微污染天气应对办法》（第二版）及《思明区2018年第一轮守护蓝天百日攻坚专项行动计划》，积极开展以控制细颗粒物和臭氧为重点的各项工作。推进辖区石材加工企业清理整顿。完成对辖区东山水库、东坪山水库、东宅坑水库、塔头水库等4座小Ⅱ型以上水库进行水质监测。配合做好辖区黑臭水体整治督察。组织三安光电、瑞华高科技、诚益光学等企业与思明区政府签订土壤污染防治目标责任书。

低碳城区建设稳步推进。严格执行厦门市公共机构节约能源资源目标责任考核标准的要求，落实节约用电、公共机构节水等制度。加强用水管理，严格控制取用水总量，未超出最严格水资源"三条红线"要求。稳步推进鼓浪屿、瑞景低碳社区创建工作。倡导绿色出行，进一步规范共享单车管理。

生态文明建设持续推进。强化生态控制线管理，严守生态保护红线。将各街道办事处和区级各资源环境主管部门领导干部任期内在自然资源资产管理和生态环境保护工作中的履职尽责情况纳入审计范围。邀请各街道办事处和区级各资源环境主管部门参加厦门市领导干部自然资源资产离任审计培训班，配合推进思明区生态文明先行示范区建设。

（二）主要问题

1. 产业发展后劲不足

2018年思明区经济增长主要依赖商贸、金融等传统服务业的增长，文创、软件信息、大健康等新兴产业对经济增长的带动力有待进一步释放。新增产业项目规模不大，缺少大型牵动力强的龙头产业项目拉动，后续产业项目储备不足，企业投资意愿不强。2018年软件园二期和观音山片区等写字楼租金达到70~80元/平方米，增加了企业成本，成长型企业外迁严重，一些软件和信息服务业企业向集美等区迁移。观音山、软件园二期等产业园区经过前期集中开发已趋于饱和，清理低效用地、盘活低端物业的任务繁重，征地拆迁难，征地拆迁成本高，思明区难以集中成片供给产业用地，产业发展空间受限。

2. 旧城旧村旧厂房改造任务艰巨

思明区需推进更新改造的旧城区主要有中华片区、厦港片区、营平片区等8个，占地面积245万平方米。急需加快改造的城中村主要有何厝、岭兜等7个村，占地面积达265万平方米。急需加快改造的旧厂房主要有龙山工业区和滨北片区，占地面积85万平方米。到2018年12月止，思明区还有占地面积595万平方米旧城旧村旧厂房需改造，改造任务十分艰巨。

3. 公共服务供给不平衡、不充分

人口生育高峰与全面二孩政策的叠加效应，带来了持续的入园难、入学难矛盾。优质教育资源在学区分布不均衡，主要集中在老城区，新城区优质教育资源紧缺。学生生源持续增长，学生个性化教育需求与教师队伍结构性紧缺的矛盾日益突出。公共文化设施建设总量不足、标准过低、布局不合理的问题十分突出，基层公共文化服务设施效能不高，公共文化设施运营、文化项目运作、公益性文化服务社会化程度有待进一步提升。优质医疗资源也主要集中在老城区，"城中村"区域优质医疗卫生条件较差。

二、2019 年思明区发展展望

（一）影响因素

1. 产业发展方面

有利因素：高质量发展落实赶超战略的全面实施，全力推进"双千亿"工程，为思明区加快发展软件和信息服务业、旅游会展等产业链提供了重要平台。中国电影金鸡奖 2019 年正式落户思明区，将带动思明区影视产业发展。

不利因素：成本上升，高端人才流失，企业外迁，税源流失。

2. 城市建设方面

有利因素：深化闽西南经济协作区合作，为思明区加快发展飞地经济提供了新的平台；轨道交通 1 号线的运营，轨道 2、3 号线的加速推进，为思明区全力打造高素质高颜值现代化国际化幸福城区带来更多的空间和机遇；"双千亿"工程将有利于思明区加快城市更新和民生基础设施建设。

不利因素：未来辖区内基本无新的重大基础设施项目布局，固投增长有限，且受制于征地拆迁的进程。

3. 进出口方面

有利因素：厦门自贸区加速向自由贸易港区转型，给国际贸易结算以及一些跨国公司的资金周转带来了便利，将对思明区的进出口产生积极影响。

不利因素：中美贸易摩擦将对思明区对美进出口及口岸贸易产生双向冲击影响。

（二）发展展望

2019 年思明区正处于高位过坎、稳中求进的关键时期。着力抓创新、补短板、强质量，把工作的聚焦点放在转变发展方式、优化经济结构、转换增长动力上。2019 年思明区地区生产总值目标要在坚持高质量发展的前提下，既要体现实事求是的原则，又要积极进取、保持压力，经过较大努力才能实现，GDP 目标增长 7.8% 左右，财政总收入和区级财政收入均增长 5%。

三、2019 年思明区发展对策

2019 年，思明区坚持以习近平新时代中国特色社会主义思想为指导，全面深入学习贯彻党的十九大精神，按照高质量发展要求，以推进供给侧结构性改革为主线，大力推进创新驱动，紧紧围绕建设高素质高颜值的现代化国际化幸福城区，扩大高水平开放，创造高品质生活，突出高效能治理，强化高颜值建设，稳增长，稳投资，稳预期，推动经济运行在合理区间。

（一）突出高质量发展，着力建设高素质创新创业之城区

加快延伸产业链。在推动总量规模继续攀升的基础上，突出高端高质高效方向，开展"亩均效益"综合评价，紧紧围绕旧城旧村旧厂房改造提升、金融与类金融、软件和信息服务业、高端专业服务、影视文化、体育、养老、滨海旅游、会展会议、大健康等十大重点领域的优化提升，推动观音山、龙山等产业平台加快形成产业集聚区，更加注重培育产业新增长点，加快延伸产业链条，使各产业在转型和延伸中不断增体量、扩能量、提质量，加快向价值链高端跃升。对产业基础好、辐射作用大的金融、商贸、旅游会展等产业领域，做大规模、做强品牌。对处于成长阶段的软件和信息服务业等产业领域，引导产业链向高附加值环节延伸、拓展，补齐产业链高端环节缺失的短板。对处于初创阶段的影视文化和大健康等产业，由于尚未形成完整产业链或尚有产业空白，强化产业链招商，着力引进具有核心地位的龙头企业进行辐射与延伸。

群策群力抓招商。抓住北京等一线城市产业疏解、企业外迁的契机，积极赴北、上、深等地开展招商推介工作。发挥厦门市驻点招商联络处的力量，以及福建或厦门驻各地的商协会的资源优势，对接联系符合思明区产业发展规划的央企、行业龙头、大型民营企业等，尤其是具有闽商或厦大背景的企业，鼓励闽商回乡投资，鼓励厦大校友为思明多做贡献。同时继续深入对接腾讯、昆吾九鼎、玖富集团等闽商背景项目，以家乡情怀吸引闽商回厦投资发展。

持续推进创新驱动。支持规模以上企业增加对关键技术和核心技术研发的投入，鼓励设立独立法人研发中心，鼓励外资企业在思明区建设区域性研发中心。加快建设泰普生物厦门国家健康产业国际创新园等一批重大创新平台，提升吉比特动漫创意中心平台、美亚柏科超级计算中心、国科（厦门）研究院等现有创新平台的关键技术研发和成果转化能力，充分利用思明区众创空间孵化培育一批高成长性"瞪羚企业""独角兽企业"和"隐形冠军企业"。实施高价值专利培育计划，支持网上知识产权交易，围绕"1+6"产业体系，与科研院所、知识产权服务机构联合组建高价值专利培育联盟。出台更具吸引力的政策，建立绿色通道，主动对接国家"千人计划"、福建省"百人计划"和厦门市"双百计划"，促进更多高端人才在思明区集聚，推动一批创业创新项目和科技成果在思明区转化落地。

激发企业主体活力。加强政策引导和工作力度，推动市场主体总量持续提升。通过深入挖潜催生一批市场主体，放宽准入、降低门槛，鼓励大众创业、万众创新，扶持个体工商户和小微企业发展壮大。通过扶弱促强壮大一批市场主体，支持个转企、小升规、规改股、股上市，通过市场并购重组一批市场主体，在竞争合作中扩能升级。通过"走出去"拓展一批市场主体，积极参与国际分工，培育更多全国性企业和跨国公司。推动外地企业驻思明分公司和办事机构转变为法人企业。放宽市场准入，消除显性或隐性障碍，强化金融支撑，激发民营企业活力，促进民间投资稳定增长。

（二）突出高效能治理，着力提升城区精细化管理水平

精准施策缓解交通拥堵。对思明区的断头路实行清单化管理，对城区常态化拥堵路段进行系统梳理，重点整治学校、医院、商圈等热点区域交通拥堵问题，根据每一个堵点的不同成因，精准科学制定工程措施。引导小汽车合理增长和使用，减少高峰期出行总量，引导私人交通出行向地铁等公共交通转移。高质量打通"微循环"，实施"打通断头路"攻坚行动，完善公交慢行设施、合理增加公共停车供应。

加快推进城市更新改造。结合思明区的差异化需求，开展思明区城市更新政策研究，落实城市更新理念，在城市更新中落实海绵城市建设要求，有序实施城市修补和生态修复。加强市区联动，推动何厝岭兜打造产城融合的活力社区、开元工业园及周边片区打造生态科创城。按照老城区渐进式更新思路，提升中山路历史文化街区和厦港风貌片区。按照乡村振兴思路，加快东山、东坪山乡村整治提升。

加强城区精细化管理。加强对城区空间立体性、平面协调性、风貌整体性等方面的精细化管控和引导，系统性实施街道整治，实行"一街一策"。推动"厕所革命"覆盖全域。加快城市管理基础数据库和"神经元"系统建设，高标准治"差"，深层次治"乱"，全覆盖治"脏"，重点加强对区域之间结合部、背街小巷、高架桥下等薄弱地区和薄弱环节的综合管理，着力提高地下管网、人行道、路灯、井盖等设施的完好率，推动思明城区管理迈上新台阶、城区形态面貌实现新改观。

（三）突出高水平发展，着力构建新一轮对外开放新格局

高水平引进来。积极吸引跨国公司在思明区设立地区总部和采购中心、结算中心等功能性机构，允许外资跨国公司开展本外币资金集中运营，促进资金双向流动。鼓励外商投资企业和科研组织在思明区开展产业共性技术、核心技术、尖端技术和基础性研发项目的研究。鼓励外资投向科技中介、创新孵化器和生产力中心等公共科技服务平台建设。开通绿色通道，支持持有外国人永久居留证的外籍高层次人才和团队在思明区创办科技型企业。

支持企业走出去。支持思明区贸易公司和生产企业在全球各大洲建立各类贸易性公司、代表处或办事处。鼓励和支持有实力的思明企业在境外收购百货公司和商场，并积极探索在主要出口市场、人口密集、交通便利、辐射力强的国家或地区建设境外中国商品贸易物流中心。支持思明区龙头企业跨国并购海外技术及品牌。支持思明区成长型企业把总部等高价值环节放在思明，把生产环节放在厦门周边区域。

推进城区国际化。以国际一流标准为标杆，加快国际化医院、国际学校等硬件设施建设的同时，探索在现有医院、学校开设外籍门诊专区、国际班，弥补现阶段思明在国际医院、国际学校方面的不足。启动全域旅游三年行动计划，深化鼓浪屿等国际化旅游项目内涵，积极开发符合国际需求的旅游产品，加快建设国际重要的旅游休闲中心。提高举办国际会展、赛事的服务承载能力，吸引更多国际性会展和国际性会议在思明区举办。积极引入外国人参与社区治理，进一步提升官任社区的国际化水平。加快建立起科学的社区国际化评价指标体系和服务标准指标体系，提高国际化社区覆盖面。加强与"一带一路"沿线国家的经贸交流和合作。

加强对台合作。加强与台湾岛内有关商会、协会和沿海台资企业的联系，不断扩大在现代服务业等领域的交流合作。鼓励台资银行、证券、保险等各类金融机构来思明区设立总部、资金营运中心。探索台企以台资产担保申请人民币贷款，积极帮助台企转型升级。邀请更多的台湾基层民众、青少年和中小企业，特别是中南部各界基层代表人士来思明参访交流、旅游观光、投资兴业。支持在思明台胞享有市民待遇，积极吸引台湾高层人才和创新团队来思明创新创业。

融入闽西南经济协作区。全面融入闽西南经济协作区，加快发展"飞地"经济，做大安溪思明园产业规模，积极谋划在漳州和龙岩建设飞地工业园区。探索"总部经济＋生产基地"前店后厂模式，打造思明产业在闽西南地区延伸示范基地。

（四）突出高品质供给，着力满足人民美好生活需求

办好人民满意的美好教育。加快建立多元化特色化的高中教育教学新模式，探索老城区学校建设的新途径，扩大优质教育资源覆盖面。支持有条件的学校采用"挖低增高"等途径进一步扩大学校容量，支持有条件的学校建设地下功能室、楼顶运动场地等。启动新一轮名师建设工程，增加"名师工作室"的数量和学科覆盖面。开展校外培训机构专项治理，优化完善"弹性离校"制度，解决学生家长实际需求。

加快打造健康思明。在莲前、筼筜、嘉莲、梧村等服务人口较多的街道择址开展社区卫生服务分中心或服务站布点建设，加快打造15分钟健康服务圈。积极建设省级卫生社区，继续开展健康（卫生）社区、单位、健康食堂（餐厅）、公园、步道、一条街等健康单元建设。深化医联体建设，支持鼓励三级医院建立

与基层医疗卫生机构预约转诊"绿色通道",完善"名医下基层"工作机制,创新三级医院医生到基层医疗卫生机构坐诊等方面的激励机制,引入第一医院、中山医院优质医疗服务资源。

加快发展文化体育事业。对现有文体场馆进行改造再提升、对边角地块开展摸排再利用,加快全民健身中心、文化休闲活动中心等文体项目的建设。扶持重大革命和历史题材、现实题材、农村题材、少儿题材等的创作生产,以中国电影金鸡奖举办为契机,完善影视产业体系,推动黄厝茂后打造影视小镇。开展文化进万家、高雅艺术进校园等文化惠民活动,邀请台湾优秀剧团或剧目到中山路人民剧场进行演出。着力引进顶级水上赛事,持续办好国标舞世界公开赛、国际沙滩极限飞盘赛等体育时尚季系列活动,加快培育竞技、休闲、培训等体育产业,争取世界休闲体育协会福建代表处落地。

提高就业和社会保障水平。扩大"青年创业驿站"覆盖面。完善技能人才培养使用、考核评价、竞赛选拔、表彰激励政策体系,健全面向全体劳动者的终身职业技能培训制度,积极扩大就业容量,确保"零就业家庭"动态清零,实现更高质量和更充分就业。实施"全民参保登记计划"。充分发挥"爱心超市"、"安康计划"、"圆梦助学"、"福乐家园"和慈善组织等救助平台作用,持续推进社会福利、慈善事业和优抚安置,兜住民生底线。实施养老服务新三年行动计划,打造"15 分钟社区居家养老服务圈"。

深入开展"平安思明"建设。完善视频监控,积极推进"雪亮工程",配套建立全区统一的视频图像资源云平台,深入实施"平安"建设数据化。统筹推进线上线下一体化,加快推进"互联网+"在线警务,积极主动应对网络安全威胁、网络犯罪挑战、网上舆情变量。加大对环境和食品、药品犯罪高压严打力度。

进一步深化社会治理。持续更新城市老旧小区综合服务设施,完善新型功能配置,着力推动老旧小区社区照料中心和社区卫生服务中心(站)资源共享。探索建设"邻里餐厅"、"邻里客厅",在邻里间搭建相识、相知、相熟、相助的互动平台。搭建社区民主自治平台,推广设立居民议事厅、民意收集箱、民情气象站,落实社区居民会议、居民代表会议、议事圆桌会、居务听证会等制度。在优化完善社区网格化服务管理信息平台、"i厦门"一站式惠民服务平台和社区公共安全管理平台等的基础上,加快推动社区各信息平台的融合发展。

(五)突出高颜值发展,着力展现美丽思明新形象

加快提升环境质量。加大挥发性有机物整治、黄标车淘汰、餐饮业油烟污染整治等力度,不断提升空气质量。协调开展筼筜湖周边小作坊、餐饮业、洗车场等项目的专项整治,持续推进筼筜湖水体治理。积极开展上李水库、东山水库、东坪山水库综合整治。持续开展黑臭水体综合整治。深化塔头水库截污纳管、西坑水库防洪排涝改造提升,全面开展易涝点整治修复,完成 80 公里排水管沟监测及清淤工作。

推进低碳思明建设。分类开展特色街道、产业平台、社区、企业等低碳试点,引导观音山营运中心、龙山文创园区等产业集聚区发展优势产业,延伸产业链条,大力发展低碳产业。积极培育和创建以低碳为主题的特色小镇。探索开展碳中和、碳封存和碳捕捉等技术的开发,有效控制建筑和交通等重点领域碳排放,引导企业逐步建立碳排放台账制度,不断完善碳强度考核体系。

加强生态文明建设。依托思明区现有街道社区网格体系,推进环境监管网格化建设,建立区、街道、社区三级环保网格监管体系,实现与综治网格的无缝对接。创新生态文明建设投融资机制,在扩大政府投入的同时,积极引入社会资本,加快培育环境治理和生态保护市场主体。加强生态环境大数据平台建设,逐步完善监测体系和预警机制。统筹推进生态文明先行示范区建设,实施领导干部任期生态文明建设问责制与生态环境质量监测结果相挂钩的领导干约谈制度。

提升宜居环境。充分发挥"片长制"工作机制,对薄弱区域的沿街单位门前和周边绿化带垃圾堆物、卫生死角、乱张贴、非机动车乱停放等问题开展集中综合治理。严控"两违"新增苗头,及时消除"两违"安全隐患。优化垃圾分类运作机制,严格督导管理,创新宣传引导措施,提升垃圾分类工作实效。推动现

状低效用地腾退还绿。围绕城区公园绿地、大型居住区绿地和生态廊道建设，突出主题植物特色，加快建设一批绿化精品。加快重点商业商务区、产业载体等区域立体绿化建设，全面提升立面空间绿视率和彩化度。

拓空间优环境。积极探索以地控税、以税节地，倒逼低效用地企业退出土地，提高效益。通过植入高端产业，高标准实施"微绿化"，加快推进滨北片区集中连片改造，加快建设滨北超级总部。鹭江道加快推进沿街立面提档升级，以"鹭江道商圈"建设为依托，以引进大项目带动思明区低端商业改造，持续提升总部经济带品质。结合轨道交通建设加强立体空间运用，加快推进观音山片区地下空间开发，持续提升观音山总部经济带品质。

参考文献

1. 厦门市人民政府 .2019 年厦门市政府工作报告 ［R］.2019.

2. 夏长文 .2019 年思明区政府工作报告 ［R］.2019.

3. 思明区发改局 . 思明区经济运行情况 2018 年分析 ［Z］.2018.

4. 思明区统计局 . 思明区 2018 年 1—12 月经济运行情况 ［Z］.2018.

5. 思明区人民政府 . 思明区国民经济和社会发展第十三个五年规划纲要 ［Z］.2016.

课题执笔：刘飞龙

第三章 2018 年湖里区发展评述与 2019 年展望

一、2018 年湖里区发展评述

（一）发展综述

今年以来，湖里区紧紧围绕高质量发展落实赶超这一战略目标，精准施策、攻坚克难、奋发进取，积极有效应对经济下行压力，全区经济保持平稳较快增长。

1. 经济发展稳中有进

2018 年湖里区完成地区生产总值 1035.8 亿元，同比增长 8.0%，总量和增速分别排名全市各区第二和第三。完成规上工业增加值 395.8 亿元，同比增长 10%，总量和增速均排名全市第一。实现财政总收入 201.4 亿元，区级财政收入 47.5 亿元，总量均排名全市第二。完成固定资产投资 194.3 亿元，同比增长 20.1%，增速排名全市第三。详见表 3-1、图 3-1 至图 3-4。

2. 产业升级成效明显

一是高端制造业持续壮大。2018 年，全区高新技术产业增加值同比增长 12.9%，占全区规上工业增加值比重 87.2%，国家级高新技术企业达到 266 家。计算机、通信和其他电子设备制造业产值增长 16.7%，成为全区首条千亿产业链，戴尔产值增长 16.5%；航空维修业产值增长 8.0%，新科宇航、太古起落架等龙头企业产值分别增长 21.7%、77.6%。

二是现代服务业稳步发展。促进兴大进出口、象屿化工等一批增量企业快速增长，有效对冲华信石油、信达点矿等存量企业营收大幅下滑的不利影响。以厦门航空为龙头的交通物流业营业收入稳定增长。中心城区聚集效应增强，带动住宿餐饮业繁荣发展。

三是新兴产业快速发展。2018 年商务居民服务业增长近 20%，特别是港口商务、湖里保安等商务服务业龙头企业增长迅猛，多想互动、勇仕网络等企业增长超过 100%。大顺集团集好运平台、建信住房租赁服务平台等一批生产性、生活性服务业平台发展迅速。

四是产业园区加快建设。精心打造湖里创意产业园，新增入驻企业 170 余家，落户中国短视频基地等一批优质项目。全面提升湖里创新园，补齐园区产业发展和公共服务平台短板，新增注册企业 1249 家，上市及新三板挂牌企业达 17 家。全力建设五通金融商务区，加快引进中金资本、凯泰资本等知名基金项目，全力推进英蓝国际金融中心等项目建设和招商。2018 年园区实现主营业务收入 517.8 亿元，税收 21.2 亿元，企业入驻 6869 家，园区从业人员达到 6.6 万人。

表 3-1　2018 年湖里区主要经济指标及排名

指　标	总量	总量全市排名	增速（%）	全市排名增速
GDP（亿元）	1035.8	2	8%	3
规模以上工业增加值（亿元）	395.8	1	10%	1
社会消费品零售总额（亿元）	333.3	2	−4.8%	6
固定资产投资额（亿元）	−		20.1%	3
财政总收入（亿元）	201.4	2	4.8%	5
区级财政收入（亿元）	47.5	2	8.3%	5
实际利用外资（亿元）	10.3	5	−	−
全体居民人均可支配收入（元）	53661	−	9%	−

资料来源：厦门统计月报

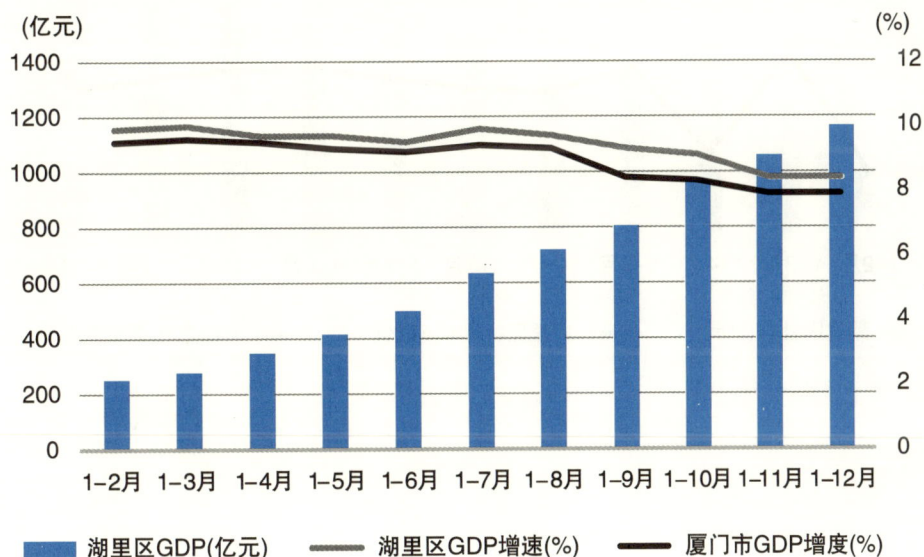

资料来源：厦门统计月报

图 3-1　湖里区 2018 年 GDP 情况

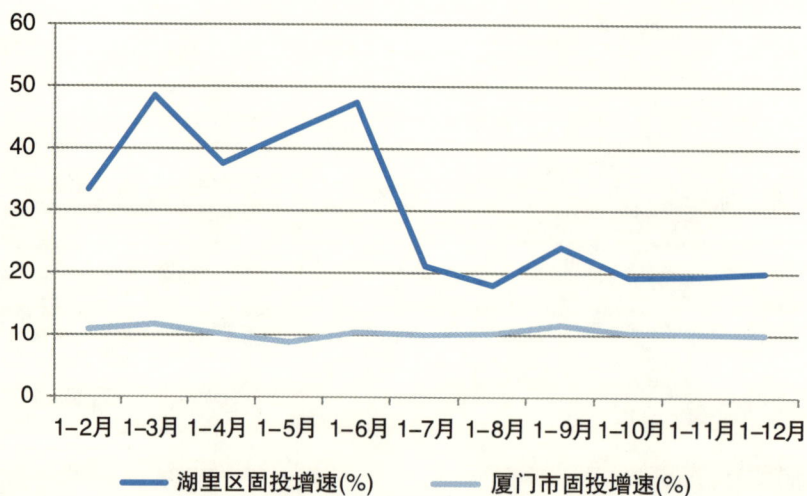

资料来源：厦门统计月报

图 3-2　湖里区 2018 年固定资产投资情况

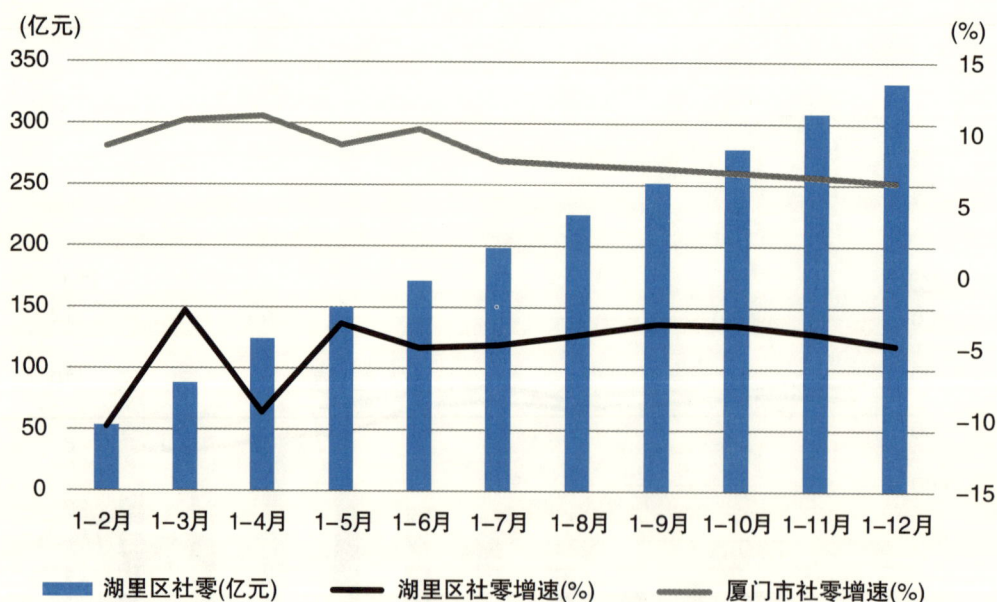

资料来源：厦门统计月报

图 3-3　湖里区 2018 年社会消费品零售总额情况

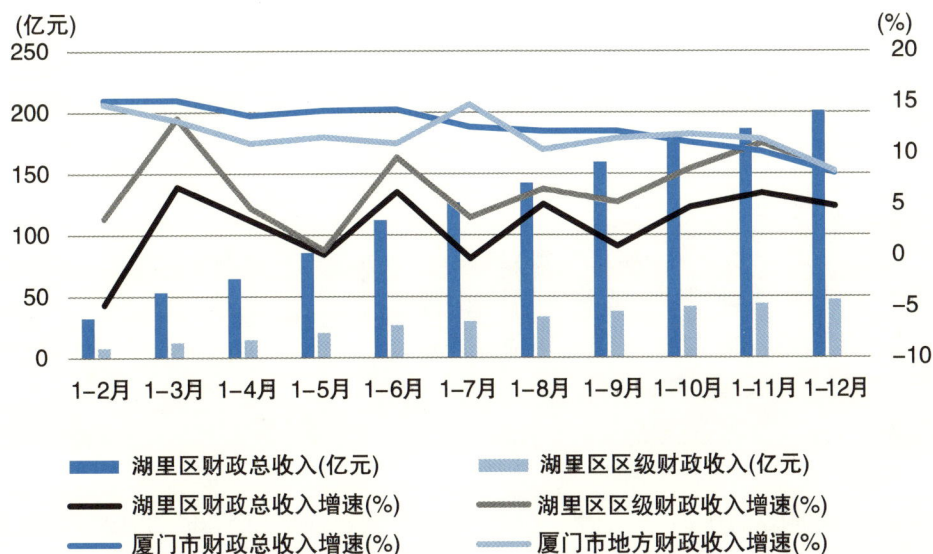

资料来源：厦门统计月报

图 3-4　湖里区 2018 年财政收入情况

五是企业扶持力度持续加大。出台促进总部经济发展等政策措施，建立全区企业大数据管理系统，加强与自贸区、火炬高新区的政策协同，兑现促进工业、商贸业稳增长等产业政策及各项人才扶持奖励资金达 5 亿元，全区市级总部企业增加至 6 家、区级总部企业增加至 138 家，培育和引进各类高层次人才 52 名，新增人才公寓 100 套。

3. 城区品质持续提升

一是"三旧"成片改造加快推进。实施《加快推动湖里区老旧厂房改造项目审批的相关建议》，东南铝业、长城工业等老厂房改造和南山新村、金鼎牛头山小区等 8 个老旧小区改造提升有效推进。全面启动拆迁总量 1360 万平方米、总投资约 2200 亿元的湖里东部旧村整村改造项目，选定高林—金林片区一期作为东部旧村整村改造先行区，"指挥部 + 街道 + 公司 + 社区"联动机制持续强化。

二是城区建设管理水平持续提高。建立健全城市综合管理体制，实施《湖里区全面加强城市综合管理总体方案》。推进"大城管"改革，实行"大城管委 + 城建集团公司"的决策、执行体制，创新推进城市综合管理"路长制"。加快"数字湖里"公共管理集成平台建设，实现湖里区城市公共管理事件处置高效便捷。

4. 民生保障有效增强

一是民生基础设施加快完善。新建和改造 9 座公厕、5 座清洁楼，开展嘉禾路、台湾街等路段街区和东荣、东渡等片区立面整治，江头、殿前、火炬片区 22 条道路"白改黑"和绿化改造、湖里市民中心、湖里体育公园、忠仑文化公园、智能交通系统一期工程、康乐二小和薛岭山公园地下公共停车设施等民生设施有效推进，城区承载力进一步提高。

二是社会事业短板加快补齐。弘爱医院、莲花医院后埔分院正式运营，高林学校、金林湾幼儿园等 8 个校园项目，厦门大学附属厦门眼科中心扩建和厦门如心妇婴等医院项目，36 个小区卫生服务站或小区医生工作室以及爱鹭养老院、区社会福利中心等项目进展顺利，公共服务进一步扩容提质。

5. 生态文明稳步提升

一是环境治理成效显著。全力提升空气质量，认真落实扬尘污染防治措施，推动安装扬尘及噪声在线监控设备，严控餐饮油烟污染，全区空气质量优良率保持在 96% 以上。大力开展水污染防治，石材加工企业综合整治、兴湖路等截污工程建设、五缘湾水体整治等进展顺利。

二是绿色低碳水平提升。推动绿化和公园景观提升改造，接管五缘湾湿地公园、忠仑公园，新建薛岭山等公园绿地，人均公共绿地面积突破 10 平方米。全面铺开垃圾分类工作，垃圾分类实现所有社区全覆盖，生活垃圾无害化处理率达 100%。发展绿色公交，建设智能化交通管理系统优化调整公交线路条。

6. 重点项目加快推进

一是"双千亿"工作有效落实。建立湖里区落实"双千亿"工作协调推进机制，全力推动纳入全市"双千亿"盘子的 71 个产业链项目和 53 个投资工程项目建设。

二是"五个一批"项目加快推进。全年新增项目 205 个，总投资 2712 亿元，38 个省市级重点项目、35 个区级重点项目均超额完成同期投资计划。

三是项目滚动接续。成立区土地房屋储备管理中心，策划生成金融大街、凤头渔港小镇等近 50 个项目。

四是招商引资成效明显。开展"一把手"招商、中介招商、以商引商，成功引进沙特阿美区域总部、中金系列基金等一批优质项目。

（二）存在问题

1. 产业能级有待提升

工业发展后劲不足。缺乏龙头企业和大项目，在规模以上工业企业中，产值在 10 亿元以上企业仅 20 多家。产业附加值不高，全区工业增加值率为 21.3%，低于全市水平 3 个百分点；高端服务业占比低。软件和信息、商务服务业仅占 5% 左右；部分产业发展起伏较大。批发零售业、房地产业等传统产业受市场、政策等外部因素影响动能减弱，其他营利性服务业等新兴产业体量小，以知识服务、数字经济、信息技术为业态的新兴产业仅占 GDP 的 10%。

2. 城区功能有待优化

旧村、旧区改造面临不少瓶颈制约，空间资源未得到高效利用，城区建设和环境有待于进一步改善。湖里区目前辖内尚有 57 个"城中村"，违章抢建、搭建建筑大量存在，用地、建设管理滞后，征地拆迁难度大，占道经营整治反复性大，城区形象难以改善。

3. 生态环境有待改善

2018 年空气质量位居全市各区第 5 位，处于相对靠后。城区污水处理设施和配套管网建设还不完善，五缘湾海域及周边环境还有待进一步提升。湖里人均公园绿地面积仅为 10.04 平方米／人，低于全市人均公园绿地 13.07 平方米，城中村内背街小巷绿化景观也有待进一步提升。

4. 公共服务短板明显

公共服务配套的标准等级较低，总量不足，结构和布局不能满足多层次的不同需求。全区小学阶段学位总缺口约为 4000 个。"五个一"区级体育中心缺口较大。每千常住人口床位数仅 2.93 张，远低于全市平均水平 3.83 张。人均公共文化设施用地仅为 0.05m²，低于人均用地为 0.25m² 的规范要求。

5. 部分项目进展较慢

一是受土地出让迟滞、片区征迁难有重大突破等要素约束，导致部分项目推进缓慢。二是受岛内新总部用地政策影响，中建四局、中铁海峡等总部项目进展缓慢。三是受两岸金融中心 A 组团周边道路、地下空间等公建配套不完善影响，部分项目建设及招商进展缓慢。

二、2019 年湖里区发展展望

（一）影响因素

1. 产业发展方面

当前国内高度重视人工智能产业发展，国家层面出台了《"互联网 +"人工智能三年行动实施方案》，加大力度鼓励人工智能重点技术和应用领域的发展，推动互联网、大数据、人工智能和实体经济深度融合，这有利于湖里人工智能产业园的加快布局和企业引入，增强新一轮产业变革的核心驱动力。同时，国家进一步深化广东、天津、福建自由贸易试验区改革开放，赋予自由贸易试验区更大改革自主权，这有利于厦门自贸区（湖里片区）充分发挥体制创新的潜力，聚焦服务实体经济发展等改革关键环节，在商贸物流、新兴金融以及国际航空服务、飞机维修服务发展上取得突破。2018 年市委、市政府深入开展"打造千亿产业链群、实施千亿投资工程"，推动高质量发展，这将有利于湖里区优先发展高端制造、商贸物流、新兴金融、创意创新四大主导产业，加快实施"2+4+N"的产业发展战略。

2. 城市建设方面

厦门市第二西通道、轨道交通 2 号线和 3 号线等重大交通基础设施的加快推进为湖里区发展带来更多的机遇。全市的"双千亿"工程将有利于湖里区加快城市更新和民生基础设施建设。2018 年本区东部旧村改造正式拉开大幕，禾山街道五缘湾片区钟宅、下忠、墩上等近 150 万平方米的旧村落将实现整村拆迁，梳理出崭新的城市发展空间。不利因素是未来辖区内基本无新的重大基础设施项目布局，固投增长有限，且受制于征地拆迁的进程。

3. 进出口方面

湖里区以口岸经济和一般贸易为主，属于自主创新能力较弱的经济结构，势必受到中美贸易战的直接冲击和影响，外贸进出口增长压力加大，出口成本增加。在我国对美加征关税的产品清单中，涉及湖里区的飞机、大豆、玉米等产品 2017 年自美进口额占全市比重的 5% 左右，受影响的飞机融资租赁业务占总业务规模超过 60%。

（二）发展展望

根据对湖里区产业发展、城市建设、进出口方面等影响因素的分析，结合湖里区的区情，预计 2019 年湖里区经济将继续保持稳中有进态势，GDP 增长 8.5% 左右，固定资产投资增长 20% 左右。

"转型湖里"进一步推进，平板显示、计算机制造、通用设备制造、航空维修、集成电路等产业集群加快形成，高端商业、现代物流等服务业集聚辐射力持续增强；"创新湖里"进一步打造，创新驱动战略全面实施，创新对经济的贡献持续增强；"美丽湖里"进一步实施，生态文明建设示范区加快打造，城区功能和品位持续提升；"和谐湖里"进一步营造，各项社会事业持续进步，人民生活水平进一步提高。

三、2019 年湖里区发展对策

2019 年湖里区要坚持稳中求进工作总基调，坚持新发展理念，按照高质量发展的要求，坚持以供给侧结构性改革为主线，深入实施"2+4+N"发展战略，在转型湖里、创新湖里、美丽湖里和和谐湖里等方面取得扎实进展，促进经济社会持续健康发展，进一步建设高素质高颜值的现代化中心城区。

（一）加快转型升级，构建"转型湖里"

"转型湖里"加快构建。加快实施"2+4+N"的发展战略，加强与自贸区和火炬高新区的协同补链、联合强链，激活存量工业，培育新兴产业，狠抓动能接续项目，推动市"双千亿"工程建设，推进全区经济高质量发展。

1. 推动制造业提质增量

坚持做大总量与提升质量并重，着力抓龙头、铸链条，主动承接火炬高新区、自贸区自主创新溢出效应，促进产业联动发展，做大做强平板显示、计算机制造、通用设备制造、航空维修、集成电路等产业集群，不断拓展高端制造业发展空间。

计算机通信业。支持宸鸿科技、戴尔计算机等龙头企业加强研发创新、经营模式创新，推动宸美光电3D 触控模组自动化产线项目、手机触控屏产线技术改造项目，推动戴尔收购 EMC 后续项目、富士康福建区域总部项目、激光陀螺惯性导航系统项目落地。

航空维修产业。充分发挥自贸区保税维修政策优势，加快航空维修产业向发动机维修、部件维修、发动机及部件改装、维修人员培训等环节延伸。促进太古飞机、新科宇航等龙头企业加大与中国商飞合作力度。

集成电路设计产业。积极拓展高殿科技园、两岸集成电路设计产业园等"一区多园"产业载体，加快推动集成电路龙头项目落地建设，打造区域集成电路研发设计中心。

2. 扩大服务业集聚辐射力

对接联动自贸试验区，充分发挥"保税＋"、"金融＋"等功能优势，大力发展高端商业、跨境电商、进口贸易、现代物流、总部经济等，持续提升商贸发展能级。

商贸业。发挥湖里创新园等市级服务外包示范园区的政策效应，培育拓展贸易新形态，积极发展境外离岸服务外包业务。加快电子商务发展，打造一批网上专业市场、行业垂直电商平台。

现代物流。加强对台航运物流合作，打造台湾农产品、水产品和食品的大陆中转分销物流中心。加快培育船代、货代等专业服务，发展与国际航运相配套的生产与生活资料供应服务。

休闲旅游。加快建设西海湾邮轮城，推进邮轮母港文化娱乐项目建设。大力发展游艇帆船体验、游艇展销、海上游和环岛游。推动设立闽台游艇综合服务试验区，培育厦金澎精品旅游线路。

总部经济。建立目标总部企业引进库，分层次细化招商举措和扶持政策，培育引进一批独角兽、大型总部和瞪羚企业。吸引国内外大型企业来区设立区域总部，以及运营中心、研发中心、管理中心、贸易结算中心、采购销售中心等职能型总部。

3. 加快培育新兴产业

大力推动新经济、新产业、新业态、新模式发展，以"互联网＋"为重点，促进新一代信息技术与现代制造业、金融、商贸、物流、旅游、健康、教育、文化等领域的跨界融合创新，推进二三产融合发展。

新兴金融。加快设立金圆集团金融创新孵化平台、湖里基金空间，支持厦门黄金投资公司、金洲黄金资产管理公司发展壮大。配合自贸区做大飞机、游艇、医疗器械融资租赁，将自贸区湖里片区打造成全国重要融资租赁集聚区。

创意创新。加快推动"特区·1980"湖里创意产业园建设，强化园区品牌和公共服务建设。提升湖里创新园产业能级，重点培育扶持飞鱼科技、科技谷等一批高新技术、高成长型、高效益企业。

人工智能。依托火炬高新区人工智能产业园，大力引进人工智能产业研发、设计、展示及总部办公等。加快新松机器人、网龙 AR 及云产业基地等新兴产业项目向湖里创新园、湖里创意园等创新创业基地落户集聚。

4. 加大企业服务力度

加大企业服务协调。培育壮大中小企业，协调解决企业政策扶持、子女就学等问题，对减产企业分析问题和提出解决措施，对高成长企业落实用电奖励、市场开拓等措施，对创新型企业通过"一企一策"支持发展。落实《湖里区实施质量品牌和标准化战略奖励办法》，给予企业品牌、标准化、质量、认证认可奖励。

（二）强化创新驱动，打造"创新湖里"

"创新湖里"加快打造。全面实施创新驱动战略，增强创新对经济的贡献，在提质量、增效益的基础上保持持续健康发展。预计 2019 年，全社会研发支出占 GDP 比重达 3.5%。

1. 鼓励企业加大研发投入

"普惠与重点支持"相结合，支持重点企业建立高水平研发中心和中试基地。对原先没有 R&D 支出的企业，加强研发费用加计扣除等普惠性政策的宣传和普及力度，引导企业逐步建立研发机构。原先有 R&D 支出及创新活动相对活跃的企业，运用财政补助机制激励引导企业普遍建立研发准备金制度，推动企业有计划、稳定增加 R&D 投入。推动四维时代、科技谷等企业增加 R&D 投入，持续提升企业创新水平。

2. 整合创新要素资源

大力发展共性化+个性化的研发测试平台，推动国家大院大所与龙头企业构建"产、检、学、研"合作体系，加强质量品牌建设。建设一批众创空间、企业研发中心、公共技术服务平台，鼓励和支持天使投资基金、创投基金等为科技创新型企业提供服务。推动清华大学海峡研究院人工智能开发生态环境平台、美亚柏科人工智能平台实训中心、英诺 AI 加速器等意向入驻企业落地。

3. 培育壮大高新技术企业

加大高新技术企业扶持政策的宣传和兑现力度，开展"独角兽种子企业计划"、"科技小巨人企业计划"，建立"创意—创业—小巨人—独角兽种子"的梯次培育体系，加快培育一批行业龙头企业、智能制造领军企业。重点培育易必微、恒信机器人、慧芯微电子、吉仕通科技等企业。

（三）改善人居环境，建设"美丽湖里"

"美丽湖里"加快建设。深入开展生态文明体制改革，打造生态文明建设示范区，提升城区功能和品位，建设宜居宜业的"美丽湖里"。

1. 打造生态文明建设示范区

大力优化生态环境。开展扬尘和餐饮油烟污染防治，加快环岛路岸线等截污工程、航空港工业区与物流园区等污水处理厂建设，持续推进五缘湾生态环境整治，巩固垃圾分类和减量管理成效，加快海绵城市雨水花园试点改造。不断提升绿化水平，大力推进"八山两水"生态廊道建设，持续打造五缘湾公园 5A 景区，着力实施"四边"绿化改造和景观提升。

持续推动绿色低碳发展。打造绿色交通，发展绿色建筑，开展企业清洁生产强制性审核，推行环保第三方治理、合同能源管理，推动企业参与排污权、用能权、碳排放权等市场交易，开展环保督查和环境执法。

2. 优化城区功能

全面推进旧村改造提升。坚持"高颜值、高素质"思路，统筹推进全区旧村改造。在东部，坚持"整村、整体一次性拆迁改造"的思路，强化"指挥部＋街道＋国企＋社区"机制，加快推进钟宅等七大片区改造，力求东部旧村整体一次性完成改造；在西部，按照"政府引导、企业实施、群众参与"模式，推动城中村的综合改造和有机更新。

加强城区管理创新。巩固深化"大城管"机制，继续完善"路长制"，实现城区管理全面覆盖。探索打造智慧城区，加快数字湖里集成平台建设，建立"网格化管理、标准化实施、数字化运行、高效化执法、社会化参与"的长效管理机制，营造"生活＋居住＋休闲＋汇聚人才＋创业"五位一体的城区空间。

（四）完善民生保障，营造"和谐湖里"

"和谐湖里"加快营造。坚持多元化投入，下大力气补短板、强弱项，着力解决教育、医疗、养老、社会保障等民生问题，加快补齐城乡民生基础设施等领域短板问题，健全基本公共服务体系。

1. 努力争创教育强区

做精做优学前和基础教育。落实开发商建设住宅小区配套幼儿园的法定责任，提高幼儿园规划实施比例。推进五缘实验学校、湖里创新园配套学校、禾山中学扩建等项目建设，打造一批特色校、品牌校。推进集团化办学，依托优质学校，组建若干个教育集团。加强师资队伍建设，深入推进校长职级制，优化教师系统培养机制，大力引进一批名校长、名教师。

做大做强民办教育。积极引入国内外优质教育资源，加快推进高林民办高端国际化学校等项目。鼓励民办学校品牌化、集团化、连锁化和联盟化发展。

2. 全面建设"健康湖里"

加大医疗卫生资源供给。大力推动五缘综合医院、龙邦妇产医院、如心妇婴医院等项目建设，加快建设殿前、禾山街道等社区卫生服务中心，实施小区卫生服务站试点，形成小区居民"10分钟医疗圈"。加快建设五缘湾高端健康医疗园区，加大一流医学人才和高端医疗资源引进力度。

深化医药卫生体制改革。推动家庭医生签约服务，推进医联体建设，加快公立医院人事薪酬制度、医保支付制度等改革。推动医疗卫生工作重心下移、资源下沉，建立公平可及、系统连续的分级诊疗体系。

完善养老服务体系。推进区社会福利中心、爱鹭老年养护中心和养老健康产业园等项目建设，加快实现社区老年人日间照料中心、社区居家养老服务站、村居幸福院全覆盖。大力发展医养结合的高端养老产业，推动健康养老服务智慧升级，满足多层次养老服务需求。

3. 不断繁荣文体事业

建设文体设施。大力推动湖里市民中心、湖里体育公园、忠仑文化公园等项目建设，补齐大型文体设施短板。落实基层文化设施配置标准，推进和通片区、金山街道综合文化站以及12个社区综合文化服务中心建设，完善区、街、社区三级公共文化服务设施网络，构建"15分钟文体服务圈"。

发展文体产业。大力推进国家级闽台文化产业试验园核心区建设，吸引台湾专业运营商、文化企业、领军人才，促进涉台文体项目落地。促进文化与体育、旅游、创意等产业融合发展，培育一批具有研发能力和自主知识产权的文化企业或产品品牌。

（五）强化项目带动，夯实"四个湖里"

1. 强化产业链招商

重点引进产业的关键链条、关键技术、关键环节，促进产业集群化、高端化、特色化发展。依托两岸金融中心五通金融商务区、湖里创新园、自贸区等园区载体，积极对接世界500强、中国500强、民营企业500强以及行业前20强企业，吸引跨国公司、央企和民企来厦门市设立总部、区域总部及研发中心、技术中心、采购中心、结算中心等功能性机构。全力推进西海湾邮轮城、英蓝国际金融中心、海丝艺术品中心、SM 三、四期等 11 个总投资 10 亿元以上的省市重点产业项目和欣贺研发中心、天地金融港、五矿大厦等 14 个总投资 5 亿~10 亿元市区级重点产业项目建设。

2. 创新招商方式

强化"互联网 + 招商引资"思维，制定针对性强的招商正向激励政策，完善信息库、客商库、项目库，优化龙头招商、精准招商，借力产业投资基金、优质企业并购、实力中介等招商新方式，开展定位、定向、定点精准招商，加快引入一批优质项目，形成项目滚动接续。

参考文献

［1］厦门市人民政府 .2019 年厦门市政府工作报告［R］.2019.

［2］厦门市发展研究中心 . 湖里区"十三五"规划实施情况中期评估［R］.2018.

［3］湖里区人民政府 .2019 年湖里区政府工作报告［R］.2019.

［4］湖里区发改局 .2018 年湖里区经济运行情况［Z］.2018.

［5］湖里区发改局 .2018 年及今后三年湖里区经济工作思路［Z］.2018.

［6］厦门市统计局，国家统计局厦门调查队 . 厦门经济特区年鉴［M］. 北京：中国统计出版社，相关年份 .

课题执笔：张振佳

第四章 2018 年海沧区发展评述与 2019 年展望

一、2018 年海沧区发展评述

（一）发展综述

2018 年，海沧区坚持高质量发展理念，着力克服经济转型期的各种困难，加快推动新兴支柱产业发展和重大片区建设，努力建设高素质高颜值的国际一流海湾城区，各项工作取得了明显进展，总体经济持续向好，内生动力不断增强，民生补短板持续推进，工业投资和产值总量、增速均居全市前列。

1. 经济运行平稳趋好

2018 年，全区地区生产总值 676.11 亿元，增长 7.7%，高于 2017 年 2.5 个百分点，整体经济总体向好。从完成全年目标看，城镇居民人均可支配收入、农村居民人均可支配收入等指标增速高于年度预期，GDP、规模以上工业增加值增速略低于年度预期，固定资产投资、社会消费品零售总额、区级财政收入增速则明显低于年度预期。从与其他区对比看，农村居民人均可支配收入、规模以上工业增加值总量分居全市第一、第二，二产、城镇居民人均可支配收入增速分居全市第二、第三。详见表 4-1、图 4-1 至图 4-5。

表 4-1 2018 年海沧区主要经济指标及排名

指　标	总量	全市排名	增速（％）	全市排名
GDP（亿元）	676.11	4	7.7	5
其中：一产	1.60	5	−4.1	6
二产	412.35	2	8.7	2
三产	262.16	4	6.1	6
规模以上工业增加值（亿元）	353.37	2	8.9	2
固定资产投资额（不含农户）(亿元)	—	—	−4.1	5
社会消费品零售总额（亿元）	149.85	5	0.6	5
实际利用外资（亿元）	9.54	6	—	—

指　标	总量	全市排名	增速（%）	全市排名
财政总收入（亿元）	174.06	3	−3.3	6
区级财政收入（亿元）	39.10	3	0.7	6
全体居民人均可支配收入（元）	47828	3	9.2	4
其中：城镇居民人均可支配收入	49718	3	8.7	3
农村居民人均可支配收入	27742	1	9.2	4

资料来源：厦门 2018 年统计月报

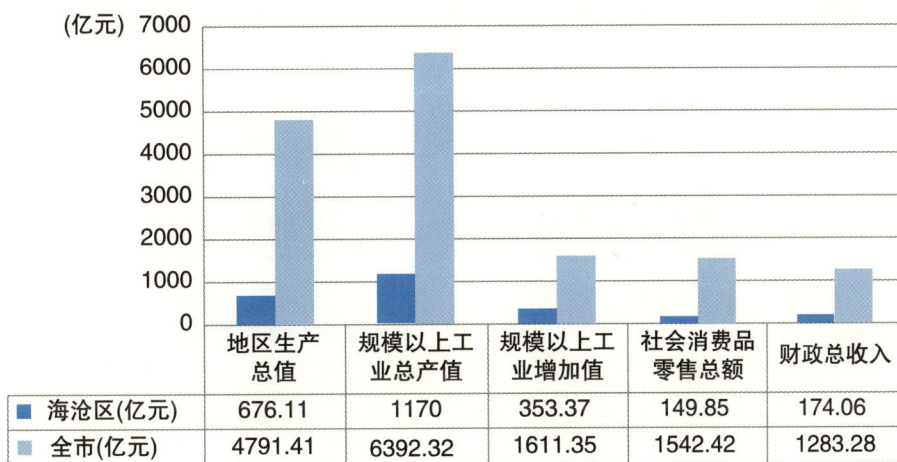

	地区生产总值	规模以上工业总产值	规模以上工业增加值	社会消费品零售总额	财政总收入
海沧区(亿元)	676.11	1170	353.37	149.85	174.06
全市(亿元)	4791.41	6392.32	1611.35	1542.42	1283.28

资料来源：厦门 2018 年统计月报、海沧区统计局

图 4-1　海沧区主要经济指标与全市对比

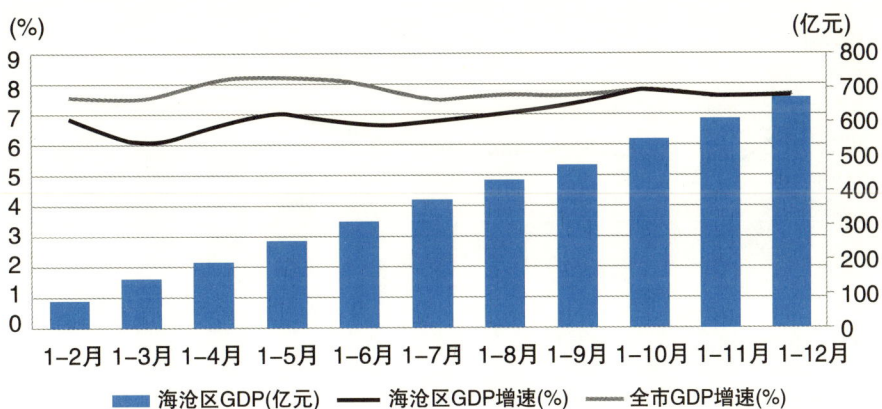

资料来源：厦门 2018 年统计月报、海沧区统计局

图 4-2　海沧区 GDP 增速与全市对比

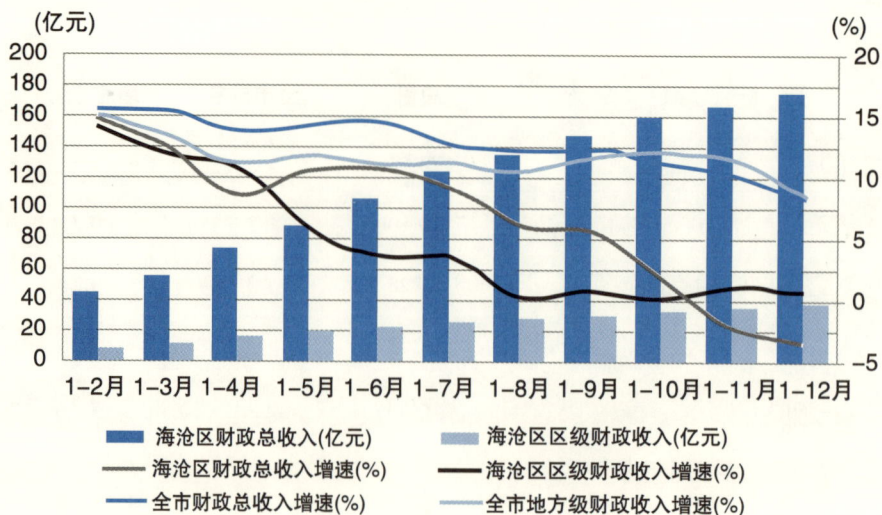

资料来源：厦门 2018 年统计月报、海沧区统计局

图 4-3　海沧区财政总收入增速与全市对比

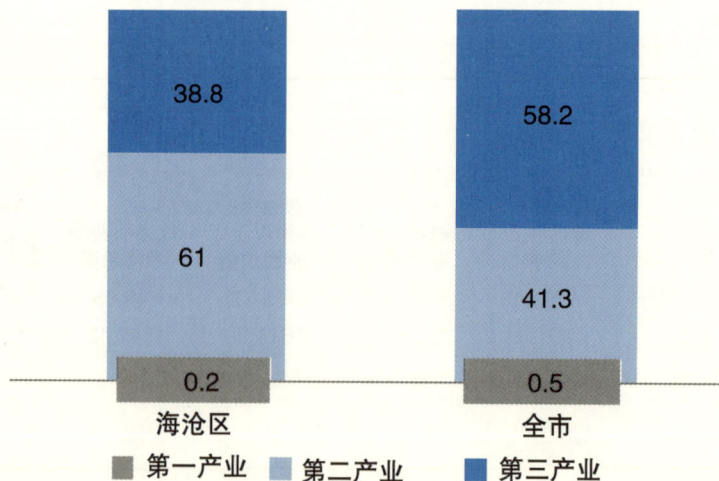

资料来源：厦门 2018 年统计月报、海沧区 2018 年统计月报

图 4-4　海沧区三次产业结构与全市对比

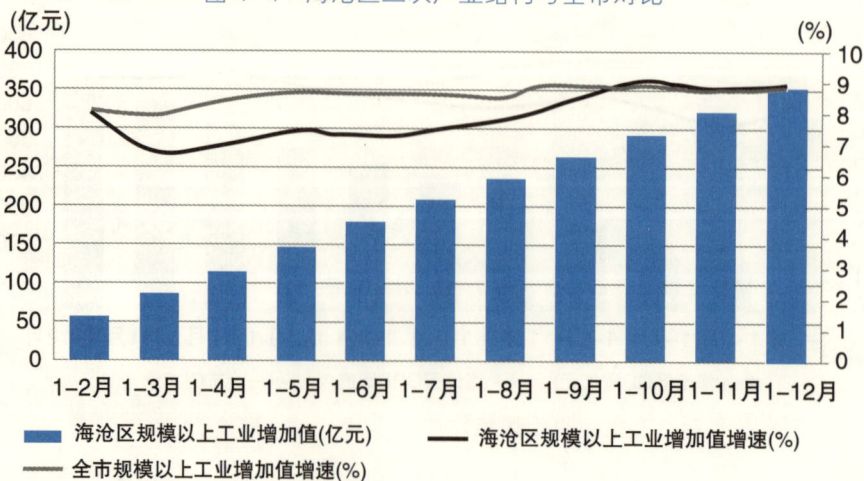

资料来源：厦门 2018 年统计月报、海沧区统计局

图 4-5　海沧区规模以上工业增加值增速与全市对比

2. 产业转型加快推进

战略性新兴产业逐步壮大。集成电路稳步推进，4 家企业 5 个制造项目落地投资，总投资达 350 亿元，其中通富微电子封装和士兰微项目受到国家发改委、工信部的高度肯定，开元通信、英诺讯科技等设计项目落户海沧，聚集 100 多位集成电路从业人员，EDA 平台实现常态化运营，第二届集微半导体峰会等专业会议成功举办。生物医药日显成效，全行业完成产值 140 亿元，增长 23%，生物医药产品注册数全省领先，万泰宫颈癌疫苗、艾德生物试剂盒等产品培育取得新突破。国内市值最大的医药上市公司恒瑞、诚幸堂、本素药业总部入驻海沧，生物医药产业园二期 9 幢厂房建成投用，厦门生物医药产业协同创业中心加快推进。新材料产业高速增长，全行业实现产值 185 亿元，增长 20%，厦钨新能源、金鹭硬质合金项目落户，总投资近 60 亿元。长塑超高阻隔薄膜项目抓紧建设，厦钨三元正极材料项目实现投产，凯纳石墨烯科研成果批量投入市场。

现代服务业不断提升。现代物流亮点频现，集装箱吞吐量占厦门港比重达七成，核心港地位进一步凸显。象屿、建发、国贸、莹隆、帝轮等企业获得整车进口资质，直购进口等跨境电商新业务模式正式落地，厦门口岸成为全国进口酒第三大口岸。中储粮、启润物流等项目加快推进，成为物流业新增长点。旅游会展产业链不断完善，海沧区现有开业酒店达 43 家，正元希尔顿逸林酒店、融信华邑酒店、泰地万豪及万怡酒店等 7 家高端酒店开业运营，提供房间数近 3000 间，源宿及豪华精选酒店、松霖生活空间酒店加快推进，海沧湾高端酒店群已成规模，天竺山片区高端民宿项目完成策划，多层次的旅游接待体系日臻完善。成功策划"乐活联盟"主题活动和"山海逍遥游"特色主题旅游路线，带动各大景区旅游接待人数、旅游收入实现快速增长。

传统优势工业稳步发展。狄耐克、通达三期、阳光恩耐四期等 9 个项目力争年内投产，盈趣、瑞声、黄金产业园等 15 个项目加快建设，佳浴陶瓷、沙迪克等 16 个增资扩产项目加快前期，海拉电子、通达四期、瑞尔特增资等三个项目加快落地。获评全国首个省级出口智能家居质量安全示范区，智能制造示范效应不断显现。

3. 营商环境不断优化

"放管服"工作持续深化。正式出台《海沧区"一窗受理、集成服务"政务服务改革实施方案》，实行前台综合受理、后台分类审批、统一窗口出件的运行模式。探索推行重大项目审批代办服务制度。不断梳理"就近办、马上办"便民服务事项，将与群众生产生活密切相关的便民服务下放全区，推进"减证便民"专项行动。

自贸区建设持续拓展。稳定运行阿拉木图、莫斯科、汉堡、杜伊斯堡、布达佩斯等 5 条中欧班列线路。成功开展冷链货物转口贸易，规划建设省内首个国际物流分拨中心，创新采取保税"散改集"方式开展转口贸易业务。提升港区通关便利化水平，实现监管部门之间"信息互换、监管互认、执法互助"。率先试行食品一线检验二线备案新模式，进口酒实现"快查快放、即验即放"。

信息化建设持续推进。推动落实《海沧区信息化建设三年行动计划》，积极推进区级统一行政审批服务平台与市电子证照库平台对接，根据省市数据开放程度，实现市区两级电子证照数据共享，解决群众重复提交材料的问题。

4. 民生保障持续增强

教育方面，厦门一中海沧校区、华中师大附中三期、北师大京口校区扩建、未之星幼儿园京口二分园等项目竣工，新增幼儿园学位 540 个，初中学位 2700 个，高中学位 3000 个。洪塘学校、东瑶学校、鳌冠学校一期、实验中学高中宿舍扩建等项目正在加紧施工。

卫生方面，全区新增住院床位 200 张，桥南社区卫生服务中心正式投入使用，新阳医院完成扩建改造工程，第一医院海沧分院开始进场施工，王子妇儿医院加快建设。推进东孚街道社区卫生服务中心建设。

推进区妇幼保健院、临港新城卫生服务中心前期工作。

社会保障方面，城乡居民养老保险与医疗保险参保率连续七年实现"两个100%"，推进"15分钟便民服务圈"村（居）全覆盖。加快推动6个农村幸福院、1个日间照料中心建设，完成14个居家养老信息化专业化项目建设，养老设施不断健全完善。兴钟林安置房二期、临港新城二期A地块、东坑安居房基本建成，渐美安居房、兴港花园五期、兴东鑫花园二期、东瑶安居房顺利开工，住房保障能力逐步提升。

5. 宜居环境不断提升

交通体系不断完善。海翔大道（公铁立交—孚莲路段）提升改造工程、国道324改线等项目建成通车，全区过境通行能力大幅提升。海沧货运通道（马青路—疏港通道—海翔大道段）基本贯通，海新路与疏港通道立交加快推进，海沧疏港通道和芦澳路（马青路—翁角路段）工程启动建设，港区集疏运体系进一步完善。轨道2号线（海沧段）加紧推进，轨道4号线前期工作加快进行，轨道交通网络日渐成型。

市政设施加快建设。新增公共停车泊位1073个、充电桩147个、园林绿地120.8公顷、绿道9.2公里、健康步道4条。完成海绵城市马銮湾试点区三年建设任务，全省首个海绵城市PPP项目建成投用。东孚南路二期、学园路、西园中路等道路建成通车，保障厦门一中海沧校区顺利开学；信息产业园南海五路、南海三路、双埕路、洪塘路加快建设，保障通富、士兰等项目开工建设。

生态环境不断改善。坚决打好污染防治攻坚战，2018年度公众对环境质量满意度全市第一。新阳主排洪渠水质稳定在"消除黑臭"水平，过芸溪省控断面水质基本稳定在地表水IV类标准。全面落实"土十条"，开展土壤污染排查，海沧47家重点企业已完成土壤污染隐患排查工作。建成区生活垃圾分类实现全覆盖，大件垃圾综合处理厂建成投用。持续深化河长制，启动湖长制、山长制，形成水体、山体网格化管理格局。

（二）存在问题

1. 产业发展有待加快

传统工业发展遭遇阻力，鸿光电、金龙客车、松霖卫浴等企业产值下降较大。服务业增加值增长6.1%，低于全市7.5%平均水平，商贸业受石油交易中心影响出现连续负增长，房地产业市场热情消退、企业开发意愿下降、项目建设节奏放缓，物流业中航运总部、国际贸易、航运金融等高端服务业发展滞后，难以有效带动经济增长。新兴产业支撑力仍然较弱，通富、士兰、芯舟、金柏、恒瑞、厦钨等大项目仍处于前期和建设阶段。

2. 城区功能有待完善

临港新城建设进程缓慢，马銮湾新城尚处建设中、东孚新城进展相对滞后，"有业无城"现象依然明显，尚无法有效吸纳大量人口，新城规划和建设尚需加快推进。基础设施有待完善，公共交通通达性较差，区间内点对点线路以及与岛内的联系线路偏少，城中村面积较大，外来流动人口大量聚集，市政设施未能有效配套。征地拆迁难仍制约城市的发展，特别是港区后方陆域，涉及后井村等村庄拆迁，导致港区集疏运体系无法有效建立，城中村违章建筑增多，也影响到城区环境和品质建设。

3. 公共服务有待增强

优质公共服务供给依然偏少，公共服务仍缺乏吸引力，针对农村和社会弱势群体的公共服务尚未得到充分保障。随着海沧人口规模的持续扩大，中小学位供给缺口较大，产科、儿科、康复医学科等医疗专科资源短缺，区级重大文化功能性设施建设滞后，高端养老服务刚刚起步，人民日益增长的美好生活需要还不能很好地满足。

4. 重大项目接续不足

厦门中心、泰地海西中心、西雅图、龙湖、泰禾厦门院子等房地产项目基本完成，后继项目存在空档。海翔大道、海沧货运通道接近尾声，国道 324 改线（凤南—角美段）全线贯通，新开工的芦澳路、海沧疏港通道、海新路与疏港通道立交工程等大体量市级代建项目开工时间均晚于预期，项目接续不畅。部分重大产业项目，如恒劲、金柏、厦钨硬质合金、中鲨动保等因未取得项目用地，推进缓慢。

二、2019 年海沧区发展展望

（一）影响因素

产业方面，美国对高新技术产业和技术进行保护和封锁，对海沧发展集成电路等战略性新兴产业势必带来不利影响，但随着通富、士兰、恒瑞、厦钨等重大项目的建成投产，产业链群不断完善，强大的吸附、集聚效应将削弱外部冲击。外部环境趋紧增加了现代服务业发展的困难和阻力，房地产业对海沧的贡献持续减弱。

投资方面，国内围绕"六稳"目标，积极的财政政策将延续，围绕建设高素质高颜值现代化国际化城市、国际一流海湾城区，轨道交通 2 号线、第二西通道、通富、士兰等"双千亿"工程项目将加快推进，基础设施和工业投资预计将实现平稳增长，但受房地产投资影响，固定资产投资保持增长的压力仍然较大。

出口方面，中美贸易摩擦虽呈现阶段性缓和，但保护主义、逆全球化抬头，势必加大商品出口难度，增加商品出口成本，贸易摩擦引起的全球产业链的转移分工，将对海沧区出口、利用外资带来负面影响。

消费方面，国内刺激消费增长的政策出台，减税、居民收入增加将释放消费潜力，区域内随着跨境电子商务综合试验区、53 个国家外国人 144 小时过境免签政策在厦实施，以及海沧旅游接待能力的持续提升，将促进消费实现较快增长。

（二）发展展望

综合考虑内外部环境因素，预计 2019 年海沧区经济将继续保持平稳增长态势，经济预期目标将超过"十三五"规划目标水平。半导体和集成电路、生物医药与健康、新材料等重大项目日见成效，千亿产业链群规模显现，旅游、商贸等服务配套提档升级，高端服务水平加快提升，产业层次愈发高级化。城区内外通道进一步互联互通，城区颜值进一步提升，民众安全感、幸福感、获得感进一步增强，宜居城区更上新台阶。

三、2019 年海沧区发展对策

2019 年，海沧区应深入贯彻落实习近平新时代中国特色社会主义经济思想，坚持稳中求进工作总基调，坚持高质量发展落实赶超，建设高素质高颜值国际一流海湾城区目标，紧紧围绕"双千亿"工作抓手，推动产业扩量提质，城区颜值持续提升，民生保障坚强有力，实现经济社会平稳健康发展。

（一）抓创新，加快挖掘增长动力

加强创新体系建设。融入国家自主创新示范区建设，推动自创片区与自贸片区改革创新事项互联互通。充分发挥政府在企业研发中的引导、扶持作用，加强财政资金的合理配置和引导，增加全社会研发投入；

引导辖区众创空间将孵化重点放在集成电路、生物医药、新材料、智能装备、电子商务等领域，打造重点产业"种子培育基地"。不断加强与科技部生物中心、国家卫计委科技中心的合作关系，加大对 EDA 等集成电路公共服务平台建设的扶持力度，提升平台的公共性和服务性，为企业技术创新提供有效支撑。

积极引育创新人才。分类分层"量身定制"人才扶持政策，确保"海纳百川"人才政策活力有效。开展"企业人才素质提升工程"，建立实训基地、开展校企合作等，为企业人才培养、素质提升搭建通道，通过项目带动，培养造就一批具有国际水平的领军人才。创新人才使用机制，积极为人才提供脱颖而出、施展才华的机会和平台。完善住房、教育、交通、医疗、职称等内容的人才保障机制，让人才愿意来、留得住。

加强产学研对接。充分利用在地高校与科研机构智力优势，开展战略合作，促进区域产业转型升级和社会发展。鼓励辖区企业与境内外高校、科研机构通过委托研发、共建实验室、联合培养人才等多种模式加强合作。加强知识产权保护，完善知识产权公共服务体系，加快建设多层次的知识产权交易市场体系。

（二）抓转型，加快优化产业结构

壮大集成电路产业。加快信息产业园（制造产业园）、厦门中心（设计产业园）及在中沧工业园（封装测试公共技术平台）等载体建设。在制造上，重点推动通富一期、士兰化合物项目、士兰 12 吋建设，芯舟科技、金柏科技项目顺利开工，积极引进集成电路装备制造企业及相关材料制造企业，加快引进中小型集成电路制造类企业入驻，完善集成电路产业链。在设计上，重点引进存储类主控芯片及消费类存储模组、基于 5G 应用驱动下的手机射频前端等项目，积极营造海沧集成电路产业发展的集聚环境。

壮大生物医药产业。按照《厦门市海沧区生物医药产业发展规划》及实施方案要求，加大专业化人才队伍引进与培养力度，在现有政策的基础上进一步加大政策支持的力度，大力支持大项目的引进和在孵企业的产业化，进一步完善和规范公共技术平台建设，提升平台运行效率。推动欧米克尽快投产，致善生物、生物医药产业协同创新中心等项目加快建设；推动金达威维生素 A 油和维生素 D 油、中鲨动保、大博二期等项目尽快开工。

壮大新材料产业。以厦门钨业等企业为核心，打造以钨、钼、能源新材料为主导产业具国际竞争力的世界级企业，支持厦顺、长塑、金旸等龙头企业做大做强。推动厦钨三元正级材料产业化项目尽快全部投产，长塑 36000 吨超高阻隔高性能双向拉伸薄膜项目加快建设；推动厦钨新材料项目、硬质合金产业园项目前期工作，力争尽早动工。

壮大现代物流业。重点发展供应链物流、冷链物流、航运金融、航运专业服务等高端服务业，推进启润物流二期、太古冷链二期等项目建成投产。推动宝泰 22-24# 码头项目启动建设、7-8# 煤码头异地搬迁、10-12# 液体化工泊位功能调整，切实提高岸线、后方陆域利用效率。支持各市属国企加大在海沧区物流产业的投入力度，争取中远海、中外运等央企、外企在海沧区设立区域航运物流总部，争取更多航线落地海沧。

壮大商贸旅游等现代服务业。加快推动地铁商圈布局，加快东屿 CBD1.5 级开发和东孚商圈建设；鼓励马青路汽车 4S 店商圈引进高端汽车品牌，建设区域性汽车贸易中心。推动大体量龙头总部项目尽快落地，尽早出台区级总部经济相关扶持政策。扶持特色民宿发展，加快源宿及豪华精品酒店、松霖生活空间酒店等酒店建设。鼓励各类龙头企业建设重点实验室、重点技术中心、工业设计中心，鼓励行业领先企业对外有偿提供技术服务，发展服务型制造企业。

（三）抓协调，加快建设一流湾城

推进新城建设。加强海沧区交通、市政等规划研究，提升规划设计水平，提高城市服务功能，打造高品质、有活力的海湾城区。以"海沧湾—马銮湾—过芸溪—天竺山"山海通廊为主轴，不断拓展新城建设空间。着力保障马銮湾新城开发建设，加快推动片区生态修复和招商引资工作，力促新城基础设施基本完善、产城融合框架基本形成。加快启动东屿 CBD1.5 级开发及临港新城片区开发建设，不断提升海沧城区发展质量。

加强基础设施建设。持续推进第二西通道、海沧疏港通道、芦澳路（马青路－翁角路段）、海新路与疏港通道立交工程等项目建设。持续推进轨道交通建设，轨道 2 号线力争于 2019 年 10 月建成投用，轨道 6 号线全线推进。推进海沧延奎小学地下停车场等项目按计划进行，加快推进霞阳小学操场地下停车场工程等项目开工建设。

积极推动厦漳同城化发展。主动融入闽西南协同发展区建设，不断完善对接沟通协调机制，对接好漳州台商投资区。推动两区道路交通、市政配套、用地规划等衔接，加快推进海翔大道－同城大道、海沧疏港通道、翁角路延伸段等城际主干道，轨道交通六号线、城际铁路、福厦高铁等项目的规划建设，打造厦漳半小时经济圈、生活圈。充分利用两区产业链生态位差异，生物医药、汽车汽配、电子家电等产业的互补发展。

（四）抓改革，加快推进扩大开放

打造"一带一路"陆海枢纽。合理调整岸线资源分配，调整码头功能，做到弹性使用，切实提高港口运营效率和效益。进一步做好航线拓展工作，推动与"海丝"沿线国家和港口航线加密、货物往来和货物中转。不断提升中欧（厦门）班列运营质量，持续优化线路，支持拓展海铁联运线路，开拓整车、汽配、奶粉、快消品、红酒等返程货源。

提升自贸区建设水平。提升航运服务水平，实现多种运输方式"无缝化"高效衔接。全面落实自贸区政策优势，精准放权，不断提升营商环境。持续做大进出口贸易，跟进汽车整车进口口岸政策调整情况，加大对进口汽车贸易商和非本地试点企业的招商力度；加快燕窝产业园项目建设，推动毛燕指定进口口岸获批。推动有实力企业"走出去"，重点拓展与东南亚的产能合作。

持续降低要素成本。实施"互联网＋税务"行动计划，加快提升企业登记注册便利度，开展取消新设企业开立基本存款账户许可事项试点，不断降低制度性交易成本。

（五）抓生态，加快打造绿色家园

持续打好"三大战役"。保持空气质量综合指数位居全市前列。持续推进新阳主排洪渠生态修复工程，巩固新阳主排洪渠治理成效，全面推进第二次环境污染普查工作，推进入河（海）排污口监测，重点完成污染源清查工作。全面完成土壤环境质量详查，开展土壤污染修复试点，实施农用地分类管理，保障农业生产和居住用地环境安全。建议出台更为严格的地方排放标准、设施规范、市场准入，细化、明确大气、水、土壤等环境质量各个阶段目标，加强大气污染源清单企业的管控，不断提高污染防治水平。

优化绿色生态格局。持续开展绿化、花化、彩化、香化工程，对全区部分道路及节点进行景观改造提升，提升城市道路景观，提高居住舒适度。推进半程马拉松赛道沿线景观提升，着力打造"最美半马赛道"。严格落实生态控制线等生态保护制度。全面完成地质灾害隐患点排查整治。持续优化城乡一体环境管养机制，巩固提升垃圾分类工作成果，完善垃圾收运处理体系。

全力推动乡村振兴。积极落实《海沧区实施乡村振兴战略的行动方案》，充分利用乡村振兴战略联席会议制度，进一步梳理乡村振兴行动计划推进项目，近期重点抓好"两点一线"即青礁—过坂—铁路沿线环境整治和天竺山、青礁慈济宫 2 个 4A 级景区周边的规划策划工作。加快推动《海沧区重点片区农村集体经济项目规划》编制工作，支持国有企业参与合作开发集体经济项目，加快推动温厝厂房等已建成项目招租见效，继续推动祥露社区项目进场施工，加快办理莲花、过坂等项目前期手续，进一步深化石塘、鳌冠等社区项目促尽快生成新项目。

（六）抓民生，加快提升共享水平

加快推进教育医疗补短板。推进洪塘学校、东瑶学校、鳌冠学校一期、海沧第二幼儿园等 12 个项目建设；加快延奎小学钟山校区、锦里小学扩建二期等 7 项目前期进度。加快东孚街道社区卫生服务中心、马銮湾医院建设；围绕医疗补短板，高起点、高标准推进区妇幼保健院前期工作。

提高社会保障水平。围绕重点产业推进"一企一策"技能培训，有序引进和培训专业技能职工。持续巩固全民参保态势，确保城乡居民养老保险、医疗保险参保率保持 100%。加快建设东瑶安居房、兴港花园五期、兴东鑫花园二期一组团、渐美安置房、佳美安置房等项目，保障市民住房基本需求。实施"互联网+"养老工程，探索互助式养老新模式。加快建设农村幸福院和街道级的日间照料中心和养老信息化专业化项目落地，继续做好适老化小区的改造工作。

提升市民人文素质。完善三级文体服务体系，探索引进高端精品活动，实现"文化惠民"向"文化悦民"的升级。持续挖掘整理海沧文化资源，建设社区书院总院，扩大社区书院、四点钟学校覆盖面。加快提升海沧区市民的思想素养、道德素养、法治素养、科学素养、文化素养和健康素养，增强海沧区市民的包容气度和创新气质。深入开展文明交通、垃圾分类等文明创建主题活动，扎实推动文明创建工作常态长效，保持全省前列、全国一流。

参考文献

［1］海沧区人民政府.2019 年海沧区政府工作报告［R］.2018.

［2］海沧区人民政府.海沧区国民经济和社会发展第十三个五年规划纲要［R］.2016.

［3］海沧区统计局.2018 年厦门市海沧区国民经济和社会发展统计公报［R］.2019.

［4］海沧区发改局.关于海沧区 2018 年国民经济和社会发展计划执行情况与 2019 年国民经济和社会发展计划草案的报告［R］.2018.

课题执笔：陈国清

第五章 2018 年集美区发展评述与 2019 年展望

一、2018 年集美区发展评述

（一）发展综述

2018 年，集美区深入贯彻习近平总书记对福建、厦门工作的重要指示精神，加快建设现代化经济体系，以供给侧结构性改革为主线，强化创新驱动，围绕坚持高质量发展落实赶超，以推动"6+7"工作为抓手，经济社会发展总体呈现稳中有进、稳中向好的良好态势，荣获全国综合实力百强区、全国科技创新百强区、全国新型城镇化质量百强区等荣誉。

1. 经济发展稳中向好

2018 年，全区实现生产总值 686.2 亿元，同比增长 7.8%，经济总量连续三年位居岛外第一；社会消费品零售总额实现 13.5% 的快速增长，增速全市第二；全社会固定资产投资增长 21.4%，增速同比提高 22 个百分点，居全市第二；区财政总收入 123.2 亿元，增长 9.7%，其中区级财政收入 34.6 亿元，增长 10.6%，增速全市第二。详见表 5-1、图 5-1 至图 5-4。

表 5-1　2018 年集美区主要经济指标及排名

指　标	总量（亿元）	总量排名	增速（%）	增速排名
GDP	686.2	3	7.8	4
其中：一产	2.8	3	3.5	2
二产	324.3	4	7.5	4
三产	359.2	3	8.1	3
规模以上工业增加值	256.6	4	8.1	4
社会消费品零售总额	157.3	4	13.5	2
固定资产投资额	—	—	21.4	2
财政总收入	123.2	4	9.7	4
区级财政收入	34.6	4	10.6	2
外贸进出口总额	474.7	5	11.5	2

资料来源：厦门统计月报

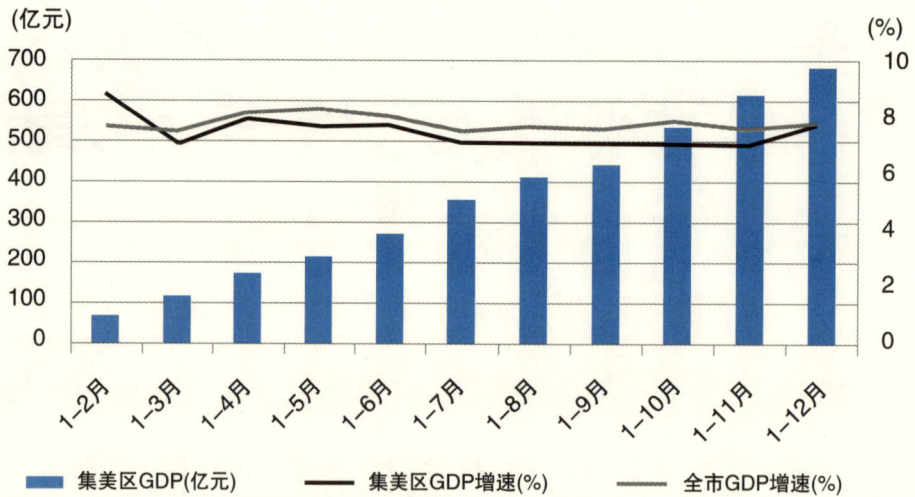

资料来源：集美区发改局、厦门市统计局

图 5-1　集美区 2018 年 GDP 情况

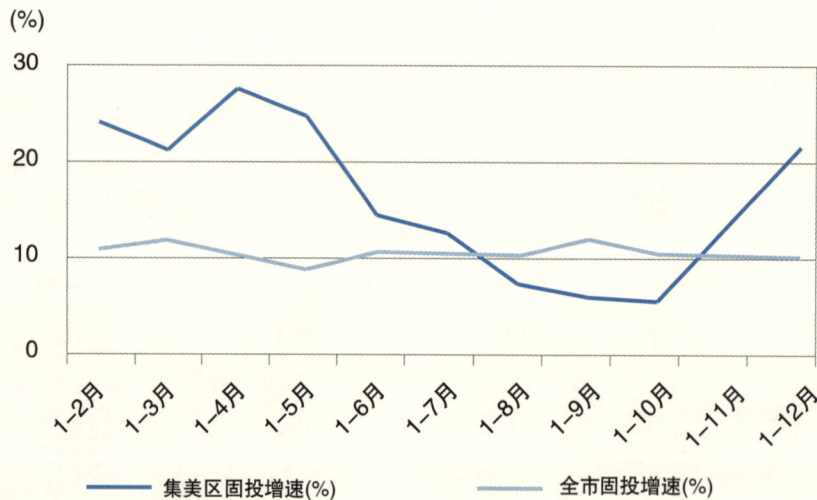

资料来源：集美区发改局、厦门市统计局

图 5-2　集美区 2018 年固定资产投资情况

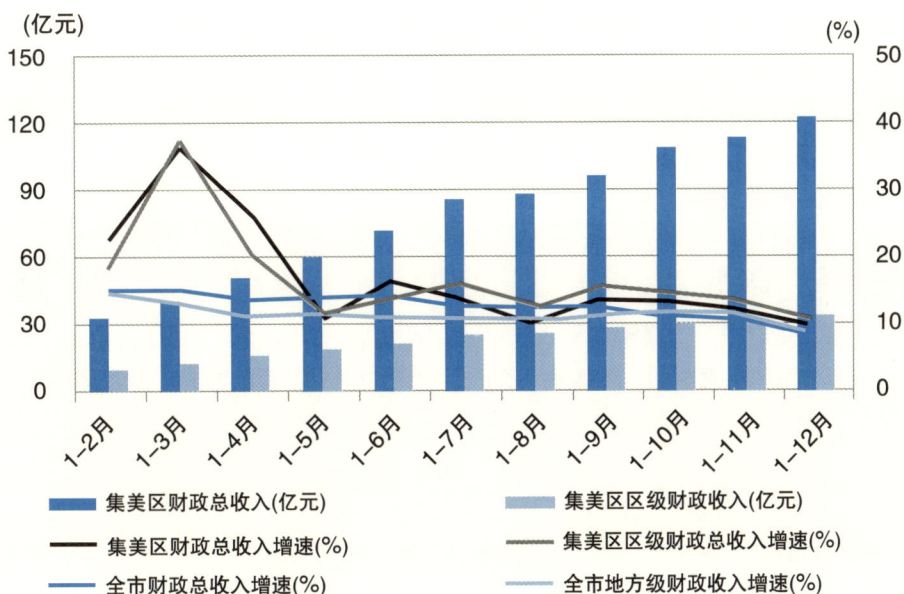

资料来源：集美区发改局、厦门市统计局

图 5-3　集美区 2018 年财政收入情况

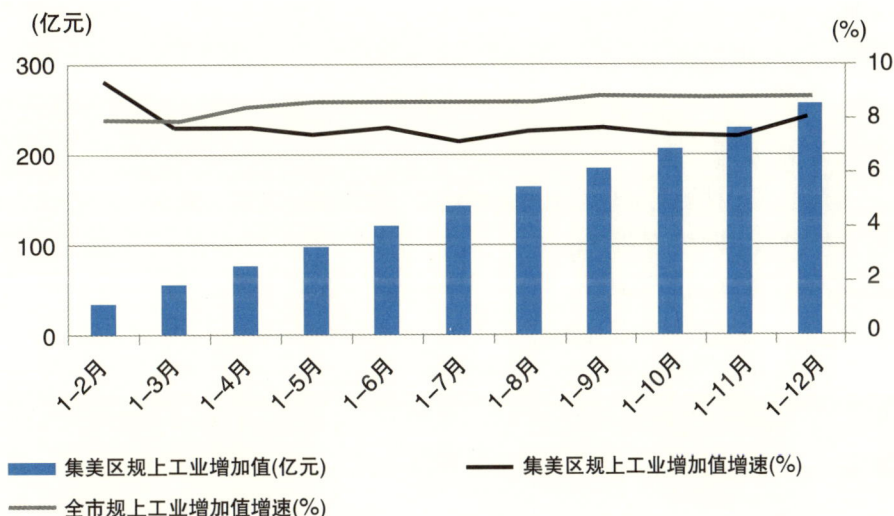

资料来源：集美区发改局、厦门市统计局

图 5-4　集美区 2018 年规上工业增加值情况

2. 产业转型步伐稳健

"集美制造"活力迸发。机械装备转型提速，累计完成产值 461.5 亿元，同比增长 12.8%。其中，在金龙联合新能源汽车增产的拉动下，汽车制造业同比增长 18.7%。金龙与百度合作推出国内首款无人驾驶巴士"阿波龙"小规模量产。新材料加速发力，累计完成产值 251.6 亿元，同比增长 13.7%。中科院厦门稀土材料研究所投入运营，厦钨稀土永磁电机产业园过渡生产线即将投产。宏发电声被工信部评为制造业单项冠军企业，路达、建霖等 9 家企业入选《寻找中国制造隐形冠军》权威丛书。招商项目加快推进，奥佳华、厦工智能电传控制系统产业化项目开工建设，盘活存量用地建设安仁产业园，引进正信电子、迈睿环境等优质企业投产运营。

现代服务业蓬勃兴起。软件信息服务业集聚发展，软件园三期获评省级现代服务业集聚示范区，全年营收 175 亿元，入驻企业 938 家。云知声（独角兽企业）研究院投用，电子城·国际创新中心、数码港海西运营中心等重点项目加快建设。全域旅游全面推进，灵玲动物王国大熊猫馆开馆，成功举办国际动漫节、阿尔勒国际摄影季、SIGP 灌口·三圈国际车辆模型（平路）大奖赛等重大赛事活动，集美研学旅行产业基地获评省对台交流和国家第二批港澳青少年内地游学基地。旅游市场份额扩张加快，国庆黄金周接待游客总数首次位列全市第一，全年旅游接待突破 2000 万人次，增长 53.8%；实现旅游收入 105.2 亿元，增长 58.2%。文化演艺注入新活力，海丝版权产业基地、快乐工场签约落户，"两岸青年影人计划"达成合作，2018 中国影视基地峰会成功举行。商贸物流飞跃发展，限上批零增长 30%，10 亿元企业数翻一番，新零售巨头银泰百货开业，尚柏奥特莱斯项目主体基本建成，美国 EBAY 投资的物流"巨无霸"——橙联跨境电商产业园、海峡两岸最大的出版物及文化产业集散平台——海峡出版物流中心等优质项目签约落户。互联网经济增势强劲，龙头好慷在家、立淘电子商务增长均高达 6 成以上。杏林湾基金聚集区正式亮相，吸引 171 家股权投资类企业注册，管理规模达 163.3 亿。

创新引领作用持续增强。新增高新技术企业超过 40 家、科技小巨人企业 33 家。形成以机器人及数控技术应用研发平台、教育部"蓝火计划"中国高校（厦门）科技成果转化中心、快速制造国家工程研究中心、中科院协同创新体四大创新平台为支撑的创新发展新格局。继续发挥产业引导基金杠杆放大效应，财政资金杠杆超 6 倍，基金数量和规模继续保持全市领先。强化实施"聚贤集美"人才计划，修订《集美区扶持重点产业企业人才暂行办法》，全市首创"配额制"提升企业引才主导权。文教区支撑作用日益凸显，华大科研成果首次登上《自然》杂志，厦门理工学院获批成为硕士学位授予单位。成功举办国家级双创活动"创响中国"厦门站暨"一带一路"创新大会，理工工业设计等 8 家众创空间被认定为国家级众创空间。

3. 城区功能日益完善

"一心四片"集聚成城。挂图作战全速推进新城建设，城市建成区扩大到 82 平方公里。集美新城核心区城市形态功能基本形成，连续三年固投超 200 亿元。马銮湾新城征拆收储全线发力，各项民生工程陆续投建。灌口小城镇综合改革建设试点有序推进，汽车小镇核心街区启动建设。

城市建设蹄疾步稳。启动"城市品质提升年"建设，城区交通网络逐步完善，轨道 4、6 号线加快建设，1 号线站点周边绿化和区域内交通接驳进一步配套完善，海翔大道提升改造工程、北站连接线 I 标段等重点工程顺利完工。新增乐安中学艺术楼地下停车场等 6 个停车场、1435 个停车位。突出公交先行，完成园博苑、新城核心区、滨水小区东侧等公交首末站建设；调整优化公交线路 72 条，开通集美铛铛车旅游线路，建成充电桩 466 根，新能源公交车占比和公交线路总数居全市前列。启动集美新城慢行系统二期工程。启动 11 条农村公路"白改黑"、路面修复拓宽、完善标志标线等提升工程。

4. 民生福祉持续提升

民生事业提质提量。"教育强区"建设成效显著，获评福建省教育工作先进县及首批"教育强县"；新开办 11 所中小学、幼儿园，新建、改扩建中小学和幼儿园项目 8 个，新增建设学位 8970 个；鼓励多元化办学，成立集美教育公司；全省首个中学人工智能实验室在乐安中心挂牌；双塔小学获评全国中小学德育工作典型；实施教师教学能力提升工程，荣获省教师教学技能大赛 2 个特等奖。加快建设"健康集美"，集美新城医院全面启动建设，市妇幼保健院集美院区、灌口医院新址前期工作进展顺利，厦门医学院附属第二医院全市首推医疗意外险；家庭医生签约 9 万人，建成 6 家医联体；集美街道社区卫生服务中心获评全国健康促进试点医院，全科医生李娜获得"全国最有人气的家庭医生"称号。"全面两孩"政策稳妥实施，获评省计生协会"四联创"活动成绩突出的县（市、区），开创的社工服务计生特殊家庭新模式荣获省计划生育工作创新奖。养老服务体系日趋完善，全市率先完成养老设施布局专项规划，区级老年人养护中心开工建设，首家高端养老项目"京闽悦府温泉康养中心"投入运营，试点 27 户老人家庭开展家庭病床服务，加快 2 个老旧小区适老化改造。文体活动深入开展，成功举办区第二届嘉庚论坛、第十三届海峡两岸龙舟文化节、第二届集美学村文化艺术节、第七届区运会等品牌活动；成立前场陈氏传统糊纸技艺传习中心、后溪霞城阵头传习中心、孙厝乐安传统舞狮传习馆等 3 个非遗项目传习中心；新建 17 家社区书院；市图书馆集美新馆开馆，成为全省单体面积最大的公共图书馆、读者的网红打卡地；区青少年宫新址投用。

社保救助体系不断完善。实现更高质量就业，截至 10 月底，实现城镇失业人员再就业 9089 人，完成市下达任务数的 189.4%。持续巩固全民社保成果，全区社会保险综合增长率 7.58%，超额完成市下达的任务指标，在全市率先实现社保卡补办立等可取。规范全区社会救助审批流程，并将台胞纳入临时救助对象范围。

平安集美建设成效显著。大力推进"雪亮工程"，1-11 月，刑事警情同比下降 30.77%，降幅全市第一。上半年省对市、区测评中群众安全感达 98.48%，位居全市第二。二维码门牌信息采集、安装和管理工作走在全省前列，成为全省第一批"一标三实"质量攻坚"白名单"满分单位。"家住厦门"智慧小区共治平台获评中国"互联网 + 政务"优秀实践案例 50 强。防灾减灾体系逐步完善，叶厝、海凤社区通过"全国综合减灾示范社区"创建验收，全区累计达 17 个示范社区，获评总数全市第一。建成全省面积最大的区级社区矫正中心，被省司法厅指定为"中芬社区矫正发展性研讨会"现场考察点。率先全省建成食品药品网格化智慧监管体系。村级组织换届选举一次成功率 100%，书记主任"一肩挑"比例全省第一。

5. 宜居环境加快优化

建成天马山郊野公园一期、宁宝公园配套工程等项目，建成区绿地率 39.8%，绿化覆盖率 43.8%。水环境治理水平领跑全省，坂头—石兜水库达 Ⅲ 类标准，杏林湾水库达 Ⅴ 类标准，强化饮用水源地保护，顺利通过国家生态环境部全国集中式饮用水水源地专项督查。率先全市设立驻区河长办检察室，全面推行湖长制，河湖长制工作走在全市前列。空气质量明显提升，率先全市建成网格化大气污染监控平台，空气质量综合指数排名全市第一。建成区垃圾分类全覆盖，101 个小区及 21 个行政村实行垃圾分类。

（二）存在问题

1. 经济增长压力较大

GDP 增速滞后。全年全区 GDP 增长 7.8%，位居全市各区第 4，比年度计划低 0.3 个百分点。影响 GDP 增速滞后最突出原因的是工业、营利性服务业和房地产业对 GDP 的拉动作用减弱。全区规模以上工业增加值增长 8.1%，低于全市平均水平 0.7 个百分点。规上营利性服务业增速持续放缓，今年以来营利性服务业增长的逐渐走低，营利性服务业营收增长从 2 月份的 56% 回落到 6 月份的 28%，再到 11 月份的 18.9%，回落了 37.1 个百分点。房地产累计销售面积同比下降 5.8%，完成增加值下降 1.8%，对 GDP 的贡献率为 −2.1%。

固定资产投资下行压力加大。全区 368 个固定资产投资项目中，续建项目共 267 个，占比达 72.6%。新建项目仅 101 个，且新建 5000 万元以上项目仅 36 个（其中新建房地产项目 8 个）。

财政增收后劲动力不足。受新一轮减税降费政策影响，财政增收压力将进一步加大。同时工业尚处转型升级中，制造业税收增幅持续下滑；软件业、总部经济等新兴产业聚集区短期内难以产生收入规模效益；固投增长趋缓，房地产业受宏观调控政策持续加码，增收难以维系。

2. 发展动能接序转换不畅

重点工业企业支撑减弱。一是重点企业产值占比缩小，53 家 3 亿以上企业累计完成工业产值 683.19 亿元，同比增长 8.4%，低于全区增速 1.4 个百分点，占规模以上工业产值 69%，占比较上半年下降 1.4 个百分点。二是重点企业减产面继续扩大，3 亿以上工业企业减产面 30.2%，减产量 32.8 亿元，占全区减产量

66.0%，其中，宏发电声、厦工中铁、万久科技等 6 家企业减产量超亿元。

创新能力尚有强化。行政区与文教区"两张皮"的问题未得到根本性解决，高校院所科研成果还比较缺乏进行有效转化、孵化和产业化的体制机制和硬件设施，依托高校院所的公共创新服务平台在开放机制、共享程度上均有待进一步提高。企业创新活力不足，有研发经费投入的行业和企业占比不高。集聚人才等创新要素资源也面临房价高企、工资薪酬不高等实际困难。

3. 城市发展协调性有待加强

产城融合尚未成形。集美新城地产项目建设成效明显快于产业项目，影响商气人气集聚；马銮湾新城尚处征拆收储阶段，受征地拆迁、城市规划等因素的影响，部分项目进度较缓慢。发展空间比较分散，工业区、生活区、城区和村庄混杂，土地集约利用程度不高。公共交通通达性较差，停车难、交通拥堵等顽疾未得到根本性解决。

生态宜居品质有待提升。水资源保护和水污染防治力度有待加强，杏林湾水库、后溪、瑶山溪监测断面仍为劣 V 类，许溪、深青溪省控断面水质还需保持稳定达标。空气质量管控形势严峻，臭氧指数全市最高。

4. 民生短板有待补齐

城市人口、城区规模持续扩张，治理好百万人口的大型城区面临基本公共服务供给不足、分布不均等突出矛盾。辖区中小学的办学水平和教学质量还存在不同程度的差异，一定程度上存在着大校额、大班额的问题。截至 2018 年年末，全区新增义务教育学位数仅完成"十三五"规划增量目标 31.8%，远落后于序时进度。全区仅有一家三甲医院，集美新城医院、市妇幼保健院集美院区等优质医疗资源尚处于建设期。

二、2019 年集美区发展展望

（一）影响因素

产业发展方面，有利的因素主要包括，高质量发展落实赶超战略的实施，全力推进"双千亿"工作，为集美加快发展软件信息、新材料等有基础、潜力大的产业，优化提升机械装备等传统优势产业提供了重要平台。不利的因素主要包括，中美贸易摩擦加剧影响工业企业（路达、宏发电声等）出口，倒逼行业加快去代工；国内消费需求不足，金龙、厦工、正新等存量企业增长乏力；三产龙头单一，规上营利性服务业增速持续放缓，房地产业贡献在持续减少。

城市建设方面，有利的因素主要包括，闽西南协同发展区建设全面推进，马銮湾新城、福厦客专、轨道交通 4、6 号线建设的加速推进，为集美全力打造高素质高颜值跨岛发展最美新市区带来更多的空间和机遇。不利的因素主要包括，集美新城建设已进入中后期，叠加房地产调控政策效应，固定资产投资下行压力进一步加大。

（二）发展展望

综合考虑内外部环境因素，及全区经济主要支撑点、增长点、财税点，预计 2019 年集美区经济继续保持稳中有进、进中显优的态势，经济内生动力和竞争力持续增强，地区生产总值增长 8%，财政总收入、区级财政收入分别增长 4% 和 5%；产业结构持续优化，规上工业产值稳步增长，软件信息、新材料等新兴产业提速发展；城乡发展的系统性、协调性进一步增强，城乡居民人均可支配收入增长与经济增长保持同步，人民日益增长的美好生活需要更好地得到满足。

三、2019 年集美区发展对策

2019 年，集美区应积极推进赶超发展和高质量发展，以落实"双千亿"为抓手，深入推进"6+7"工作，围绕建设高素质高颜值跨岛发展最美新市区的目标，推动经济社会高质量发展。

（一）强化经济发展动力，建设高素质的区域创新中心

1. 全面提升创新能级

强化自主创新能力。优化企业研发经费分段补助、加计扣除等政策，引导企业持续加大研发投入。鼓励企业联合集美大学、华侨大学、厦门理工学院、福州大学厦门工艺美院、中科院城环所等高校院所共建产学研研发机构，加大产业关键核心技术攻关和转化力度，推进以技术创新为核心的全面创新。引进高端研发机构落地发展，加快推动国土部地质研究所及微电子研究所建设。优化区科技计划项目资助范围，推进一批科技创新公共服务平台建设，助力更多的高新技术企业由"规下"转"规上"。重点推进"厦门理工（集美区）工业设计技术中心"、"机器人及数控技术应用研发平台"等平台建设。深化与卓越创新中心（台湾生产力研究中心）的合作，为辖内企业转型升级提供常态化、个性化服务。

持续优化双创生态环境。构建以市场为导向、企业为主体、"产城学人"等创新资源要素深度融合的创新创业生态系统，全面提升以大学、科研院所为主体的知识创新能力和以企业为主体的技术创新能力。推动集美区专利增量提质，重点突出发明专利的增长，促进知识产权强企建设，积极培育各级知识产权示范、优势、试点企业。强化金融服务支撑，继续做大做强区产业引导基金，吸引一批优秀基金落户杏林湾商务营运中心基金聚集区。鼓励社会力量创办专业化科技中介服务机构，拓展科技担保、投贷联动等新业务。全面深化省人才强区试点工作，突出"高精尖缺"导向，着重引进一批拥有先进技术成果、自主知识产权，初步具备实现产业化条件，能够引领集美重点产业发展的高层次创新创业人才和团队。

2. 着力振兴先进制造业

巩固壮大机械装备优势产业链。支持大金龙与境内外领先企业合作，发展新能源客车、无人驾驶汽车。支持厦工结合军民融合推进中的技术嫁接转化，推进中航工业"工程机械智能化高效电液控系统开发及产业化项目"建设。支持路达、ABB 和思尔特机器人应用整体方案建设，引进华为工业智造云和软件开发云，支持快速制造国家工程研究中心，推广 3D 打印技术。

抢占新材料产业发展先机。加快发展新能源电池、稀土永磁电机等特色新能源新材料产业，推进华侨大学—路达（厦门）石墨烯项目中试基地、厦钨稀土永磁电机产业园等龙头项目建设，力促虹鹭钨钼、春保钨钢、新凯、华懋新材料等企业发展。

力促水暖厨卫、纺织服装等特色工业转型升级。鼓励路达发展智能卫浴产品，支持建霖与德国西门子合作建设"4.0 工厂"，鼓励宝姿提升高级时装设计水平，向时尚设计和时尚产业领域延伸，扶持际诺思纺织扩大高端寝具用品生产规模。

优化产业发展空间。推进机械工业集中区三期、后溪工业组团拓展园建设。强化闲置、低效工业用地收储利用，推动侨英和杏林老工业区升级转型，加快安仁产业园建设，推出一批产业地块出让。

3. 培育壮大现代服务业

做大软件信息百亿规模。全力推进软件园三期开发建设，加快数字经济发展，重点培育信息安全，数字创意，电子商务，智慧城市及行业应用，集成电路设计，移动互联，物联网、智能制造与机器人，大数据、云计算与人工智能等 8 类细分领域，打造"龙头企业 + 成长企业 + 小微企业"的产业集群体系。支持网宿科技等龙头项目做大做强，力促中移动一期等正式入驻办公，推进数码港、电子城、罗普特、易尔通

等自建项目建设，力促美柚科技、中软国际等项目落地。

提质做强商务商贸物流。商务方面，打造总部经济产业集群，依托杏林湾商务营运中心、厦门北站商务楼宇，积极引入高端商务企业。商贸方面，推进中交和美新城、IOI棕榈城、万科广场、世贸璀璨天城等商业配套项目建设，策划建设集美新城繁荣街区，加快王府井购物中心、尚柏奥特莱斯项目建设，繁荣北站、新城、杏林、集美等商圈。大力发展电子商务，促进线上线下融合互动，扶持好慷在家等"互联网+"新业态发展。物流方面，支持集美物流园发展，推动嘉晟供应链二期、电商谷二期、普洛斯物流园等现代物流项目早建成早投产，加快海西汽车城、汽车物流中心、橙联物流等项目建设，做强铁路物流、汽车物流、冷链物流、电商物流、城际城市配送物流等业态。

打造文化创意旅游精品。着重发展演艺娱乐、影视、动漫游戏、数字内容和新媒体、艺术创意、文化旅游等重点产业。丰富城市演艺中心内涵，完善综合配套和整体服务功能，建成国家音乐产业基地项目。大力发展影视产业，推动影视产业园区建设，规划建设杏西电影小镇。扶持动漫游戏产业发展，推动咪咕动漫、快乐工场等项目建设。创新发展数字内容和新媒体产业，积极筹建短视频内容制作基地，建设海丝版权产业园。加快建设大社文创旅游街区，完善提升兑山艺术区等艺术文创园区综合运营能力，打造艺术创意产业聚集区。构建"全域旅游"格局，建设完善"三大板块、五条线路"，深化全域旅游营销。

（二）全面提升城乡面貌，展现高颜值城区形象

1. 推动岛外新城建设提速提质提效

围绕加快软件园三期、机械工业集中区三期开发和补齐新城核心区短板，完善片区市政道路和公共设施配套，加快聚集人气商气，推动集美新城产城深度融合。围绕国际化生态海湾新城目标，重点推进"四线五片"建设，加快生态修复和招商引资，实现马銮湾新城基础设施基本完善、产城融合框架初步成型。

2. 着力提升城市综合承载力

加强交通基础设施互联互通。加快推进福厦客专，轨道4、6号线等重点项目建设。完善"两环六横六纵"内部路网体系，加快灌口中路、杏锦路延伸段建设。打通灌口东部新区、白石片区等一批断头路，加快推进同集路与集源路交叉口、厦门大桥桥头等堵点改善工程，新增一批公共停车泊位。实施公共交通优先发展战略。完善集美"两横四纵"步行系统主骨架。

加快完善市政基础设施体系。积极开展全国生态修复、城市修补试点，全方位加快园林绿化、立面整治、夜景建设等改造提升工作，加速推进厦门大桥—集美大桥集美侧岸线整治工程建设进度，全面提升进岛门户等重点片区、重要线路和节点的绿化美化水平。全面完成软件园三期综合管廊和杏林湾湿地公园一期等海绵城市试点任务。推进完善城市污水垃圾处理系统，加速开展集美、杏林污水处理厂提标改造，加快建设软件园三期污水处理站和前场、灌北污水再生处理站，建成区大件垃圾处理厂。

（三）提供高标准公共服务，建设幸福共享新家园

1. 全面发展社会事业

巩固"教育强区"建设成果。加大学前教育、义务教育学位供给，确保满足户籍人口就学需求，解决随迁子女入学难的问题。鼓励社会力量兴办教育，支持国企举办普惠性幼儿园。优化教育资源配置，继续实施农村义务教育质量提升行动计划，加快岛内名校集美新校区建设步伐。支持辖区高校跻身国内外前列的优势学科建设，加快二元制、现代学徒制、应用型职业教育发展，推动职业教育与产业需求精准对接。

扩大"健康集美"资源供给。加快集美新城医院、市妇幼保健院集美院区建设，推动灌口镇中心卫生院提升为二级医院并努力为提升为三级医院创造条件，推进集美北部新城、锦园等一批社区卫生服务中心建设，力促厦门英中医院等优质民营医疗项目落地。优化基层医疗卫生人才队伍，重点加强基层全科医生人才培养。做实做细家庭医生签约服务，加快紧密型医联体和远程医疗平台建设。

2. 强化社保兜底功能

打造更高质量更加充分的就业城区，鼓励高校毕业生多渠道就业，帮助失地失海农渔民转产就业，完善就业困难群体援助长效机制。持续深化"全民社保工程"，健全城乡居民医保筹资和重特大疾病保障机制，继续完善"绿洲计划"社会救助体系，为低保对象、低收入家庭等困难群众提供从教育、就业到衣食住行全方位的兜底救助。扩大住房保障面，加快推进华玲花园二期三期、园博公寓、软件园三期 A13 公寓和岩内保障性地铁社区建设。

（四）突出绿色生态宜居，构建高品质人居环境

1. 打好污染防治攻坚战

以防控二氧化碳、臭氧污染为抓手，通过抓住车船、管住企业，确保空气质量在全市排名保持前列。全面推行河（湖）长制，集中力量打好城市黑臭水体治理、小流域综合治理、近岸海域综合治理等攻坚战，全力保障饮用水安全，全面消除黑臭水体和劣 V 类水质。强化土壤污染管控和修复，深入推进生活垃圾分类和垃圾处理减量化，不断提高固废处置和监管水平。

2. 开展乡村人居环境综合整治

深入开展美丽乡村建设，不断形成片区示范效应。加快补齐农村宜居环境短板，加快农村生活污水、生活垃圾治理，有效遏制农村"两违"现象，让生态宜居成为乡村振兴的重要支撑点。

（五）聚焦高水平发展，丰富"人文集美"内涵

1. 全力打造最美侨乡

扩大嘉庚论坛影响力，积极打造嘉庚精神领航基地，引领人文集美发展。加快侨乡博物馆筹建，保护和修缮特色侨房，建设中国最美侨乡。推动华侨华人商会协会在集美设立办事机构或代表处，在软件信息业、先进制造业、总部经济、特色金融、高端酒店、特色商业、物流等领域，积极促进侨胞投资兴业。

2. 繁荣活跃文体事业

加强文化遗产保护工作，深化闽南文化生态保护实验区建设，办好省级闽南曲艺创作基地，保护和促进"非遗"传承，稳妥推进古村落活化工作。提升学村品位，推进集美学村历史文化街区建设，办好集美学村文化艺术节、集美学村周末音乐会。布局投用一批文体活动平台，建成投用区青少年宫，推动集美新城核心区大型文化公建投用，加快推进集美新城体育中心、灌口文体中心建设。

参考文献

［1］集美区人民政府 . 2019 年集美区政府工作报告［R］.2018

［2］集美区人民政府 . 集美区经济运行分析会议汇报材料［R］.2016

［3］集美区人民政府 . 集美区国民经济和社会发展第十三个五年规划纲要中期评估［R］.2018

［4］集美区人民政府 . 集美区国民经济和社会发展第十三个五年规划纲要［R］.2016

［5］集美区人民政府 . 集美区"十三五"经济社会发展基本思路研究［R］.2015

课题执笔：陈菲妮

第六章 2018 年同安区发展评述与 2019 年展望

一、2018 年同安区发展评述

2018 年，同安区委、区政府坚持以供给侧结构性改革为主线，以"三转促发展、三加强惠民生"为抓手，有效实施"富美同安、赶超发展"战略，同安区经济社会发展态势良好，多项主要经济指标增幅名列全市前茅，实现发展质量效益双提升。

（一）发展综述

1. 经济发展稳中有进

2018 年，同安区经济保持平稳较快发展，全年完成地区生产总值 422.65 亿元，同比增长 8.3%，增速排名全市各区第二。招商引资成果丰硕，合同利用外资 19.05 亿元，实际利用外资 14.67 亿元，总量位居全市各区第三。财政收入快速增长，实现财政总收入 90.41 亿元，区级财政收入 23.0 亿元，增幅均位居全市各区第一。固定资产投资同比增长 29.9%，高于全市平均增幅（10.1%）19.8 个百分点，增速位居全市各区第一。详见表 6-1、图 6-1 至图 6-4。

表 6-1　2018 年同安区主要经济指标及全市排名

指标（单位）	总量	总量全市排名	增速（%）	增速全市排名
地区生产总值（亿元）	422.65	6	8.3	2
其中：一产（亿元）	9.61	1	2.1	3
二产（亿元）	250.67	5	7.1	5
三产（亿元）	162.37	5	10.7	2
规模以上工业增加值（亿元）	213.84	5	8.1	4
固定资产投资（亿元）	—	—	29.9	1
社会消费品零售总额（亿元）	245.54	3	12.0	3
合同利用外资（亿元）	19.05	5	−39.9	6
实际利用外资（亿元）	14.67	3	−5.78	5

续表

指标（单位）	总量	总量全市排名	增速（%）	增速全市排名
财政总收入（亿元）	90.4	5	21.09	1
区级财政收入（亿元）	23	5	14.85	1
全体居民人均可支配收入（元）	38186	5	9.4	3
其中：城镇居民人均可支配收入	45911	5	8.5	6
农村居民人均可支配收入	20715	5	9.4	3

资料来源：厦门统计月报

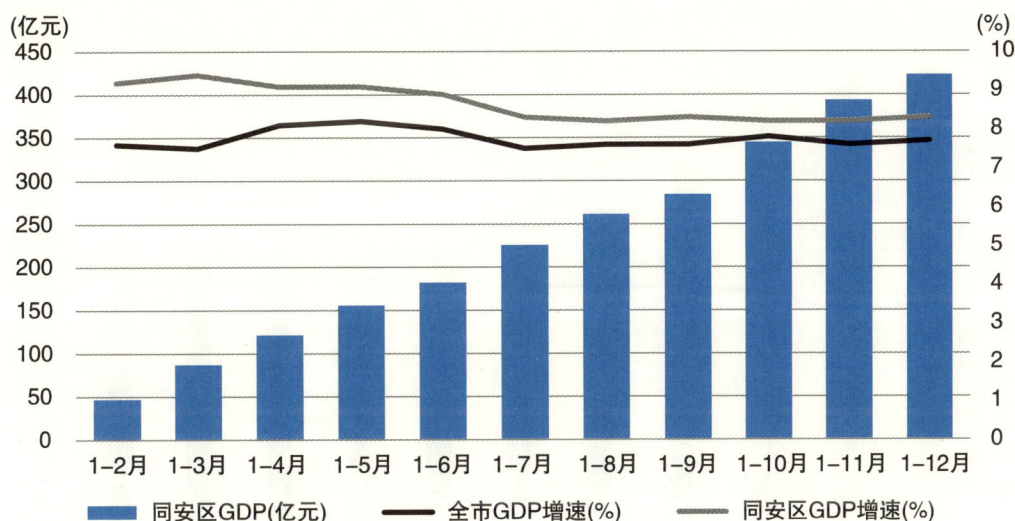

数据来源：同安区统计局、厦门市统计局

图 6-1　同安区 2018 年 GDP 与全市比较

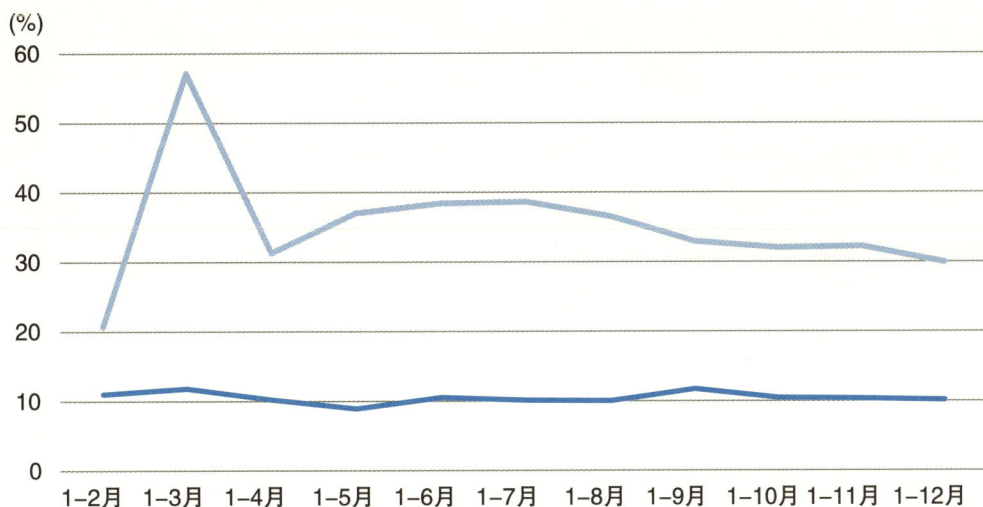

数据来源：同安区统计局、厦门市统计局

图 6-2　同安区 2018 年固定资产投资增速与全市比较

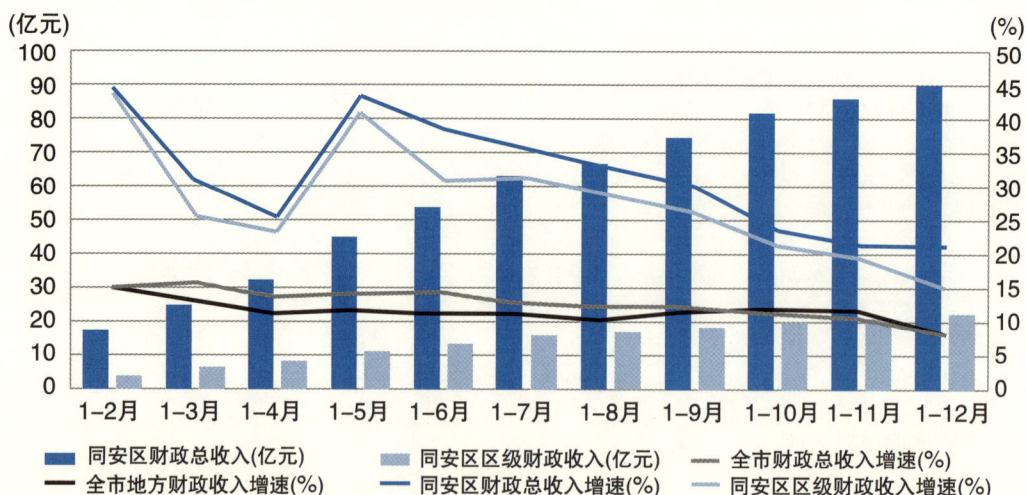

数据来源：同安区统计局、厦门市统计局

图 6-3　同安区 2018 年财政收入与全市比较

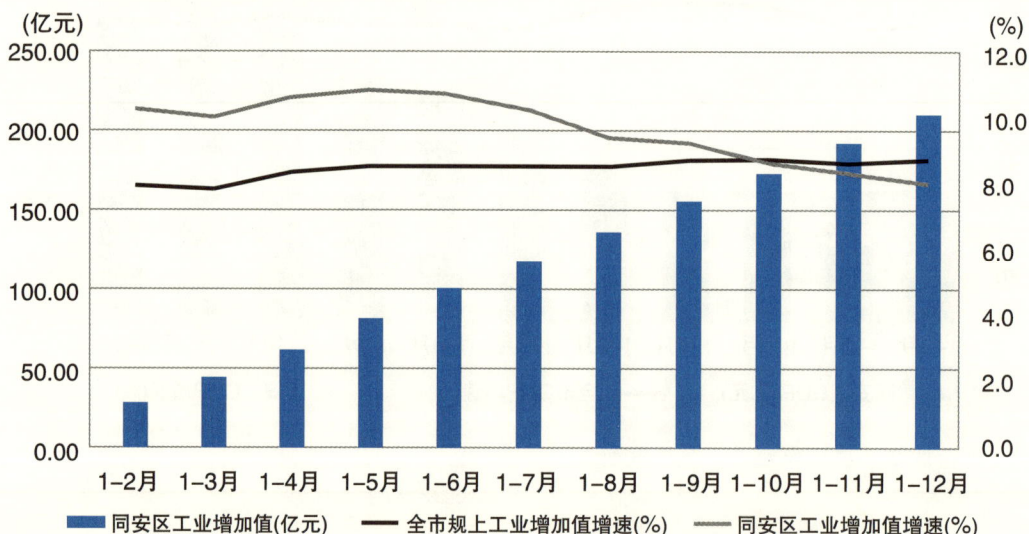

数据来源：同安区统计局、厦门市统计局

图 6-4　同安区 2018 年工业增加值与全市比较

2. 产业转型有序推进

一是工业经济平稳运行。全区 569 家规模以上工业企业累计完成产值 855.15 亿元，同比增长 9.7%。生物医药与健康产业、机械装备产业、新材料等传统优势产业同比增幅均超过 15%。龙头企业带动明显，中禾、金牌橱柜等排名前 20 家企业完成产值 315 亿元，同比增长 15%，拉动规上工业企业产值增长 5.4 个百分点。高新技术产业持续增长，44 家企业被认定为省、市科技小巨人领军企业，200 家高新技术企业完成产值 380 亿元，占全区规上工业企业总产值 44.4%，较上年同期扩大 2.2 个百分点。

二是服务业增量提效。第三产业对经济拉动作用不断增强，占 GDP 比重从 34.3% 提高到 40%。商贸业保持良好发展态势，"互联网 + 消费"新模式加快发展，批发零售贸易业销售额完成 601.08 亿元，同比增长 17.1%，社会消费品零售总额完成 245.54 亿元，同比增长 12%。旅游业效益提升，全年接待游客 1276 万人次、实现旅游收入 44.3 亿元，分别增长 13%、29%，丽田园、顶上乡村、鑫美园、云和农庄被评为省级乡村旅游经营单位。现代物流业进一步做大做强，京东、信和达等电商物流业实现销售额 255 亿元、增长

45%，京东电子商务产业园、东纶智创物流园等重点项目进展顺利。其他营利性服务业高速增长，在趣店科技、方特动漫等新增企业带动下，实现增加值 24.64 亿元，增长 42.0%，拉动 GDP 增长 1.9 个百分点。

三是都市现代农业发展迅速。全年实现农业总产值 18.85 亿元，30 个"一村一品"实现收入超 4 亿元。设施农业、农产品加工、休闲农业等一二三产业融合发展，百利现代农业科技园等 8 个农业产业化示范项目快速推进，建成正心精致、文顶生态等 9 个设施大棚约 390 亩，新增"三品一标"认证 5 个，鑫美园都市农庄等获评"省级休闲农业示范点"，白交祠村入选"2018 年中国美丽休闲乡村"。龙头企业加快转型升级，打造以绿帝生物桂圆深加工、鹰君药业林下铁皮石斛和银祥生态养殖等项目为重点的农工贸一体化产业链。

3. 城乡转型步伐加快

一是环东海域新城建设加快。"新城 + 基地"开发加速推进，2018 年新城累计完成投资 139 亿元，现代服务业基地丙洲统建区一期 14 栋楼完成封顶，万豪酒店正式营运。配套设施不断完善，美峰路完工通车，美社路、横一路主车道全线贯通，科创污水厂、220kV 埭头变电站顺利建成。公建配套加快到位，滨海浪漫线一期实现对外开放，科创园安置房一期基本建成，环东海域医院、东海二中、官浔公寓等项目加快建设。

二是老城区提升改造效果显著。大力推进第二轮城市改造提升，完成铺前路等 10 条市政道路的绿化整治提升，实施中山路等 9 条街区立面综合整治，新都花园等 16 个老旧小区改造基本完成。加快完善市政基础设施，新改建城区道路 54 条，投用 4 座人行天桥；新增 8 座公共停车场、2500 个停车位，新建公交充电桩 50 余个，投用纯电动新能源公交车 51 辆，调整优化公交线路 16 条；铺设市政管网 26.9 公里、市政燃气管道 8.6 公里。城市管理不断加强，"城管 +"执法模式深入推进，市政园林环卫一体化管养全面推开，垃圾分类实现城市社区全覆盖。

三是乡村振兴战略全面实施。竹坝片区、军营村获批乡村振兴市级重点示范村，白交祠村、顶村村、古坑村、三秀山村、丙洲社区获批市级示范村。114 个乡村振兴项目开工建设，完成投资 11.03 亿元。建成"四好农村路" 15 条 29.9 公里、道路安保工程 10 项 36.8 公里、亮灯工程 23 条 117 公里，建成 265 个分散式污水处理设施和 1208 公里污水管网。实施农村人居环境综合整治，新改建农村公厕 45 座以上，建成 7 个清洁楼，全面完成农村分散式污水处理设施和集中纳管项目建设。农村改革顺利推进，110 个村（居）清产核资工作基本完成，国家农村集体产权制度改革试点、国有农场和林场改革基本完成。

4. 生态环境持续优化

一是环境治理加快实施。持续开展饮用水源保护和小流域综合整治，全面推行河（湖）长制，小石材厂、牛蛙养殖场和流域两侧 50 米范围内畜禽养殖场全部清退，黑臭水体基本消除，汀溪水库饮用水源水质达标率 100%，国控和省控监测断面水质达标率 100%。持续开展大气污染防治，分阶段分批次开展大气挥发性有机物治理，空气质量优良率 96.1%。开展重点行业企业用地土壤污染状况详查工作，基本掌握各土壤环境重点监管企业的土壤情况，完成"菜篮子"基地定期抽样检查。

二是工作机制不断完善。在全市率先发布环境质量公报。在全省率先实行生态环境案件集中管辖，成立生态环境审判法庭。深入开展生态环境损害赔偿制度改革试点，结案全省首例以政府为原告的生态环境损害赔偿案件。出台《全面推行湖长制实施方案》，将"湖长制"纳入河长制工作体系，实现湖长制与河长制的有机衔接。加大水库饮用水源保护力度，制定《同安区汀溪水库饮用水源地环境风险管控和突出环境问题专项综合整治方案》。

5. 社会民生稳步改善

一是社会事业全面发展。教育供给持续增加，新建、改扩建学校 27 所，新增学位 6590 个。推进紧密型医联体改革试点，成立同安区总医院；家庭医生签约覆盖率达 43.61%，位居全市第一；第三医院三期基本建成，新增医院床位 300 张。文体事业繁荣发展，"两馆一院"改造提升、基层综合性文化服务中心等项目加快建设，成功举办世界拳击联赛总决赛、第三届国际朱子文化节等活动。

二是社会保障持续提升。实施积极的就业创业政策，帮促失业人员再就业 6254 人、城镇困难人员就业 1768 人，发放各类就业补助 1.85 亿元。出台"一户多残"等困难群体扶持措施，落实被征地人员和退养渔民养老保障等补助 2.84 亿元。全区城乡居民养老保险、城乡居民基本医疗保险参保人数分别达到 6.5 万人和 26.37 万人，参保率均达 100%。启动 28 个社区居家养老服务站，在岛外四区中率先实现城市社区居家养老信息化服务全覆盖。

三是社会治理不断创新。深入开展扫黑除恶专项斗争，启动全市首个"执行 110"联动机制。率先在全市设立首家律师事务所法律援助工作站、公共法律服务中心并引入公证业务。率先成立全市首个区级房东协会。推出"同安文明卫士"APP 平台，将市容、交通、两违、环保、消防等 9 项城市管理职能纳入创建日常监管范围。五显镇垵炉村、汀溪镇前格村、莲花镇军营村获评"全国文明村"。

（二）存在问题

1. 经济运行下行压力加大

实体经济发展较为困难，规上工业增加值增速从 10.9% 持续回落到 8.1%，增速低于全市平均水平（8.8%）0.7 个百分点。工业发展后续乏力，工业投资仅占全区固投的 24.7%，缺乏新投工业大项目，仅有少数存量企业增资扩产，项目后续拉动力不足。企业受中美贸易摩擦、汇率波动等影响面临较大压力，出口企业全年减产 15 亿元。受生猪、牛蛙退养范围不断扩大、环保政策制约等因素影响，农业总产值增长缓慢，全年仅增长 0.5%。

2. 产业结构有待优化升级

农业产业结构特色亮点不足，优势特色产业集聚集群发展有待提升，一二三产业融合度不高；农副食品加工和农业龙头企业带动力不够，龙头企业偏少；农业运作层级和组织化程度低，设施大棚种植仅占农业耕地面积 16.4%，81% 农户未参加农业经营组织。制造业仍以传统产业为主，处于产业转型升级调整阶段，高新技术产业产值只占规上工业总产值 44.4%，远落后于全市平均水平。服务业仍偏重于批发零售、仓储物流等传统业态，营利性服务业总量偏小，科技、金融、商务服务等现代服务业尚处于起步阶段，整体竞争力不强，缺少知名的服务业品牌。

3. 城乡发展不够均衡协调

城乡二元结构明显，农村与城市相比，在居民收入、基础配套和综合管理等方面还有不小差距。城乡居民收支差距依旧较大，农村居民人均可支配收入不足城镇居民收入的一半，工资性收入和经营性收入增速低于全市平均水平；农村居民人均消费支出 1.3 万元，仅为城镇居民的 56.5%。城乡基础设施差距明显，通往北部山区旅游点（五峰、北辰山、金光湖等）的道路等级较低，达不到中型以上客车通行条件；农村公交难以满足山区居民出行需求。农村内部发展不均衡，近郊村优于偏远村、平原村优于山区村，北部山区定位为生态功能区，产业落地难，生态保护与产业发展矛盾突出。

4. 公共服务保障有待完善

教育、医疗、养老等公共服务供给能力和共享水平同老百姓对高品质多样化的美好生活需求还不匹配，优质资源较为缺乏、均衡配置不够。义务教育存在"城区挤、农村弱"的局面，老城区及周边镇街义务教育学位供给不足；医疗资源总量不足，每千常住人口医疗卫生机构床位数仅为 2.9 张，明显低于全国 5.4 张、全省 4.6 张和全市 4.03 张的平均水平；养老服务设施和网络建设相对滞后，每千名户籍老人养老床位数 22.3 张，远低于全市 34.86 张的平均水平。

二、2019 年同安区发展展望

（一）影响因素

产业发展方面，有利因素主要包括，一是营商环境持续改善，2019 年我国将实施更大规模的减税和更为明显的降费措施，出台更多有利于民营企业稳定健康发展的政策，有利于激发企业活力，促进实体经济发展；二是厦门市坚持高质量发展落实赶超，全力推动"双千亿"工作，其中涉及同安区产业项目投资约 800 亿元，将推动同安区都市现代农业、旅游会展、集成电路、生物医药与健康、软件和信息服务业等产业加快发展。不利因素主要包括，一是全球贸易保护主义抬头，通士达、百路达等企业出口增长乏力，水暖厨卫、光电照明等传统产业面临转型升级压力；二是国家对房地产市场调控持续深入，开发商拿地意愿、项目投建、房产销售等不确定性增加，房地产业对 GDP 增长拉动作用下降。

城乡建设方面，有利因素主要包括，一是闽西南经济协同发展区加快建设，同安区作为厦漳泉地理中心，与周边城市的基础设施互联互通和产业协调发展水平将进一步提高，城市发展空间进一步拓展；二是环东海域新城建设高质量推进，作为厦门城市建设的主战场，环东海域新城未来计划新增投资约 800 亿元，产城融合、宜居宜业的滨海新城将加速成型；三是重要交通基础设施进一步完善，轨道交通 4 号线、6 号线加快建设，同安区"一环两横四纵"外向交通网络逐步完善，助力同安区位优势提升；四是乡村振兴战略深入实施，2019—2020 年全市乡村振兴预备项目达 400 多个，总投资近 700 亿元，同安区作为全市实施乡村振兴战略的主战场之一，在乡村基础设施、基本公共服务、人居环境、都市现代农业等方面将获得更大发展机遇。不利因素主要包括，同莲路提升改造、BRT 枢纽站一期等存量项目陆续竣工，环东海域医院、官浔公寓、移民造福二期等大项目刚起步，难以立即产生较大投资。

（二）发展展望

综合考虑内外部环境因素，2019 年同安区经济将继续保持平稳较快增长，产业结构进一步优化，生物医药与健康产业、现代物流产业、旅游文化产业、软件和信息服务业、都市现代农业等 5 条百亿产业链群加快形成；乡村振兴战略深入实施，城乡宜居品质明显提升，城乡收入差距进一步缩小；生态文明建设全面加强，"水净、天蓝、地绿、岸美"成效显著；各项社会事业全面进步，人民群众的获得感、幸福感、安全感进一步增强。预计地区生产总值完成 460 亿元，增长 8.3% 左右；规模以上工业总产值完成 935 亿元，增长 10% 左右；固定资产投资增长 10% 左右；社会消费品零售总额增长 10% 左右。

三、2019 年同安区发展对策

以习近平新时代中国特色社会主义思想为指导，坚持稳中求进工作总基调，坚持新发展理念，紧紧围绕高质量发展落实赶超这一战略目标，以供给侧结构性改革为主线，以推动"双千亿"工作为抓手，以改革创新为动力，推动经济转型发展，提升城乡宜居品质，加强生态文明建设，补齐民生领域短板，努力开创富美同安赶超发展新局面。

（一）坚持创新发展，加快产业转型升级

1. 提升创新驱动能力

推进创新载体和公共技术创新服务平台建设，加强"国"字头研发中心和实验室引进力度，在集成电路、软件信息服务、现代都市农业等重点产业领域引进培育一批以科研成果产业化为导向的新型研发机构和专业孵化器。完善创新创业服务体系，培育引进生力产促进中心、第三方检验检测、知识产权评估机构等科技服务产业。强化创新人才支撑，完善"银城113"人才政策体系，完善"薪酬+职务"的人才评价标准，促进紧缺专业人才、产业中层骨干人才的培育和引进。

2. 做大做强先进制造业

做大做强生物医药与健康产业，加快泰普医疗器械孵化器、泰康人寿等产业项目建设，引导康乐佳、蒙发利、群鑫机械等健身器材企业向智能化制造、网络化定制生产延伸。积极培育发展半导体和集成电路产业，发挥三安光电、三安集成电路、紫光集团等龙头企业作用，加大3D显示、中大尺寸LED背光源等先进技术研发力度，开发一批量大面广和特色专用的集成电路产品，加快形成产业集聚。提升机械装备产业智能化水平，引导和支持东亚机械、珀挺机械、闽光电气等传统企业进行技术改造、转型升级，提高产品的技术含量和附加值；加快九星天翔无人机、环海流体自动化等产业项目建设，推动高端装备制造领域取得新突破。打造特色新材料产业链，依托中船重工725所研究院、延江新材料、火炬特种金属材料等企业，加强新材料产业自主研发，加快金美锂电池、金鹭特种合金等产业项目建设。

3. 加快服务业创新发展

打造陆域现代物流产业集群，以电商快递物流、冷链物流和城市配送物流为发展重点，加速推进京东亚洲一号厦门同安物流园、迅赞物流、东纶智创物流园等项目建设，力促形成区内竞争优势明显的大电商、大商贸流通格局。推动旅游文化产业差异化发展，加快打造以文化创意、动漫电影为主的华强文化科技产业园区，依托同安区丰富的文化旅游资源，重点发展历史文化、乡村生态、温泉度假、滨海休闲、工业旅游等特色旅游精品，注重串点成线、提升品牌，形成集聚效应。加快软件和信息服务产业发展，推动中国移动（福建）数据中心、国际银行研发中心、趣店科技金融创新园等重大项目建设投产，发展人工智能、下一代互联网、物联网、大数据等细分行业。

4. 推动都市农业优质发展

依托党建富民强村、美丽乡村和特色小镇建设，大力发展种子种苗业、现代设施农业、农产品加工业、农产品物流业、智慧农业和休闲农业等优势特色农业。深化国家农村产业一二三产融合发展试点示范，加快建设百利现代农业观光科技园、古坑三角梅、禾沣（五峰）农业文旅生态园、军营村创业示范基地等一二三产融合项目，加快形成一二三产业融合的特色产业。大力推广"互联网+现代农业"发展模式，加强特色农产品网上宣传，加强淘宝、京东等电商平台营销，提升农产品品牌效应。深化"三农"体制改革，扎实开展农村集体产权制度改革，发挥区农业投资公司作用，探索建立现代农业产业引导基金，为农业转型发展提供充裕的资金保障。

（二）坚持协调发展，增强城乡发展实效

1. 实施乡村振兴战略

加快试点村示范村建设，以"7+10+8"三级试点村为先导，推进竹坝三秀山片区、军营白交祠片区、

顶村古坑片区和丙洲片区等四个片区建设。推动农村基础设施提档升级，加快"四好农村路"建设，进一步完善农村供水供电、通信网络、防灾减灾等基础设施。大力提升乡村环境，扎实开展农村人居环境整治"一革命四行动"，全面落实"一把扫把扫到底"工作机制，促进农村村庄整体风貌显著改善。加强乡村公共文化设施建设，促进居民医保、大病保险、医疗救助等公共服务均等化，大力推进移风易俗和农村普法，健全自治、法治、德治相结合的乡村治理体系，培育文明乡风、良好家风、淳朴民风。

2. 打造产城融合新城

加快完善城市道路、社区用房、教育医疗等基础设施和公建配套，接续推进滨海新城 3 个绿色生态项目、17 个交通项目、11 个教育配套项目、环东海域医院项目、2 个保障性住房项目和 5 个安置房项目建设。进一步推动现代服务业基地丙洲统建区、美峰现代服务基地产业项目建设，力促中船重工 725 所材料研究院等入驻企业尽快竣工投产，万丽酒店、特房波特曼酒店尽快建成营业。完善新城与老城区、岛内的路网体系，调整完善公交网线布局，加快打造新城综合商贸中心，推动新城周边农村发展用地开发建设生产生活配套，着力集聚新城商气人气。

3. 优化提升老城功能

推进城区主干道建设提升，逐年逐片推进城市道路白改黑、绿化提升，加快建设公共停车场，缓解老城区交通压力。实施"城市双修"，加快推进第二轮城市街区立面综合整治提升，有序推动老旧社区改造，提升人口密集区物业管理水平。加强市政建设，加快海绵城市、人行天桥、夜景工程和污水管网等项目建设，持续提升老城宜居质量。深入推进垃圾分类，建立垃圾"大分流"体系，改善居民生活环境。持续开展"两违"综合整治，重点整治占道经营、乱停乱放、抛洒遗漏、街头小广告等城市顽疾。

（三）坚持绿色发展，加强生态文明建设

1. 加强生态环境治理

落实清洁空气行动计划，严格执行大气污染排放限值管理，强化建设工地、道路扬尘、工业粉尘和餐饮油烟等点源治理，深化机动车污染防治。持续开展水环境综合整治，强化河湖长制工作，加强养殖业污染防治，加快补齐城乡污水收集和处理设施短板，加大城中村和城区雨污分流改造力度，全力推动管道截污工程，全面提升水环境安全质量。开展土壤污染防治行动，落实农业"三减计划"，推进农业面源污染防治，加强固体废弃物处置。推行"信息化 + 网格化"模式，推动智慧环保平台与基层环保网格员互动互补，实现环保监管全覆盖。

2. 推动绿色低碳发展

推进工业集中区、城东、城南等产业集聚区加快循环化改造，着力构建以抽水蓄能电站为代表的绿色低碳循环发展产业体系。持续加强节能减排工作，有序推进重污染高耗能行业整治，推动中禾实业、力隆氨纶等重点企业集中供热系统建设，培育若干循环经济示范园区和示范企业。大力发展绿色交通，加大新能源汽车推广力度，完善充电基础设施，鼓励引导民众绿色出行。全面推行环保信用评价、排污信息在线公开等制度。

（四）坚持开放发展，强化经济发展动力

1. 持续提升营商环境

进一步降低企业成本，出台和完善企业境外参展补贴、出口保费补助、研发费用加计扣除、技改补助

及增产奖励等扶持政策。强化企业金融服务，依托同安企业金融服务信息平台，综合运用应急还贷、贷款担保等手段，解决区内企业还贷周转、贷款展期等困难。纵深推进"放管服"改革，全面推行"双随机一公开"监管模式，加快政务服务大厅和镇（街）便民服务中心标准化建设，打通基层政务服务"最后一公里"。建立健全企业大服务机制，构建"亲·清"新型政商关系。加快推进社会信用体系建设，建立健全联合奖惩机制，探索信用信息在社会治理、行政审批、国企内部管理等场景应用。

2. 强化招商引资实效

强化重点产业链招商，聚焦 5 条百亿产业链群，加强重点产业企业深度研究，制定《招商引资产业空间布局导引手册》，统筹重大产业项目合理选址，引导产业项目招商信息和资源精准对接。创新招商引资模式，推进"互联网＋招商"，探索通过市场化的协议招商、代理招商和委托招商等形式，建立有针对性、市场化的招商引资合作关系。引导京东、趣店等企业境外融资返厦投资，鼓励和支持企业利用闲置厂房开展"零地招商"和"以商招商"，引导企业成为招商主体。

3. 加强对台对外交流

积极对接全市跨岛发展战略、闽西南协同发展区建设，主动融入全市建设"一带一路"和对台战略支点城市的目标定位，积极承接自贸区的溢出效应，支持纺织服装等劳动密集型企业在东南亚地区开拓市场、投资办厂。创新对台交流合作机制，推进与台湾高优精细农业、休闲观光农业等优势产业深度对接。借助同安世界联谊会等平台作用，积极构建海内外乡亲交流常态化机制，吸引和鼓励海外同安籍乡亲回乡投资创业，引导海外侨商、华商主动参与"一带一路"建设。

（五）坚持共享发展，增进百姓民生福祉

1. 加快发展社会事业

推进教育均衡优质发展，加快东海二中、第二外国语学校扩建、康浔幼儿园等学校项目建设，努力增加学位供给；加强城乡校际合作，实施"一对一"对口帮扶，推动优质教育资源共享，缩小城乡办学差距。大力建设健康同安，深化紧密型医联体改革，加快推动环东海域医院建设，实施莲花卫生院危楼翻建、祥平街道社区卫生服务中心改造、洪塘卫生院门诊楼维修改造等基层医疗卫生机构提升工程。完善公共文体设施布局，推进区人民体育场、同安影剧院改造提升工程，加快镇村全民健身场地、文体小广场等项目建设，深入开展文化惠民和全民健身活动。

2. 完善社会保障体系

加强就业创业服务和就业岗位开发，组织下岗失业人员、就业困难人员参加职业技能和创业培训，提升就业竞争力。推动实施"全民参保"，建立全民参保登记比对数据库，逐步将未参保人员纳入社保范围。扩大"幸福晚年计划"覆盖面，提升被征地人员和退养渔民晚年生活水平。建立老年人长期照护服务体系，将社区居家养老信息化服务逐步推广至村委会；推进镇级照料中心和农村幸福院建设，支持社会力量参与兴办养老服务机构，满足多层次养老需求。健全"政府、社会、家庭"三位一体救助机制，确保困难救助对象"应扶尽扶、应助尽助"。坚持房地产调控方向，加快推进祥平保障房地铁社区一期、官浔人才公寓、后吴公寓等保障性住房建设，积极稳妥开展租赁住房试点。

3. 推动社会治理创新

进一步开展村民自治实践，完善村规民约，充分发挥民间自治组织和达人贤人能人的作用，提升乡村

自治水平。创新城市社区治理，推进"三社联动"，创建西池社区等 5 个社区品牌。深化平安同安建设，加强治安综合治理，加快推进"雪亮工程"，推进治安防控立体化、城乡社区服务管理网格化、矛盾纠纷调解多元化。深入开展扫黑除恶专项斗争，推动扫黑除恶由治标转向治本。加强公共安全治理，进一步强化"三品一械"监管，推动重点行业领域安全智能监管平台建设。

参考文献

［1］同安区人民政府 .2019 年政府工作报告［R］.2018.

［2］同安区发改局 . 同安区 2018 年国民经济和社会发展计划执行情况与 2019 年国民经济和社会发展计划草案的报告［R］.2018.

［3］姚厚忠 . 同安区 2017 年发展述评及 2018 年展望［R］.2018.

课题执笔：黄光增

第七章 2018 年翔安区发展评述与 2019 年展望

一、2018 年翔安区发展评述

（一）发展综述

2018 年，翔安区落实以高质量发展推进赶超任务，经济社会保持平稳健康发展，地区生产总值、第三产业增加值、批发零售贸易业销售额、住宿餐饮业营业额、商品房成交面积等五项指标增速排名全市第一。详见表 7-1。

表 1 2018 年 1-12 月翔安区主要经济指标完成情况表

指 标	单位	总量	全市排名	增速（%）	全市排名
地区生产总值	亿元	520.66	5	8.5	1
其中：第一产业	亿元	8.07	2	0.3	4
第二产业	亿元	380.77	3	7.9	3
第三产业	亿元	131.83	6	11.1	1
规模以上工业增加值	亿元	324.33	3	8.4	3
固定资产投资额	亿元	513.1	—	11.5	4
社会消费品零售总额	亿元	76.98	6	15.1	1
实际使用外资	亿元	15.47	2	—	—
财政总收入	亿元	63.02	6	13.9	2
区级财政收入	亿元	19.79	6	10.1	3
全体居民人均可支配收入	元	30566	6	9.6	2
其中：城镇居民人均可支配收入	元	38758	6	8.7	3
农村居民人均可支配收入	元	20269	4	9.6	2

数据来源：2018 年 12 月厦门统计月报

1. 综合实力持续增强

2018 年 1—12 月，翔安区地区生产总值为 520.7 亿元，增幅 8.5%。占全市的比重为 10.9%，连续 9 个月排名全市第一。财政总收入增幅达到 13.9%，居全市第二位，区级财政收入增幅 10.1%，居全市第三位。第三产业增加值增速达到 11.1%，居全市第一位，全区综合实力进一步增强。详见图 7-1 至图 7-4。

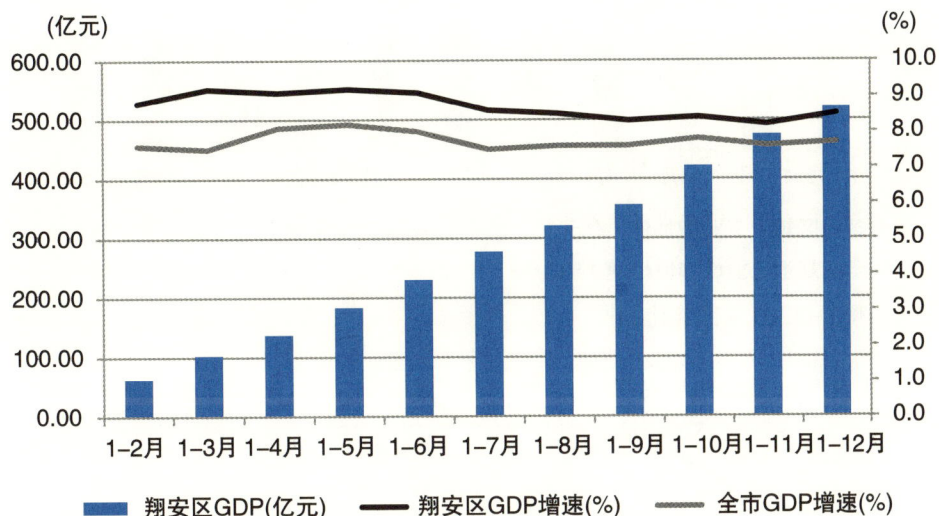

数据来源：2018 年 12 月厦门统计月报

图 7-1　翔安区 2018 年 GDP 与全市比较

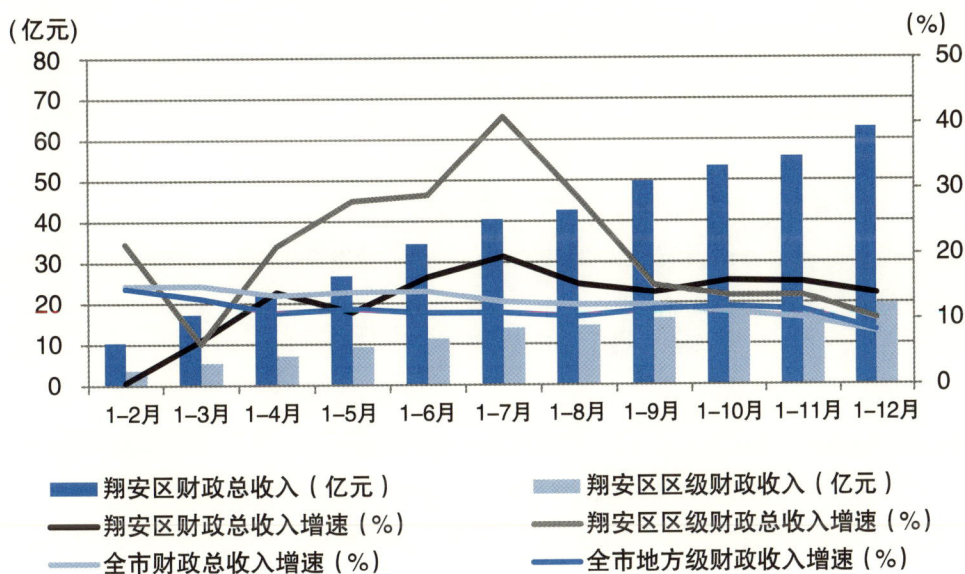

数据来源：2018 年 12 月厦门统计月报

图 7-2　翔安区 2018 年财政总收入与全市比较

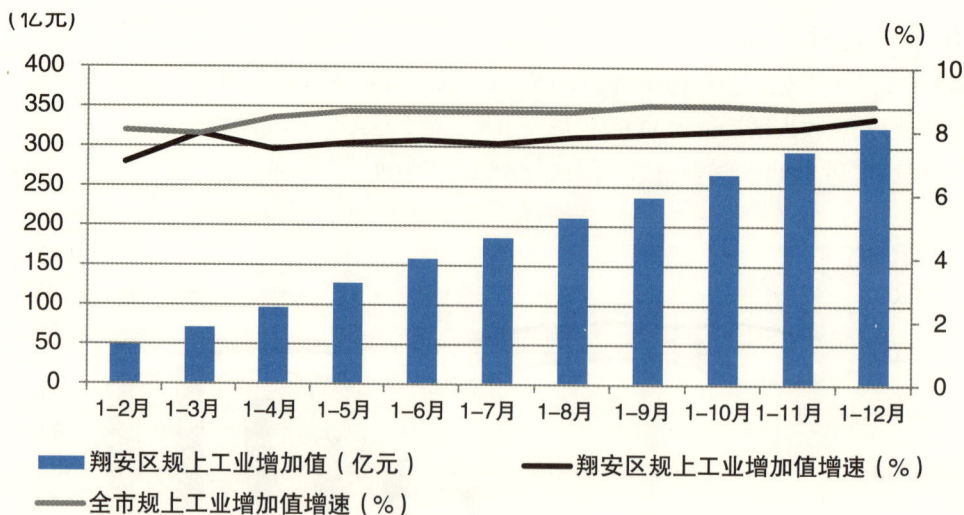

数据来源：2018 年 12 月厦门统计月报

图 7-3　翔安区 2018 年规模以上工业增加值与全市比较

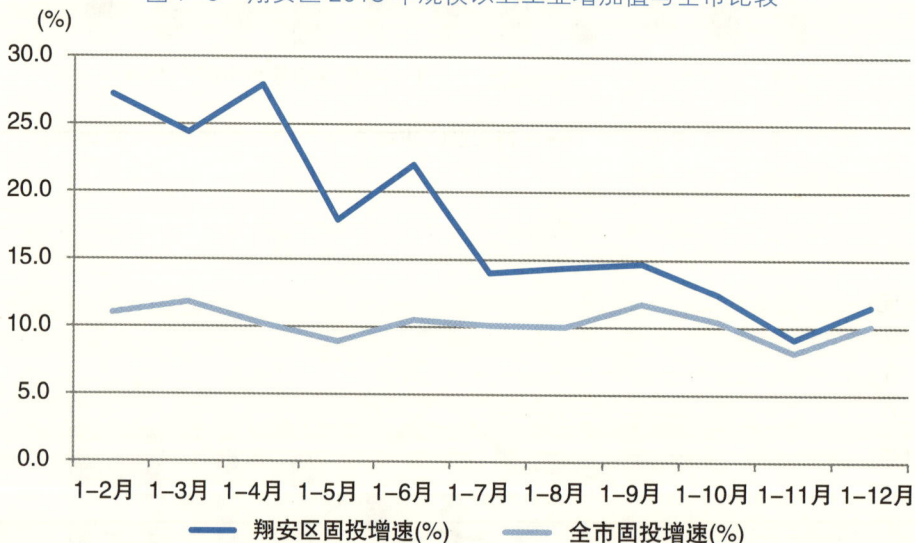

数据来源：2018 年 12 月厦门统计月报

图 7-4　翔安区 2018 年固定资产投资额增速与全市比较

2. 产业转型成效显著

先进制造业不断壮大，集成电路产业链不断延伸。联芯集成电路、弘信系列挠性电路板等龙头项目增资扩建，弘信柔性电子研究院建成投产，华天恒芯、芯光润泽和瀚天天成等项目加快建设，乾照光电高频高速半导体器件及外延片产业化项目落地。目前已具备集成电路产业链中设计、芯片和电路板生产的能力。平板显示形成较完整产业链。天马微第 6 代 LTPS 生产线实现量产、二期建成投产，电气硝子玻璃等项目建设加快，祥达光学、合联胜利等技改项目顺利进行，强力巨彩 LED 显示屏产业园等项目开工建设。平板显示产业链向上游新型显示面板、配套材料及下游智能显示终端两端延伸。战略性新兴产业加快培育。新材料方面，厦门大学石墨烯研究院、延江新材料等项目加快建设。临空产业方面，协同机场指挥部开展临空产业集群前期招商工作，加快推进临空发展要素集聚。

服务业提速发展。全区服务业呈现持续增长态势，1—12 月第三产业增加值增速为 11.1%。批发和零售业、房地产开发、营利性服务业等行业对第三产业的发展实现较好带动。九八投洽会期间，翔安区与厦门苏宁智慧物流电商产业园签约，项目总投资 10 亿元。数字经济增强积聚效应，翔安数字经济产业园正式开园运营，建成企通宝翔安 O2O 电商园等孵化器，引进中经汇通电子商务等一批电商企业；扶植培育天盟云游网络、星云睿等一批互联网、物联网新兴企业，储备产能 10 亿元。推动传统批发和零售企业开展电子商务改造，构建网络营销模式，天猫厦门工业电商共享服务中心落户翔安。旅游业加快发展。"大帽山境"开业运营，"香山乡苑"、面前埔田园综合体建设加快，成功举办第二届"乡约翔安"乡村旅游季、2018 厦门（翔安）武林大会、澳头文化艺术季和观福集美食节等品牌节庆活动。

现代都市农业融合发展。特色农业发展势头良好，胡萝卜年出口量 80 吨以上，出口范围辐射日本、韩国、俄罗斯、加拿大、欧洲和东南亚等国家和地区。大宅社区火龙果种植基地约 1200 多亩，是厦门市内最大的火龙果种植基地，富美大宅火龙果合作社天猫优品店正式上线，火龙果销售渠道进一步拓宽。农业科技化水平显著提升，组织实施福建省育繁推一体化品种选育项目。承担厦门文兴蔬菜育种实验室和中厦蔬菜种质资源收集和种子 DNA 快速分析两个项目。完成如意前垵基地、金莉园和银农等三个种苗工厂化项目建设。

3. 重点项目有序推进

1-12 月翔安区固投完成总量继续领跑全市，增速 11.5%，排名全市第四。重点项目有序推进，88 个省、市重点（大）项目，累计完成投资 356.7 亿元，超额完成全年任务，项目个数及完成总量均为全市第一。"五个一批"领跑全市，新增"五个一批"项目 219 个，总投资达 1829 亿元。

4. 城乡面貌明显改善

路网体系逐步完善。机场配套道路快速推进，刘五店南部港区已建成 6#-8# 泊位 3 个 5 万吨级散杂货码头，1#-5# 集装箱码头与港口支持系统前期工作持续推进，轨道交通 3 号线、4 号线建设顺利推进，积极配合福厦高铁、第二东通道前期工作，第二东通道桥梁预制场已开工建设，国道 324 复线、同翔大道有序推进，初步构建翔安与全市各区快速联系通道，接轨厦门"两环八射"快速交通路网。农村路网加快建设，通达行政村道路全面硬化，通达自然村道路硬化率已超过 95%，实现了镇镇有干线、村村通水泥路。

美丽乡村建设加快推进。深入实施乡村振兴战略，翔安马塘村入选"中国美丽休闲乡村"。协调推动大帽山农场、澳头、大宅 3 个精品示范村及锄山村、面前埔村、田墘社区 3 个试点村项目策划。启用区级农村电子商务运营服务中心，阿里巴巴 32 个村级服务网点投入运营。深入实施农村人居环境整治三年行动，完成"厕所革命"年度任务，整治农房 399 栋，建成农村生活污水分散式处理站点 127 个、农村截污纳管工程 53 个，实现流域内农村生活污水治理全覆盖。

生态环境不断改善。全区三大水系实现"河（段）长"全覆盖，溪流安全生态水系工程建设有序推进。农村分散式污水治理项目进展顺利，三大流域（东溪流域、九溪流域、龙东溪流域）内共有 191 个村已全部实施污水治理，村庄生活污水处理率约 96.3%。严厉打击河道"三乱"，开展流域周边小作坊整治工作，对不符合环保要求的牛蛙养殖场、家禽养殖场、马赛克石材加工厂、采矿企业等给予清退整改。在 65 个村（居）、27 个小区推行生活垃圾分类，覆盖率分别达 54.6%、67.5%。建成塘头、内头、古宅、云头 4 个生态景观工程，构建 6.8 公里乡村田园水岸景观带。

5. 民生保障不断完善

教育资源配置进一步均衡。持续推进教育均衡发展，深化合作办学，双十中学、厦门实验小学翔安校区征地工作正式启动。翔安教育集团办学效果凸显，从开办优质普惠性幼儿园入手，逐步向中小学延伸，创办海滨、吕塘、山亭、许厝等 4 所幼儿园。医疗健康事业全面发展。厦门大学附属翔安医院项目建设正在稳步推进。国家健康医疗大数据中心及产业园试点工作加快。建设区域医疗联合体，先行在新店中心卫生院试点。深入推进分级诊疗，区域医联体实现全覆盖，医联体共建单位新店卫生院门诊量增长 19.5%，家庭医生签约覆盖率达 34.4%。第五医院荣获全省唯一的国家级"管理创新医院"称号。文体事业蓬勃发展。积极推进翔安区基本公共文化服务实现标准化、均等化、便捷化、优质化，努力构建"15 分钟公共文化服务圈"，全区公共文化服务体系建设日臻完善，开展澳头文化艺术季、厦门（翔安）武林大会等近 200 场各级各类文体活动。民生保障水平进一步提升。新店保障房地铁社区一期、洋唐居住区、九溪小区、黎安居住区等重点保障性住房工程加快建设。全面推行医疗救助"一站式"即时结算服务，投入 1600 万元为 91 个村（居）购买居家养老服务，建成 3 个农村幸福院。职工"五险"参保率稳步提高，城乡居民养老保险参保补助范围从 46 周岁以上扩大至 16 周岁以上。

6. 社会治理效果凸显

深化推行村（居）星级管理评价机制，探索实行村干部待遇报酬与星级评定挂钩的激励机制，推动区属规模以上工业企业开展安全生产标准化创建工作。健全食品监督抽检、风险监测和安全追溯体系。构建三级公共法律服务体系，全区信访工作保持平稳态势，通过开展信访风险隐患大排查、大整治行动，进一步落实领导包案制度，加大信访积案攻坚化解力度。发动群防群治力量全面参与社会治理，安保维稳和基础信息大排查工作强力推进。扫黑除恶专项斗争成效明显，配合中央扫黑除恶第四督导组下沉督导，成功打掉恶势力犯罪集团 2 个、恶势力团伙 1 个、三人以上七类案件犯罪团伙 34 个。

（二）存在问题

1. 先进制造业增长动力不足

翔安区工业发展仍存在着诸多问题，发展后劲有待增强。一是工业增长放缓。2018 年，规上工业增加值增速仅 8.4%，低于全市 8.8% 的增速。火炬（翔安）产业区产值增速较低，仅增长 7.8%，光电电子等主导产业增速放缓，增量贡献下滑。龙头企业带动作用弱化，友达、冠捷等光电企业增长停滞。二是工业固投增速持续放缓。全年工业项目完成投资 128.47 亿元，占全区投资的 25.13%，相比 2016 年 42.88% 和 2017 年 28.32% 的占比，工业投资支撑作用逐年下降。天马微、联芯、电气硝子二期等三个在建大项目进入尾声，工业投资增长面临压力。三是产业发展层次低。光电、电子等支柱工业企业仍停留在加工装配环节，处于全球价值链中低端环节，附加价值较低。

2. 现代服务业未形成规模效应

翔安区的服务业增加值占 GDP 比重虽逐年提高，增速居全市第一位，但翔安区服务业发展水平仍然远远落后于全市水平，一是商务商贸业规模总量占全市比重较低。全区仅有限上批零企业 40 家、限上住宿餐饮企业 8 家，缺乏现代化业态的大型百货、专卖店和专业市场，商圈在地域分布上较为分散、量级不足、层次不高、同质化严重，尤其缺乏较有影响力和辐射力及特色鲜明的大项目和标志性聚集区，导致无法有效地"集人气、育商气、聚财气"。二是现代物流业刚起步，第三方物流企业"小、散、差"问题仍较突出，翔安物流园区、物流配送中心只有火炬 B 型保税区投入使用，其他建设尚未启动，这与火炬（翔安）产业区和翔安工业园区两大工业集中区带来的工业品集散、中转和配送需求脱节。三是信息化融合程度不高。翔安区服务行业的"互联网＋"行动计划推进缓慢，互联网经济各服务业态发展不均衡，具有活力的创新体系尚未形成，模式创新发展还需要加强引导，产业支撑体系尚不完善。四是高端现代服务业集聚区尚未形成规模效应。新城 CBD、数字经济产业园、创新孵化中心、厦门大学国家大学科技园区等现代服务业集聚区形成规模集聚效应尚需时日。

3. 城乡基础设施建设仍较缓慢

一是基础设施建设仍存在着短板。全区路网密度较低、结构不合理，次、支干路长度不足，断头路较多，水、电等市政设施缺乏；工业社区服务配套不完善，公共交通滞后，公交场站、公共停车场等不足；

污水处理、再生水回收率较低；城市防灾减灾建设较薄弱。二是乡村建设仍较滞后。乡村基础设施水平较低，部分村内道路、生活污水分散式处理、自来水管网改造、亮灯工程、垃圾转运平台、水利设施、社区公园等建设滞后，农村环境亟待改善；乡村管理运行机制仍不顺畅。

4. 公共服务水平有待提升

翔安区的公共服务水平与百姓期望仍有差距，社会公共服务设施较为薄弱，难以满足人民群众向往美好生活的需要。一是教育资源供需仍不均衡。随着全区城镇化和工业化快速发展，外来人口逐年增加，镇区（街道）的学校学位较为紧张。而偏僻的农村山区学校的学位数则供大于求，甚至个别学校全校仅十几个学生，造成办学成本偏高。二是医疗水平及服务能力不强。全区没有市级以上临床重点专科，医疗高层次人才缺乏，缺少临床学科领军人物；基层全科医生资源不足，无法适应当前分级诊疗、家庭医生签约等工作要求。妇幼保健能力相对滞后，区级妇女、儿童疾病防治集中在第五医院，为满足全面开放二胎后群众日益增长的医疗卫生服务需求，妇幼、产科的服务水平还有待提高。三是被征地农民及海域退养渔民就业创业成功率不高。被征地农民和海域退养渔民"4050"人员受年龄、文化、体力、技能等限制，就业渠道较窄，难以符合企业用工需求，创新创业难度较大，成功率也较低。

5. 生态环境保护压力较大

一是小流域水质达标率低。翔安区 3 条主要小流域共 8 个有效考核断面中，除省控九溪溪边后断面和市控后田洋断面达到 V 类水质考核要求外，其余 67 个断面水质类别为劣 V 类，占比 87.75%，水质达标率较低。二是农村生活污水处理有待提速。目前流域内还有 7 个村庄、流域外还有 114 个村庄未实现污水治理全覆盖。2017 年才启动首批 26 个村庄的雨污分流，任务十分艰巨。农村生活污水收集未实施雨污分流，污水收集率低，污水下渗污染地下水，造成不少站点末端收集污水量不足或来水不稳定，无法顺利试运行。三是海域退养和陆源截污不彻底。目前翔安区仍有海上养殖面积 1139 公顷，退养任务十分艰巨；陆源入海排放口有污水直排入海，周边海域水体呈中度富营养状态。四是石材马赛克行业污染严重。翔安区共有 280家石材马赛克加工厂，绝大部分属于"小、散、乱、污"企业，手续不全、设施不齐、达不到环境保护要求，对周边环境造成了较为严重的影响，清退工作较艰巨。

二、2019 年翔安区发展展望

（一）影响因素

从产业发展来看，一是贸易保护主义增加全球经济的不确定性。美国日益猖獗的贸易保护主义，使贸易战的阴云加剧聚集，给全球贸易投资带来了较大不确定性，较大程度影响翔安区的进出口贸易和制造业发展。二是国家出台多项减税降费措施，可进一步缓解翔安企业税负压力，释放发展活力，促进翔安实体经济发展。三是厦门市委、市政府深入开展"打造千亿产业链群、实施千亿投资工程"，将有利于翔安区平板显示产业、集成电路、新材料、都市现代农业等产业发展。四是厦门市委、市政府把坚持高质量发展落实赶超任务作为政府工作的重点任务之一，出台《厦门市工业稳增长促转型五条措施》等一系列促进经济高质量发展的政策，将进一步推动翔安区产业转型，不断增强经济创新力和竞争力。五是大力推进闽西南协同发展区建设，做强厦漳泉大都市区，将推动翔安区进一步发挥自身的区位优势，拓展产业发展空间。六是 ABB 全球最大工业中心在厦门翔安火炬产业区启用，将为翔安先进制造业的发展注入强大动力。

从城乡建设来看，一是大力实施乡村振兴战略，将进一步推动翔安农村公路、供水、信息、学校、医院等农村基础设施建设和农村人居环境改善，进一步激发翔安乡村发展活力。二是国家大力推进生态文明建设、解决生态环境问题，将推动翔安区的生态文明建设，走出绿色发展新路子。三是重要基础设施加快建设，第二东通道翔安大桥年底即将开建，将成为厦门快速路系统中的一个重要环节，地铁 3、4、6 号线加快进度，使翔安与岛内及岛外各区的联系更加紧密、便捷。厦门新机场加快建设，将加快推进临空发展要素集聚，促进临空产业与空港、城市、交通、海洋、人文、生态的协调发展。

（二）发展展望

综合考虑上述影响翔安区发展的各类因素，预计 2019 年翔安区经济社会将继续保持平稳健康发展态势，预计全区 GDP 增速将达到 8.6% 左右。产业结构持续优化，"双千亿"工程建设持续推进，先进制造业进一步提升发展，现代服务业规模持续壮大，带动效应进一步增强，都市现代农业生态链生态圈加快构建，农商文旅体进一步融合发展。产城融合步伐加快，持续打造空间布局合理、发展活力强劲、城市品质高端、生态环境优良、居民幸福乐居的产城融合典范区，产城融合、城乡一体发展新格局加快构建。城乡面貌持续提升，乡村振兴战略深入实施，乡村基础设施建设加快推进。生态环境治理进一步加强，城乡环境持续优化提升。民生短板持续改善，补短板、强弱项的措施力度加大，住房、教育、医疗、交通、养老、城乡民生等基础设施建设加快推进，民生福祉持续增进。

三、2019 年翔安区发展对策

2019 年，翔安区应以习近平新时代中国特色社会主义思想为指导，按照高质量发展落实赶超要求，坚持新发展理念，主动作为，紧紧围绕"双千亿"工作，遵循"一体双线两翼"工作思路，把落实赶超任务和推进翔安经济社会发展各项工作紧密结合起来，统筹谋划，奋力推动新时代翔安发展再上新台阶实现新跨越，为建设新福建、为厦门当好新时代中国特色社会主义排头兵作出翔安新贡献。

（一）着力创新驱动，增强产业发展后劲

1. 大力推进企业技术创新

一是强化企业技术创新主体地位，加大对银鹭集团、如意情集团等区内企业建设企业技术中心、工程技术研究中心、中试基地等研发机构的扶持力度。提升龙头企业整合运用创新资源能力，发挥冠捷科技、友达光电等行业骨干企业的主导作用，积极开展关键核心技术攻关和应用示范。完善企业科技创新扶持政策，支持开展关键领域前沿技术研究和攻关，推动互联网、半导体和集成电路、智能制造等领域取得突破发展；支持云计算与大数据、第三代半导体、数控一代、工业机器人等新技术研发和产业化。二是建立健全技术改造长效机制。在传统优势工业产业领域大力推广高新技术和先进适用技术，鼓励食品工业、轻纺工业等传统企业积极开展技术改造和设备更新，开展科技贷款贴息业务。同时，以落实国家出台的系列减税措施为契机，进一步释放企业发展活力，促进技术进步。

2. 促进先进制造业提升发展

一是加快平板显示发展，促进存量企业增资扩产或投产，鼓励天马、电气硝子等平板显示重点企业增资扩产；策划引进高世代面板生产、原材料生产企业在翔安设厂，争取对新日铁、台虹、新阳等铜箔及覆盖膜等企业进行招商。二是做大做强集成电路，推动华天恒芯、芯光润泽等半导体和集成电路产业项目建设。以联芯、弘信等现有行业龙头企业为依托，着重发展上游 IC 设计、晶圆材料，下游 IC 芯片切割、封装、测试等。三是积极发展机械装备，加快推进 ABB 工业中心二期建设，发展智能电网、高压和超高压直流输配电产品；以建设翔安航空工业区为契机，积极发展飞机维修、商务飞机改造、发动机拆解零件再制

造等业务；结合翔安汽车城建设，整合纳入汽车零配件生产体系；拓展智能制造领域，培育发展数控装备、自动控制系统、智能仪表以及工业机器人等。

3. 力促工业固投较快增长

深入开展"打造千亿产业链群、实施千亿投资工程"，着力促进存量企业增资扩产或投产，鼓励天马、电气硝子等平板显示重点企业增资扩产，推动祥达光学、合联胜利等技改项目释放产能；加快推进华天恒芯、芯光润泽、翰天天成等半导体和集成电路产业项目建设。持续落实"五个一批"机制，深化联合攻坚机制，推动工业项目投资稳定接续；按照"六定"责任机制，进一步细化工作方案，落实到施工路线图，强化协调服务，全力加快推进项目建设。在认真做好区属责任项目的基础上，下大力气与火炬（翔安）产业区、同翔高新技术产业基地等市级指挥部（管委会）及市级部门建立密切的联系渠道，按照"辖区一盘棋"目标统筹推进项目，共同推进辖区工业固投稳步增长。

4. 推动现代服务业高质量发展

一是加快发展现代商务商贸业。牢固树立高质量发展理念，推进以总部经济为主的企业管理服务类商务服务业集聚，积极引进国内外知名律师事务所、会计事务所、专业咨询策划公司等新兴中介服务机构和企业管理中心、研发中心、财务中心、金融租赁公司等职能性总部。借助翔安数字经济产业园、翔安新城CBD、中高端品牌汽车销售园等平台载体，加快引进商贸企业。加快建设中央商务中心等商业性配套工程，打造商贸服务集聚区，推进奥特莱斯、龙湖时代商城、宝龙综合体等大型购物广场、精品百货店、专卖店等零售业态及休闲娱乐场所建设，逐步提升园区商业、娱乐等城市功能；改造厦大学生商街、大嶝金嶝街等商贸集聚区，带动整体商务商业氛围集聚提升。

二是大力发展现代物流业。强化园区的物流服务配套能力，发展货物运输、仓储、联托运、装卸、快递、国际货代等物流服务业务，引进物流总部企业，创建现代物流与供应链商务运营中心，推动苏宁智慧物流电商产业园项目、韵达快递电商总部基地、深国际物流港等项目落地；加快物流园区和电子口岸建设，规划建设物流配送中心，形成物流园区—物流中心—配送中心等基础物流平台；构建现代化的物流信息网络平台，扩展、延伸物流企业供应链的范围和半径。

三是做大做强旅游会展业。创建国家全域旅游示范区，建设完善大帽山境、香山乡苑田园、中奥游艇码头等旅游综合体项目，发展文化、美食、闽台等特色产业；大力发展乡村休闲旅游，推动大嶝田墘、小嶝、内厝曾厝、锄山、新圩御宅、金柄、乌山等村落的古民居和翔安民俗文化相对集中的区域列入翔安旅游路线，丰富旅游内涵；力促悦华酒店项目入驻数字经济产业园，推进牡丹世纪温泉度假酒店、梅园酒店等项目建设；积极配合市文化和旅游局推动新会展中心落地建设。同时，全力保障厦门东部（翔安）体育会展新城片区建设，大力发展体育会展产业。

四是加快培育互联网产业。推进互联网、物联网、软件和信息服务等行业发展，鼓励各电商基地出台有针对性的招商政策，吸引跨境电商、移动互联网产业链优势企业、电子商务软件行业、电子商务支付行业的龙头企业和电子商务上市企业。加快培育本地互联网企业，挖掘模式新颖、成长性好的互联网企业和电商平台重点培育。

五是发展大健康产业。规划建设人工智能技术、生物3D/4D打印技术、医用机器人、大型医疗设备、健康和康复辅助器械、可穿戴设备以及相关微型器件等智能医疗设备制造基地，加速推进大数据管理中心和"健康翔安"医疗大数据平台建设，培育基于大数据的大健康产业。

5. 重视产业人才培养

以翔安文教区为载体，积极发挥厦门大学、海洋职业技术学校、南洋学院、华天学院、技师学院等学院优势，建设专业技术人才教育培训基地，建立企校联合培养人才的新机制，加强大学生创业培训，促进创新型、应用型和复合型人才的培养，为企业输送适用人才。围绕翔安平板显示、半导体与集成电路、电力电工、商务商贸、旅游会展等重点产业发展集群，整合区、企、校多元资源，搭建产业集群与技术技能人才培养动态调整机制，探索以产业为导向的集群式创新和技术技能人才培养模式，增强产学研用的深度融合。

（二）加强统筹协调，加快城乡建设步伐

1. 着力推进翔安新城建设

一是加快翔安中心区建设。按照"山湖城"的城市格局，重点打造集合行政、商业办公、服务、居住的城区综合中心，以及依托翔安大道带状公园，打造具备地域建筑特色的休闲商业街。完善提升片区内文化设施、教育设施、医疗设施、体育健身设施，及其他民生设施，打造宜居高标准的公共服务体系。围绕洪钟大道轴线，对片区内重要的城市道路界面进行分类设计，结合本地文化，进一步提升改造，形成统一而各具特色的街区景观，打造具有标识性的景观节点，提升片区标识性和城市形象。

二是推进翔安南部新城建设。以金融商务、总部经济、商住办公等为主要功能，加快新城中央商务区建设，加快翔安东路等地下综合管廊建设，完成海绵城市、综合管廊试点。完成东山片区的所有土地农转用，全面启动建设东山片区基础设施和公建配套，推进文化艺术中心（科技馆、文化剧院、文化展览馆）、图书馆、妇女儿童活动中心、区政务服务中心建设，推进酒店、商业综合体开发，完善城市功能，加速人气聚集，提升周边地块价值，带动东山片区及翔安南部新城的城市活力。继续高起点、高标准规划设计各组团的天际轮廓线、景观带、项目容积率等，建设高素质、高颜值的滨海新城。

三是推动环东海域东部新城建设。利用新一轮厦门市总体规划编制修订之际，向市里争取实质启动东坑湾片区的规划研究，突出岛外新核心的功能定位，与本岛核心功能进行区分，并启动非本岛核心功能的疏解转移方案研究。配合推进环东海域东部新城起步区和东坑湾片区基础设施建设，全力保障东界组团片区用地，加快建设海西国际商贸物流城，发展高端金融商务、品牌会展、现代物流、休闲旅游等产业。

2. 构建高效便捷的区域综合交通体系

在对外交通设施上，加强与岛内、周边区域之间的互动，重点推进福厦高铁、昌厦高铁、龙厦高铁、城际轨道 R1 线、厦门绕城高速等城际交通网络建设，全力保障翔安机场主体工程建设，加快推动轨道交通 3、4、6 号线及机场快速路建设；加快第二东通道、机场快速路、滨海东大道、同翔大道等快速路及主干路网建设，对接全市"两环八射"体系，构筑与全市各区及厦漳泉龙区域的快速联系通道。在对内交通设施上，强化各区域功能板块之间的联系，完善提升新城核心区"五横五纵"主干道建设，进一步完善次干道和支路路网，推进南部新城、翔安高新技术产业基地、翔安工业区等新城、基地路网建设，打通西亭路、文贤路等"断头路"及村村通道路的最后一公里，构建对内循环、快速便捷的综合交通运输体系。新开设一批公交线路，发展公交走廊＋枢纽交通模式，完善产业园区与新城之间、各产业园区之间公交，在重要交通节点，通过定制链接线等方式，为员工从大公交节点达到企业提供便利，提升重点产业园区及其主要居住配套区之间公交服务水平，加快推进产城融合。

3. 推进市政基础设施建设

加快翔安东路等地下综合管廊建设。强化能源保障能力，推进彭厝变、洪钟变、陈塘变、内官变等一批电力设施建设。增强城市供水能力，加快建设西水东调新通道、汀溪水库至翔安原水输水工程、翔安水厂二期等，改造新店、大嶝片区自来水管网。提高污水、垃圾处理能力，建设翔安污水厂四期，完善全区污水管网、污水泵站，启动流域外农村生活污水治理，提升浯溪水体水质；推进完善东部固废及其配套项目，建设西炉新生水处理厂、南部新生水处理厂二期等。加快建设燃气、油品设施，延伸中压燃气管道，

建设一批汽车加气站及加油站。探索雨洪利用及九溪生态补水，新建东溪上游古宅溪等安全生态水系。推动新圩、郑坂、新店等农贸市场改造提升工作。

4. 着力实施乡村振兴战略

按照"产业兴旺、生态宜居、乡风文明、治理有效、生活富裕"的总要求，加快实施乡村振兴战略。坚持新型城镇化和乡村振兴两手抓，积极推进城乡建设统一规划、产业合理布局、基础设施互联互通。全面推进"四好农村路"建设，加快农村公路路网提升。推广生态景观公路建设，完善农村公路客运线路枢纽以及农村公路安保、标志标线等交通配套设施。完善村庄建设规划，合理布局生产空间、生活空间、生态空间。深入开展农村环境综合整治，开展农村垃圾、污水治理、农房整治和"厕所革命"，提升乡村生态环境和村容村貌，着力打造新圩镇面前埔村，新店镇澳头村、大宅村，内厝镇锄山村，大嶝街道田墘村，大帽山寨仔尾等具有示范带动效应的美丽乡示范村。推进农村宅基地供应制度改革、农村集体产权制度改革和林权制度改革。编制全区宅基地规划，推进"四统"建房，提高农村宅基地集约化水平。清除要素下乡障碍，鼓励引导资金、技术、人才等要素向乡村流动。夯实农村基层基础工作，加强农村基层党组织对乡村振兴的领导，选拔培养一支懂农业、爱农村、爱农民的"三农"工作队伍，扎实推进乡村基础设施建设。

（三）坚持绿色发展，打造高颜值生态区

1. 提升生态宜居功能

突出山、海要素融合，全面提升生态景观品质和生态休闲功能，打造宜居、宜业的魅力城市和生态城区。统筹河道防洪排水功能和生态景观功能，规划建设九溪生态湿地区、滨海休闲区、田园风光区，打造林水相宜、融合一体的沿海景观。

2. 加强生态环境保护与修复

深入实施山水林田湖草生态保护与修复工程，完善生态系统保护制度，促进自然生态系统功能和稳定性全面提升，生态环境质量持续改善，生态产品供给能力进一步增强。严格管理生态控制区域，落实生态控制线内生态保育，明确落实保护责任。坚持保护与开发并举，细化生态控制区域功能布局。推进大帽山、锄山、香山等重点区域的保护与修复。实行最严格的水资源管理制度，全面落实河长制，建立河道养护长效机制。加强岸线修复和流域综合治理，打造陆地绿色生态屏障和沿海蓝色生态屏障，构筑碧水蓝天生态空间。

3. 实施城乡环境综合整治

深入开展城乡宜居环境建设，实施绿化改造和景观提升工程。加大公园、绿道、立体绿化建设力度。加强大气环境综合治理，严控主要污染物排放，力争空气质量优良率达到 95% 以上。持续推进污水和"工业三废"治理，促进重点工业企业"三废"排放达标。完善城乡市容环境卫生长效管理机制，实施生活垃圾分类和减量管理。健全环保监管网格化体系，严格环境执法，打造清新宜居生活环境。

4. 推进绿色低碳发展

大力发展科技含量高、资源消耗低、环境污染少的先进制造业和高端服务业。鼓励发展清洁能源产业，重点支持节能环保、循环经济等绿色产业，推进绿色建筑，培育新的绿色经济增长点。完善东部固废中心各项配套。新建建筑废土消纳场。加快公共机构节能改造，培育马巷桐梓生态文明有机更新示范典型。

（四）增进百姓福祉，提升公共服务水平

1. 保障教育均衡发展

一是推进学前教育优质普惠发展。推动幼儿园与住宅同步规划、建设、使用。加快教育集团发展，支持国企兴办普惠性幼儿园，改造提升集体办幼儿园，规范扶持民办幼儿园，健全儿童早期教育服务体系。二是推动义务教育均衡、高质量发展。优化义务教育学校布局，在新城核心区、重点产业集聚区新建、配建一批幼儿园、小学；科学调整招生片区，破解"城区挤、农村弱"难题。深入实施教育质量提升工程，全面开展"义务教育管理标准化学校"创建工作；深化紧密型合作办学，力促双十中学、厦门实验小学翔安校区动建，推进厦大附属学校选址及建设，推动国际学校落地。三是重视职业教育。推动职业教育与翔安区产业需求精准对接，推动落实翔安职业学校用地选址，推动厦门南洋职业学院申报本科民办高校。

2. 完善医疗卫生服务体系

一是加大医疗资源供给。大力推进厦大翔安医院、第五医院、妇幼保健院等重大医疗项目建设；推进南部新城规划设置社区卫生服务中心；鼓励社会资本兴办特色专科医院，切实提高医疗水平和服务能力。二是健全基层医疗卫生服务。推进医联体建设，不断完善综合医院和基层医疗机构的协作机制，有效促进优质医疗资源共享。深入推进分级诊疗，加快建立公平可及、系统连续的分级诊疗体系。三是推动健康医疗大数据建设。以国家健康医疗大数据中心和数字经济产业园建设为契机，大力推进家庭医生签约服务，积极搭建远程医疗等医生与居民互动交流管理平台，发展慢性病"家庭续方"、儿科智能导诊等服务。依托厦门健康医疗云，健全人口、电子健康档案和电子病历三大基础数据库建设，建成全区人口健康信息平台。

3. 繁荣文化体育事业

规划建设区级文化馆、图书馆新馆、区级全民建设活动中心、青少年体育综合馆等设施，推动市级"一场两馆"等项目启动；深入挖掘翔安特色民俗文化资源，加强历史文化遗产保护传承和数字文化资源建设，完成闽南童谣基地改造，开办运营翔安新媒体中心。深入开展全民健身活动。加强体育健身指导的人才队伍建设，进一步提高居民身体素质和健康水平。

4. 健全就业创业服务体系

一是健全政策体系和信息服务保障体系。鼓励企业就地就近招收被征地农民和海域退养渔民就业；通过改善培训方式、丰富培训手段，开展针对性、目的性、实用性强的转移培训，提升被征地农民和海域退养渔民就业技能。二是鼓励创业带动就业。扶持自主创业，改善创业政策环境，通过贷款担保、小额贷款贴息、创业补助、创业场地补助等方式对创业者给予全面资金支持。充分发挥创业者之家、区青年企业家协会、青年创业促进会、大嶝科创服务基地等平台的展示、交流、服务功能，打造良好创业氛围。

参考文献

[1] 翔安区人民政府.2019 年翔安区政府工作报告 [R].2019

[2] 翔安区人民政府.翔安区国民经济和社会发展第十三个五年规划纲要中期评估 [R].2019

[3] 翔安区人民政府.翔安区国民经济和社会发展第十三个五年规划纲要 [R].2016

[4] 翔安区人民政府.翔安区"十三五"经济社会发展基本思路研究 [R].2015

课题执笔：欧阳元生　黄榆舒

第八章　2018 年 15 个副省级城市经济运行比较分析

一、2018 年副省级城市经济运行的主要特点

（一）副省级城市总体保持较快增长势头

2018 年，15 个副省级城市中有 11 个 GDP 增速超过全国平均水平 (6.6%)，其中，西安、南京、武汉、成都 4 个城市 GDP 增速达到或超过 8% 以上，经济增长动力强劲，表现抢眼，是带动区域经济发展的主要增长极。见图 8-1。

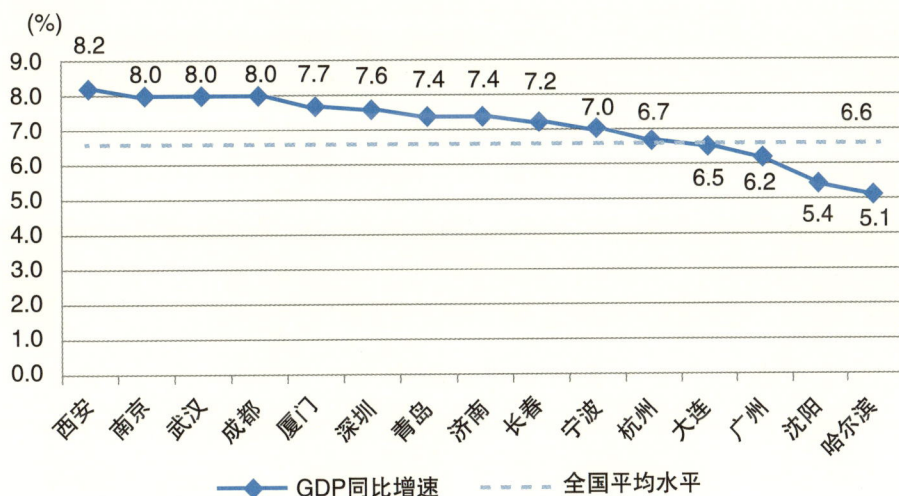

数据来源：各城市统计局网站

图 8-1　2018 年副省级城市 GDP 增速比较

（二）经济总量超万亿的城市增至 8 个

从总量看，2018 年宁波 GDP 实现突破 1 万亿元，成为继深圳、广州、成都、武汉、杭州、南京、青岛之后，第 8 个 GDP 超万亿的副省级城市。具体看，深圳、广州遥遥领先，GDP 总量跃居 2 万亿以上；成都、武汉 GDP 总量在 1.5 万亿左右，杭州、南京、青岛和宁波 GDP 总量在 1 万亿~1.4 万亿之间。见图 8-2。

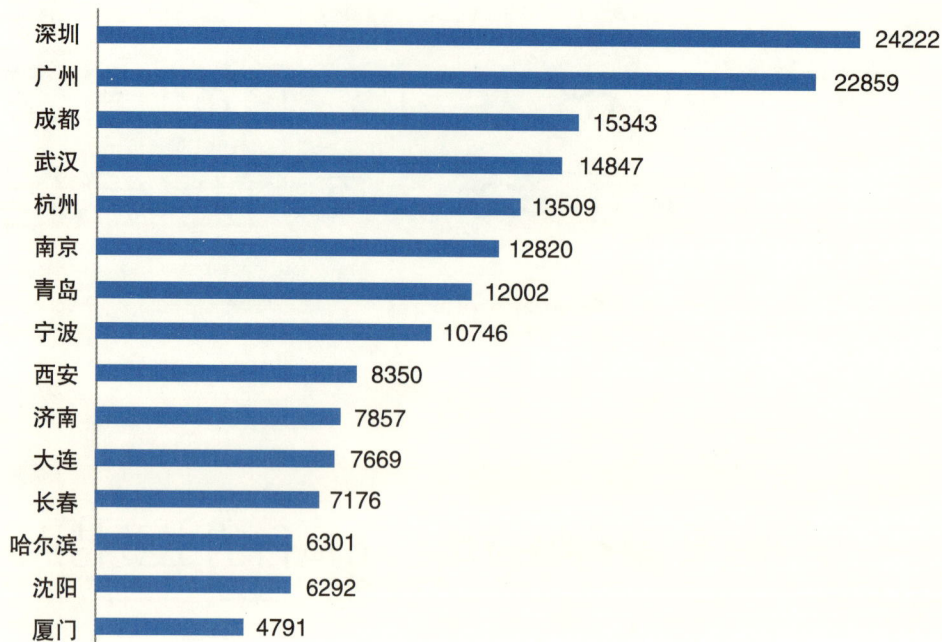

深圳	24222
广州	22859
成都	15343
武汉	14847
杭州	13509
南京	12820
青岛	12002
宁波	10746
西安	8350
济南	7857
大连	7669
长春	7176
哈尔滨	6301
沈阳	6292
厦门	4791

数据来源：各城市统计局网站

图 8-2　2018 年副省级城市 GDP 比较（单位：亿元）

（三）区域经济发展进一步分化

1. 西安、武汉、成都领跑副省级城市

西安、武汉、成都等中西部城市经济增速位居前列，持续领跑副省级城市经济发展（图 8-1）。一是西安、成都的规上工业增加值、服务业增加值同比增长快，均达到或超过 8%，武汉的服务业、固定资产投资、社会消费品零售总额三个指标增速均居前五。二是得益于成本、科教、交通枢纽、内陆开放等优势，与东部沿海城市相比较，西安、武汉、成都企业生产经营成本和人才生活成本优势明显，位居中国高校资源最集中的前十大城市榜单前列，加上近年来这些城市加快实施内陆开放战略，利用海关特殊监管区和自贸区的政策优势扩大开放，对外贸易快速发展，推动经济快速增长。

2. 深圳、青岛等东部沿海城市经济增速居中

厦门、深圳、青岛、杭州等东部沿海城市加快转型发展，经济增长位居中游（图 8-1）。厦门加快发展平板显示、集成电路、信息服务等高新技术产业和新兴产业，规模以上高新技术产业增加值比工业增速快 0.5 个百分点，医药制造、计算机与通讯设备等高技术产业增速超过 10%，交通运输、软件和信息服务业、租赁和商务服务业成为拉动经济增长的支撑力量；新兴服务业发展迅速，信息系统集成服务，动漫、游戏数字内容服务营收增长分别达 53% 和 30%。

深圳、杭州、青岛的高技术产业和战略性新兴产业发展迅速，网络消费、电子商务等新兴业态保持两位数增长。深圳七大战略性新兴产业实现增加值 9155 亿元，占 GDP 比重 37.8%，增速比全市经济增长快 1.5 个百分点。杭州数字经济引领转型发展，实现增加值超 3356 亿元，增长 15%，增速比 GDP 快 8.3 个百分点，占 GDP 比重 24.8%，电子商务、软件与信息服务、数字内容等核心产业增速超过 15%。青岛节能环保、高端化工、机械装备、生物医药、现代海洋等产业发展迅速，分别增长 20.8%、17.3%、16.9%、15.7%、

15.6%，工业机器人等新产品产量增长迅猛，增速达 59.4%。

3.沈大长哈等东北城市增长滞后

沈阳、大连、长春、哈尔滨等东北地区中心城市经济结构调整任务艰巨，经济增速在副省级城市中相对较低，4 个东北地区中心城市仅长春经济超过全国平均水平（图 8-1）。具体看，哈尔滨规模以上工业增加值居末三位，服务业增速表现平平（第八）；沈阳服务业增加值增速居末两位，规模以上工业增加值增速同样表现平平（第八）；大连服务业增长严重滞后，增速居副省级城市最末位（详见附表），低于全国平均水平 4.8 个百分点。见图 8-3。

（四）服务业是经济增长的主要动力源

武汉、宁波、哈尔滨、南京、杭州、成都、青岛、广州、济南 9 个城市的服务业增加值增速，高于同期规模以上工业增加值增速 4.4~0.4 个百分点。其中，武汉、南京和成都服务业增加值增速超过 9%，武汉、成都服务业对经济增长的贡献率分别达 66.6% 和 61.3%，成为拉动经济增长的主导力量。见图 8-3。

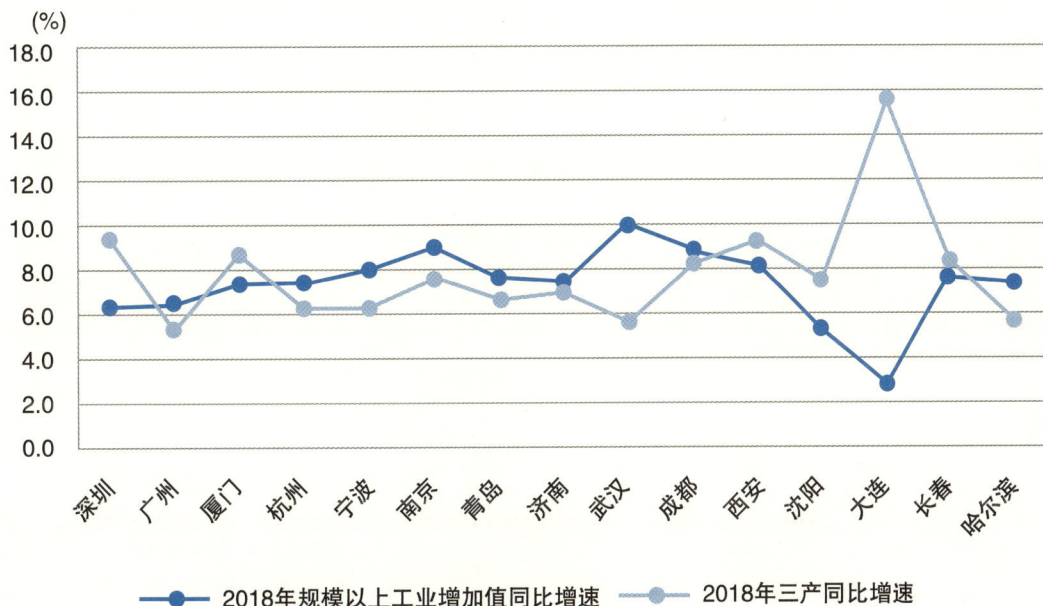

数据来源：各城市统计局网站

图 8-3　2018 年副省级城市工业与服务业增加值增速比较

二、厦门在副省级城市经济运行中的比较优势与劣势

（一）优势

1.经济增长相对较快

2018 年，厦门 GDP 同比增长 7.7%，增速在副省级城市中位居第五，仅次于西安、南京、武汉和成都。详见图 8-4。

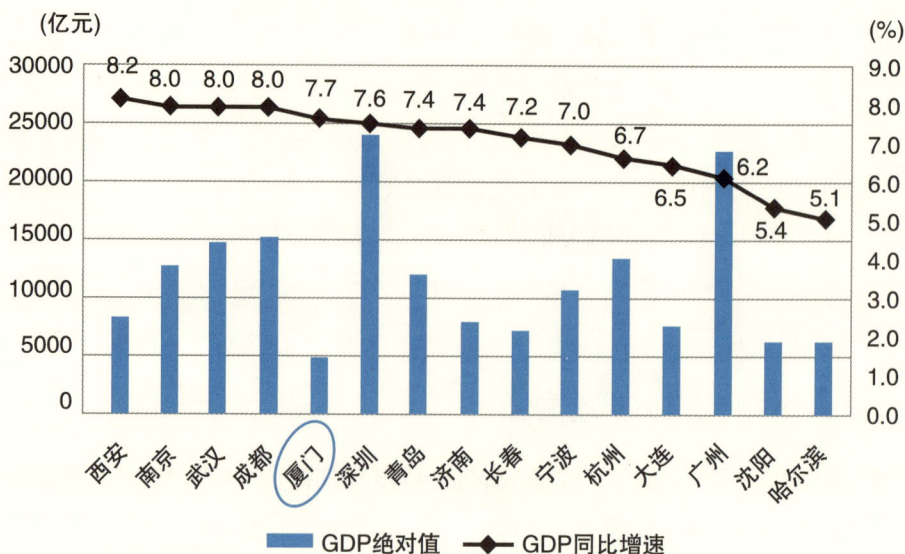

数据来源：各城市统计局网站

图 8-4　2018 年副省级城市 GDP 及同比增速

2. 经济运行质量较好

一是经济密度高，每平方公里创造的 GDP 为 2.82 亿元，次于深圳和广州，仅低于第二名广州 0.25 亿元/平方公里。二是居民收入高增长快，2018 年厦门城镇居民人均可支配收入 54401 元，同比增长 8.8%，从收入总量看，在副省级城市中位居第六，与杭州、宁波、广州、南京、深圳跻身居民高收入城市第一梯队；从同比增速看，位居第二，与排名第一的武汉仅相差 0.3 个百分点。见表 8-1。

表 8-1　2018 年副省级城市经济运行质量主要数据

城市	地均 GDP（亿元/平方公里）	排名	城镇居民人均可支配收入（元）	排名	城镇居民人均可支配收入同比增速（%）	排名
深圳	12.12	1	57543	5	8.7	3
广州	3.07	2	59982	3	8.3	6
厦门	2.82	3	54401	6	8.8	2
杭州	0.82	11	61172	1	8.7	3
宁波	1.09	6	60134	2	8.0	9
南京	1.95	4	59308	4	8.7	3
青岛	1.07	8	50817	7	7.7	10
济南	0.99	9	50146	8	7.5	11
武汉	1.73	5	47359	9	9.1	1
成都	1.07	7	42128	12	8.2	7
西安	0.83	10	38729	13	8.1	8

续表

城市	地均 GDP（亿元 / 平方公里）	排名	城镇居民人均可支配收入（元）	排名	城镇居民人均可支配收入同比增速（%）	排名
沈阳	0.49	13	44054	10	6.5	13
大连	0.61	12	43550	11	7.3	12
长春	0.35	14				
哈尔滨	0.12	15	37828	14	6.4	14

数据来源：各城市统计局网站

3. 工业发展稳中有进

2018 年，厦门规模以上工业增加值同比增长 8.8%，在副省级城市中位居第四，仅次于大连（15.9%）、深圳（9.5%）和西安（9.4%）。具体看，一是支柱行业增长快，占规模以上工业总产值近七成的电子和机械两大支柱产业增速维持在 10% 左右；二是工业转型步伐加快，规模以上高新技术产业增加值同比增长 9.3%，比同期规上工业增加值增速快 0.5 个百分点，占全市规上工业增加值比重 67.9%。三是增长行业多，超过八成以上工业行业增加值保持增长，家具制造、医药制造等行业增加值增速超过 18%。见图 8-5。

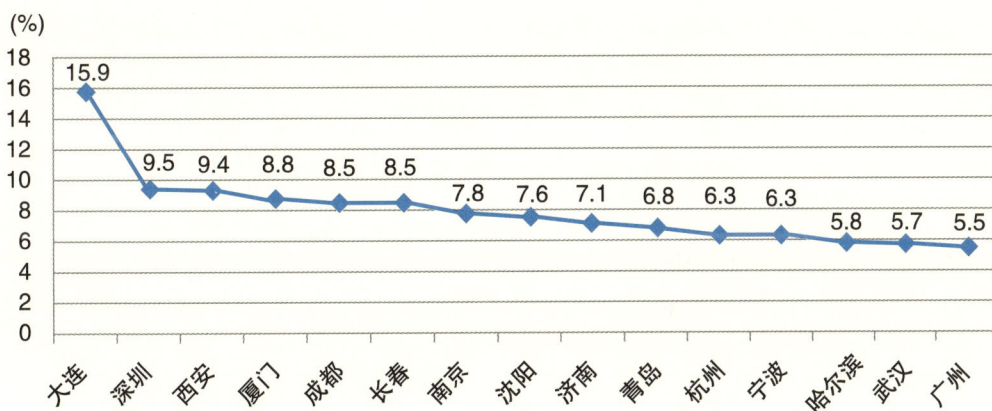

数据来源：各城市统计局网站

图 8-5　2018 年副省级城市规模以上工业增加值增速比较

4. 固定资产投资较快增长

2018 年，厦门固定资产投资同比增长 10.1%，在副省级城市中，排名在深圳（20.6%）、沈阳（15.3%）、杭州（10.8%）、武汉（10.6%）之后，与大连并列位居第五位。主要得益于，一是轨道交通、飞机购置等大项目投资促使交通运输业投资加速前进，同比大幅增长 42%；二是岛外新城建设加快，岛外固定资产投资占全市比重超过 75%，拉动全市固定资产投资增长超过 9.7%；三是医院、学校等社会事业投资快速发展，带动社会事业投资增长 18.1%；四是联芯、天马、电气硝子等生产项目拉动制造业投资快速增长，增速达 13.7%，带动工业投资实现增长 12%。见图 8-6。

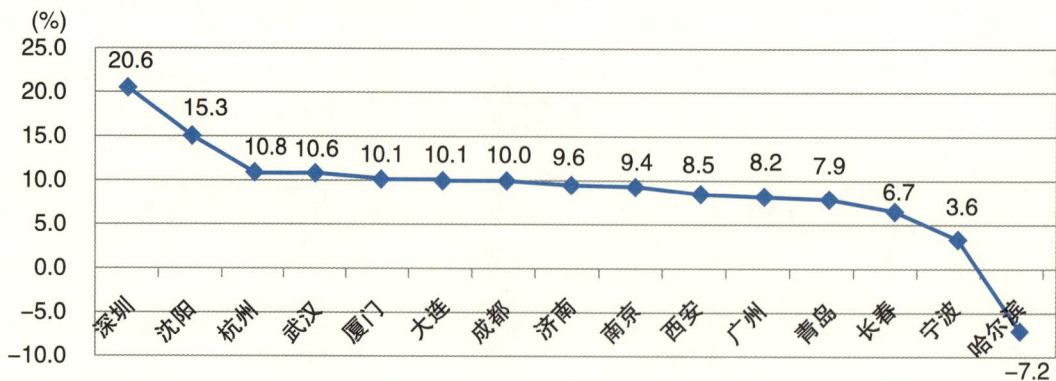

数据来源：各城市统计局网站

图 8-6　2018 年副省级城市固定资产投资增速比较

5. 城市宜居品质继续处于前列

2018 年，厦门空气质量优良率 98.6%，在副省级城市中排名第一，在全国 169 个重点城市中排名第二；空气质量综合指数 3.3，同比改善 1.8%，在全国 169 个重点城市中排名第七，在副省级城市中仅次于深圳；PM2.5 平均浓度为 25 微克／立方米，达到世界卫生组织《空气质量准则》的过渡期第二阶段目标限值要求，提前一年实现厦门市打赢蓝天保卫战三年行动计划设定的 2020 年攻坚目标。

（二）劣势

1. 经济总量规模位居末位

从全年数据看，厦门 2018 年 GDP 为 4791 亿元，成为唯一一个经济总量未达 5000 亿元的副省级城市（见图 8-2）。

主要原因，一是全要素生产率低，经济增长主要依靠投资拉动，根据全要素生产率模型估算，2001-2016 年，资本对经济增长的贡献达到 53.9%，但长期以来，厦门固定资产投资投入房地产领域的比例过高，2012 年以前，厦门产业结构以工业为主导，而房地产开发投资占比却平均比工业投资占比高 18 个百分点（2006-2016 年，见表 8-2）。二是要素成本偏高，导致存量优势产业向外部地区转移，近年来，厦门土地、劳动力、生态环境保护等成本不断上升，致使部分龙头企业如联想等开始向土地和劳动力成本更加低廉的武汉等地外迁，产业发展向中西部地区梯度转移，有的如 PX 项目、翔鹭石化等向周边城市搬迁。三是新兴产业发展规模较小，集成电路、生物医药等新兴产业虽发展迅速，但总体规模仍然偏小；2018 年，全市半导体和集成电路产值不到 450 亿元，生物医药与健康产业链产值不到 600 亿元，距离千亿产业（链）目标仍有较大差距。四是龙头企业少规模小，产值超百亿元的制造业企业仅 9 家，营收超千亿元的服务业企业仅建发、国贸、象屿 3 家，民营企业规模小、竞争力不强，更缺乏爆发式增长的独角兽企业。

表 8-2　2001-2017 年工业投资与厦门房地产投资比较

年度	工业投资占固定资产投资比重（%）	房地产开发投资占固定资产投资比重（%）
2001	–	29.5
2002	–	29.4
2003	–	32.3
2004	–	30.0
2005	–	28.4
2006	22.2	32.3

年度	工业投资占固定资产投资比重（%）	房地产开发投资占固定资产投资比重（%）
2007	22.3	37.3
2008	21.7	35.1
2009	18.8	33.4
2010	20.2	39.2
2011	20.5	38.8
2012	19.9	38.9
2013	20.2	39.5
2014	19.0	44.8
2015	18.7	40.8
2016	18.4	35.5
2017	18.0	36.9

数据来源：厦门市统计局网站

2. 服务业增长滞后

2018 年，厦门服务业增加值同比增长 7.5%，增幅位居副省级城市第八位（并列），低于全国平均水平 0.2 个百分点，低于服务业发展最快的武汉 2.6 个百分点。具体看，厦门两大传统支柱行业金融、房地产增加值占服务业增加值比重 31.4%，仅增长 7% 和 1.9%，分别低于 GDP 增速 0.7 个和 5.8 个百分点，数字经济等新兴产业虽增长较快但规模尚小，缺乏如阿里巴巴等平台型龙头企业。而杭州支柱产业数字经济占 GDP 比重达 24.8%，比 GDP 增速快 8.3 个百分点，拥有蚂蚁金服等 18 家独角兽企业。详见图 8-7。

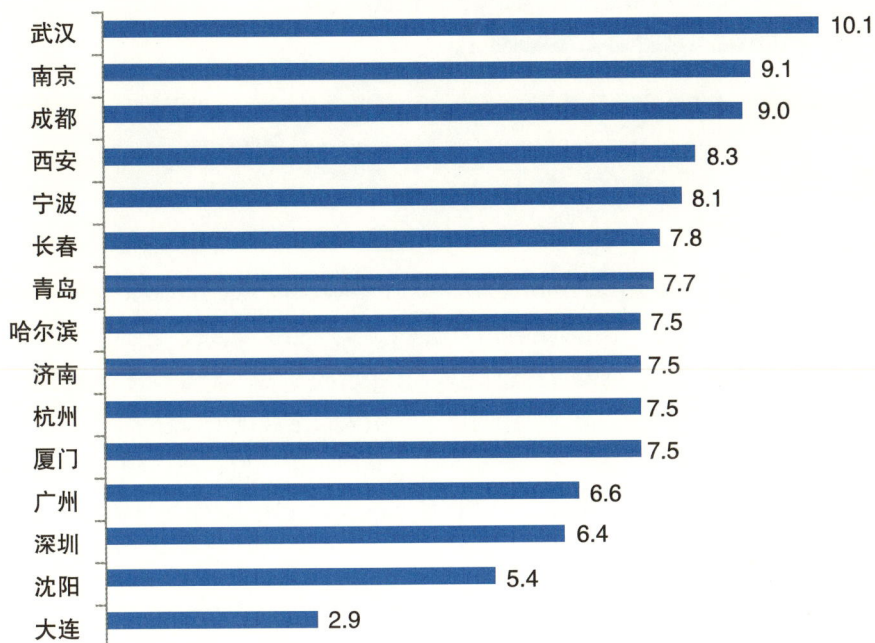

数据来源：各城市统计局网站

图 8-7　2018 年副省级城市服务业增速比较（单位：%）

3. 消费新增长点严重不足

2018 年，厦门社会商品零售总额同比增长 6.6%，在副省级城市中居末三位，低于全国平均水平 2.4 个百分点，低于社会消费增长最快的武汉、成都近 4 个百分点，主要原因在于销售额较大的行业负增长或增速不高，如汽车行业销售额下降 3.6%，通讯设备行业销售额下降 1.5%，石油业销售额仅增长 2.6%；同时，超六成的大型百货商超营业额负增长，互联网零售两位数高速增长的态势趋于结束，全市限额以上企业通过互联网实现零售额同比仅增长 8%，比上年同期回落 73.3 个百分点。而"新零售之城"成都社零总额增长 10%，增速居副省级城市第二位，主要得益于旅游、会展业总收入分别实现 3712.6 亿元和 1091.9 亿元，且高速增长分别达 22.4% 和 17.2%，京东无人超市、"医疗健康中心 + 零售商业综合体"等新零售发展迅速，网络零售继续保持两位数高速增长势头，线上线下消费融合发展助推经济快速发展。详见图 8-8。

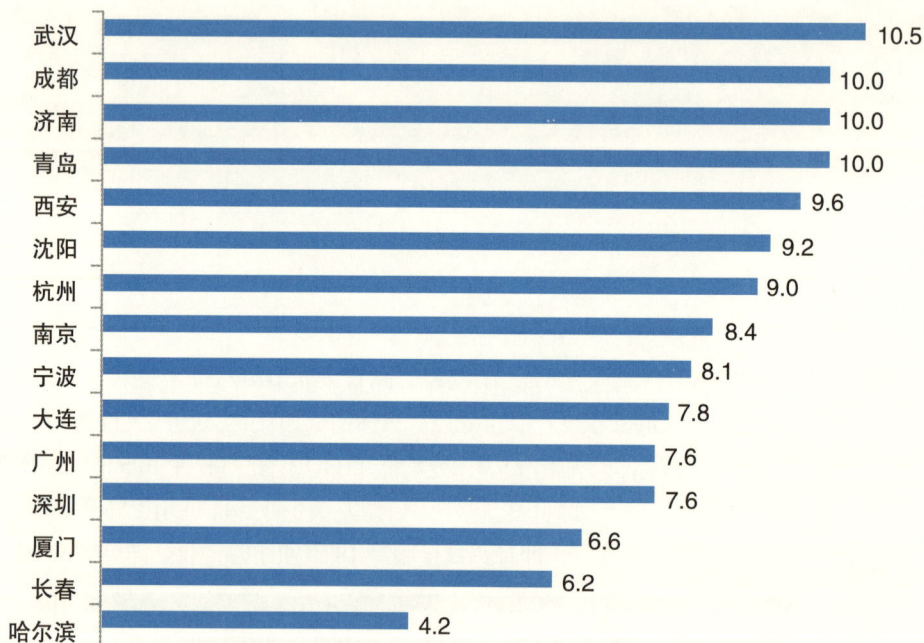

数据来源：各城市统计局网站

图 8-8　2018 年副省级城市社会商品零售总额增速比较（单位 %）

4. 外贸进出口难度加大

2018 年厦门外贸进出口总额、出口总额、进口总额增速均较低，在副省级城市中分别居末四位、末四位和末三位。主要原因在于民营企业出口增势弱，民营企业对外出口家具、电子和机械等产品增速放缓，中美贸易摩擦不利影响逐步显现，企业外贸订单减少、在手合同不足，加上人民币汇率波动，企业进口成本提高拉低了产品的出口竞争力。与此形成鲜明对比，外贸大市宁波进出口总额、出口总额和进口总额均居副省级城市第三位，同比增速分别居副省级城市第六、第五、第七位；出口额占全国比重提高至 3.4%，近七成由民营企业贡献，民营企业出口增速高于全市增幅 3.2 个百分点，市场采购、跨境电商、综合服务企业等新业态发展强劲。

5. 民间投资低迷

2018 年厦门民间投资同比下降 1.5 个百分点，在副省级城市中位居下游（见图 8-9），落后全国平均水平 10.2 个百分点。主要原因是民间投资过度依赖房地产开发投资（占比达 70.8%），而深圳、武汉等地，房地产民间投资虽在民间投资中所占比重也较大，但同期房地产民间投资保持较高增速（如深圳为 22%），进而带动全市民间投资较快增长。

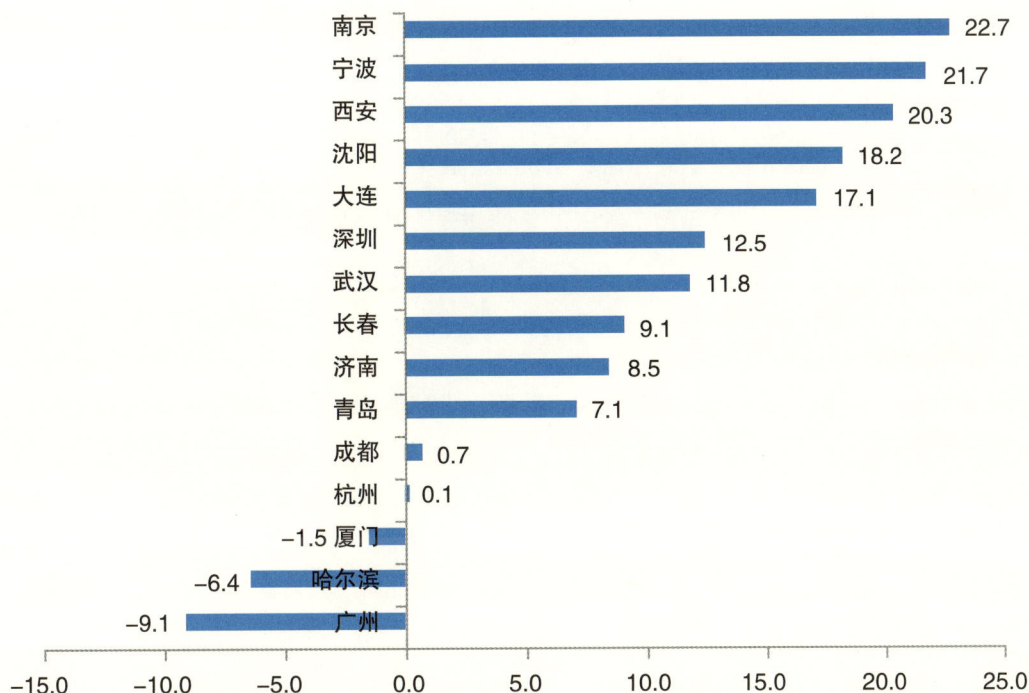

数据来源：各城市统计局网站、政府工作报告

图 8-9 副省级城市民间投资增速比较 (单位 %)

三、促进厦门经济提质进位的建议

（一）促进产业提质提速发展

1. 鼓励制造业数字化智能化

支持以区块链、物联网、人工智能、IPv6 等新一代信息技术为支撑，加快对传统制造业的生产、装备和产品智能化改造，开发具有感知识别、互联协同、数据采集功能的主导产品。在传统机械制造等行业开展一批数字化改造和"数字车间"应用示范。大力实施"工业互联网"专项行动，加快跨行业、跨领域的工业互联网平台建设，培育打造行业级、企业级工业互联网平台和面向特定行业、场景的工业 APP，推动大中小微企业深度应用工业互联网。加大力度深化"机器换人"和"企业上云"，开展"工厂物联网"专项行动，全面推广"互联网 + 制造"新模式。

2. 以数字经济引领服务业升级

加快传统服务业数字化、智能化。鼓励传统服务业企业通过众创、众包、众扶、众筹等新模式，发展平台经济。促进传统贸易向数字贸易升级，加快移动支付、跨境支付的广领域覆盖和功能场景拓展。引导传统物流龙头企业向物流分享企业转型，探索发展"无车承运人"模式，鼓励企业改造原有仓库，引入智能物流系统，发展智能仓储业务。

提升发展软件信息服务业。加快中国移动（厦门）数据中心、厦门人工智能超算中心等重点项目建设进度，引导和支持软件信息服务企业发展大数据、云计算、物联网、移动互联网、人工智能、网络信息安全等数字经济领域业务，对营业收入达到一定规模或税收达到一定规模的企业，给予服务器托管（租赁）、宽带使用费等补助。实施本土数字经济龙头企业培育专项行动，鼓励美亚柏科、美图、南讯、易联众、智业软件、云脉科技等细分领域领军企业做大做强。加大招商引资力度，积极与阿里巴巴、华为、腾讯等龙头企业接洽，促进其数字经济业务布点厦门，对落户厦门的数字经济重大项目实行"一事一议"。

培育数字经济独角兽企业。在城市管理、医疗、养老、教育、旅游、金融等领域优先发展智慧城市、智能医疗、智慧养老、互联网教育、智慧旅游、互联网金融等独角兽企业和准独角兽企业，力争形成动能强劲、特色鲜明、领域广泛的独角兽企业群落，积极打造全国乃至全球数字经济独角兽企业成长乐园。

（二）积极培育消费新增长点

1. 打造中高端消费市场

推动传统商圈提质升级，加快对中山路、SM、莲坂－火车站等传统商圈的升级改造，转型成为线上线下融合发展的新型零售，力促尚柏奥特莱斯 2019 年开业，支持购物中心丰富体验业态，推进购物、餐饮、休闲、文化等消费业态深度融合，推动传统销售场所向社交体验、文化消费中心转变。发展时尚消费，依托万象城等高品质购物中心，打造厦门时尚消费新地标，发挥国际时尚周等活动平台的消费引领和宣传导向作用，培育一批本土时尚产品，加快引进全球快时尚、轻奢品牌店及专卖店落户厦门。拓展信息消费，鼓励本地企业积极开发可穿戴设备、智能家居、云终端、通用航空等中高端新兴消费产品。

2. 发挥"全域旅游＋"倍增效应

助推"旅游＋体育＋会展＋文化"深度融合，坚持办好厦门马拉松赛、世界铁人三项赛、XCAT 摩托艇锦标赛等品牌赛事，完善赛事举办地旅游设施，提升接待能力，扩大规模和影响力。加大"海峡两岸龙舟文化节"、"海峡两岸社区足球赛"等节庆体育活动宣传推介力度，支持和鼓励旅行社开发赛事类体育旅游、自然人文资源＋休闲运动、会议旅游、节事旅游等新型产品。打造旅游文化融合发展新高地，积极筹备并办好第 28 届金鸡百花电影节，将集美汽车小镇、集美动漫小镇、海沧古楼影视文化小镇等特色小镇及影视作品厦门取景地打造成具有一定知名度的文化旅游目的地，依托答嘴鼓、漆线雕、歌仔戏、南音、高甲戏等闽南传统文化风俗策划生成一批重点文俗旅游项目，支持龙头企业开发建设富有浓厚闽南文化、嘉庚文化、侨乡文化风韵的主题酒店。

3. 发展智慧零售等消费新业态新模式

引进缤果盒子、EasyGo、F5、FxBox 智能超市等一批无人智能商店落地厦门，培育智慧零售、未来商店、概念商店、移动零售等新业态，鼓励传统商业企业运用物联网、虚拟现实 (VR)、增强现实 (AR)、大数据、人工智能等新兴信息技术，对商品的生产、流通与销售过程进行升级改造，为消费者提供线上服务＋线下体验＋现代物流深度融合、更人性化的消费体验。

（三）促进外贸平稳发展

1. 加强中美贸易摩擦跟踪评估

加强对中美贸易企业的走访调研，持续开展针对中美贸易摩擦受影响重点企业、重点产品的跟踪监测工作，定期评估影响和预警通报。积极跟踪贸易摩擦信息发布，及时分析和评估贸易摩擦对产业链上下游、供应链以及贸易环境产生的间接影响和不确定因素。由相关政府部门牵头，设立商务、发改、海关等政府部门以及受贸易摩擦影响企业组成的贸易摩擦应对联盟，定期召开联席会议，共同商讨和分享规避措施，避免企业在贸易摩擦背景下形成恶性竞争，促进形成合力共同应对贸易摩擦。

2. 帮助企业防范短期风险

引导中美贸易出口企业谨慎处理在手订单，把握好时间节点，防范市场风险，发展多元化贸易伙伴。鼓励中国信保厦门分公司完善信息服务，为企业提供贸易摩擦风险提示和预警，加强企业出口风险防范。帮助企业衔接国家部委、福建省及厦门市的外贸相关部门，及时反映企业迫切需求，传递外贸政策最新动态，引导企业充分用好用足外贸扶持政策。优化政府服务，商务主管部门要及时将外贸政策变化、税率调整等重大外贸情况向企业公布，协助企业做好外贸预警；定期邀请国际贸易领域的知名学者、法学专家对外贸重点企业开展培训，向企业宣传贸易救济调查、加工贸易等应对工具的相关政策和业务流程。

3. 积极发展进口和服务贸易

积极扩大进口。适度增加优质农产品、化妆品、母婴用品等消费升级类日用品进口规模。支持企业进口产业转型升级需要的产品研发设备、检测仪器、高科技成套设备等，优化成套设备检验模式，在装运前检验合格的基础上，简化或免除自由贸易试验区成套设备的到货检验、安装调试等检验监管措施。依托跨境电子商务综合试验区建设契机，做大做强跨境电子商务进口，构建适应跨境电子商务的进境申报、商品归类、税汇管理、质量监控等管理体系。

提升服务贸易规模。做强做优享有优势的旅游和运输服务贸易，培育发展文化、技术、离岸服务外包等资本技术密集型贸易领域，关注数字贸易、家庭服务等潜力型领域发展，促进服务贸易结构不断优化。加大厦门旅游在国际市场的宣传、策划和推介力度，用好用足外籍人士 144 小时过境免签政策，加大嘉庚精神、侨乡等特色概念旅游纪念品开发和营销力度，继续举办"厦金两门旅游节"，积极推动厦金旅游协作示范区建设，提升日本、韩国、东南亚等传统客源规模，开发拓展欧洲、俄罗斯等新兴客源，培育南非、南美、北欧等潜在客源市场。支持服务贸易企业加快建设国际营销网络，构建跨境产业链，带动服务和技术出口。

（四）激发民营经济活力

1. 减轻民营企业负担

借鉴深圳经验，结合厦门实际，降低民营企业经营成本，适度降低企业医疗保险费率、失业保险费率、工伤保险费率等成本负担，对于亏损满一定年限的小微企业，允许其申请缓交住房公积金，适度提高工会费对小微企业工会的返还比例。降低企业用地成本，探索工业用地租赁、先租后让、租让结合和弹性年期出让供应。大力培育和发展标准厂房租赁市场，对租用标准厂房符合一定条件的民营企业给予租金优惠。降低企业物流成本，持续调整和优化高速公路收费标准，对合法装载的货运车辆给予高速公路通行费优惠。

2. 缓解民营企业融资难

加大信贷支持力度，引导银行业金融机构合理确定民营企业贷款期限、还款方式，适当提高中长期贷款比例，督促金融机构根据企业的生产、建设、销售周期确定贷款期限、还款方式等。对成长型先进制造业企业，丰富合格抵（质）押品种类，合理确定抵（质）押率，在资金供给、贷款利率方面给予适当倾斜。实施小微企业贷款差异化考核机制，降低利润考核权重，增加贷款户数等考核权重。加强融资创新服务，实施小微企业融资能力提升专项行动，支持金融机构开展存货、设备、金融资产等动产质押融资，完善知识产权质押融资保险、风险补偿和评估机制，推广"贷款＋保险保证＋财政风险补偿"等知识产权质押融资新模式。

3. 引导民间资本投向实体经济

支持民营经济发展新兴产业，制定专项政策促进和鼓励民营资本进入生态观光农业、海洋农业、集成电路、生物医药、新材料、智慧旅游、文化创意、康体养老服务等重点领域。引导现有传统民营企业积极开展业务转型升级，鼓励制造类民营企业以智能制造为主攻方向，促进加工制造向设计、生产、营销等环节渗透，生产方式向智能、精细、协同、绿色转变，发展基于互联网的众包设计、柔性制造、个性化定制等制造新模式；鼓励服务类民营企业实施"标准化＋"战略，支持行业协会、产业联盟等组织制定本行业领域的服务业标准规范，打造具有国际水准的厦门民营服务业标准体系，支持民营服务类企业发展基于物联网、大数据、云计算等信息技术的服务业新业态新模式。

4. 营造重商亲商的社会氛围

完善企业家容错机制，区别对待主观故意犯错和改革创新试错，为企业家大胆改革、放手创新免除后顾之忧。定期召开全市民营经济发展大会和闽商发展大会。建立民营经济表彰机制，定期表彰一批优秀民营企业、优秀民营企业家，适时表彰一批优秀小微企业、个体工商户、新型农业经营主体等。积极弘扬企业家精神，加强对优秀企业家先进事迹和突出贡献的宣传报道，在全社会形成重视民营经济、尊重民营企业家的良好氛围。

参考文献

［1］厦门市统计局.稳增长促发展 厦门经济运行保持在合理区间——2018 年厦门市经济运行情况分析［EB/OL］.2019-01-29.

［2］厦门市统计局.稳增长 强活力——2018 年厦门服务业发展情况分析［EB/OL］.2019-03-12.

［3］深圳市统计局.2018 年深圳经济运行情况［EB/OL］.2019-02-01.

［4］杭州市统计局.2018 年杭州市国民经济和社会发展统计公报［EB/OL］.2019-03-04.

［5］济南市统计局.2018 年 12 月月度资料［EB/OL］.2019-02-19.

［6］成都市统计局.2018 年成都市经济运行总体平稳［EB/OL］.2019-01-31.

［7］西安市统计局.2018 年西安市经济运行情况［EB/OL］.2019-01-25.

［8］西安市统计局.厦门市民间投资活力迸发［EB/OL］.2019-02-02.

［9］哈尔滨市统计局.2018 年 12 月哈尔滨统计资料［EB/OL］.2019-02-15.

［10］青岛市统计局.2018 年全市经济运行情况［EB/OL］.2019-01-31.

［11］宁波市统计局.2018 年宁波市经济运行新闻发布稿［EB/OL］.2019-01-24.

［12］国家统计局.2018 年国民经济和社会发展统计公报［EB/OL］.2019-02-28.

［13］杭州市人民政府.关于印发加快国际级软件名城创建助推数字经济发展若干政策的通知（杭政办函〔2018〕114 号）［Z］.2018-10-30.

［15］天津市人民政府.天津市人民政府办公厅转发市商务委等 26 部门和单位关于进一步扩大进口若干意见的通知（津政办发〔2018〕39 号）［Z］.2018-10-24.

［16］厦门市人民政府.厦门市促进外贸持续向好若干意见（厦府办〔2018〕12 号）［Z］.2018-02-07.

［17］厦门市人民政府.厦门市人民政府办公厅关于印发扩大进口促进对外贸易平衡发展若干措施的通知（厦府办〔2018〕178 号）［Z］.2018-09-26.

课题执笔：李　婷

第九章 2018 年厦门主要经济指标省内比较分析及建议

一、厦门主要指标省内排名情况

2018 年，厦门市地区生产总值 4791.4 亿元，占全省 GDP 比重为 13.4%；增速 7.6%，低于全省平均增速 0.5 个百分点。与全省九个设区市相比，厦门主要经济发展总量指标排名前列，其中财政总收入、利用外资、进出口规模等指标列全省首位，GDP、社会消费品零售总额规模列全省第 3 位。但指标增速并不占优势，GDP、地方级财政收入增速分列全省的第 6 位和第 4 位，保持在中游水平；规模以上工业增加值、投资、消费、进出口指标增速排名较为靠后，分列全省第 8、7、9、8 位。详见表 9-1、9-2。

表 9-1　2018 年全省 9 个设区市主要经济指标总量及排名

城市	GDP（亿元）	位次	财政总收入（亿元）	位次	地方级财政收入（亿元）	位次	社会消费品零售总额（亿元）	位次	实际利用外资（亿元）	位次	进出口总额（亿元）	位次
全省	35804	—	5045.43	—	3007.4	—	14317	—	305.29	—	12354	—
厦门	4791.4	3	1283.3	1	754.5	1	1542.4	3	107.31	1	6002.1	1
福州	7856.8	2	1118.1	2	680.38	2	4666.5	1	55.39	2	2452.8	2
泉州	8468.0	1	861.1	3	474.16	3	3407.9	2	41.92	4	1853.7	3
漳州	3947.6	4	352.1	4	218.75	4	1111.6	4	45.7	3	693.85	4
龙岩	2393.3	5	296.8	5	151.27	5	907.4	5	2.98	7	283.03	7
莆田	2242.4	7	225.9	6	140.97	6	763.4	7	5.45	6	370.7	5
三明	2353.7	6	165.7	8	107.64	8	588.5	9	2.62	8	172.29	8
南平	1792.5	9	147.7	9	94.52	9	675.1	6	10.39	5	112.42	9
宁德	1942.8	8	200.8	7	120.42	7	611.1	8	1.2	9	354.57	6

数据来源：2018 年福建省、各市《统计公报》

表 9-2 2018 年全省 9 个设区市主要经济指标增速及排名

城市	GDP增速（%）	位次	地方级财政收入增速（%）	位次	规上工业增加值增速（%）	位次	固定资产投资增速（%）	位次	社会消费品零售总额增速（%）	位次	进出口总额年均增速（%）	位次
全省	8.3	—	7.1	—	9.1	—	12.1	—	10.8	—	6.6	—
厦门	7.6	6	8.3	4	8.8	8	10.1	7	6.6	9	3.2	8
福州	8.6	3	7.3	5	9	5	11.7	5	11.3	4	5	7
泉州	8.9	1	7.2	6	9.1	3	14.2	2	12.3	2	18.2	1
漳州	8.7	2	7.2	7	9.2	1	11.6	6	13.1	1	9.4	6
龙岩	7.6	6	9	2	9	5	13.6	3	11.6	3	9.5	5
莆田	8.3	4	3.4	9	9.1	3	13.1	4	9.8	6	0.9	9
三明	7.5	8	6.8	8	8.9	7	15.5	1	10.3	5	10.1	4
南平	6.6	9	8.5	3	8.8	8	10.1	7	9.7	7	14.9	3
宁德	8.1	5	9.1	1	9.2	1	9.6	9	8.1	8	15.9	2

数据来源：2018 年福建省、各市《统计公报》

二、厦门优劣势分析

（一）优势

经济发展效益较好。财政、居民收入均居全省首位，2018 年，厦门地方级财政收入达到 754.5 亿元，占 GDP 比重 15%；增速 8.3%，比第二位的福州市高 1 个百分点，比全省平均水平高 1.2 个百分点。城镇居民和农村居民人均可支配收入分别为 5.44 万元和 2.24 万元，比第二位的泉州市高 18% 和 10%，比全省平均水平高 30% 和 25%。人均、地均产出水平较高，2018 年厦门市人均 GDP 达到 11.8 万元，地均 GDP 达到 2.8 亿元 / 平方公里，均为全省之首。

自主创新能力较强。2018 年厦门市全社会 R&D 投入占 GDP 比重为 3.4%，是全省平均水平的 2 倍，比第二位的福州市高 1.22 个百分点；技术交易合同数及金额分别占全省的 58.8% 和 63.8%。截止 2018 年底，全市每万人口发明专利拥有量达 28.2 件，为全省平均水平的 2.86 倍、全国平均水平的 2.45 倍。国家高新技术企业超过 1600 家，占全省比重 42%，数量居全省首位。火炬高新区国家双创示范基地建设获国务院表扬，自主创新示范区在全省考评中获得第一。

服务业发展较为领先。2018 年厦门市第三产业增加值占 GDP 比重达到 58.2%，居全省首位，比福州高 5.3 个百分点，比全省平均水平高 13 个百分点。厦门在港口物流、旅游会展等领域发展具有明显优势。2018 年厦门港实现集装箱吞吐量 1070.2 万标箱，居全球第 13 位，占全省集装箱吞吐量的 65%。厦门节假日旅游人气常年位列全国前三位，2018 年厦门邮轮母港接待量也进入全国前三；接待入境游客 430.43 万人次，占全省的 48%；旅游创汇、旅游总收入等指标稳居全省首位。

开放合作程度较高。2018 年厦门市合同利用外资 465.4 亿元、实际利用外资 107.31 亿元，分别占全省比重 46.2% 和 35%，比上年提高 9.9 和 7.2 个百分点；实际利用外资规模为福州的 1.9 倍、漳州的 2.3 倍、泉州的 2.6 倍。厦门市外贸进出口长期占全省比重约 1/2，在中国海关总署发布的 "2017 年中国外贸百强城市" 中列第 5 位，比福州市领先 27 个位次。进口台湾地区水果连续 11 年排名大陆第一。

（二）劣势

总量规模偏小。厦门经济规模长期落后于福州以及泉州，甚至有可能在未来被漳州反超。近年来，厦门市 GDP 占全省比重均为 13.5% 左右，仅相当于泉州的 57%、福州的 60%，且增速排名处于靠后水平，2018 年增速仅列全省第 6 位。与此同时，经济规模位居第四的漳州正迎头赶上，2014 年漳州市 GDP 相当于厦门的 76.5%，到 2018 年已达到厦门的 82%。

工业动能不足。2018 年厦门规模以上工业增加值增长 8.8%，列全省第 8 位，落后全省平均增速 0.3 个百分点，分别落后泉州、福州 0.3 和 0.1 个百分点。工业对经济增长起着至关重要的作用，厦门近年来工业增速在省内相对较低，一方面是工业投资规模偏小，占固投比重不足 20%，且占比逐年下降，缺乏有影响力的大项目落地；另一方面，产业链（群）发展尚不完整，龙头企业竞争力、带动力不足，未形成集群生态圈，在经济结构调整转型的过程中，抗风险能力较弱。

有效需求乏力。一是固定资产投资增速逐年下滑，从 2015 年的 20.8% 回落至 2018 年的 10.1%，增速在全省列第 7 位，比泉州落后 4.1 个百分点；民间投资呈现负增长态势，2018 年民间投资下降 1.5%，而福州、泉州同期分别增长 30.1% 和 17.9%。二是消费增长乏力，近年来，厦门社会消费品零售总额增速一直低于全国、全省水平（仅 2017 年在京东项目拉动下实现全省增速第一），2018 年增长 6.6%，列全省第 9 位，落后全省平均增速 4.2 个百分点，分别落后漳州、泉州、福州 6.5、5.7 和 4.7 个百分点，原有的设施、平台优势在电商截流、境外分流、周边返流等现象下已逐渐丧失。三是外贸受外部环境影响大，厦门经济的外贸依存度高达 125，中美贸易摩擦、汇率波动等外部因素对厦门经济和贸易的影响较大，2018 年厦门出口额仅增长 2.6%，列全省第 9 位，落后全省平均增速 4.5%，分别落后泉州、福州 11.4 和 9 个百分点。

三、对策建议

（一）提升实体经济发展质量

一是聚焦产业发展重点。大力推动制造业高端化智能化，强化制造业品牌和质量竞争力，提升现代服务业辐射力和发展能级，积极培育云制造、5G、生命健康等未来产业。坚持一手壮大提升优势产业、一手加快布局新兴产业，构筑多点支撑产业发展格局。二是完善产业生态体系。围绕平板显示、集成电路等千亿产业链群，实行精准招商、创新产业链招商、基金招商、以商引商等方式，进一步强链、补链、延链，加强产业链、创新链、价值链和招商链的协同提升，为各产业向价值链中高端跃升提供强劲支撑。三是推动产业融合发展。积极推进制造业与数字经济深度融合，加强服务型制造示范引领，推广智能化生产、网络化协同、服务化延伸等新模式。

（二）加快区域科技创新中心建设

一是继续推动福厦泉国家自主创新示范区先行先试。加快出台围绕全面创新改革的先行先试事项，积极部署聚焦国家重大创新基础设施、集聚高端创新资源要素的区域创新载体和基地建设。二是积极培育新型研发机构。实施大院大所引进计划，建设一批以科研成果产业化为目标导向的"一体化"新型研发机构，探索采取"公私合作"模式组建面向厦门产业共性关键技术需求的通用技术研究院。积极推动科研成果对接落地转化，加大分段补助政策推进力度。三是培育创新型和本土根植型企业。鼓励开展产业链合作创新、产学研合作创新等政策，分类引导企业加大研发投入，引导建立企业研发准备金制度，提高研发投入企业覆盖面，培育一批产业优势突出、具有核心竞争力的根植型企业。四是引进培育产业人才。围绕产业链引进科研人才和领军型创业人才、培育实用型产业人才，扩大人才政策优惠面，建立人才安居保障体系，完善人才激励机制。

（三）增强消费投资出口后劲

一是深入挖掘投资潜力。加大工业项目策划、用地保障力度，提高工业投资比重；促进研发、金融、现代物流等项目和平台建设；策划出台更优惠政策促进民间投资；加快地铁、机场、跨岛交通等重大基础设施投资建设进度。二是促进消费提质升级。促进"商旅文"、"消费＋金融"等相关服务业融合发展，利用厦门现有的旅游、文化、商业、金融等资源优势，积极发展邮轮经济、演艺经济等新消费业态；鼓励居民消费往新能源汽车、智能家居、健康养老用品等新领域延伸；推动金融机构创新普惠消费信贷等新产品。三是推动外贸平稳发展。研究应对贸易摩擦政策，持续优化外贸通关环境，降低外贸企业成本；积极发展服务贸易，开拓多元化国际市场，突出"一带一路"重点国家外贸市场拓展。

（四）持续优化营商环境

一是对照国家营商环境评价体系，积极对标新加坡，精准补齐短板弱项，从企业和市场的感受出发，全力做好跨境贸易、建筑许可、商事登记、纳税服务等专项改进工作，确保营商环境水平保持全国前列，促进市场各类主体公平有序竞争，激发市场主体活力。二是深化"放管服"改革。完善权责清单，坚持能减则减、能简则简、能免则免、能并则并，加快审批服务便民化改革，推动更多服务事项"马上办、网上办、就近办、一次办"，实现更多事项"一趟不用跑、最多跑一趟"。三是着力降低实体经济成本。跟进落实国家新一轮税费优惠政策，围绕降低税费负担以及制度性交易、用地、融资成本等，研究出台降成本新措施，支持民营经济发展，切实缓解中小企业融资难问题。

（五）加强闽西南协同发展

一是推动产业协同发展。促进产业分工协作，立足各地产业优势，围绕千亿产业集群建设，形成产业链衔接配套、优势互补、分工合理、相互支撑的产业发展体系，推动闽西南产业协作共赢。建设好"飞地"园区、山海协作产业园等平台，加强厦门泉州（安溪）经济合作区联合招商，开展"厦门＋N"五市军民融合协同创新工作，加大区域旅游资源协同开发和联合营销力度等。二是统筹港口运输资源。发挥厦门港口优势，积极发展与周边港口、内陆港的协同发展，优化发展海铁、海公联运，拓展运输货源和腹地。三是加快基础设施建设。加快推进厦漳泉城市联盟路、厦漳泉城际轨道 R1 线、厦门轨道交通 6 号线及漳州角美延伸段、龙岩新机场、龙厦四线等项目建设，共同向上争取龙厦四线列入下一轮国家中长期铁路网修编规划，促进基础设施快捷联通。四是探索协同投融资新模式。牵头组建闽西南协同区发展基金，推动已有合作产业园区的招商引资和平台载体建设，争取在产业合作园区成本分担、财税、产值、投资分成等利益分享等体制机制方面有所突破。

参考文献

1. 厦门市人民政府.《2019 年政府工作报告》[R].2019.
2. 福建省人民政府.《2019 年政府工作报告》[R].2019.
3. 厦门市统计局.《厦门市 2018 年国民经济和社会发展统计公报》[R].2019.
4. 福建省统计局.《2018 年福建省国民经济和社会发展统计公报》[R].2019.

课题执笔：彭梅芳　许　林　林　智

第一篇 改革开放篇

GAI GE
KAI PIAN

第十章　厦门改革开放 40 年的成就与经验启示

一、厦门改革开放 40 年取得的成就

（一）实现了经济实力历史性飞跃

改革开放 40 年来，厦门按照中央对厦门经济特区的定位，找准科学发展跨越发展的切入点和突破口，特别是党的十八大以来，厦门主动适应和引领经济发展新常态，保持经济中高速发展，着力强化创新驱动，坚持质量第一、效益优先，走出了一条持续健康发展道路。

1. 经济总量迅速壮大

全市生产总值从 1978 年 4.8 亿元增加到 2018 年 4791.4 亿元，增长 302.78 倍，年均增速 15.4%；工业增加值从 1978 年 2.56 亿元增加到 2018 年 1672.23 亿元，增长 782.65 倍，年均增速 18.1%；财政总收入从 1978 年 1.55 亿元增加到 2018 年 1283.28 亿元，增长 882.34 倍，年均增速 18.4%。

2. 发展质量持续提升

产业转型升级成效显著，产业体系从改革开放之初以传统轻工业为主，现已培育形成以平板显示、计算机与通讯、航运物流、软件信息、旅游会展等高端制造业和现代服务业为主导，生物医药、海洋高新等战略性新兴产业为特色的现代产业体系，三次产业结构从 1978 年 22.3：56.7：21.0 调整为 2018 年 0.5：41.3：58.2。2018 年厦门以占全省 1.4% 的土地，创造出占全省 13.4% 的生产总值、25% 的财政收入，成为全省唯一的财政总收入突破千亿大关的城市。2018 年，全市每平方公里创造经济总量 2.82 亿元、创造财政收入 0.76 亿元，人均生产总值 17834 美元、人均财政收入 31223.8 元，这些指标保持全国领先，年人均二氧化碳排放量接近欧洲发达国家水平。

一是制造业逐渐转向资金和技术密集型。1980 年 10 月，厦门经济特区批准设立，依靠大量引进国外资金和技术，逐步确立了以"三来一补"加工贸易为主的外向型工业经济体系。随着 90 年代中央先后批准设立海沧、杏林、集美台商投资区以及两岸相继加入 WTO，厦门加快承接台湾产业转移，台商投资逐渐从初期的劳动密集型向资金和技术密集型方向发展，带动制造业向科技含量较高、行业配套能力较强、规模竞争优势逐步显现的新兴工业转变。"九五"至"十五"时期科技含量高的电子、机械、化工产业逐渐成为厦门的支柱产业，占全市规模以上工业总产值的 65%-75%。2009 年以来，厦门从打造 LED 和太阳能光伏、计算机及通信设备、平板显示、航空维修、输配电及控制设备、生物医药等 13 条百亿先进制造业产业链，到构建"5+3+10"千亿产业集群，先进制造业集聚效应进一步凸现，2018 年厦门电子、机械两大支柱产业产值占规上工业总产值 69.5%，平板显示、计算机与通讯设备、机械装备、金融服务、旅游会展、航运

物流、软件信息、文化创意等 8 条产业链产值均突破千亿，形成了光电、软件、生物与新医药、电力电器、钨材料、视听通讯等六个国家级产业基地，生物医药港跻身全国九大生物医药产业园。

二是知识密集型服务业不断提升。改革开放初期，厦门的服务业以交通运输、批发零售等领域的传统业务为主。1998 年，厦门建设软件园推动发展软件信息服务业，此后软件园从一期扩展到三期，成为促进厦门软件信息服务业快速发展的重要载体。"十五"时期，传统服务业内部开始孕育孵化出软件信息、文化产业等新兴产业与电子商务、服务贸易、服务外包等新兴业态，金融保险、商务服务、文化创意等知识密集型服务业发展迅速。"十一五"以来，一批服务业重大基础设施建成投入使用，现代服务业发展水平进一步提升并逐步发展成为支柱产业之一，2018 年，厦门金融保险业增加值占 GDP 比重达 11%，文化创意产业实现总收入突破 1000 亿元，成为推动国民经济发展的重要支柱行业；限上重点服务业中高技术服务业、科技服务业收入分别增长 13.1%、18.0%，比限上服务业平均增速高 2.0、6.8 个百分点，成为拉动服务业增长的重要力量。

3. 创新活力不断增强

一是创新投入持续扩大。"八五"期间，共投入科研经费 505.6 万元，年均投入 101 万元，成为城市经济今后走向创新发展之路的初始铺垫；进入新世纪以来，2001-2016 年厦门财政科技投入从 1.8 亿元增加到 21.3 亿元，年均增长 16.7%，年均投入 9.3 亿元，与改革开放初期年均百万元左右的科技投入相比，增长迅猛；2018 年，全社会研发投入占 GDP 比重为 3.4%，居 15 个副省级城市前列。

二是企业创新主体地位不断强化。1993 年厦门经认定第一批 12 家市级高新技术企业，创造产值 19.2 亿元，占全市工业总产值的 9.2%。2018 年，厦门拥有高新技术企业数已超过 1600 家，与改革开放初期相比，高新技术企业家数翻了 130 多倍，约占全省总数的一半，规上高新技术产业增加值占规上工业增加值 67.9%，拥有国家技术先进型服务企业 37 家、省市级科技小巨人领军企业 692 家。

三是创新载体平台日益完善。1990 年厦门湖里区启动火炬高技术产业开发区建设，随着"一区多园"战略的实施，火炬高新区布局从岛内湖里区逐渐拓展到岛外集美、同安、翔安三个行政区。2016 年以来，国务院批准厦门以火炬高新区为核心区建设福厦泉国家自主创新示范区厦门片区，目前初步形成了以火炬高新区为核心的"一核两带二十九园"空间范围。近年来，厦门积极响应国家"大众创业、万众创新"的战略号召，创新孵化载体平台发展迅猛，2018 年全市拥有市级众创空间 203 家，其中省级 69 家、国家备案 33 家、国家专业化示范 2 家；建设了全国首个科技领军人才创新创业基地；获评成为全国首批小微企业创业创新基地示范城市；火炬高新区国家双创示范基地建设获国务院表扬；建成了国家 LED 应用产品质量监督检验中心等一批在业内影响力较大的国家级公共技术平台；引进了清华海峡研究院、军民融合协同创新研究院等一批知名大院大所，2018 年科技企业孵化器 28 家，国家、省市级重点实验室 130 家、工程技术研究中心 129 家、企业技术中心 165 家、企业博士后工作站 28 家。

四是创新成果成效显著。发明专利申请量和授权量增长迅速，"十二五"时期比"十五"时期分别增长 3.2 倍和 3.1 倍，截至 2018 年，全市每万人有效发明专利拥有量达 27.5 件，为全省平均值的 3.1 倍、全国的 2.4 倍，获评知识产权事业重大进展和突出成就典型城市。

五是创新人才队伍不断壮大。改革开放以来，厦门重视人才引领，制定实施并持续推动了人才强市战略，集聚了一批高层次创新创业人才，2018 年全市各类人才总量突破 80 万人，国家"千人计划"人才增至 110 人。

（二）打造了改革创新的制度高地

改革开放 40 年来，厦门发扬敢闯敢试、敢为人先、埋头苦干的特区精神，率先在众多领域先行先试、大胆探索，形成了许多可复制可推广的制度经验，走出了一条全面深化、重点突破、纵深推进的改革创新之路，较好发挥了特区改革"试验田"和示范带头作用。

1. 率先探索适应外向型经济发展的体制和机制

从改革开放以来到党的十四大，厦门努力破除传统体制的约束，探索建立外向型经济发展的体制和机制，逐步推进由计划经济体制向计划经济与市场调节相结合的经济体制和运行机制转变。

一是探索建立了多种所有制共同发展格局。以开放促改革，鼓励国外投资者来特区兴办"三资"企业，在全国率先推出利用外资修建机场、成立首家中外合资银行、成立中国烟草行业首家中外合资企业等政策措施，打破单一公有制经济的格局，发展外资经济和混合型经济，逐步形成多种经济形式共同竞争、共同发展的格局。

二是改革国有企业经营机制。率先全国对国有企业进行"松绑放权"、实行"利税分流"、开展进行股份制改革试点等，有效激发市场主体活力。

三是开展要素市场改革。在全省率先放开农副产品价格，放开钢材、水泥、木材等生产资料价格，开辟生产资料市场、产权市场、劳动力市场、科技市场等新兴要素市场，在全省最早实行用人用工的公示制、票决制、竞争上岗制、试用期制等，初步培育了现代市场体系基础。

四是改革行政管理体制。在全国率先撤销了"八大工业局"；将委办—局—国有（集体）企业三级管理体制，改为委办局—国有（集体）企业两级管理；将"六委一局"（计划、经济、经贸、建设、农业、科技六个委和外资局）联合办公，实行"一个窗口对外"服务等，逐步建立了不同于内地传统管理体制的新型体制和机制。

2. 社会主义市场经济体制加快完善

从党的十四大到党的十八大，厦门加快推进市场化改革，初步建立并不断完善了社会主义市场经济体制基本框架。

一是以建立现代企业制度为目标的国有企业改革加快深化。开展了国有企业大规模整合优化，国有经济活力持续增强，国有资产监管制度总体框架基本形成。

二是以要素市场为支柱的现代市场体系建设步伐进一步加快。金融、劳动力、技术、产权交易、房地产等迅速发展，技术和产权交易市场日益健全，房地产市场日益规范，公共资源市场化配置领域不断拓宽、配置形式不断创新，率先推行产权制度改革，实行土地房产两证合一，率先实行土地有偿转让和商业用地、政府采购、医药采购等公开招投标制度，统一开放、竞争有序的市场体系基本形成。

三是政府职能转变不断加快。进行了"撤局建委"的重组，形成了以宏观综合管理部门为龙头的行政管理体系；在全省率先开展行政审批制度改革；在全国首创行政机关"一栋楼办公"的模式；实现商检、卫检、动植检三检合一；试行了分税制改革；开通网上审批平台和"党政机关业务资源网"，建成一条龙一站式的政务服务模式等。

四是社会保障制度改革启动并不断深入。多项改革走在全国前列，在全国率先实行补充医疗保险，失业人员、外来从业人员纳入基本医疗保障范围；在福建省率先将最低生活保障拓展到农村，建立起覆盖全市的最低生活保障网络；构筑了多层次、多元化的"厦门住房保障体系蓝本"等。

3. 全面深化改革不断取得新突破

党的十八大以来，厦门坚持"五位一体"推进全面深化改革，改革全面发力、多点突破、纵深推进，重要领域和关键环节改革取得突破性进展，城市治理体系和治理能力现代化水平明显提高。推进自贸试验区改革，国内首创63项制度创新；率先实践"多规合一"，并形成厦门模式在全国推广、复制；"放、管、服"改革向纵深推进，完成新一轮政府机构改革，90%以上审批服务实现"一趟不用跑、最多跑一趟"，电子政务发展指数居全国第4位，名列中国服务型政府十佳城市；在全国首创规范性文件全程无纸化、电子化审查方式；在全国首创以"三师共管"为核心的慢病管理、分级诊疗和智能家庭医生签约服务模式并在全国推广；率先全省实行流域综合整治"河长制"制度，率先开展生态文明建设评价考核试点；率先探索构建以社区治理创新为基本单元的"纵向到底，横向到边，协商共治"的城市治理体系等等。

（三）形成了更高层次对外开放格局

厦门主动深度融入世界经济体系，实施互利共赢的开放战略，形成经济特区、台商投资区、出口加工区、保税区、自由贸易试验区、"一带一路"支点等全方位、宽领域、多层次对外开放格局，发挥了"重要窗口"作用。

1. 外向型经济水平不断提升

一是对外贸易快速增长。贸易进出口总额从 1978 年 0.82 亿美元增加到 2018 年 910.44 亿美元，年均增速达 19.1%。改革开放之初，厦门主要从事"三来一补"和以进口满足特区市场物资为主的贸易业务；1991 年出口总值首次超过 10 亿美元；2000 年外贸进出口总额突破 100 亿美元；2018 年外贸进出口总额占全省将近一半，外贸综合竞争力位居全国第 5 位，厦门已成为世界上最大的钨制品生产出口基地，中国主要电脑出口基地、液晶面板出口基地和民用飞机维修基地。

二是利用外资成绩斐然。1978 年厦门利用外资仅 0.08 亿美元，截至 2018 年年底累计实际利用外资 379 亿美元，成为国际资本对华投资的重要聚集地；外资企业成为厦门市经济发展的重要力量，贡献约 70% 的工业产值、60% 的经济增长、40% 的进出口、40% 的就业和 30% 的税收收入。

三是对外投资实现飞跃。2001 年前，厦门对外投资尚处于初始阶段，全市累计对外投资项目仅 65 个，投资额不足 5000 万美元，且基本上都是境外贸易网点；2014 年和 2015 年全市境外投资额先后突破 10 亿美元和 20 亿美元大关；截至 2018 年年底厦门境外投资备案项目累计数增加到 1328 个，协议投资总额 153.27 亿美元。

四是口岸功能全面发展。构建了海陆空口岸体系，海港方面，改革开放初期建设了东渡港，20 世纪 90 年代中期建设海沧港，2013 年完成厦漳港口一体化整合，厦门海港中心枢纽地位逐步强化，截至 2018 年年底，拥有泊位 165 个，与世界 300 多个港口建立业务联系，货物吞吐量 2.17 亿吨，集装箱吞吐量超过千万标箱居全球第 14 位；空港方面，1983 年在全国率先由地方利用科威特政府贷款 2100 万美元建成高崎国际机场，截至 2018 年年底厦门空港开通国际（地区）运营城市航线 35 条，洲际航线 8 条，与 28 个国际及境外城市（含香港、澳门、台北、高雄、台中）通航，旅客吞吐量由 1984 年 10.1 万人次增加到 2018 年的 2655.34 万人次，厦门空港由最初的"小航站"跻身全球百强机场。

五是国际合作交往日益频繁。厦洽会、国际海洋周等活动影响力进一步增强，培育了国际马拉松、世界合唱节等一批国际性精品文体赛事，成功举办了金砖会晤等具有重大国际影响力的高端会议、知名展会活动、高端专业学术会议，截至 2018 年厦门已同国外 21 个城市（地区）结为"友好城市"，荣获国际友城交流合作奖"六连冠"，厦门城市国际影响力快速提高。

2. 投资贸易环境不断优化

一是建立了开放统一的大市场。改革开放初期，厦门就立足大流通、大市场、大贸易，统筹国内发展和对外开放，不断完善外贸服务体系和管理体制，实现了内外贸统一管理，建立了开放统一的大市场。

二是通关效率加快提高。21 世纪初加入 WTO 后，厦门积极适应形势变化，结合 2004 年获批"区港联动"试点、2008 年成立海沧保税港区等，进一步发挥口岸优势，在国内首创"集中报关、分批出区"通关模式和"一线集中检验检疫，二线分批核销放行"监管模式，建立口岸通关快速联动机制，设立口岸通关绿色通道，推行"大通关"，通关效率加快提高。

三是国际化营商环境加快形成。随着 2015 年获批自贸试验区，厦门加快制度创新，推出进出境邮件"移动式"通关模式、率先全国实施口岸三互改革、"一站式"查验通关改革等 25 项贸易便利化举措，率先全国推行"一照一码"商事制度改革、个体工商户简易登记模式等以便利化为核心的投资贸易监管制度改革，投资贸易便利化程度进一步提高，营商环境不断改善。截至 2018 年，建成国际贸易"单一窗口"2.0版，实现了关、港、贸系统互联，厦门口岸 100% 进出口货物、100% 进出境船舶、100% 跨境电商商品、100% 国际邮件快件等通过平台进行检验检疫申报，成为全国第 2 个加入亚太示范电子口岸网络的成员口岸，厦门口岸出口整体通关时间在全国十大沿海关区中排名第四；进口整体通关时间压缩比在沿海十大关区排名第一，全市营商环境经国家发改委评定居全国试点城市第 2 位。

3. "一带一路"支点城市作用进一步凸显

厦门自古就是通商裕国的口岸和开放合作的门户，近年来，厦门积极响应国家"一带一路"倡议，充分发挥区位优势和特区优势，以互联互通、经贸合作、海洋合作、人文交流为重点的四大枢纽建设不断取得积极成效。

一是海运、陆运通达五洲。2018 年厦门港通航的国际城市及地区已达 26 个、航线 57 条，国内外集装箱航线 143 条；中欧（厦门）国际货运班列通达 12 个国家 34 个城市，累计开行 404 列、27320 个标箱，货值 10.08 亿美元，成为"陆丝"与"海丝"无缝联结点。

二是贸易投资并驾齐驱。2018 年对"海丝"沿线国家贸易额 1497 亿元，协议中方投资额 3.3 亿美元。设立全国首支地方政府主导的"海丝"投资基金，首期基金规模 1.5 亿元，设立知识产权引导基金，已到位 8000 万元引导资金。代理清算群辐射"海丝"沿线，16 个国家和地区在厦门开设了 76 个人民币代理清算账户。

三是海洋合作枢纽地位突出。推进中国—东盟海洋合作中心建设，发挥 APEC 海洋可持续发展中心、东亚海岸带可持续发展地方政府网络（PNLG）秘书处等载体平台作用。定期举办厦门国际海洋周、中国（厦门）国际游艇展览会、中国（厦门）国际休闲渔业博览会等活动。

四是文化交流特色鲜明。建设厦门大学马来西亚分校，设立 13 个本科专业。打造"一带一路"财经发展研究中心、厦门大学"一带一路"研究院等 9 个智库平台。推动建设海外华侨华人社团厦门联络总部。定期举办南洋文化节、国际时尚周、嘉庚论坛等文化交流活动。

（四）加快了跨岛发展建设步伐

改革开放 40 年来，厦门大力拓展城市空间，突出高起点、高标准、高水平、高层次建设，注重规划统筹，加强外引内联，城市发展协调性、系统性不断增强，中心城市功能品质进一步优化。

1. 城市空间布局进一步拉开

一是岛内得到快速发展。改革开放之初，针对当时特区底子薄的情况，厦门集中力量发展岛内，岛内得到快速发展，1981 年厦门特区成立，着手建设湖里出口加工区；1984 年，厦门经济特区从湖里 2.5 平方公里扩大到厦门全岛 131 平方公里，城市建设从思明厦港、湖里工业区、筼筜新区、东区、火炬高科技园区到航空城，并由岛内向集美、杏林、海沧呈扇面拓展。

二是跨岛发展战略加快实施。2002 年实施跨岛发展战略，推动提升本岛与拓展海湾相结合，加快向岛外拓展步伐。2003 年，厦门实施区划调整，由原来岛内思明、湖里、开元、鼓浪屿四区；岛外集美、杏林、同安三区，调整为岛内思明（并入开元、鼓浪屿）、湖里两区；岛外集美、海沧（杏林改名）、同安和翔安（从原同安分出）四区，为加快岛外开发提供了制度保障。在此过程中，岛内坚持"退二优三"，岛内功能不断优化提升，产业转移加快推动，先后建成观音山商务区、五缘湾商务区、软件园二期等，厦港、曾厝垵、西郭、自行车厂、枋湖等旧城片区改造稳步推进，沙坡尾渔港改造后成为国内知名旅游景点，曾厝垵片区由"城中村"变成"中国最文艺渔村"，东渡港区物流功能调整步伐加快，龙头山、湖里老工业区逐步转型，两岸金融中心、国际邮轮母港等重大片区开发顺利推进，五缘湾游艇综合体、中航紫金广场、厦门国际中心等高端商业项目加快建设；岛外加大承接岛内功能分流力度，先进制造业加快集聚，截至 2018 年工业增加值占全市 71.25%，岛外固定资产投资占全市 75%，岛外集美新城、海沧新城已初步形成集聚态势，环东海域东部新城、翔安南部新城、马銮湾新城建设取得重要进展。目前初步构建了"一岛一带多中心"的城市框架，城市建成区面积由改革开放初期的 38.5 平方公里增加到 2018 年的 388.58 平方公里，扩大了10 倍以上。

2. 城市综合承载力不断增强

改革开放以来，厦门坚持基础设施先行，大力推进交通、市政等基础设施建设，城市综合承载力不断增强。先后建成鹰厦线 1 条电气化铁路和福厦、龙厦、厦深线 3 条客专高速铁路，从原来的铁路"末梢"城市变成东南沿海重要的铁路枢纽城市，基本形成"一横两纵"的铁路线网空间格局；建成国道 324 线、319 线、福厦高速、厦成高速、厦沙高速等对外公路通道，形成"两横四纵"高速公路系统（两横：沈海高速、沈海高速复线 – 同南高速；四纵：厦蓉高速、沈海复线连接线、厦沙高速、机场高速），全面融入国家和区域网络；建成厦门大桥、海沧大桥、快速公交 BRT（是中国首个采取高架桥模式的 BRT 系统）、翔安海底隧道（是中国大陆第一条海底隧道），岛内外交通联系更为便捷；近年来，随着轨道交通、翔安机场、"两环八射"城市快速路网等建设加快推进，厦门交通枢纽城市加快形成。海绵城市总评位居全国前列，地下综合管廊绩效评价全国第一；世界一流城市配电网建设加快推进，供电可靠率居全国第五；实现管道燃气双气源保障，管道燃气用户数突破 50%。实施一批防灾重大工程，抵御自然灾害的综合防范能力全面增强。宽带中国试点城市建设全面完成。

3. 乡村振兴加快推进

2018 年，都市现代农业营收 829 亿元，增长 12.1%。7 家企业入选全国农业产业化龙头企业 500 强。获批全国农产品冷链流通标准化示范城市。完成 346 个自然村分散式污水处理设施和 278 个自然村截污纳管工程，实现流域内农村生活污水治理全覆盖。30 个美丽乡村建设进展顺利，白交祠、马塘入选中国美丽休闲乡村。全面完成农村集体资产清产核资。创新乡村治理模式，海沧区入选全国农村社区治理实验区。

4. 区域协同发展取得积极成效

新型城镇化建设扎实推进，汀溪镇、灌口镇分别入选国家、福建省首批特色小镇；美丽乡村建设和移民造福工程加快实施，城乡统筹发展水平稳步提高。厦漳泉龙同城化进程有序推进，厦门龙岩山海协作经济区、厦门泉州经济合作区、闽西南协同发展区建设稳步推进，闽粤赣十三市合作不断深化，厦漳港口完成一体化整合。

（五）促进了民生保障水平不断提升

改革开放 40 年来，厦门持续加强以保障和改善民生为重点的社会建设，建立健全基本公共服务体系，人民生活水平和幸福指数不断提升。

1. 人民生活显著改善

厦门城镇居民人均可支配收入从 1978 年 451 元增加到 2018 年 54401 元，年均增速 13.8%；农民人均可支配收入从 1978 年 168 元增加到 2018 年 22410 元，年均增速 13%。2018 年全体居民人均可支配收入达50948 元。

2. 公共服务水平保持全国前列

厦门教育均衡化发展水平显著提升，在全国率先对城乡贫困家庭学生免收学杂费、课本费、簿籍费、住宿费并补助生活费，率先通过义务教育发展基本均衡区国家认定；在全国率先实现城乡居民基本医保制度统一及全覆盖；率先构建多层次的住房保障体系，形成保障性住房"厦门蓝本"；实现城乡低保标准全市统一；实现基本公共卫生服务城乡全覆盖，居民主要健康指标居全国前列；全市公共文化设施人均享有率居全国前列，成为国家公共文化服务体系示范市；实现居家养老服务全覆盖，医养结合试点不断深化，市民公共服务满意度位居全国前列。

3. 和谐厦门建设扎实推进

平安厦门建设持续深化，社会治安立体化防控体系不断完善，在全国率先构建人民调解、行政调解、司法调解三位一体的"大调解"工作体系，在全国率先出台《厦门经济特区多元化纠纷解决机制促进条例》，连续三届获评全国社会治安综治优秀城市，荣获全国综治最高荣誉"长安杯"，荣获 2018 中国城市治理智慧化综合奖，市民卡 App 入围"首届数字中国峰会最佳实践成果 30 强"。道路交通、食品药品、安全生产等公共安全体系日趋完善，建成全市统一的食品安全信息追溯管理平台，食品安全综合考评和群众满意度均位列全省第一。社会治理水平持续提升，社区治理创新实践被民政部列入改革开放 40 周年创新成果。获评法治政府建设典范城市。

（六）取得了物质文明和精神文明双丰收

改革开放 40 年来，厦门着力实施文化强市战略，城市文化软实力不断增强，实现了物质文明和精神文明共进步、双丰收。

1. 市民文明素质和城市文明水平全面提高

社会主义核心价值体系建设扎实推进，突出加强未成年人思想道德建设和大学生思想政治教育，被中央文明委授予全国未成年人思想道德建设工作先进城市。社会主义精神文明建设成效突出，涌现出一批国家级文明单位、文明村镇，市民文明素质明显提升，城市文明程度明显提高，全国公共文明行为典范城市加快创建。自 2005 年以综合评分第一获评首批全国文明城市以来，目前已获评"全国文明城市"五连冠。

2. 文化事业持续繁荣

文化基础设施建设持续推进，形成市、区、镇（街）、村（社区）多层次、布局合理、功能先进的四级公共文化设施体系。成功举办金砖国家文化节等一系列具有国际和全国影响的重大文艺活动，文化精品工程取得突破。大力弘扬闽南文化，获批国家闽南文化生态保护试验区，南音、歌仔戏等列入国家非物质文化遗产保护名录。鼓浪屿成功列入世界非物质文化遗产保护名录。

（七）树立了高颜值生态花园城市标杆

改革开放 40 年来，厦门本着发展与保护并重、绿水青山就是金山银山的理念，推动人与自然和谐共生，被盛赞为高颜值生态花园城市。

1. 生态文明建设水平全国领先

厦门市先后荣获"国家园林城市"、"国家卫生城市"、"国家环保模范城市"、"全国绿化模范城市"、"全国十佳人居城市"、"全国城市环境综合整治特别奖"、"中国人居环境奖"、"国际花园城市"、"联合国人居奖"等称号；获评国家森林城市、国家生态市、海洋生态文明示范区。2018 年，厦门空气质量综合指数在全国 169 个重点城市排名第七，集中式饮用水水源地水质达标率（100%）、生活垃圾无害化处理率

（100%）等指标位居全国前列，万元生产总值综合能耗、二氧化碳排放量和主要污染物排放优于全国水平。

2. 生态文明制度创新成果丰硕

厦门市率先全国出台第一部地方性法规《厦门市环境保护条例》。先后出台《关于发展循环经济的决定》、《厦门市城市绿化条例》等地方性法规、规范性文件和政府规章。率先实施生态控制线制度，将生态文明城市建设任务纳入行政首长目标责任制。推动实行能源和水资源消耗、建设用地等总量与强度双控制度。探索建立碳排放权、节能量交易、生态环境损害赔偿等制度。率先全国形成生态系统价值核算沿海样本，率先全省开展生态环境损害赔偿试点。

3. 生态环境综合治理成效突出

厦门市自觉进行生态修复，严格控制排海污染物总量，先后开展西海域禁止水产养殖综合整治、环东海域整治建设工程、五缘湾、马銮湾、杏林湾生态修复工程，有力提升了厦门海域的生态环境质量，厦门海岸带综合管理被联合国开发计划署作为示范工程在全球推广示范，海沧湾整治成为蓝色海湾国家示范工程。加强陆海统筹，全面提升和改造陆域生态环境，2018 年厦门市建成区绿化覆盖率达 43.81%、森林覆盖率达 40%。

（八）构筑了服务国家对台工作战略支点

改革开放 40 年来，厦门坚决贯彻中央对台工作方针政策，认真践行特区的历史使命，妥善应对两岸关系发展复杂变化，加快推进厦台融合发展，较好发挥了对台战略支点作用。

1. 经贸合作日益密切

一是成为台商投资祖国大陆最早最密集的地区之一。自 1988 年以来，先后设立海沧、杏林、集美三个国家级台商投资区，其中海沧台商投资区是全国设立最早、面积最大的台商投资区，台商来厦投资发展迅速。截至 2018 年底，全市累计批准台资项目 6900 个，累计实际使用台资 108.05 亿美元，占全省累计实际使用台资 35% 左右，台资企业工业产值占全市规模以上工业总产值 30% 左右。

二是成为对台经贸的重要口岸。厦门对台贸易始于改革开放以后，20 世纪 80 年代中后期得到发展，1996 年厦门对台进出口总额突破 10 亿美元，截至 2018 年年底，厦门市对台进出口贸易累计 5952.85 亿元人民币，约占全省累计对台贸易总额的 55% 左右。成为大陆从台湾进口水果、酒类、大米、图书及声像制品最大口岸，目前厦门口岸台湾食品类进口货物批次占大陆进口总批次的 50% 左右，进口台湾水果占全国比重增加到 80% 以上，占台湾出口总量的 60% 左右，台湾水果进口量连续 11 年排名大陆城市第一。

2. 人文交流持续深化

厦门已成为两岸人文交流最活跃的地区之一。打造了海峡论坛、台交会、文博会、海图会、两岸乐活节等 50 多个大型对台交流活动平台，海峡论坛自 2009 年开办以来累计吸引了 9 万多名台胞参与，成为规模最大、参与人数最多、形式最多样、内容最丰富的两岸交流盛会；闽南文化纽带联系持续强化，定期举办两岸龙舟文化节、两岸保生慈济文化旅游节等民俗交流活动，两岸间的寻根祭祖、民间信仰、姓氏宗亲等多种形式的基层交往活动愈益频繁；科技、教育、人才、医疗卫生等领域交流合作富有成效，截至 2018 年，举办了两岸百名中小学校长论坛，成功引进长庚医院等台资医疗机构，累计在厦设立的两岸交流合作基地和办事机构达 112 个。

3. 直接往来更加便捷

一是成为两岸重要的物流通道之一。自 1997 年开通与高雄试点直航以来，累计完成集装箱吞吐量 354 万标箱；2008 年成为首批两岸包机直航点、海上直航口岸、通邮封发局，率先成为"大三通"的口岸之一；

2014 年成为大陆首个获准经营两岸海运快件业务城市，构筑了海运快邮件业务快速物流通道；2016 年中欧（厦门）班列通过海铁联运延伸至台湾地区，台湾地区产品到欧洲比海运省一半时间，成本为空运的 1/7。

二是成为两岸人员往来最便捷、运行高效、台胞入出境人数最多的黄金通道。1994 年率先实行台胞"落地办证"；2001 年开通与金门客运直航（"小三通"）；2012 年建成海峡两岸第一条直通光缆——厦金海底光缆，结束两岸电话、网络等通过国际转接的历史，实现直通；2014 年大陆游客经"小三通"进入金门、马祖、澎湖，开始实行"落地签"；2017 年首创厦金游艇"自由行"，率先实现台车入闽自驾常态化，厦门已成为大陆对台政策齐全、运行高效、台胞入出境人数最多的口岸。截至 2018 年，厦金航线累计运送旅客 1787.07 万人次，占两岸"小三通"的 90% 左右；厦门口岸台胞出入境约 2000 万人次，居大陆首位；大陆居民经厦门口岸赴台湾旅游 188.3 万人次，占大陆居民经福建口岸赴台旅游的 80% 左右。

4. 同胞融合稳步发展

厦门已成为台胞在祖国大陆工作创业、居住生活的温馨家园，台胞在创业、就学、就业、居民待遇、参政议政等方面权益保障机制更加健全，两岸民众情感融合日益增强。截至 2018 年，已向台胞开放律师、经济、会计等 39 类 40 项专业技术人员资格考试；共有 30 对厦台社区（村里）签订对接共建协议，实现和金门县 35 个村里的对接全覆盖；共有官任、兴隆等 30 个社区分别聘请 30 名台胞担任社区主任助理；国家级两岸青创基地增至 7 家，在厦台湾创业团队达 500 个；"厦门惠台 60 条"及其细则顺利实施，台胞台企"双待遇"得到有效落实；累计受理台胞投诉及求助案件 5534 件，结案率为 93.6%，居大陆前列。

二、厦门改革开放 40 年的经验启示

（一）必须坚持新发展理念

改革开放 40 年来，厦门坚定不移贯彻创新、协调、绿色、开放、共享的发展理念。始终坚持以发展为第一要务，以经济建设为中心。改革开放以来，一以贯之地坚持走以新型工业化为主的发展道路，发展壮大二、三产业，优化提升第一产业的，推动三次产业在更高层次上的协调发展，持续扩大经济总量，提升了城市的经济实力和综合竞争力。在改革开放之初就坚持"以工业为基础、港口为中心、外贸为先导"的工作方针，大力引进"生产型、出口创汇型、技术先进型"工业项目，形成了一批支柱产业；在新一轮跨越式发展阶段，围绕建设海峡西岸强大的先进制造业基地，培育形成了电子、机械、化工三大支柱产业，同时加快发展现代服务业，快速发展软件信息服务业、商务营运，建成一批服务业重大基础设施，商贸、物流、旅游、金融成为服务业支柱产业；近年来，在提升先进制造业同时，进一步提升现代服务业发展水平，培育战略新兴产业，形成二三产业协同拉动的产业格局，推动电子、机械两大支柱产业稳步增长，加快发展生物医药、海洋高新、新材料、节能环保等战略性新兴产业，同步推动软件信息、文化创意、服务外包、网络零售等现代服务业发展，构建"5+3+10"现代产业体系，形成平板显示、软件信息、计算机通讯、生物医药、航运物流、金融、文化创意、旅游会展等为代表的千亿产业链，保证了厦门始终沿着健康可持续轨道发展。

始终坚持发展的速度、质量、效益相统一。在推动经济持续较快发展的同时，始终注重发展的质量和效益，加快转变经济发展方式，推进产业结构调整和优化升级，促进经济增长速度、质量、效益相协调。厦门的产业发展经历了从特区起步时期的轻工食品、"三来一补"，到 20 世纪 90 年代的电子产业，再到近年来的高新技术产业的"步步高"。不断提高招商引资的质量和水平，积极引导外商投资发展技术先进型、出口创汇型企业，推动特区产业由低级向高级发展。着力加快工业集中区建设，先后兴办了湖里工业区和海沧、杏林、集美三个台商投资区、火炬高科技园区等一批工业园区，突出抓好同翔火炬高技术产业基地、

同安工业集中区、集美机械工业集中区、软件园三期、环东海域工业集中区等几大工业集中区建设，适时调整优化产业布局，促进产业集聚发展。近年来，厦门主动适应引领经济新常态，加快新旧动能转换，着力培育"四新经济"，催生新的增长极，在保持中高速增长的同时，实现高质量、高效益发展。

始终坚持创新引领发展。把科技创新作为发展的首要推动力，以人才为第一竞争力，大力实施科教兴市战略、人才强市战略和创新驱动战略，切实把经济发展转移到依靠科技进步、提高劳动者素质和管理创新上来。在特区动工建设的当天，厦门创办了"自费、走读、不包分配"的鹭江职业大学，为特区初期培育了一批有知识的专业工人和管理人才；"八五"、"九五"期间承担"863"计划；20 世纪 80 年代末贯彻"发展高科技，实现产业化"，实施"火炬"计划；20 世纪 90 年代成立火炬高新区，加快发展高科技产业；近年来，厦门加快国家创新型城市、国家自主创新示范区建设，加大科技投入，致力提高自主创新能力，加强原始创新、集成创新和引进消化吸收再创新，大力发展自主品牌和自主知识产权，推动大众创业、万众创新，构筑区域科技创新体系，推动经济增长由要素和投资驱动向创新驱动发生根本转变，走出一条以高新技术产业为先导的自主创新之路。

始终坚持全面协调可持续发展。按照经济发展与社会事业进步同步、地方经济增长与人民生活水平同步提高的基本方向，注重规划统筹、注重外引内联，运用规划、投入、项目、政策等手段，做到规划先行、投入支撑、项目带动、政策支持，全面有力地统筹城乡之间、区域之间、经济与社会之间的协调发展，推动经济、社会、城市转型发展，推动提升本岛与拓展海湾联动发展，使厦门彰显经济发达、社会事业进步、城市环境优美、人民生活富裕的和谐发展局面，走出一条具有厦门特色的内涵型、效益型、开放型、集约化发展之路。

始终坚持创新工作方法。坚持不懈地把工作策略和方法的创新作为推进工作落实的重要保证，坚持以宽广的眼光、战略的思维、科学的方法来谋划和推进特区的建设发展，始终坚持把中央赋予经济特区的政策同厦门的具体实际结合起来，创造性地开展工作。特区初创阶段，为克服基础设施建设任务重与资金不足的矛盾，市委、市政府采取了"筑巢引凤"、"引凤筑巢"等方法和"开发一片、建成一片、收效一片"策略。在厦门加速发展阶段，市委、市政府更加重视策略和方法创新，一方面果断地以"金戈铁马、狂飙突进"的宏大气魄推进特区迅猛发展，一方面又沉着稳重地坚持"先谋后动，谋事力成"，坚持"有所为、有所不为"，坚持"尽力而为，量力而行"，坚持调动一切积极因素，稳步推进工作落实。为了克服用地矛盾，优化岛内产业布局，创造性地实施了"腾笼换凤"战略，大力发展"飞地工业"；为了克服大规模工业集中区建设带来的资金投入困难，创造性地实施"四个平衡"的原则和机制，实现了投入与产出的有机统一；为了实现以高效率求高速度，对工业集中区采取"指挥部"管理模式，创造性地提出了"超常不违规、创新不走样"的工作指导原则；近年厦门推出的美丽厦门共同缔造，让群众主动融入城市建设发展中。这一系列在丰富多彩的发展实践中孕育和产生的大量鲜活经验和方法，使厦门经济特区在推进五大发展的过程中闯出了全新的发展局面，经济全面发展，群众得到实惠，也开辟了思想解放的新境界。

在新时代、新起点上，厦门经济特区要不忘初心、牢记使命，要始终高举习近平新时代中国特色社会主义思想伟大旗帜，坚定不移贯彻创新、协调、绿色、开放、共享的发展理念，奋力开创新时代"五大发展"示范市建设新局面，加快构建现代化经济体系，努力实现更高质量、更有效率、更加公平、更可持续的发展。

（二）必须坚持科学战略规划指导

改革开放 40 年来，厦门始终坚持发展战略正确指导。坚持正确的城市定位，40 年来，市委、市政府始终坚持按照国务院对厦门经济特区的批复精神，紧密结合厦门实践，从"东南沿海重要中心城市"、"港口风景旅游城市"再到"一带一路建设支点城市"，城市定位核心始终不变。坚持正确的战略，在厦门经济特区建设初期，时任厦门市委常委、常务副市长的习近平同志，用了一年半时间，领导制定了《1985—2000年厦门经济社会发展战略》，为特区发展描绘了十分前瞻的蓝图，科学、前瞻地为厦门的长远发展指明了清晰的方向，为特区现代化进程做出了重大贡献；2002 年 6 月时任福建省省长习近平同志来厦门调研，作出厦门要加快跨岛发展的重要指示，明确"四个结合"的战略思路，这些战略规划和重要指示，至今仍具有重要的实践指导价值，为此后历任市委、市政府一任接着一任干，不断把战略构想变成现实，奠定了坚实的基础。

始终坚持高水平规划统筹发展。改革开放之初，市委市政府组织编制了《厦门市城市总体规划（1980—2000）》，城市性质定位为社会主义的海港风景城市，确定了市区围绕厦门港组成一环六片的组团式布局。聘请外国专家编制城市总体发展规划，成为此后 20 多年厦门城市建设发展的规划蓝本，确定以厦门岛为中心，"一环数片、众星拱月"的城市格局。市委、市政府通过调整行政区划，大力推进岛内外一体化建设。在新一轮城市总体规划中，制定《美丽厦门》战略规划，提出"一岛一带多中心"的城市框架，推动形成山、海、城相融的城市格局，建设"大海湾"、"大山海"、"大花园"城市，高水平、高起点、高层次的城市规划有力地推动了城市统筹协调发展。

在新时代、新起点上，厦门经济特区要坚定不移地贯彻党在新时期的基本路线不动摇，坚定对中国特色社会主义的理论自信、道路自信、制度自信和文化自信，始终立足中国国情、立足厦门实际，不断解放思想，科学谋划自身发展战略和改革开放的思路举措。

（三）必须坚持全面深化改革开放

改革开放 40 年来，厦门始终坚持解放思想、先行先试、开拓创新。在国企改革、开放市场、社会治理、自贸试验区等诸多领域创造了一系列全国率先，探索形成了许多可复制可推广的制度经验，充分发挥了改革"试验田"作用。

始终坚持社会主义市场经济改革方向。以增强企业活力为重点，以市场为取向，运用宏观调控等手段，以点带面，全方位推进改革。注重现代市场体系建设，整顿规范市场秩序，建立起开放、竞争的商品流通体系和完善的劳动力、科技、信息等要素市场体系；深化投融资体制改革，大力推进代业主招投标、建设工程经评审最低价中标、财政性投资建设工程"代建制"，鼓励投资主体多元化、投资方式多样化；理顺市区两级关系，推行"收支两条线"、财政国库集中收付制度；纵深推进"放、管、服"改革，简化审批手续，精简政府机构，不断提高行政效率和政府行政管理能力，推动建立有利于培育和释放市场主体活力、提高资源配置效率、推动转型升级的体制机制。

始终坚持正确处理改革发展稳定的关系。把改革的力度、发展的速度与社会承受的程度有机地结合起来，坚持问题导向，在维护社会稳定中推进改革和发展，在改革和发展中促进社会稳定。切实关心民心，从解决现实问题入手，稳步推进公共事业改革，成立水务集团，实现"三水合一"的一体化经营管理，提高水资源的使用效益；放开公共交通、市政公用、社会事业的特许经营权，推行公交线路场站分离和多元化经营，实行公共绿地招投标养护，推行医药招投标采购制度，推动民营经济发展文化产业；合理配置城乡文化教育卫生体育事业资源，推动实施农村免费义务教育和初高中毕业生免费接受职业教育；设立社会保险统筹和个人专户，实行管办分离，推行养老、失业、工伤、医疗、生育"五险合一"保险制度，最大限度发挥社会保障体系"稳定器"的作用。

改革开放 40 年来，厦门始终坚持实行更加积极主动的开放战略。通过设立保税区、出口加工区、保税港区、台商投资区、高新技术产业区、深化两岸交流合作综合配套改革试验区、福建自由贸易区（厦门）片区等特殊开放区域，深度拓展对外开放的领域和空间，加快打造国际化营商环境，形成全方位、宽领域、多层次、有重点的对外开放格局，更好发挥特区对外开放"重要窗口"作用。

始终坚持引进来与走出去相结合，增强利用国际、国内两个市场、两种资源的能力。特区初创时期，注重发挥厦门侨区优势，想方设法"以侨引台、以侨引外、以台引台"，坚持引进生产型、先进型、出口创汇型企业，开拓出利用外资的良好局面。特区进入加快发展阶段后，强化龙头带动和完善产业链，重视引进有影响跨国公司，重视培育民营企业和高新技术企业，不断提高利用内外资的质量和水平。改善设施环境，借鉴通行规则，加快建设福建省自贸区（厦门）片区，营造良好营商环境，提升服务水平。加强对外宣传，拓展交流合作形式，积极搭建对外经贸交流合作平台，全力办好"九八"投洽会，使之从地方性展会上升为国际性展会，从招商引资向双向投资、双向交流提升，成为厦门拓展海丝沿线、联结海内外市场的重要桥梁。坚持外引内联，不断深化区域经济协作，推动厦泉漳龙城市联盟，首倡闽西南 5 市建立经济协作区，推动闽粤赣相邻 13 市建立区域经济协作区，努力发挥区域中心城市龙头带动作用。

经济特区的成就来源于改革开放，未来的出路还在于深化改革开放。在新时代、新起点上，厦门经济特区要切实向深化改革要活力，向扩大开放要空间，要继续成为改革开放的重要窗口和试验平台，成为改革开放的开拓者和实干家，继续为国家改革开放事业探索道路、创造经验。

（四）必须坚持以人民为中心的发展思想

改革开放 40 年来，厦门始终坚持改革发展成果更多更公平惠及人民。把增进民生福祉、促进人的全面发展，作为工作的出发点和落脚点，不断满足人民群众对美好生活的向往，提升人民群众的获得感幸福感。大力推进科技、教育、文化、卫生等社会事业发展，大力推行外来员工子女积分入学，让外来员工享受到同等的市民待遇，完善社会保障体系，不断提高公共服务水平，推进基本公共服务均等化。关注解决困难群体、低收入群众生活问题，出台地方性法规《厦门市最低生活保障办法》；由政府统一建设解困房、安居房和社会保障性住房；重视"三农"工作，实行市、区领导和部门、国有重点企业与贫困村挂钩帮扶制度，采取有力措施切实帮助群众排忧解难。始终坚持以人民群众的满意度作为检验工作的标准。对事关经济社会发展全局、有助于经济社会快速发展、符合人民群众根本利益的事，努力先为、多为、快为，尽力而为，而对大多数群众不赞成的事坚决不为。

始终坚持人民主体地位。始终坚持和完善人民代表大会制度，坚持和完善共产党领导下的多党合作和政治协商制度，充分发挥人大、政协的职能作用，创新民主党派和无党派人士参政议政形式，形成民主科学的决策和执行机制。充分发扬民主，拓宽反映社情民意的渠道，设立"市长专线电话"和专线电子信箱，实行单位部门领导人接待日制度等，在政府和市民之间建立了便捷的信息沟通渠道。积极推行企业职工代表大会制度和厂务、校务、院务、村务公开制度，保障基层群众民主权利。积极推进司法体制和工作机制改革，加强执法规范化建设，严格政法队伍教育管理，健全内部、外部监督体系，确保严格执法、文明执法、公正执法，为特区建设保驾护航。实施美丽厦门共同缔造，发动群众共谋、共建、共管、共评、共享，努力构建"纵向到底，横向到边，协商共治"的城市治理体系。

在新时代、新起点上，厦门经济特区要努力践行以人民为中心的发展思想，不断加强和改善民生，加快补齐民生社会事业短板，构筑更加公平可持续的社会保障网，增强人民的获得感，让发展的成果更多更公平惠及全体人民。

（五）必须坚持对台融合发展

厦门经济特区因"台"而设，促进祖国统一大业是厦门经济特区肩负的历史使命。改革开放 40 年来，厦门始终坚持在服务大局中先行先试、突破创新。率先在建设台商投资区、两岸试点直航、"小三通"、政党交流、基层民间交流、三通直航等领域先行先试，不断创新两岸经贸合作、文化交流、直接往来、同胞融合、民间交往的体制机制，推动两岸融合发展的层次和实效持续提升。

始终坚持做台湾人民工作。坚持寄希望于台湾人民的方针,在大局下行动,在全局下工作,在战略上谋划,既在全局上服从和服务于中央对台工作的通盘性、战略性安排,又在具体工作中把原则的坚定性和策略的灵活性结合起来,不断创新工作机制,真心诚意地服务台胞,入情入心地做台湾人民工作。深化两岸在文化、教育、医疗卫生等领域的合作交流,以论坛、节庆、民俗、宗教等为载体强化闽南文化纽带联系,坚持每年在厦举办海峡论坛、台交会、海峡两岸文化产业博览会、海峡两岸保生慈济文化节等一系列涉台活动,举办海峡两岸歌仔戏艺术节、闽南语歌曲大奖赛、海峡两岸图书交易会、海峡两岸青年联欢节等文化体育活动,开通厦门卫视、闽南之声广播和海峡新闻网,组织南音、歌仔戏、高甲戏等艺术团体赴台演出,重视发挥涉台党派、社团组织在联系台湾相关团体和人士中的优势,以及在处理相关涉台事务中的特殊作用,妥善处理重大涉台事件,构建直达社区的对台工作网络,千方百计促进台胞深度融入大陆的经济、社会生活,增强台湾民众对祖国大陆的向心力和对中华文化的认同感。

始终坚持合作共赢、共同发展。立足互惠互利,双赢发展,务实推动厦台交流合作。努力营造良好的投资环境,切实保护台商利益,促进台资企业发展。支持台商组建台商协会,建立与台商"季谈会"制度,主动服务台商,切实解决投资环境、台商子女入学问题。妥善处理台商投诉案件,消除台商后顾之忧,保障台商合法权益。密切政府与台商之间的联系,优化台商服务机制,促进台资企业增资扩产。大力推进两岸合作便利化,坚持以"小三通"促全面"三通",务实推进厦门高雄试点直航和厦金定点直航,推进设立两岸包机航点,建立台湾农产品免税进入祖国大陆的"特快通道",建设全国规模最大的台湾水果销售集散中心,大力推进对台农产品物流,形成以厦门为节点向祖国大陆辐射之势;获准受理五年期《台湾居民来往祖国大陆通行证》,扩大厦门赴金门旅游规模,吸引福建居民经厦门赴金门旅游,开辟医疗急救绿色通道,简化人员、货物通关手续,启用五通海空联运码头,努力创造两岸人员往来、货物流动和经贸文化交流的便利条件。

在新时代、新起点上,厦门经济特区要继续贯彻中央对台工作方针,深刻把握两岸形势新变化,发挥自身优势,进一步推进对台综合配套改革,扩大两岸产业对接合作,促进文化深度融合,促进两岸同胞情感融合,为促进祖国和平统一做出更大贡献。

(六)必须坚持党的全面领导

党的坚强领导,全面从严治党,是改革开放取得成功的根本保证。改革开放40年来,厦门始终坚持加强党的执政能力建设和先进性建设。按照科学执政、民主执政、依法执政的要求,加强执政能力建设,有力促进了各级党组织驾驭市场经济、建设民主政治、发展先进文化、构建和谐社会、应对复杂局面、解决复杂问题等方面能力的提高。健全民主集中制,坚持党的集体领导,不断完善领导经济社会工作的体制机制和方式,不断提高各级党委总揽全局,协调各方的水平,增强以新发展理念统领全局的本领,提高落实新发展理念的能力。不断创新发展观念,拓展发展思路,破解发展难题,提高发展质量,把特区经济社会发展转入高质量、高效益发展的轨道。

始终坚持加强和改进党的建设。坚持不懈地加强思想政治建设,以科学的理论武装头脑、指导实践、推动工作。大力加强各级领导班子和干部队伍建设,注重在实践中选拔任用干部,注重在基层艰苦环境中磨炼干部,注重建立公正的选人用人机制,真正让想干事、能干事、能干成事的干部成为特区改革发展稳定等各条战线的中坚骨干。进一步提升基层党组织的凝聚力、创造力和战斗力,坚持分类指导、整体推进,认真落实地方党委、部门党组(党委)抓基层党建责任制,促进基层党建工作增强实效、提高水平。注重抓好机关党建、国有企业党建、社区党建、非公经济组织党建工作,在探索基层党建新路子中不断建立新机制,从解决实际问题、改进薄弱环节入手,进一步推进基层组织建设,基层党组织的凝聚力、创造力和战斗力进一步提升。

始终坚持党要管党、从严治党。深入推进反腐倡廉建设，坚持把反腐倡廉工作融入改革发展稳定大局，正确处理反腐败斗争与改革发展稳定的关系，建立"党委统一领导、党政齐抓共管、纪委组织协调、部门各负其责，群众积极参与"的反腐败领导体制和工作格局。认真贯彻标本兼治、综合治理的方针，逐步建立和完善教育、制度、监督并重的惩治和预防腐败体系，加强对重点工程、重点部位、重点环节、重点对象的检查监督，不断探索行政资源和社会公共资源市场化改革，大力推进"阳光工程"，强化对权力运行的制约监督。全面推进从源头上防止腐败的制度改革和体制机制创新，进一步巩固发展了风清气正、人和业兴的良好局面。

走好经济特区新的长征路，厦门经济特区要进一步加强党的领导，始终把党的政治建设摆在首位，自觉用习近平新时代中国特色社会主义思想武装头脑，切实把全面从严治党与改革发展同发力共推进，在践行"四个意识"、坚决贯彻落实中央部署上做好表率，要锻造一支忠诚干净担当的干部队伍，激发干事创业的精气神，为特区各项事业发展营造风清气正、廉洁奉公的政治生态和良好环境。

参考文献

［1］厦门市政府 . 厦门市 2019 年政府工作报告［R］.2019.

［2］厦门市统计局 . 厦门市 2018 年国民经济和社会发展统计公报［R］.2019.

［3］厦门市统计局 . 数说厦门［R］.2017-07.

［4］纪念改革开放三十周年宣传特刊，《厦门改革》[J].2008（12）.

［5］钟坚 . 厦门经济特区发展的历史回顾与前景展望 //［C］. 中国经济特区发展报告 . 社会科学文献出版社，2009.

课题执笔：姚厚忠

第十一章 厦门创新型城市建设成就与经验启示

一、厦门创新型城市建设发展历程及成就

近代以来，厦门一直是以港兴城的口岸城市。1978年改革开放之初，厦门地区生产总值仅4.8亿元，三次产业结构为22.3∶56.7∶21.0，工业主要是以农副食品加工、纺织服装等为主的轻工业，服务业以交通运输、批发零售的传统服务业为主。

改革开放以来，厦门坚持以创新引领产业转型升级，实现了从以"三来一补"加工贸易为主的传统制造业，向以电子信息为主导的高新技术制造业和以软件信息、金融、商务等为主导的知识密集型服务业双轮驱动的转变。从发展阶段上划分，厦门产业创新发展的历程大致可分为以下三个阶段：

第一阶段是1978-1991年，产业发展及科技创新启动期。这一时期的主要特征是，1978年改革开放的伟大部署和1980年厦门经济特区设立，为厦门经济社会发展注入了新的生机与活力，对外开放为基础薄弱的厦门实现推动产业发展、城市建设和社会进步积累了必要的经济基础。这一时期，厦门实现了地区生产总值从1978年的4.8亿元增长到1991年的72亿元；三次产业结构由22.3∶56.7∶21.0调整为9∶46.4∶44.6。科技创新方面，从1978年厦门恢复科学技术委员会，到80年代贯彻执行中央的"经济建设必须依靠科学技术，科技工作必须面向经济建设"的基本方针，科技工作重点转移到为特区经济建设服务上来，1991年又出台《依靠科技进步振兴厦门经济的决定》，开始将科学技术视为推动经济发展的支撑要素。

第二阶段是1992-2009年，产业发展科技含量提高期。这一时期的主要特征是市场活力进一步释放，电子、机械、化工三大支柱产业逐步形成，产业发展越来越重视运用高新技术，电子商务、文化产业、服务外包等新兴产业和新业态开始出现。2002年，厦门实施跨岛发展战略，以突破岛内经济快速发展出现的土地等资源要素瓶颈制约，全市产业空间布局开始调整优化，岛内外工业产值比重由2000年的8∶2转变为2009年的4∶6。2009年，厦门首次提出重点培育和发展13条百亿产业链，启动"厦门制造"向"厦门创造"的产业升级。这一时期，厦门实现了地区生产总值从1992年的97.7亿元，跃升至2009年1737.2亿元；三次产业结构由8.3∶42.4∶49.4调整为1.2∶47.3∶51.6。科技创新方面，随着这一时期火炬高新区和软件园等高科技产业园区的载体建设，高新技术产业加速发展，企业创新能力提升，创新投入不断增加，创新环境不断完善。

第三阶段是2010年至今，创新驱动产业转型升级期。这一时期的主要特征是注重创新驱动，逐步形成以服务业为主导，高技术制造业支撑作用增强，新技术、新模式、新业态和新产业不断涌现的经济发展格局。2010年以来，厦门经济面临的宏观经济形势复杂严峻，全球经济复苏缓慢，国内经济下行压力明显加大，产能过剩、劳动力等要素成本上升等问题突出。面对这些问题，厦门强化创新驱动，提出

构建"5+3+10"现代产业体系，推进供给侧结构性改革，打造国际一流营商环境，降低企业创新创业成本，在一系列政策措施下，厦门经济增长形势总体实现平稳增长，实现了地区生产总值由2010年的2060亿元跨跃至2018年的4791.4亿元，保持了较高的发展速度；三次产业结构由1.1∶49.7∶49.1优化为0.5∶41.3∶58.2。科技创新方面，形成以企业为主导、市场为导向、产学研相结合的创新体系，先后获批福厦泉国家自主创新示范区，获得国家创新型试点城市、中国十大创新型城市、首个国家级对台科技合作与交流基地、首个国家科技成果转化服务示范基地、国家知识产权示范城市、国家战略性新兴产业（生物）区域集聚发展试点、小微企业创业创新示范基地、国家级科技领军人才创新创业基地等称号。2018年年末，全市每万人有效发明专利拥有量达27.5件，居全省首位，是全省的2.8倍，全国的2.4倍。2018年预计全社会研发投入约160亿元，研发投入占GDP比重约3.4%。

改革开放40年来，厦门创新型城市建设成效显著，创新已成为推动厦门经济社会发展的重要因素。

（一）创新型产业不断扩大

1. 高新技术制造业规模日益壮大

"三来一补"加工贸易起步。1978年12月，党的十一届三中全会提出把工作重点转移到社会主义现代化建设，厦门城市经济建设迎来了重要的转折。1980年10月，厦门经济特区批准设立，经济发展开始进入充满生机与活力的新时期，依靠大量引进国外资金和技术，基本确立了以"三来一补"加工贸易为特征的外向型工业经济体系，行业结构以轻工、纺织、电子等加工业为主。初期的"三来一补"加工贸易，为厦门工业从劳动密集型转向技术密集型和资金密集型，打下了技术和经济基础。

制造业逐渐转向资金和技术密集型。1992年年初，邓小平南方视察并发表谈话，提出加快改革步伐。1992年底，中共十四大提出建立社会主义市场经济体制是经济体制改革的目标。厦门为率先建立市场经济体制框架，大胆探索，不断加大对外开放步伐。随着中央先后批准设立厦门经济特区和海沧、杏林、集美三个台商投资区，台商投资逐年增加，厦门成为对外开放的"窗口"和台资的重要聚集地。早期的台商投资项目金额较小，主要投向劳动密集型产业。2001年底，两岸相继加入世界贸易组织(WTO)，台湾的电子信息产业开始大规模向大陆转移，厦门发挥地缘优势，加快承接台湾产业转移，此时的台商投资逐渐从初期的劳动密集型向资金和技术密集型方向发展，投资项目金额也不断加大，带动厦门制造业向科技含量较高、行业配套能力较强、规模竞争优势逐步显现的新兴工业转变。"九五"至"十五"时期，科技含量高的电子、机械、化工产业逐渐成为厦门的支柱产业，占全市规模以上工业总产值的70%左右。

制造业高技术规模化发展。2009年，厦门提出打造LED和太阳能光伏、计算机及通信设备、平板显示、航空维修、输配电及控制设备、生物医药等13条百亿先进制造业产业链的目标，并以此为抓手，鼓励企业加强技术创新和发展高技术制造业。当年，仅计算机与通讯设备、平板显示、汽车3条产业链产值超百亿元。随着制造业高技术化和规模化发展，高新技术制造业逐渐成为厦门工业发展的主体。2018年全市规模以上高新技术产业（制造业）实现工业增加值1094.0亿元，占规模以上工业增加值的67.9%，实现工业总产值4552.7亿元，占规模以上工业总产值的71.2%。2018年，产值超千亿元的制造业产业链有3条，其中平板显示产值1314亿元，计算机与通讯设备产值1204亿元，机械装备产值1037亿元；产值超百亿元的制造业产业链有3条，分别是新材料产值889亿元，生物医药与健康产业产值589亿元，半导体和集成电路产值417亿元；戴尔、宸鸿、友达、达运等高新技术龙头企业产值超百亿元。

2. 知识密集型服务业不断提升

改革开放初期，厦门的服务业以交通运输、批发零售等领域的传统服务业为主。得益于特区的开放优势、港口优势、区域中心城市优势以及开放发展战略，一方面，交通运输业、贸易进出口等迅猛发展，业务规模和国际业务比例不断提高；另一方面，积累了规模和速度发展优势的传统服务业的集聚和辐射能力也逐渐增强，为周边城市提供生产性和生活性服务的能力稳步提升。"十五"时期，传统服务业内部开始孕育孵化出软件信息、文化产业等新兴产业与电子商务、服务贸易、服务外包等新兴业态，同时，金融保险等、商务服务、文化创意等知识密集型服务业发展迅速。1998 年，厦门为加速软件信息服务业发展，投资兴建软件园，此后软件园从一期扩展到三期，成为促进厦门软件信息服务业快速发展的重要载体。2007 年，软件信息服务业营业收入首次突破百亿元，2016 年营业收入首次突破千亿元，2018 年收入达 1493 亿元，"中国软件特色名城"创建通过工信部实地评估，厦门软件园在国家火炬计划特色产业基地评价中综合排名全国第七，成长性指数蝉联全国排名第一。目前，厦门知识密集型服务业发展态势良好，2018 年，金融服务业收入 1529 亿元，文化创意产业实现收入 1040 亿元，首次突破千亿规模，成为推动区域经济发展的一支重要力量；信息传输软件和信息技术服务业、租赁和商务服务业、科学研究和技术服务业成为拉动服务业增长的新兴力量。此外，借助大数据、云计算、物联网等新技术，"互联网＋零售"、"互联网＋物流"、"互联网＋金融"、"互联网＋供应链"等新业务新模式不断涌现，新兴服务业蓬勃发展。

（二）企业创新主体地位不断强化

1. 高新技术企业实现跨越式发展

1992 年，厦门贯彻落实国务院有关文件精神，开始认定高新技术企业。1993 年经认定的第一批 12 家市级高新技术企业创造产值 19.2 亿元，占全市工业总产值的 9.2%。此后，高新技术企业规模不断壮大，占全市工业总产值的比重不断提高。2018 年，资格有效的国家高新技术企业实现规上工业总产值 2060.1 亿元，占全市规模以上工业总产值 32.2%。至 2018 年，全市拥有国家高新技术企业 1626 家，占全省 42.8%。与改革开放初期相比，高新技术企业家数翻了 136 倍，行业覆盖领域不断拓展，涵盖电子信息、生物与新医药、先进制造与自动化、新材料、高技术服务等领域，形成若干具有较强实力的产业集群和产业链。目前，全市拥有国家半导体照明工程产业化基地、国家火炬计划软件产业基地、钨材料产业基地等 5 个科技部批准的国家级特色产业基地，火炬高新区光电显示产业集群成为全国唯一的光电显示产业集群试点。

2. 企业逐渐主导了创新投入产出

企业逐渐成为创新主体。改革开放初期，厦门的创新主体以省、部驻厦及市属科研机构为主，大多依靠厦门大学、福建省科委设立。1986 年全市科研机构中，企业研发机构仅占全部科研机构总数的 32%。2000 年，厦门全面启动市属及省、部属科研机构改革，属于技术开发型机构全部改制成科技企业，高等院校的科研机构也实行企业化管理。此后，随着科技体制改革不断深入，企业逐步成为推动社会经济发展的创新主体。2018 年，全市规模以上工业企业研发经费占全社会比重超过 80%，企业创新主体地位进一步巩固。

企业创新能力大幅提升。近年来，随着厦门企业坚持加大研发投入、以创新推动产业发展，一批全国乃至全球技术领先的创新产品及创新企业不断涌现，万泰沧海开发出全球第一支戊肝疫苗，及世界第三支、中国第一支宫颈癌疫苗；艾德生物成功研发全球首个 ROS1 靶向药物伴随诊断试剂并打入日本医保市场；泰启力飞研制出全球首个石墨烯基非金属散热器；厦门天马研发生产出国内首款柔性 AMOLED 显示屏；金龙客车与百度联合开发出全国首辆商用级无人驾驶巴士；通士达照明成为国家半导体照明工程产业化基地。截至 2018 年，全市共有省级科技小巨人领军企业达 442 家、市级科技小巨人企业 692 家，企业自主创新能力不断加强。

（三）创新活动日益活跃

1. 创新投入持续扩大

改革开放初期，厦门经济基础薄弱，在当时财力较为紧张的形势下，依然重视科技创新投入，1981－1985 年"八五"期间，共投入科研经费505.6 万元，年均投入 101 万元，成为城市经济今后走向创新发展之路的初始铺垫。此后随着改革开放不断深入，厦门经济实力逐渐壮大，创新投入不断增加。2017 年，厦门财政科技投入 23.7 亿元，与改革开放初期年均百万元左右的科技投入相比，增长迅猛。2018 年，预计全社会 R&D 投入约 160 亿元，占 GDP 比重达 3.4%，居十五个副省级城市前列，投入强度接近发达国家水平。

2. 创新产出不断提升

1978 年，厦门获国家、省部及市级科学技术奖仅 97 项。此后，通过大力实施科教兴市战略和自主创新战略，科技创新能力不断提高，创新产出成效显著，获国家、省部级科技进步奖及科技大会奖从改革开放初的 97 项增加至 2016 年的 105 项。发明专利申请量和授权量增长迅速，"十二五"时期比"十五"时期分别增长 3.2 倍和 3.1 倍。截至 2018 年年末，全市每万人有效发明专利拥有量达 27.5 件，居全省首位，是全省（9.8 件）的 2.8 倍，全国（11.5 件）的 2.4 倍。见表 11-1。

表 11-1　改革开放后厦门主要时期创新产出情况

时　间	国家、省部及市级科学技术奖（项）	专利申请量（万件）	专利授权量（万件）
改革开放初（1978 年）	97	－	－
"十五"时期	107	1.39	1.04
"十一五"时期	150	1.98	1.47
"十二五"时期	－	5.87	4.26

数据来源：厦门市志、厦门市统计局网站

3. 创新合作不断拓展

对外开放创新合作不断推进。在改革开放初期，厦门就重视开展形式多样化的创新合作与交流，早期的活动形式包括与泉州、漳州、龙岩等地开展科技协作交流，与美、英、德、法等几十个国际科团组合作，邀请国内外专家学者来厦考察讲学、举办全国及国际学术交流等，逐渐成为全国科技创新交流的热点城市。近年来，随着开放步伐加大，厦门一方面加大力度吸引境内外科研机构和企业来厦落户，设立科研分支机构数十家；另一方面加大科技创新交流合作"走出去"步伐，与美国、埃及等国开展政府间科技合作，与以色列国家农业研究开发总院签订合作框架协议，依托企业、科研院所及重大科技创新平台建设 4 家国际科技合作基地。

对台科技交流合作持续开展。多年来，厦门持续推进对台科技交流合作。改革开放初期就注重利用毗邻台湾优势，举办台湾科学园区报告会、两岸科学研讨会等。近年来，对台科技合作快速发展。2005 年成立"厦门一台北科技产业联盟"，先后举办了"两岸生物医药论坛"、"两岸生技产业论坛"、"两岸 IT 产业论坛"、"两岸产业技术论坛"、"两岸产业经济合作模式探索论坛"等多场主题研讨会，推动成立了两岸三地 RFID 联盟等多个产业联盟，建立了厦台科技交流合作的稳定联络机制。2009 年成为首个国家级"对台科技合作与交流基地"，建设了台湾科技企业育成中心、闽台（厦门）生物医药产业化基地、闽台（厦门）

花卉高科技园等 7 个主题基地。2010 年以后陆续出台《厦门市人民政府鼓励在厦设立科技研发机构的办法》、《关于扶持科研院所在厦设立技术转移机构暂行办法》和《厦门市促进企业研发机构建设的暂行办法》等，吸引台湾科研院所来厦设立成果转移中心和研发机构。"十二五"期间引进台湾拓璞研究所，在此基础上通过对接活动引进台湾高校、科研院所及企业与厦门相关单位共建"两岸开放实验室"、"LED 光电集成一体化技术两岸联合研发中心"等 10 多家研发中心，成为两岸开展科技交流合作的重要载体。

推进"央地"、"院地"、"市校"科技合作。近年来，厦门先后与国内 20 多所高校和科研院所签订了战略合作协议，促进创新资源要素进一步聚集。"央地"合作方面，引进中船重工 725 所设立厦门材料院。"院地"合作方面，促进中国科学院城市环境研究所落户，中国科学院（厦门）产业技术创新与育成中心启动建设，与中国科学院四个分院建立了长期合作关系，设立了稀土材料研究所、赛特（厦门）薄膜技术研究院、厦门市石墨烯工业技术研究院等科技合作机构。"市校"合作方面，与北京化工大学共同设立厦门生物产业研究院，与国防科技大学等共建"军民融合协同创新研究院"，与北京大学工学院共建"北京大学工学院厦门创新创业中心"，与西安电子科技大学、华中理工大学等高校院所签订战略合作协议，促进国内外高校与本地企业开展项目对接合作。

（四）创新载体平台日益完善

1. 高新技术园区不断拓展优化

1990 年厦门启动火炬高技术产业开发区建设，地点位于厦门岛北部小东山，工业区面积 1.17 平方公里，重点发展电子信息、机电一体化、新材料、生物技术 4 大产业。随着 2002 年厦门实施跨岛发展战略，厦门开启跨岛发展新征程，火炬高新区随之实施"一区多园"战略，园区布局从岛内湖里区逐渐拓展到岛外集美、同安、翔安三个行政区，面积也从当初的 1 平方公里拓展到目前的规划总面积 94.36 平方公里、已建成园区面积 15.83 平方公里，重点产业从最初的 4 类优化调整到平板显示、计算机与通讯设备、电力电器、软件与信息服务、微电子与集成电路、LED 六大类，集聚了 30 个世界 500 强项目，入驻企业总数 4000 多家，成为厦门千亿产业链的重要发展载体和创新创业的重要平台。2016 年，国务院批准厦门以火炬高新区为核心区建设福厦泉国家自主创新示范区厦门片区，经过近两年的快速发展，初步形成了以火炬高新区为核心的"一核两带二十九园"空间范围，总面积 277.17 平方公里，成为推动厦门创新发展的又一重要园区载体平台。截至目前，厦门已基本形成以火炬高新区为主，厦门（海沧）生物医药港、海西微电子产业园、集美机械工业集中区等特色鲜明的专业工业园区为辅的高新技术产业园区格局。见表 11-2。

表 11-2 厦门火炬高新区"一区多园"布局

产业园区名称		规划面积 （平方公里）	地理位置
火炬湖里园	火炬园	2.01	湖里区临近厦门高崎国际机场
	信息光电园		
厦门创业园	厦门留学人员创业园	0.693	湖里区临近厦门高崎国际机场
	厦门台湾科技企业育成中心		火炬（翔安）产业区
	厦门科技企业加速器		火炬（翔安）产业区
厦门软件园	一期	0.099	思明区毗邻厦门大学
	二期	1.028	思明区和湖里区
	三期	10	集美区临近厦门北站

产业园区名称	规划面积 （平方公里）	地理位置
北大生物园	0.1	湖里区毗邻忠仑公园
厦门科技创新园	4.9	环东海域集美区与同安区交界处
同安翔安高新技术产业基地	45.75	同安区和翔安区
火炬同集园	0.64	同安区城南
火炬（翔安）产业区	29.14	翔安区
合计	94.36	—

表格数据来源：火炬高新区网站

2. 重大创新平台不断部署强化

多年来，厦门遵循全国科技工作的战略部署，落实实施"科教兴市"计划，在完善提升科技创新公共服务平台建设方面积极探索、努力实践，取得了较好成效。2001-2003 年，先后出台市工程技术研究中心管理办法（暂行）、验收办法，市企业技术中心认定与评价办法、评价指标体系等政策文件，加快提升科技创新能力和建设区域创新体系。至 2005 年，扶持建设了工程技术研究中心 18 家（其中国家级 2 家、省级 2 家），企业技术中心 38 个（其中国家级 4 个，省级 16 个），企业博士后工作站 13 个，国家重点实验室 2 个，省部共建国家重点实验室培育基地 1 个。此后"十一五"期间，又不断修订完善工程技术中心和企业技术中心相关认定管理办法，开始加快建设 IC 设计、生物医药等公共技术服务平台。截至 2018 年，共拥有市级以上重点实验室 130 家（国家级 4 家）、工程技术研究中心 129 家（国家级 2 家）、企业技术中心 165 家（国家级 25 家），拥有市级以上各类研究所近 40 家、高等院校 16 所，智能制造、新材料、集成电路、软件信息、半导体与光电等各类公共技术服务平台不断完善；工程技术中心、企业技术中心数量分别比 2005 年增加 7.2 倍和 4.3 倍。

3. 创新孵化载体平台迅速发展

改革开放以来，厦门积极建设科技企业孵化器，1996 年 11 月，位于火炬高新区的厦门高新技术创业中心作为厦门市首家孵化器诞生。近年来，尤其是 2014 年以来，响应国家"大众创业、万众创新"的战略号召，厦门创新孵化载体平台发展迅猛，基本形成"众创空间＋孵化器＋加速器"的创新孵化和企业培育链条，同时，结合地域优势主打对台特色，积极发展两岸青年创新创业基地。截至 2018 年底，全市共拥有经认定的市级众创空间 203 家，其中国家级 33 家，省级 69 家；市级及以上科技企业孵化器 28 家（其中，国家级 5 家），在孵创业团队和初创小微企业 6000 多家。

（五）创新环境日益优化

1. 科技中介服务日渐丰富

厦门的科技中介服务起源于 80 年代初改革开放早期的技术市场。早期提供科技中介服务的机构主要是市级科技系统，如 1975 年成立的科技情报研究所、1984 年成立的科技开发交流中心和 1989 年成立的技术市场管理办公室。通过早期的科技成果交流会及市科技系统促成的技术交易，科技成果的技术转让和应用推广得以实现。此后，厦门技术市场发展迅速，至 1995 年，全市已有技术贸易机构 502 家，各类技术合同总金额 6537 万元。90 年代，厦门市各区科技部门均成立了区生产力促进中心或高新技术创业中心，标志着区级科技系统基本建立；同时，市生产力促进中心于 1998 年成立，标志着市级科技系统初步搭建。近年来，民营科技中介机构快速发展，2007 年科易网成立，开启了"互联网＋技术转移"的技术交易新模式，并在全国 70 个省、市、区复制推广。目前，厦门的科技中介机构已有较大发展，基本建立起市科技系统、区科技系统、院校和社会团体科研机构、民营科技中介机构四个层次的科技中介服务机构。2018 年，全市登记技术合同 4562 项，合同总金额 70.82 亿元，与早期 1995 年的技术合同交易金额相比，增长了 108 倍。

2. 科技金融体系不断健全

改革开放以来，创业投资、银行以及资本市场的金融支持推动了厦门市一批科技成果成功实现了产业化和商业化，涌现了一批高新技术企业，促进了软件信息、生物医药等高技术产业发展。2010 年区域性两岸金融服务中心获批建设，厦门在对台离岸金融等方面享有先行先试，为科技金融进一步深化发展提供了良好的历史机遇。2011 年市促进科技和金融结合试点领导小组正式成立，随后科技金融相关立法和措施不断完善，2016 年获批第二批国家促进科技和金融结合试点城市，科技金融改革不断深入。目前，厦门在科技金融改革方面成效较为显著，建立了政银企风险共担机制，专项用于合作银行、担保公司、保险公司等金融机构为科技型中小企业提供担保融资服务的风险补偿；创立全国首家科技支行，开发了科技保证保险贷款、专利权质押贷款，试点专利保险等业务；设立全国首支政策性科技成果转化与产业化基金，已投项目实现"三个 100%"，即 100% 投向科技型企业、100% 投向实体经济、项目 100% 落户厦门。多层次、多渠道的科技投融资体系基本确立，初步建立了以科技担保贷款、科技保证保险贷款、专利质押贷款、科技成果转化与产业化基金、科技保险补贴、科技资本对接会等直接融资与间接融资相结合，政府引导、社会资本为主的科技投融资体系。

3. 创新人才队伍不断壮大

改革开放以来，厦门市委市政府重视人才引领，制定实施并持续推动了人才强市战略，积极建设人才特区，为推动经济社会创新发展吸引和集聚了一大批技术人才和基础人才。近年来，随着厦门被评为国家创新型城市双试点，人才在推动经济社会创新中的重要作用愈加凸显，市委市政府先后制定实施《厦门市中长期人才发展规划纲要（2010—2020 年）》、引进高层次人才"双百计划"、12 类产业急需紧缺人才引进培养的"海纳百川"人才政策体系、人才政策新 18 条、人才发展体制机制改革新政 45 条等政策，着力为加快经济发展方式转变、培育发展新动能和实现科学发展新跨越集聚人才。截至 2018 年，厦门共有国家"千人计划"人才 110 人，40 人 6 团队 1 基地入选国家创新人才推进计划，省"百人计划"209 人，市"双百计划"人才 921 人，各类人才总量超过 80 万人，吸引高端人才数量在全国处于领先。近几年，厦门人才创办企业保持 30% 左右的增长，人才创办企业估值已超过千亿。

4. 创新政策体系不断完备

从 80 年代开始，厦门贯彻执行中央的"经济建设必须依靠科学技术，科技工作必须面向经济建设"的基本方针，将科技工作重点转移到为特区经济建设服务上来，出台了《关于科技体制改革的决定》，此后科技体制改革不断深入。1991 年出台《依靠科技进步振兴厦门经济的规定》，1995 年紧随国家"科教兴国"战略步伐提出"科教兴市"战略，并提出"九五"期间科技进步的"三大目标"和"八大计划"，之后又出台《关于加快经济增长方式实现根本性转变的若干意见》《关于贯彻中共中央、国务院关于＜加强技术创新、发展高新技术、实现产业化的决定＞和实施意见》等，有力地推动了科技创新发展。此后，厦门开始将创新视为推动经济发展的支撑要素，围绕高新技术企业、产业园区、成果转化、技术贸易、研发机构、科技中介、科技投融资等方面，陆续出台政策措施和优化创新创业环境。如，2002 年出台我国首部人大立法、吸引留学人员回国创业工作的地方性法规——《厦门经济特区鼓励留学人员来厦创业工作的规定》，实施继北京和深圳后全国第三个以立法形式促进高新技术产业园区发展的地方性法规——《厦门经济特区高新技术产业园区条例》；2006 年出台《关于增强自主创新能力建设科学技术创新型城市的实施意见》，加快部署建设各级企业技术中心及工程技术中心等重大创新载体平台，引导企业重视提高自主创新能力。近年来，厦门着力深化科技体制改革，侧重从鼓励创新创业、保护专利、引进人才等方面，出台具体措施，优化创新创业软环境。如，2010 年出台《关于加快建设海西人才创业港大力引进领军型创业人才的实施意见》，2011 年通过实施《厦门经济特区专利促进与保护条例》，2015 年出台《关于全面推进大众创业万众创新创建小微企业创业创新基地示范城市的实施意见》等，激励创新的政策体系逐渐完善。2016 年，国务院批复同意福厦泉国家高新区建设国家自主创新示范区，省里出台《福厦泉国家自主创新示范区建设实施方案》；2017 年，为推动"双自联动"，厦门进一步出台《关于推动福厦泉国家自主创新示范区厦门片区与中国（福建）自由贸易试验区厦门片区联动发展的实施方案》；2018 年，出台《关于新时代新起点建设高素质创新创业之城高颜值生态花园之城的意见》，支持创新型城市建设的政策体系更加完备。

二、厦门创新型城市建设经验总结

（一）抓好顶层设计，形成一系列制度政策和组织机制

1. 陆续出台了一系列政策文件

厦门政府致力于扮演好企业创新的助推器，出台了一系列鼓励创新创业的政策措施，多措并举降低创新门槛。从 1991 年通过《依靠科技进步振兴厦门经济的规定》，到 1995 年提出"科教兴市"战略，到 2001 年提出建设"科技之城"构想，再到 2006 年发布实施自主创新战略的纲领性文件——《关于增强自主创新能力 建设科学技术创新型城市的实施意见》，2016 年发布"科技创新 25 条"和 2017 年推出"双自联动"实施方案，厦门不断完善创新型城市建设顶层设计，涵盖市场准入、企业融资、园区建设、成果转化等创新创业的各个环节，通过"组合拳"切实降低创新创业门槛。

2. 搭建了有力的领导组织机制

改革开放之初，厦门及时恢复市科学技术委员会，统筹全市科技创新工作。此后，又根据工作需要，改设市科技局，并成立市科技领导小组，负责对全市重大科技进行组织协调、督促考核，基本形成"第一把手抓第一生产力"，各部门协同配合、齐抓共管、共同促进科技进步的组织架构。2010 年，厦门先后被国家科技部、国家发改委评为全国创新型试点城市和国家创新型城市试点，迅即成立创建国家创新型城市工作领导小组，统一协调创新型城市建设。领导小组由市长牵头，成员由 26 个市各职能部门、各区和各管委会主要负责人组成，围绕部门职能做好分工，如发改委主要负责体制机制创新、产业政策制定，科技局主要负责技术攻关、平台建设和引进研发机构，整合各方资源，形成创新合力。

（二）坚持市场取向，充分发挥市场政府"两只手"作用

1. 确立了企业的创新主体地位

从改革开放初期的"80 后"企业金龙、厦钨，到"90 后"企业太古、美亚柏科，再到"00 后"企业美图、思尔特，"10 后"企业联芯、咪咕等，不同时期各具特色的创新型企业构成了厦门创新发展的主体。

不论是着力培育的本土型企业，还是重点引进的外资央企，这些创新型企业将技术创新与市场需求紧密结合，加大研发投入，高效利用创新资源，实现从"拿来主义"到源头创新。以企业为主体的创新源头供应能力不断增强，近 90% 的科技创新项目由企业牵头，82% 以上的研发投入来自企业，80% 的研发机构在企业，80% 的授权专利属于企业，涌现出全球首个 ROS1 靶向药物伴随诊断试剂、全球首例石墨烯基非金属散热器、亚太首例心脏"折叠"手术、全国首辆商用级无人驾驶巴士"阿波龙"等一批跻身国际国内先进行列的产品和技术。

2. 形成了高效务实的服务型政府

厦门特区拥有制定地方性法规的权利，能够通过立法手段规范市场行为，为创新活动提供发展新机制。厦门在全国最早取消专业化行政管理机构；最早开放市场、取消计划供应，率先开辟生产资料市场、产权市场、人才市场、科技市场，与国际市场对接；最早进行政企分开试点；在全国率先实践"多规合一"，形成"厦门经验"；首创的"一照一码"在全国复制推广；深入简政放权，率先全省实现全部 31 项科技公共服务事项全程网上办理，采用政府购买服务和委托下放的形式，推动科技职能向创新服务转变；"双自联动"搭建制度创新与科技创新叠加优势，探索联动发展等。用政府层面具有超前性的制度创新，营造人尽其才、财尽其流、物尽其用的创新环境。

此外，厦门积极探索科技创新资源统筹配置，并在创新资源配置上向企业倾斜，持续实施科技创新提升工程。通过加快高新技术企业认定、实施"普惠与重点支持"相结合的企业研发经费补助、开展研发费用加计扣除、发放科创红包等，支持企业开发新技术、研发新产品、探索新模式。

（三）强化产业创新，打造具有持续创新力的产业梯队

1. 协调发展三次产业

从"工业立市"到二三产"双轮驱动"，厦门大力发展光电、软件信息、生物医药、金融、航运物流等高端制造业和现代服务业，实现劳动密集型——资本密集型——技术密集型——知识密集型的不断升级发展，产业结构从改革开放初期的"单兵突进"逐步向协调发展转变。三次产业比重从 1978 年的 22.3∶53.4∶21.0 调整至 2018 年的 0.5∶41.3∶58.2，逐步实现农业现代化、制造业智能化和服务业高端化的"蜕变"。

2. 坚定不移发展高新技术产业

从"八五"、"九五"期间承担"863"计划，到 1989 年贯彻"发展高科技，实现产业化"，实施"火炬"计划，再到 1990 年成立火炬高新区，厦门早谋划、开好局，走出一条以高新技术产业为先导的自主创新之路。作为高新技术产业发展的主战场，火炬高新区实施"一区多园"发展战略，通过发展主导产业、搭建创新创业平台、引进高端创新人才、构筑创新政策体系等举措，发展成为集研发创新、孵化创业和高新技术企业成长为一体的高新技术创新基地。带动全市高新技术产业保持较高的运行质量，规上高新技术产业产值占全市规上工业总产值的 70% 以上，推动经济增长由要素和投资驱动向创新驱动转变，全市科技进步贡献率达 64%。

3. 构建产业发展梯队

一是稳健发展三大主导产业。厦门经过四十年持续的培育和发展，逐步转移重化工业，打造形成电子信息、旅游文化、现代物流三大主导产业，成为厦门转变经济增长方式的亮点。二是挖局培育新兴产业。为了支持经济长期可持续发展，2003 年成立厦门市新兴产业办公室，重点推进光电子产业，此后，软件、生物医药、新材料等产业也迅速得到发展。2014 年以来，厦门深入实施千亿产业链（群）培育工程，先后出台了平板显示、计算机与通讯设备、机械装备、生物医药、新材料、旅游会展、航运物流、软件信息、

金融服务、文化创意等十大千亿产业链（群）发展规划；并围绕发展前景好、有基础但仍薄弱的产业，相继又提出半导体和集成电路、海洋经济、现代都市农业等新的千亿产业链（群），谋划培育新的增长点。目前，已有平板显示、计算机与通讯设备、机械装备、旅游会展、现代物流、金融服务、软件和信息服务、文化创意等8条产业链产值（收入）突破千亿，成为经济增长的主引擎。

（四）坚持开放创新，构筑创新合作网络

1. 形成区域内外创新联动和合作

改革开放初期，厦门加强与内地、特别是中央部委的科技协作，成立了宏发电声、华联电子等一批内联工业企业，带动了厦门电子制造业的快速发展。随着改革开放的推进，厦门创新联动的区域越来越广、合作的领域越来越宽，从闽西南到中西部，从帮扶式科技输出到共建山海协作经济区、设立异地研发机构，厦门的经济腹地和合作网络不断拓展，创新层次不断提升。

2. 先行先试推动两岸创新合作

厦门与台湾一衣带水，厦门经济特区因台而设，充分发挥闽台"五缘"优势，率先设立台商投资区，相继出台鼓励台胞投资的一系列地方性法规和政策，打造两岸科技交流试验区和台湾产业转移首选地，实现"借台兴厦，合作双赢"。如，集美区从杏林、集美两个国家级台商投资区起步，发展成为跨岛发展新市区；火炬高新区设立全国首家面向台湾科技人才创业和技术转移的孵化基地——厦门台湾科技企业育成中心，探索两岸创新合作新模式、新机制；两岸产业融合尤以光电产业成效最为显著，引进台湾联电、宸鸿、友达、冠捷、晶元和东元集团等6大光电产业巨头，集聚形成了福建省首条产值超千亿的产业链、全国唯一的光电显示集群试点。

3. 逐步形成全球创新合作

改革开放40年来，厦门不拘泥于有限的地理空间，先行先试、敢闯敢试，加强与国家战略的对接、与全球的关联。推动利用外资方式从"招商引资"转为"双向投资"，利用外资领域从"以侨引资"拓展为"全面合作"，逐步形成了经济特区、台商投资区、出口加工区、保税区、自贸试验区等多层次、全方位的对外开放格局。目前，全市约70%的工业产值、60%的经济增长、40%的进出口、40%的就业和30%的税收由外资企业创造，开放型经济已成为厦门创新发展的强力引擎。随着创新驱动战略的推进，厦门的创新从"跟跑"到"并跑"、"领跑"转变，主动布局全球创新网络，成立中以合作项目（厦门）孵化中心、海外（硅谷）离岸创新创业基地，ABB、施耐德、雅马哈、歌乐等外资巨头在厦设立全球研发基地，创新合作"走出去"和"引进来"步伐进一步加快。

（五）强化要素支撑，集聚各类创新资源

1. 集聚创新中介服务

为解决创新链上游的短板，厦门不断完善产学研合作的技术创新体系，通过打造一系列创新平台和中介服务体系，为创新型城市的建设奠定了坚实基础。成立厦门产业技术研究院，围绕完善科技创新链条、发展科技服务业、组织实施重大科技项目等方面进行探索和实践；引进中科院海西研究院、两岸清华大学、国防科技大学、中船重工725所等50多家高校院所在厦设立研究院或技术转移机构，不断增强中高端技术供给能力；针对生物医药、集成电路、软件信息等重点产业的核心关键节点和缺失环节，布点建设了生物等效性BE/I期临床试验平台、集成电路晶圆测试公共服务平台等近百个公共技术服务平台。此外，厦门还构建了较完善的创新研发—成果交易—创业孵化—中试产业化的成果转移转化体系，科易网"互联网＋技术转移"新模式已在全国70个省、市、区复制推广。

2. 集聚科技金融要素

改革开放以来，厦门逐步建立起适应创新发展需求的金融支持体系，资本市场成为创新活动的重要融资场所，实现科技创新与金融创新的双轮驱动。构建多层次资本市场，设立厦门两岸股权交易中心，推动全市科技企业上市或挂牌"新三板"，积极谋划科技企业进入科创板；创立全国首家科技支行，开发科技保证保险贷款、专利权质押贷款，试点科技保险、专利保险等业务；设立全国首支政策性科技成果转化与产业化基金，在全省率先设立初期规模百亿元的产业引导基金，开启了从传统的"补贴投入"为主迈向"股权投入"为主的新模式，实现了财政资金扶持产业发展方式的重大创新。

3. 集聚多层次人才

人才是创新的第一要素，为了加速科技人才集聚，建设人才特区，厦门相继出台"人才新政45条"等系列政策，深入实施"海纳百川"、"双百计划"等人才计划，先行先试对台人才政策，探索自贸片区人才顺畅流动机制，大力引进高层次创新创业人才，各类人才总量超过80万，形成了较为合理的创新创业人才梯队，为创新型城市建设提供了丰富的智力支持。

三、厦门创新型城市建设启示建议

经过40年发展历程，厦门创新型城市建设在取得巨大成就同时，也应当看到，同一些国内较为发达城市相比，仍然存在许多不足之处。包括：自主创新能力薄弱、高新技术产业竞争力不强、产业创新提升与城市创新要素保障缺乏相互支撑和良性循环、人才资源仍然匮乏、创新创业投融资体系还需完善、财政科技投入还需加大等。建设创新型城市的关键是形成支持创业创新的生态系统，为此通过梳理厦门创新型城市建设历程与成就，进一步提出以下启示建议：

（一）明确自主创新的战略主线

1. 加强制度顶层设计

制定《厦门经济特区自主创新条例》，为全面实施创新驱动发展战略，促进厦门自主创新能力建设提供法制保障，将自主创新贯彻到创新型城市建设的各领域和各环节，积极建立以企业为主体、产学研相结合、保护知识产权的科技创新体系，以制度创新、体制机制创新推动区域创新体系建设，将自主创新作为城市发展的主导战略，推动厦门创新型城市建设向更高水平提升。

2. 构建自主创新政策体系

在《厦门经济特区自主创新条例》框架下，相关部门加强协调，从各自领域制订具体的支持自主创新发展的政策及发展目标，形成一个较为完整、体系化和集成化的"1+X"自主创新政策体系，加快推进自主创新战略在厦门的贯彻落实。

（二）坚持市场导向与有为政府结合

1. 坚持市场化导向

坚持把市场机制能有效调节的经济活动交给市场，把政府不该管的事交给市场，通过竞争，把资源配置到最能发挥效益的地方。加快完善市场体系，建立良好的竞争秩序，完善支撑市场体系的基础设施。加快建设统一开放、竞争有序的市场体系，建立公平开放透明的市场规则，推动资源配置实现效益最大化和效率最优化。加快形成以道德为支撑、产权为基础、法律为保障的社会信用制度。进一步培育要素市场，发展中介机构，积极稳定地发展资本市场。废止妨碍公平竞争、设置行政壁垒、排斥外地产品和服务的各种分割市场的规定。完善反映市场供求关系、资源稀缺程度、环境损害成本的生产要素和资源价格形成机制。

2. 更好发挥政府作用

在市场导向创新路径的实践过程中，政府的定位是高新技术产业发展和创新型经济的裁判员而非运动员，是自主创新环境的建设者。政府通过制度创新带动技术和产业创新。要进一步转变政府职能，明确政府行政权力的范围及行政方式程序，完善政府行政事项"正面清单"。加快政府由"全能型政府"向"服务型政府"转变，建立国际一流营商环境，更多地提供社会服务和公共产品，加快建立市场基本经济关系、市场主体行为和市场交易秩序规范化的法律法规，逐步形成统一、科学和完备的社会主义市场管理法规体系。同时，强化政府对市场过程的监督，及时纠正市场的不良行为，保证市场经济的健康发展。

（三）积极培育本土创新型企业

1. 引导企业加大创新投入

选取合适指标，采取企业自身纵向比较和行业内均值比较方式，设计奖励政策体系，引导企业加大创新投入力度。优化企业创新支出结构，注重创新的协调性，平衡研发支出、产业化和商业化支出结构，强化创新全流程环节投入的协调性。

2. 注重引导各类企业加大创新投入

着重引导本土民营企业加大研发投入，培育本土根植型创新企业。建立健全国有企业创新经营考核制度，加大创新在企业经营业绩考核中的比重，构建有效的"鼓励创新、宽容失败"的考核机制。鼓励港澳台商投资企业和外商投资企业在本地设立研发机构，引导其与本地和内地的产学研机构加强合作创新，增加其技术溢出效应。

3. 加大科技型中小企业培育力度

着重培育一批掌握核心技术、拥有自主知识产权、技术创新活跃的成长型中小高新技术企业和"隐形冠军"企业，引导和支持科技型中小企业朝"专、精、特、新"方向发展，与本地产业链上相关龙头企业形成紧密协同。

（四）强化协同发展的产业体系

1. 加强产业链分工和协作

培育龙头企业链式裂变形成新的企业，分化更多具备实质性产业链配套关系的企业。重视中小企业在产业链配套和创新活动中的重要作用。加强后续引进项目的产业链配套关系。加强跨地域产业链配套协作。

2. 加强价值链优化和提升

推动产业和企业不断优化和提升其内部价值链水平，获得专业化优势和核心竞争力。鼓励企业加快制造与服务协同发展，通过创新商业模式实现价值链攀升。鼓励企业在市场机制下探索多元化、多维度的价值链攀升路径。随着全球价值链分工已经成为当今国际分工的重要形式，要进一步支持本土企业积极融入全球价值链和价值网络，参与全球价值分配，为提高全球价值链地位奠定基础。

3. 加强创新链协同和集成

采取多种形式构建企业纵向合作创新网络，促进创新资源在产业链间合理配置，提高产业链合作创新效率。不断深化产学研合作机制。以多种方式与产业链、价值链和创新链中其他环节的企业、机构等进行高度协同和紧密合作，接入全球产业网络，并逐渐通过创新能力提升，在产业网络中占据高附加价值链环节或高价值网络位势。加快建设实体经济、科技创新、现代金融、人力资源协同发展的产业体系。

（五）营造良好的创业创新环境

1. 加快建设创新载体平台

大力引进清华系、中科院系等国内重点高校、科研院所，鼓励在厦设立和共建研究机构、技术转移机构，支持开展重大产业化项目。重点推动与清华大学、北京大学、国防科技大学的全面科技合作，提升清华海峡研究院、北京大学厦门创新创业基地、石墨烯研究院等科技创新载体平台能级。推进国家实验室、重点实验室、工程实验室、工程（技术）研究中心建设，构建开放共享互动的创新网络，建立面向企业尤其中小企业有效开放的机制。探索孵化器建设新模式，鼓励民营资本加入孵化器队伍，支持孵化器建设主体多元化发展。推进跨境创新平台建设，探索建立瞄准台湾、面向全球的开放式国际技术转移与交易、技术贸易等平台。探索设立两岸创新型企业孵化器和国际离岸孵化器。

2. 培育壮大科技中介服务业

完善科技成果产业化服务体系，打造从实验室到产业化的创新服务链，构建"研发团队＋孵化器＋产业化基金＋产业化基地"的科技成果产业化模式。大力发展各类技术交易机构、融资担保机构、知识产权评估机构、科技成果咨询和评估机构等科技服务业。发展多层次的技术（产权）交易市场体系，继续支持基于互联网的在线技术交易模式，推动技术交易市场做大做强。借鉴国家技术转移东部中心（上海）、国家技术转移南方中心（深圳）等较有特色的科技服务业机构和产业集聚区建设思路和经验，研究推动设立国家技术转移海西中心。

3. 完善多元化科技金融扶持体系

紧紧抓住厦门作为科技金融结合试点地区的先行先试政策机遇，完善科技和金融结合的顶层设计。完善科技金融政策体系，形成一个较为完整的促进科技金融结合、加快科技成果产业化的政策体系。间接融资方面，加快科技银行建设，加大政府对科技银行扶持及差别化政策，推动商业银行创新经营机制，建立适合科技型中小企业特点的服务模式、风控体制和激励考核机制，推动科技保险业务发展。直接融资方面，加大创投等风险投资基金对科技企业的资金投入，拓宽创业投资项目及资金来源，加快债券市场发展，引导和支持企业进入多层次资本市场，提升海西股权投资中心服务能级，支持科技企业进入科创板。支持多元化金融机构的设立，推动开展"银创"合作，引导银行与创投、风投公司合作进行银投联贷。完善中介服务体系，创新中小科技企业融资担保方式，加快多层次风险分担体系尤其是担保体系建设等。

4. 构筑协同发展的人才支撑体系

加强人才政策的系统性和协调性，积极构建"引人、留人、育人、成人"的全流程的人才支撑体系。搭建立体式人才架构，打造人才聚集的洼地。立足城市和产业功能定位，重点引进一批综合管理型人才，围绕"千亿产业链群"，集聚一批产业领军型人才，突出人工智能、集成电路、平板显示、软件信息等高端前沿产业，精准招聘一大批紧缺急需的高端专业技术人才。做好一线技能人才符合条件下的落户、就业和子女求学等问题的保障，提供健全完善的医保、养老、工伤和用工规范、管理超前、以人为本的配套性服务，大力弘扬工匠精神，搭建技能平台，建立"工匠论坛"和服务技能人才的联合会等平台组织。推动自贸试验区在创新人才发展体制机制方面先行先试，加快先行先试政策在全市复制和推广。实行更加简便高效的引进高层次人才评价认定办法，以用人主体认可、业内认同和业绩薪酬为导向，建立资格条件制、推荐制、积分制等人才评价机制。深化职称制度改革，继续扩大在航空维修、物联网行业等更多领域职称改革试点，将社会化职称评定职能全面下放给具备条件的行业组织，制定行业组织承接职称评审职能监管办法。加强人才区内流动和跨区流动的综合考量，制定有序合理的人才流动机制。

大事记

1978 年，厦门开始恢复市科学技术委员会。

1980 年，厦门经济特区批准设立。

1989 年，杏林、集美、海沧台商投资区经国务院批准设立。

1990 年，启动厦门火炬高技术产业开发区建设。

1991 年，火炬高新区被国务院批准为国家级高新技术产业开发区。

1991 年，厦门市委七届三次全会通过了《依靠科技进步 振兴厦门经济的决定》。

1992 年，厦门贯彻落实国务院有关文件精神，开始认定高新技术企业。

1998 年，投资兴建软件园一期。

2002 年，时任福建省省长习近平提出跨岛发展战略。

2009 年，13 条百亿产业链发展目标提出。

2010 年，厦门先后被国家科技部、国家发改委评为全国创新型试点城市和国家创新型城市试点。

2014 年，提出构建"5+3+10"现代产业体系。

2016 年，国务院批复同意福厦泉国家高新区建设国家自主创新示范区。

2017 年，出台《关于推动福厦泉国家自主创新示范区厦门片区与中国（福建）自由贸易试验区厦门片区联动发展的实施方案》。

2018 年，出台《关于新时代新起点建设高素质创新创业之城高颜值生态花园之城的意见》

参考文献

［1］江曙霞，等.厦门市志［M］.北京：方志出版社.2004.

［2］张建琛.科技创新支撑厦门经济特区跨越发展的探索［J］.厦门科技.2013(06).

［3］李树毅.推进厦门科技创新型城市建设的思考［J］.厦门特区党校学报.2010(06).

［4］厦门市科学技术局.科技支撑发展 创新引领未来——改革开放 30 年厦门科技事业发展回顾及思考［R］.2009.

［5］彭顺昌，李波.厦门经济特区科技创新回顾与展望［J］.厦门科技.2007(01).

［6］厦门市科学技术局.2018 年科技创新工作总结及 2019 年工作要点［R］.2019.

课题执笔：林　智　谢　强　李　婷　陈菲妮

第十二章 厦门推动城市统筹协调发展成就与经验启示

改革开放以来，厦门持续推进城市统筹协调发展，"一岛一带多中心"城市框架初步形成。着力建设交通枢纽城市，国际航运中心建设步伐加快，港口集装箱吞吐量上升至全球第14位，区域航空枢纽港加快形成。新型城镇化持续推进，小城镇建设、美丽乡村建设成效明显，农村生产生活生态环境明显改善，城乡一体化发展加快推进。生态环境进一步优化提升，城市保障能力显著增强，中心城市承载能力进一步增强，走出一条城市统筹协调发展的成功之路。

一、厦门推动城市统筹协调发展的成就

（一）"一岛一带多中心"城市框架加快形成

改革开放以来，跨岛发展战略持续深入推进，按照统一规划、协调推进、集约紧凑、疏密有致、环境优先的原则，优化岛内，拓展岛外，岛内中心城区功能显著提升，岛外海沧、集美、同安、翔安四个区级中心加快建设，加快环东海域东部新城、马銮湾新城、翔安南部新城、集美新城、同安新城建设，形成"一岛一带多中心"城市框架，城市建成区由特区建设初期的38.5平方公里增长到2018年的348.23平方公里，城市空间利用效率显著提高，城市人居环境进一步改善，实现了城市均衡发展和品质提升。

1.岛内功能进一步提升

改革开放之初，实施岛内优先发展战略，岛内得到快速发展。针对当时特区底子薄的情况，市委市政府集中力量发展岛内，1981年厦门特区成立，着手建设湖里出口加工区，实施优惠政策，大力吸引外资，有力地推动厦门经济发展。1984年，厦门经济特区从湖里2.5平方公里扩大到厦门全岛131平方公里，为岛内发展提供政策支持。改革开放之初，组织编制了《厦门市城市总体规划（1980—2000）》，城市建设由思明厦港、湖里工业区、筼筜新区、东区、火炬高科技园区到航空城，并由岛内向集美、杏林、海沧呈扇面拓展。后来，聘请外国专家编制城市总体发展规划，成为此后20多年厦门城市建设发展的规划蓝本，明确了以厦门岛为中心，"一环数片、众星拱月"的城市格局。岛内得到重点发展，重点建设行政中心、商业中心、商务区、湖里工业区、火炬高新开发区等。进入2005年跨越式发展阶段以来，重点开发建设本岛东部，观音山商务区、五缘湾商务区、软件园二期等建成，推动岛内功能进一步提升，2009年岛内外一体化发展阶段和2013年美丽厦门发展阶段，大力实施片区改造优化提升，厦港、曾厝垵、西郭、自行车厂、枋湖等旧城片区改造稳步推进，沙波尾渔港改造后成为国内知名旅游景点，曾厝垵片区由"城中村"变成"中国最文艺渔村"。岛内产业转移加快推动，东渡港区物流功能调整步伐加快，坚持"退二优三"，龙头山、湖里老工业区逐步转型；两岸金融中心、国际邮轮母港等重大片区开发顺利推进，五缘湾游艇综合体、中航紫金广场、厦门国际中心等高端商业项目加快建设，推动岛内功能进一步提升。

2. 岛外新城建设加快推进

随着综合实力的提升，厦门持续加大岛外开发力度，1991 年厦门大桥通车，1999 年海沧大桥通车，有力地推动岛外发展。随着岛内开发强度的加大，产生了空间不足、交通拥挤、环境恶化等问题，市委市政府审时度势，作出加快岛外开发的决策，特别是 2000 年以后，厦门市委市政府提出海湾型城市发展战略，岛外得到优先发展。2003 年，厦门实施区划调整，设立思明、湖里、集美、海沧、同安和翔安区，为加快岛外开发提供制度保障。2005 年跨越式发展以来，岛外海沧、集美、同安、翔安新城建设稳步推进，集美大桥、杏林大桥、BRT、翔安隧道的建成通车，便捷岛内外交通联系，岛内外一体化发展发展阶段，持续推动岛外发展，2011 年至 2014 年，岛外新城累计投资 1796.9 亿元，年均增速达到 27%，超过全市全社会固定资产年均增速 21.5 个百分点。先进制造业加快集聚，各区产业特色愈加明显，产业规模不断扩大为新城提供了较为有力的产业支撑，岛外已建成工业用地面积占全市 87.5%，工业总产值占全市 66%。进入美丽厦门发展阶段，岛外加大承接岛内功能分流力度，海沧港区吞吐量超过东渡港区，厦门北站建成投用，翔安机场加快建设，有力地推动了岛外快速发展。

3. 城市交通便捷圈加快构建

改革开放之初，厦门进出岛通道只有集美海堤，进入 20 世纪 90 年代以来，厦门加快岛内外交通联系建设，1991 年厦门大桥通车，1999 年海沧大桥通车，2008 年快速公交 BRT 正式投入使用，是中国首个采取高架桥模式的 BRT 系统。翔安海底隧道 2010 年正式通车，全长 8.695 公里，是中国大陆第一条海底隧道，它的建成通车使厦门出入岛形成了从海上到海底的全天候立体交通格局。全面推进"两环八射"快速路网建设，全市道路网络系统承载力和运行效率进一步提升。按照"一区一枢纽"的规划目标，岛外各区交通枢纽建设持续推进，岛内外"半小时"交通圈加快构建。加快建设轨道交通，地铁交通线网由 6 条线路组成，总长约 246.2 公里，设车站 138 座，其中换乘车站 19 座，线网密度厦门本岛 0.65 公里 / 平方公里，岛外 0.29 公里 / 平方公里。其中 1 号线已于 2017 年 12 月进行试运营。

4. 生态环境建设成效明显

始终按照国务院批复的厦门城市发展定位，把生态环境保护和建设的具体目标落实到经济和社会发展的总体规划之中，特区建设之初，厦门就明确地提出不以牺牲环境来求得经济的一时发展，十分注意正确处理经济发展与人口资源环境的关系，坚持发展速度、质量和效益的相协调，通过节能降耗，发展循环经济，提高单位土地的投资强度和产出效率等举措，走出了一条具有厦门特色的内涵型、效益型、集约化的经济发展路子。进入新一轮跨越式发展阶段，更加重视节约资源和保护环境，增强可持续发展能力，自觉进行生态修复，开展西海域禁止水产养殖综合整治工作，全面启动总面积 114.28 平方公里的环东海域整治建设工程，有力提升厦门海域的生态环境质量，厦门海岸带综合管理被联合国开发计划署作为示范工程在全球推广示范。进入美丽厦门发展阶段以来，通过实施"多规合一"，厦门在全市划定 981 平方公里生态控制区，面积占到厦门陆域面积的 57.6%。同时，细化生态控制区内容，将全市 981 平方公里生态控制线又细分为基本农田 103 平方公里，生态林地 682 平方公里，水源保护区等 75 平方公里，其他用地 121 平方公里。同时，为加强生态控制线保护和管理，出台《厦门市生态控制线管理实施规定》，进一步细化生态控制线划定与管理工作。

（二）交通枢纽城市加快形成

改革开放以来，厦门加快构建岛内外交通连接网络和对外综合交通体系，轨道交通、新机场、港口、铁路客货运场站等重大交通设施布局在全市拉开框架，中心城市对外辐射能力显著提升，交通枢纽城市加快形成。2018 年，厦门市铁路、公路、港口、航空全年完成客运量 1.01 亿人次，完成货物运输总量 3.03 亿吨。

1. 海港中心枢纽地位得到强化

改革开放以来，厦门港加速发展，90 年代至 21 世纪初为港口建设和发展高峰。1974 年启动东渡港区一期工程，1984 年建成投产；1989 年，使用世行贷款建设东渡港区二期工程；90 年代，利用外资建设象屿码头、国际货柜码头、博坦码头和东渡港区三期工程；92 年，设立漳州招商局经济开发区建设招银港区。2 推动港口整合，2006 年，原漳州港招银、后石、石码港区并入厦门港，港政、航政、水运实行统一管理，厦漳两地港口资源整合从此开启。2010 年，东山湾内古雷、东山、云霄和诏安四港区整合到厦门港，厦门港"环两湾辖十区"的新格局正式形成。2013 年，厦门、漳州港口一体化整合完成。港口吞吐量从 80 年代初的 200 多万吨，至 2000 年达到 1965 万吨（其中集装箱 108 万标箱），2008 年吞吐量达到 9702 万吨（其中集装箱 503 万标箱），2010 年达到 1.27 亿吨（其中集装箱 582 万标箱），至 2018 年达到 2.17 亿吨，其中集装箱吞吐量 1070.23 万标箱，全国排名第 7 位，世界排名第 14 位。截至 2018 年 12 月底，厦门港集装箱航线增加到 146 条，其中外贸航线超过 100 条，达全球 40 多个国家和地区的 130 多个港口，"一带一路"航线 57 条，通达 24 个国家和地区。在港口基础设施方面，截至 2018 年底厦门港共有生产性泊位 165 个，货物年通过能力 1.78 亿吨。其中：万吨级 76 个，10 万吨级以上泊位 17 个，专业化集装箱泊位共计 28 个，集装箱通过能力 1033 万标箱／年。

2. 空港中心枢纽地位得到强化

厦门在全国率先由地方利用科威特政府贷款 2100 万美元修建高崎国际机场，于 1983 年建成通航。1996 年 11 月，机场 3 号候机楼投入使用。2014 年 12 月，4 号候机楼正式启用，机场年旅客吞吐能力上升至 2700 万人次。目前，正在加快建设翔安机场，近期规划到 2025 年，将建设两条近距平行跑道，航站楼面积约 55 万平方米，陆侧配套设施约 45 万平方米，总建筑面积约 100 万平方米，设计年旅客吞吐量 4500 万人次、货邮吞吐量 70 万 −80 万吨，将成为我国最大的单体航站楼之一。厦门高崎国际机场拥有 1 条 3400 米长跑道和 2 条平行滑行道及 10 条联络道；停机坪总面积 77 万平方米，停机位 89 个；候机楼总建筑面积为 23.78 万平方米。2018 年，厦门高崎国际机场旅客吞吐量达到 2650 万人次，货邮吞吐量达到 34.55 万吨。开通运营 177 条境内外航线，国内 142 条（其中地区 6 条），国际 35 条，位居全国第十二大国内机场、第五大口岸机场，在营航空公司 44 家。

3. 建成区域性铁路枢纽

改革开放之初，厦门只有 1 条鹰厦铁路。近年来，厦门加快铁路建设，现有鹰厦线 1 条电气化铁路和福厦、龙厦、厦深线 3 条客专高速铁路，4 条在营铁路干线总长 139 公里（其中鹰厦线 41.4 公里、福厦线 57.2 公里、龙厦线与厦深线分别 20.2 公里）；还有东渡港区、海沧和前场铁路 3 条支线，厦门站、厦门北站 2 个客运站，前场站、杏林站、海沧站、高崎货场等 5 个货运站。2018 年，铁路旅客发送量达到 2795.55 万人，铁路完成货物发送量 820.52 万吨。厦门已从原来的铁路"末梢"城市变成东南沿海重要的铁路枢纽城市，基本形成"一横两纵"的铁路线网空间格局。

4. 对外高速公路通道进一步完善

改革开放之初，厦门对外公路等级低，对外交通不便，随着国道 324 线、319 线，福厦高速、厦成高速、厦沙高速等重点项目建成通车，有力地改善了对外公路联系。目前，已形成"两横四纵"高速公路系统（两横：沈海高速、沈海高速复线—同南高速；四纵：厦蓉高速、沈海复线连接线、厦沙高速、机场高速），并将国省干线公路体系与城市快速路网络对接，全面融入国家和区域网络。

（三）新型城镇化建设成效显著

推进以人为核心的城镇化，以全域城市化为目标，统筹推进重点领域和关键环节改革，基本形成具有厦门特色的城乡一体、产城融合、集约节约、美丽宜居、和谐发展的新型城镇化模式，2018年常住人口411万人，户籍人口200万以内，常住人口城镇化率达89.1%。

1. 城镇化水平显著提高

城镇化水平明显提高。城镇化率稳步提升，城市建成区持续扩大，持续推进"镇改街"、"村改居"，2018年，农村居民人均可支配收入达到22410元，比1981年增长了近85倍。出台《关于开展特色小镇规划建设的意见》，持推进灌口、汀溪、新圩等三个省级小城镇综合改革建设试点和新圩镇建制镇综合改革工作，灌口镇被评为全省首批特色小镇。培育打造一批市级试点，积极申报省级试点，以点带面，推进全市特色小镇建设。

2. 乡村建设成效明显

改革开放以来，厦门先后大力推进社会主义新农村建设、统筹城乡发展、美丽乡村建设、乡村振兴战略，乡村建设成效明显。集美区城内社、海沧区院前社、同安区军营村、翔安区云头村等被福建省住建厅列为美丽乡村建设示范典型村庄。因地制宜、实施一村一策，引导发展乡村特色旅游，大力发展乡村名宿、文化创意、观光旅游、休闲农业等，实现农村环境与农村转产增收同步提升。厦门农村传统文化得到挖掘，民间文艺、手工技艺、乡土民俗得到传承发展，呈现历史与现实交汇的独特韵味。

3. 基础设施和公共服务加快向农村延伸

扎实推进旧村改造新村建设，加快旧村改造新村建设和老区山区重点村项目建设。建设农村分散式污水处理设施，推动自然村纳入市政污水系统，农村污水设施不断完善。发展设施农业，实施农业基础设施建设项目建设。加快农村电网改造力度，提高农村供电能力。全面提升农村公路通达深度和通畅水平，推进城乡道路客运一体化。加快农村信息通信基础设施建设，农村基本实现家庭宽带达20Mbps及以上宽带接入能力，4G网络实现了农村98%覆盖。

加快发展农村社会事业。落实农村教师全员培训计划，推进优秀教师到农村学校支教。扩充农村学前教育资源，基本实现户籍儿童学前入园全覆盖。加大农村文化活动室的扶持力度，提高文体产品和服务的有效供给能力。

4. 农村一二三产业加快融合发展

推动重点产业融合发展。依托北部休闲观光农业产业带、中部特色现代种养产业带、南部现代农业服务产业带，推动蔬菜、水果、花卉、食用菌、中药材、畜禽、水产等七大优势特色农业产业融合发展，推动特色农业发展。海沧区"大曦山旅游休闲公园"、集美区"碧溪农业公园"、同安区"竹坝片区都市休闲农业田园观光园"、翔安区"香山农业公园"发展成为厦门市农村一二三产业融合新亮点。

培育多元化农业产业融合主体。加大力度培育壮大农业产业化龙头企业，全年32家省级农业产业化龙头企业实现产值约478亿元，农业产业集群较快聚集，农业产业集群实现销售收入726亿元。龙头企业通过提供优质种苗、与农户签订保护价合同等多种形式，带动生产基地发展。引导专业大户、青年大学生、职业农民创办家庭农场，支持农业龙头企业通过直接投资、参股经营、签订长期合同等方式，带动农民发展多种形式的适度规模经营。鼓励农民兴办专业合作、股份合作等多元化、多类型的合作社。

完善农村产业融合服务。积极搭建农村一二三产业融合发展综合性信息服务平台，主要提供电子商务、乡村旅游、农业物联网等服务。创新农村金融服务，鼓励金融机构围绕农村一二三产业融合发展创新产品和服务方式。鼓励金融机构与新型农业经营主体建立紧密合作关系，推广产业链金融模式。

（四）城市保障能力进一步提升

改革开放以来，厦门大力建设市政设施，实施一批防灾重大工程，全面增强抵御气象、水文、地震、地质、海洋等自然灾害的综合防范能力，完善城市内涝防治体系，提升城市排水管渠整体排水能力，城市公共设施保障能力稳步增强，持续推进智慧城市建设，城市管理信息化水平显著提升。

1. 市政基础设施保障能力逐步提高

改革开放之初，厦门建设万门程控电话，建设装机容量 7.5 万千瓦的燃气电厂和跨海进岛的高压输电线路，建设九龙江北溪引水工程、高殿水厂一期工程和穿越厦鼓海底的输水管道等市政基础设施，有力地保障了特区建设需要。随着特区建设发展，加大力度对市政设施的投入，陆续建成一批重要基础设施，供水、供电、供气能力显著提高，长泰枋洋水利枢纽工程、莲花水库建设有序推进，厦门抽水蓄能电站前期工作加快推进。完成水资源战略规划，提出厦门市水资源安全保障近期八大行动计划（2015-2020 年），供水能力进一步增强。污水、垃圾处理能力提升，全市生活垃圾无害化处理率达 99.5％。

2. 城乡防灾减灾体系更加完善

完善海域、高层建筑消防设施，加强地震应急避难场所的管理，消防应急反应能力进一步提高。加强安全生产突发事故应急救援体系建设，开展 BRT 快速公交、大型商场、轨道交通突发事故救援演练。完善岛外新城沿海护堤及其防潮排涝系统，加快水库水闸加固和河流湖泊治理，推进东西溪、深青溪、瑶山溪、后溪、九溪、过芸溪等岛外九大溪流综合整治，全面构建截污治污、生态修复、河湖健康的水生态文明体系。各区农林水土统筹发展规划编制完成，流域治理项目加快建设，溪流养护长效机制巩固落实，各区重点打造的示范点已基本完成，治理流域水质明显改善，河道生态有效修复，流域沿线景观不断提升，小流域综合治理取得阶段性成果。

3. 智慧城市加快建设

电子政务云、社区信息化、社区网格化管理等信息化水平不断提升，智能交通系统进入实施阶段，荣获"宽带中国"建设示范城市、获批国家信息消费试点城市。建成公路路网管理与应急处置平台、公路智能预警系统、厦门市客货运驾驶人信息管理平台、厦门市物流配送智能化综合服务平台、公交车辆智能调度管理系统、厦门快速公交（BRT）智能系统、出租车智能监控报警调度管理系统等智能交通系统，公路管理、道路运输管理等的信息化水平不断提升。

二、厦门推动城市统筹协调发展的经验

（一）科学战略规划指导

改革开放 40 年的经验表明，科学制定正确发展战略，高起点、高标准、高水平规划建设，同时，适应新的环境和形势变化，适时调整发展战略，对于城市建设发展具有重要的指导作用。

坚持发展战略正确指导。坚持正确的城市定位，40 年来，市委、市政府始终坚持按照国务院对厦门经济特区的批复精神，紧密结合厦门实践，从"东南沿海重要中心城市"、"港口风景旅游城市"再到"一带一路战略支点城市"，城市定位核心始终不变。坚持正确的战略，在厦门经济特区建设初期，时任厦门市副

市长习近平同志曾直接参与和领导制定了《1985-2000年厦门经济社会发展战略》，为特区发展描绘了十分前瞻的蓝图，为特区现代化进程做出了重大贡献，至今仍有重要实践指导价值。2002年6月时任福建省省长习近平同志来厦门调研，作出了厦门要加快跨岛发展的重要指示，明确了"四个结合"的战略思路。市委、市政府通过调整行政区划，大力推进岛内外一体化建设，推进《美丽厦门》战略，实行多规合一，在岛内大力推进服务业发展，在岛外推进工业化、城市化进程，厦门作为经济特区和福建省重要中心城市的定位更加凸显。

坚持高水平规划统筹发展。改革开放之初，市委市政府组织编制了《厦门市城市总体规划（1980—2000）》，城市性质定位为社会主义的海港风景城市，确定了市区围绕厦门港组成一环六片的组团式布局。聘请外国专家编制城市总体发展规划，成为此后20多年厦门城市建设发展的规划蓝本，确定以厦门岛为中心，"一环数片、众星拱月"的城市格局。在新一轮城市总体规划中，提出"一岛一带多中心"的城市框架，推动形成山、海、城相融的城市格局，基本建成"大海湾"、"大山海"、"大花园"城市。高水平、高起点、高层次的城市规划有力地推动了城市统筹协调发展。

大力推动"多规合一"。近年来，厦门以"多规合一"为平台，一张蓝图严格管控，一个平台协同管理，变过去串联式审批为并联式审批，由被动式服务转变为主动式服务，再造了审批流程，提高了管理效率。整合各方利益，打破部门藩篱，实现规划、发改、国土、环保等多部门的横向协同创新，实现发展目标、空间坐标、用地指标"三标衔接"，释放了城市发展空间。

（二）大力推进跨岛发展

改革开放40年的经验表明，必须要坚持跨岛发展，提升岛内、拓展岛外，不断提升集聚辐射功能，努力建设东南沿海重要中心城市。

坚持全市一盘棋。坚持提升本岛与拓展海湾相结合，不断增强中心城市集聚效应。树立全市一盘棋的思想，把眼光向岛外延伸，把岛内岛外放到一起来统筹规划，把厦门做大做强。以厦门本岛为中心，在本岛以外的大陆沿海湾建设不同功能的组团，形成层次分明、规模适度、功能合理的城镇体系，促进内外一体、城乡一体，共同发展。

推动重点突破。持续推进岛内基础设施的配套完善，重点推动岛内工业外迁，开发岛内东部，推动商圈建设，有力地促进岛内产业转型升级。重点建设火炬（翔安）产业区、同安工业集中区、集美机械工业集中区等，拓展岛外产业发展空间。推动东渡港区功能转移、建设翔安机场、厦门北站等重要交通枢纽，促进岛内外功能优化。通过重大片区建设、重点项目建设、重要功能调整，以点带面，发挥龙头带动作用，带动推动城市建设整体协调推进。

大力拓展发展空间。加大岛外开发力度，大力推进岛外新城建设，推动岛外工业区、商务区、居住区的建设，有效拓展了城市发展空间。加大旧城、旧村、旧厂房改造力度，推动城市更新改造，向存量要发展空间。整合工业园区用地，盘活建设用地存量，积极探索工业用地租赁制，尝试工业用地"先租后让、租让结合"的供地方式，最大限度地提高土地资源的利用率。

（三）基础设施建设先行

改革开放的40年经验表明，必须坚持交通先行，加大市政设施建设力度，完善公共服务实施，为城市统筹协调发展提供支撑。

实施交通先行战略。大力推进交通先行战略，构建高效便捷的对外交通网络。持续加大港口建设力度，推动集装箱码头泊位、堆场、物流园区等建设，确保港口高效运行。超前建设机场，构建联系国内外快速通道。加大力度建设高速铁路、高速公路，加强与腹地的交通联系，构建海陆空立体现代化交通体系，促进区域统筹协调发展。

加大市政设施建设力度。加大供水设施建设力度，建设北溪饮水工程，建成汀溪水库、坂头水库等，规划建设莲花水库、枋洋水库等，保障生产生活用水需要。加大力度供电设施建设，持续推进污水处理设施建设，加快建设市政道路，为城市统筹协调发展提供市政设施保障。

加大公共服务设施建设力度。以改善民生为重点，千方百计解决好人民群众最关心最直接最现实的利益问题，解决好低中收入群众和困难群体在生产生活方面的突出问题，努力让广大群众学有所教、劳有所得、病有所医、老有所养、住有所居。

（四）促进城乡一体化发展

改革开放 40 年的经验表明，必须坚持城市转型与经济转型相结合，切实提升城市竞争力。坚持农村工业化与城市化相结合，促进城乡经济社会协调发展。坚持统筹城乡发展，大力推进城乡公共服务水平提升。

提高农民收入。推动现代农业发展，提高种植业、畜牧业、养殖业等产业化水平，发挥龙头企业带动作用，大力发展乡村旅游，提供就业机会，千方百计增加农民收入。

推动教育均衡。统筹城乡义务教育资源均衡配置，优化基础教育学校布局，加快优质教育资源向岛外延伸。统一城乡义务教育学校质量评价标准。采取联合办学、委托管理等方式，实现城乡优质校和薄弱校之间教师和教学资源共享。

促进城乡社会保障统一。健全促进就业创业体制机制，完善农村转移劳动力就业机制，完善城乡均等的公共就业创业服务体系，实现岛内外公共就业服务均等化。推进城乡低保标准统一。进一步提高城乡居民基本医疗保险筹资标准。采用参保补助或贷款贴息方式，实现符合最低生活保障条件的被征地农民和海域退养渔民的应保尽保。

三、厦门推动城市统筹协调发展的启示

（一）加强规划引导

推动统筹规划。坚持以战略思维着眼全局谋划地区发展，合理规划布局，广泛听取各方意见，科学制定战略规划、五年规划，明确发展愿景、城市定位和发展战略，谋划未来发展具体目标，凝聚广泛共识，汇聚强大合力，绘就事业蓝图。

推动规划统筹。依据"战略规划－五年规划－年度计划"规划体系，依托"多规合一"平台，以规划统筹生产、生活、生态布局，在统一的空间布局下，进一步统筹土地、人力、资本、创新等多种资源要素，提升政府管理能力，提高资源配置效率，有效推动转型发展。

（二）进一步提升岛内

推动城市更新。针对厦门市老城区危旧房分布实际，结合风貌建筑与生态环境保护，以小规模渐进式有机更新为主，大力推进危旧房综合治理改造和旧城业态布局优化调整，适度控制改建增容。

推进重点片区建设。提升完善两岸金融中心片区、观音山片区、五缘湾片区功能，有序推进城中村、危旧房、棚户区改造，加快推进五缘湾北片区、湖里体育公园片区、何厝、岭兜等岛内旧村整村改造。加快旧厂房改造，打造创新产业发展新空间。

完善基础设施。对标完整社区，推进岛内老旧住宅小区改造，整治建筑物及周边环境，修缮水、电、气、路等基础设施，完善社区综合服务站、幼儿园、社会养老设施、室外活动场地、防灾减灾避灾点等公共服务设施。

（三）进一步拓展岛外

加快岛外新城建设。围绕四高标准，推进岛外新城空间拓展、配套完善、功能提升。完善集美新城医院、学校、文体等公共配套，进一步集聚人气。加快马銮湾新城生态修复、环境整治和主干路网等建设。加快环东海域新城基础设施和公建配套建设。加快同翔高新技术产业基地建设。

推进重点项目建设。建成投用滨海东大道等市政基础设施，加快双十中学翔安校区、翔安妇幼保健院等公共服务配套建设，促进中烟二期等重点产业项目建成投产，确保集美新城、环东海域新城和现代服务业基地、马銮湾新城、同翔高新技术产业基地等重点项目建设，加快集聚人气商气。

（四）大力实施乡村振兴战略

强化农村产业支撑。推动农村一二三产业融合发展。推进农业标准化生产，培育农业品牌。大力发展设施农业，建设现代农业园区，推动大帽山农场等休闲农业示范项目。支持和鼓励农民就业创业，多渠道增加农民收入。

推进宜居美丽乡村建设。推动农村基础设施提档升级，加大力度建设美丽乡村，推动自然村污水集中纳管和污水分散式处理。

深化农村集体产权制度改革。落实农村土地所有权、承包权、经营权"三权分置"制度，稳定土地承包关系，大力推动经营权向农业龙头企业、农民专业合作社等流转。

参考文献

1. 习近平在庆祝改革开放 40 周年大会上的讲话［R］.2019.

2. 厦门市人民政府.美丽厦门战略规划［R］.2016.

3. 厦门市人民政府.厦门改革开放 30 年的实践与启示［Z］.2008.

4. 厦门市委.把握新机遇，再上新台阶，为建设"五大发展"示范市而努力奋斗［Z］.2016.

5. 厦门市人民政府.2019 年厦门市政府工作报告［R］.2019.

课题执笔：林汝辉

第十三章 厦门文明城市建设成就与经验启示

一、厦门文明城市建设成就

改革开放以来，厦门市委市政府始终贯彻落实党中央关于加强社会主义精神文明建设、加强公民道德建设的部署和要求，深入持久地开展全国文明城市创建活动，走出了一条独具特色的文明城市创建之路，2005 年以综合评分第一获评首批全国文明城市，至 2017 年获全国文明城市"五连冠"，文明已经成为厦门闪亮的城市名片。

（一）思想文化建设成效突出

1. 社会主义核心价值观深入人心

改革开放之初，厦门坚持"两手抓、两手都要硬"的指导思想，努力用毛泽东思想、邓小平理论武装特区党员干部群众的头脑。2006 年组织开展践行"八荣八耻"的社会主义荣辱观活动。2008 年厦门市被中央文明委授予全国未成年人思想道德建设工作先进城市。2014 年在全国率先编写"社会主义核心价值观学科教育指导纲要"，得到中宣部、教育部的充分肯定。近年来，厦门以习近平新时代中国特色社会主义思想为指导，不断利用重大纪念日、民族传统节日等弘扬中华传统美德、主流价值观念；通过发布公益广告、营造社会场景，使社会主义核心价值观看得见、离得近，在群众心中扎根，转化为市民的共同意识和自觉行动。

2. 公共文化服务体系不断健全

改革开放之初，在搞好经济建设的同时，厦门高度重视社会主义先进文化建设，逐步建立群众艺术馆、区（县）文化馆、街道（乡镇）文化站的文化网络，群众文化活动蓬勃开展，为特区的建设和发展营造了良好的文化氛围。1982 年厦门电视台正式开播，2007 年厦门文化艺术中心正式开馆，并先后建成了闽南大戏院、嘉庚剧院、筼筜书院、经济特区纪念馆、市图书馆集美新馆等一批重大文化公建设施。在满足群众基本文化需求的基础上，不断健全公共文化服务体系，推动公共文化场馆建设全面达标，形成区域性图书馆联合服务网络。2011 年全市公共文化设施向社会免费开放，人均享有率居全国、全省前列。2013 年荣膺国家公共文化服务体系示范区称号。2018 年顺利通过国家基本公共卫生服务项目考核。

3. 市民文明素质不断提升

20 世纪 80 年代初，厦门以开展"文明礼貌月"和"五讲四美三热爱"活动为核心内容，不断推动市民文明习惯的养成。1984 年倡导"开明、守信、创新、奉献"的特区精神，并通过制定市民文明公约和

"十不准"规定等进一步规范市民文明行为。在开展活动和建章立制的基础上,厦门还通过加强中小学教育,促进青少年文明素养提高,进而带动家庭文明、社会文明;注重发挥全国道德模范何祥美、时代楷模陈清洲等先进典型的榜样作用,在全社会形成向善向上的强大精神力量;倡导志愿服务,全市发展形成50多万名志愿者,推动文明创建从"靠政府"变为"靠大家",群众行动从"要我做"变为"我要做"。2016年在抗御超强台风"莫兰蒂"和灾后恢复重建中,广大市民不等不靠、人人行动、同舟共济,让世界看到了一个有大爱、有品格、有力量的文明厦门。2017年结合金砖厦门会晤,发布厦门会晤市民文明公约,广大市民踊跃参与志愿服务,喜迎八方客,当好东道主,市民文明素养进一步提升。

(二)社会治理能力显著提升

1. 社区治理持续创新

20世纪80年代,厦门的街道、居委会开展幼儿园、卫生院等社区服务设施建设。1991年3个街道办事处建立社区服务中心。之后,厦门逐步从倡导社区服务到推动居民开展社区共建共享共治转变。创新社区网格化管理,推行社区"微治理"、微型"闭合自控"系统和"社区参与式治理工作坊"。推行居民自治,成立"四民家园"、乡贤理事会、社区发展理事会等协商共治组织,建立完善社区事务协调会、听证会、村民议事会、道德评议会等协商会议机制。2013-2015年连续三届荣获"全国社区治理十大创新成果奖"。2014年获评"全国和谐社区建设示范城市"。2018年社区治理创新实践被民政部列入改革开放40周年创新成果。社区治理形成了党的领导和政府职能落实纵向到底,社会组织和社区居民参与横向到边,多元主体协商共治的治理格局,探索出了具有前瞻性、全局性的社区治理服务"厦门样本"。

2. 政府治理能力不断提升

20世纪80年代,厦门大力精简机构,推进简政放权,着力改善特区投资环境。1991年成立纠风办,解决群众反映强烈的问题。1993-1994年开始治理"乱收费、乱罚款、乱摊派",并不断加大社会监督力度。近年来,厦门持续加快政府职能转变,打造阳光政府,2001年在全国率先制定了立法条例,实行听证会制度、市民旁听市政府常务会和新闻发言人制度等;不断深化"放管服"改革,80%以上审批服务实现"一趟不用跑、最多跑一趟"。2006年世界银行公布中国120个城市投资环境评价报告,厦门名列前五名。2016年实施"多规合一",获得住建部高度肯定,并在全国复制推广。2017年电子政务发展指数居全国第4位,获评法治政府建设典范城市称号。2018年荣获中国城市治理智慧化综合奖。

3. 平安厦门建设成效显著

改革开放之初,厦门严厉打击各种刑事犯罪活动和黄赌毒,加强社区警务工作,开展基层治安保卫。1980年调整充实一批年轻治保成员。1993年,区(县)、街道二级治安联防指挥部相继成立,为特区建设保驾护航。近年来,大力推进平安厦门创建,不断完善立体化社会治安防控体系,推行"厦门百姓"APP,创建"互联网+群防群治"工作新格局;启动多元化纠纷解决机制地方立法,2015年在全国率先出台《厦门经济特区多元化纠纷解决机制促进条例》,及时有效预防和化解社会矛盾;严格落实安全生产责任制,健全突发公共事件应急保障机制,构建统一的城市公共安全管理平台,增强城市抗风险能力。2005年起连续三届获评全国社会治安综治优秀城市。

(三)生态文明建设硕果累累

1. 环境治理成效显著

经济特区获批建设之初,厦门就明确提出不以牺牲环境来求得经济的一时发展。1987年市区实现无黑烟区目标。1994年出台《厦门市环境保护条例》,实现环境保护有法可依。1997年被授予国家环境保护模范城市荣誉称号。2004 年荣获联合国人居奖领域最高规格奖项——联合国人居奖。2016 年被正式命名为国家生态市。空气治理方面，近年来，空气质量优良率均超过 98%，始终保持在全国前列，厦门蓝已成为城市名片。水环境方面，城市污水集中处理率提升到 96%，全市国省控断面水质达标率提高到 100%，东西溪流域年度水质优良提高到 80%，6 处黑臭水体治理通过国家验收，集中式饮用水源地水质达标率保持 100%。海洋环境治理方面，1993 年厦门海岸带综合管理被联合国开发计划署作为示范工程在全球推广示范，2013 年荣获国家海洋生态文明示范区称号，2016 年获批国家蓝色海湾整治行动试点城市。

2. 绿化美化不断提升

改革开放之初，厦门就高度重视城市绿化美化工作。1987 年被中央绿化委员会授予全国绿化先进单位称号。1998 年被全国绿化委员会授予全国造林绿化十佳城市称号。2002 年荣膺国际花园城市桂冠。2013 年荣获国家森林城市称号。2016 年莫兰蒂台风过后，结合灾后重建，实施完成 86 个重要项目的绿化恢复和提升，以及 35 条道路园林绿化改造提升工作，绿化的花化、彩化让城市变得更美。2017 年，获评全国"城市双修"试点，习近平总书记在金砖国家领导人厦门会晤上深情赞誉厦门是高颜值的生态花园之城。

3. 垃圾分类扎实推进

2000 年，厦门就被确定为全国 8 个垃圾分类收集试点城市之一。近年来，厦门大力推进垃圾分类处理设施建设，厦门垃圾分类厂 ReCulture 生活垃圾资源再生示范厂，后坑、东部、西部垃圾发电厂等一批已建或在建项目加大生活垃圾资源化利用力度。2017 年，颁布实施《厦门经济特区生活垃圾分类管理办法》，全面推进生活垃圾分类工作，初步形成全市生活垃圾分类"五全工作法"、城市垃圾分类"湖里欣悦园模式"和农村垃圾分类"翔安内厝模式"。全市 100% 的建成区和 70% 的行政村已开展生活垃圾分类；生活垃圾分类知晓率达 100%、参与率超 80%，垃圾回收利用率近 25%。2017 年住建部在厦门召开全国现场会推广厦门垃圾分类试点经验。

二、厦门文明城市建设经验

厦门在文明城市建设中，主要有形成创建长效机制、发挥城市文化魅力、建立载体平台、完善考核体系等经验做法值得借鉴推广。

（一）形成文明城市创建的长效机制

一是加强组织领导。市委书记担任市文明委主任，市长任第一副主任，建立健全党委统一领导、党政齐抓共管、部门分工负责、社会力量积极参与的工作体制和工作格局，形成创建文明城市的强大合力。二是为民惠民靠民。始终以人民为中心，让群众深切体会到"获得感"，市民对城市文明创建高度认同，创建工作的市民参与率达 98.8%，形成文明城市创建的良性循环。三是强化法规保障。创新性地以立法的形式，对社会文明提升相关工作作出规定，厦门现行的 90 多部地方法规中，涉及社会文明建设的达 80 多部，不断将基本道德规范转化为法律规范，从而为文明城市创建提供有力的政策法规保障。

（二）发挥文明城市创建的文化魅力

一是以先进文化塑造文明城市文化气质。加强对鼓浪屿老建筑等重点文化遗产的保护，大力弘扬嘉庚精神、海堤精神等优良传统精神，不断宣扬爱国爱家、无私奉献的家园情怀，履职尽责、锐意进取的使命担当等新城市精神，着力建设富有闽南地域风情和闽南文化内涵的特色文化，全方位、多层次、多渠道开展对台文化交流合作，厦门文化的经济特区特色、闽南特色、对台特色，提高了文化软实力，展现了城市文明的独特魅力。二是以媒体宣传作为文明城市思想阵地。常年在市属各大新闻媒体开设创建文明城市专栏，完善新闻媒体"曝光台"，精心办好"厦门文明网"，在厦门市政府网、厦门网等门户网站开设创建文明城市工作专栏，大力开展网络文明传播活动，市民对文明城市创建的知晓率持续保持在99.2%以上，形成良好的文明创建氛围。

（三）建立文明城市创建的载体平台

一是把社区书院作为文明城市创建的窗口。通过社区书院的各类活动，激发居民群众参与社区治理的热情，推动基层宣传文化建设和社区治理创新齐头并进，促进文明城市与文明市民共同成长。二是把品牌建设作为文明城市创建的支撑。形成了电话平安铃、爱心超市、志愿服务等一系列"文明品牌"，不断扩散品牌效应，提高了市民参与度，提升了文明城市知名度。三是把主题活动作为文明城市创建的实践。开展了"文明小白鹭，陋习我说不"、"善行厦门"、"向十大不文明行为说不"、"市民文明行为示范月"等一系列文明活动，引导广大市民投身文明城市创建具体实践。四是把共同缔造作为文明城市创建的抓手。以政府力量结合群众的参与，注意发挥群众的积极性、主动性、创造性，共办好事实事、共推改革发展，做到决策共谋、发展共建、建设共管、效果共评、成果共享。

（四）完善文明城市创建的目标考核体系

一是落实主体责任。层层分解各项具体任务、指标，逐级签订责任书，做到责任主体明确化、岗位责任具体化、部门责任法定化。对重点区域、重点路段实行"分片包干、分段负责"制度，把责任细化到每个片区、每个路段，责任到位、到人。二是开展创建考核。制定奖惩问责办法，逐级建立问责追究制度，并与部门绩效挂钩，有效增强了各级各部门推动创建工作的自觉性和责任感。三是创新点评机制。组建由媒体记者为主要成员的"文明创建暗访团"，启动媒体点评机制，召开点评会，引入第三方测评，从不同层面、不同角度点评创建工作中存在的突出问题，硬碰硬地解决了不少实际问题。

三、厦门文明城市建设启示

站在新时代，文明城市创建工作只有起点，没有终点。要以在全国立标杆、树榜样为目标，以顺应市民对美好生活的期待为导向，继续坚持创建为民、创建惠民、创建靠民，推动文明城市建设再创新佳绩，再上新台阶。

（一）全面提升城市文明形象

1. 实施新一轮城市改造提升

编制《厦门市国土空间总体规划（2019-2035年）》。强化沿海沿湖沿街等重要节点规划设计，统筹推进城市地上地下设施综合改造提升，完成铁路沿线环境综合整治，不断提升城市品位。推进旧城旧村和老旧小区更新改造，优化物业管理。实施城市主干路的路面改造、设施美化，提升市政设施与绿化水平。严厉打击"两违"，发现一起、查处一起、问责一起，确保"两违"零增长。

2. 开展生态环境整治

围绕大气、水、土壤等重点生态领域，持续推进环境提升工作。运用厦门会晤空气质量保障和臭氧污染防治经验，持续推进城市扬尘、汽车尾气、餐饮油烟整治，保持高水平空气质量。全面落实河长制和湖长制，推进九条溪流生态补水，加快岛内雨污混排口截流综合整治，完成农村污水集中纳管和分散式处理，加快污水处理厂提标改造。深化九龙江—厦门湾污染物排海总量控制试点，完成马銮湾海域生态修复和杏林湾截污整治等工程。加强农业面源污染防治，推进固体废弃物和垃圾处置，加快东部垃圾焚烧发电厂二期工程建设，启用工业废物处置中心，不断优化城乡环境。

3. 加强精细化管理

聚焦影响城市安全、制约发展、群众反映强烈的重点难点问题，集中整治占道经营、油烟扰民、破墙开店、共享单车无序停放等问题。充分运用"互联网＋"、大数据等信息化手段，大力发展智慧民生，依托已经建立的城市公共安全管理平台、网格化服务管理信息平台等载体，在城市规划管理、医疗卫生、社会治安、交通出行、政务服务等领域打造一批应用示范项目。强化各部门的互联互动，加强实战化运用。不断完善管理制度化、作业市场化、监督社会化、执法专业化的城市管理新机制，促进城市管理水平的提升。

（二）切实提高公共服务水平

1. 改善政务服务

深入推进"放管服"改革，复制推广自贸区工程建设和市场准入领域审批制度改革经验，推动社会民生、公共服务等领域审批服务事项取消、下放及调整。梳理公布更多"一趟不用跑、最多跑一趟"清单，完善线上线下服务大厅，增加 24 小时自助服务事项，推进全程网办、全城通办。进一步规范交通、通讯、市场监管、银行、口岸等窗口行业服务方式，完善服务设施、强化技能培训，加快与国际水平接轨，努力提供更加优质规范、国际一流的服务。

2. 提升民生保障

推进教育优质均衡发展，加快发展普惠性幼儿园，大力实施名校跨岛发展战略，推动职业教育与城市产业需求精准对接，持续推进国有企业集团化办学模式，吸引国内外知名教育机构兴办国际学校和高端民办学校。加大医疗资源供给与水平提升，推进马銮湾医院、市心血管病医院等医疗项目建设，高位嫁接高端医疗资源，鼓励社会资本举办高端护理、妇儿等特色专科。强化多层次住房保障，推进新店、马銮湾等地铁社区建设，实施住房租赁试点，加快各类保障性住房配租配售。持续提高城乡居民收入，强化社会兜底作用。加快基层文化设施建设，构建全域"15 分钟公共文化圈"。

3. 完善社区服务

科学合理界定社区管理服务职能，让社区有更多时间与精力去做具体的居民服务工作。创新服务理念，不断在繁荣社区文化、增进邻里和睦、完善便民设施、提供快捷服务、关爱空巢老人、发展社区养老事业等方面拓展服务内容、扩大服务领域。推广"就近办、马上办"等便民服务模式，扩大覆盖面，让老百姓在家门口享受更多便民服务。继续坚持"共同缔造"的理念和方法，创新社区管理体制机制，激发基层自治活力，不断提升社区服务水平。

（三）进一步提升市民文明素质

1. 加强宣传教育

大力推进公共文明行为典范城市建设，把握并善用各种媒体，加大主流媒体和新兴媒体（微博、微信、移动客户端等）的宣传力度，大力推进社会诚信、个人品德、家庭美德、职业道德、社会公德等公民思想道德体系建设。引导市民群众注意文明礼仪，规范言谈举止，继续弘扬公交车让座、机动车自觉礼让斑马线、文明出行、有序排队等好传统、好做法，促进市民文明行为习惯的养成、思想观念的更新和文明素质的提升。

2. 发挥典型示范

及时发现和选树富有时代特色的模范人物，充分发挥先进典型的良好示范带动和辐射作用，教育引导和鼓舞激励广大市民。鼓励比学赶帮，在广大群众中兴起学习先进、争创先进的热潮，形成崇尚文明的浓厚氛围。

3. 开展文明监督

进一步贯彻落实《厦门经济特区促进社会文明若干规定》。发挥新闻舆论的监督作用，针对突出的不道德不文明行为，在新闻媒体上运用图片、镜头和文字等形式给予曝光，使市民自律不文明行为。设立社会监督热线，聘请道德巡访员、文明劝导志愿者，参与对不文明行为的暗访、监督、制止和规劝活动。通过舆论监督、群众监督以及职能部门的严格执法，共同推动市民素质的稳步提升。

（四）不断完善文明创建体制机制

1. 统筹到位

继续把文明创建作为"一把手"工程，将"党委统一领导、党政群齐抓共管，文明委组织协调、有关部门各负其责、全社会积极参与"的领导体制和创建格局落实到位。

2. 责任到位

不断细化文明城市创建任务，明确责任，特别是针对立面整治、夜景工程、绿化提升、交通改善等工作，细化具体措施和进度要求，明确区、街、村（居）各级干部职工的职责，落实"以块为主、条块结合"的责任分工机制，大力发挥村（居）的力量和作用。

3. 督导到位

继续将落实文明创建情况纳入效能建设，开展市委效能督查室、文明办联合督查。发挥市创建指挥部监督职能，完善自行督导、联合督导等方式，对于文明创建工作的重点、难点问题和薄弱环节，要专项跟踪督查，确保落实到位、整改到位。继续坚持、持续推广"门前三包"、"挂牌整治"等行之有效的整改机制。

参考文献

［1］厦门市人民政府.建设更好水平的文明城市［EB］.2018-09.

［2］福建日报.厦门获全国文明城市"五连冠"鹭岛文明花为何这样红［EB］.2017-11.

［3］人民网.同心铸造厦门全国文明城市品牌［EB］.2017-04.

［4］厦门市人民政府.2019年厦门市政府工作报告［EB］.2019.

［5］中国文明网.文明创建的厦门经验［EB］.2018-12.

［6］厦门市人大.厦门市构建现代公共文化服务体系的成效、问题和对策［EB］.2016-11.

课题执笔：董世钦

第十四章　厦门全面深化改革的成就与经验启示

1978年以来，厦门始终坚持以改革促开放、以开放促改革，切实履行了国家赋予经济特区在改革开放中的"窗口"、"试验田"和"排头兵"使命，在经济体制、行政管理、社会治理等重点领域和关键环节率先先行先试，创造了一个又一个"全国领先"，推动厦门从昔日海防前线的小城变成了一座高颜值、高素质的现代化、国际化城市，为全国深化改革开放和构建社会主义市场经济体制探索模式、积累经验，发挥了示范带动作用。

一、厦门40年改革的成就

改革开放40年来，厦门大胆探索体制机制改革，为全国提供大量可复制可推广的经验：率先实施国企改革，率先放开市场，率先建立特区金融体系，率先探索财税体制改革，率先建立土地和劳动力市场，率先实现全民医社保，[①] 率先在国内开展营商环境评估试点，率先实施"多规合一"，率先对城市生活垃圾分类进行立法等。

（一）经济体制由计划经济逐步转向社会主义市场经济

不断提高政府的宏观调控能力，管理手段由主要采取行政手段向更多地运用经济杠杠和法律手段进行调节转变；不断扩大市场调节的范围，逐步放开要素市场，优化资源配置；扩大企业自主权和活动空间，不断增强企业活力。[②]

1.地方宏观调控体系逐步建立

一是价格体制改革。1979-1984年以调整价格为主。1985年开始价格改革以"放"为主，率先取消粮食统一征购任务，放开粮价和农副产品价格，粮油统购改为向农民随行就市收购。1991-1995年率先全面取消粮票、油票等各类票证；实行工业生产资料价格计划内外并轨，全方位下放市管理权限内对企业产品的定价权。至20世纪90年代中后期，厦门基本建立起市场形成价格为主的价格形成机制，全市农副产品价格基本放开，生产资料价格95%以上由市场调节，社会商品零售额中市场形成价格的比重占95%以上。

二是财政体制改革。1982年，厦门实行财政包干制，即"划分收支，核定基数，递增上缴5%，三年不变"的财政预算管理体制。1985-1990年将递增上缴改为定额上交，市财政收入大幅度增加。1988年国

---

①　中共厦门市委办公厅，中共厦门市委政策研究室.厦门经济特区建设二十五周年理论文集——厦门实践（1981-2006）[C].厦门：华艺传媒，2006:8.

②　厦门方志办.厦门市志（第三册）[EB/OL]，http://www.fzb.xm.gov.cn/dqsjk/xmsz/xmsz3/，2018-04-12.

务院批准厦门从 1989 年起实行计划单列，福建省对厦门财政实行"单列不脱钩"。1994 年中央实行分税制财政体制，福建省同意厦门直接与中央财政发生结算关系，同时市区两级也实施分税制。财政体制改革实现了从集权到分权、从行政性分权向经济性分权的跨越，为厦门经济长期高速增长提供了强大的动力。

三是税务体制改革。从 1983 年起对全市国有企业普遍征收所得税。1984 年率先对 107 家市属国有企业实行利改税。特区内"三资"企业所得税一律改按 15% 征收，实行"两免三减半"优惠政策，吸引大量外资企业来厦投资建厂。1988 年率先统一国有、集体企业和"三资"企业所得税税率，将税前还贷改为税后还贷，实行税利分流，以营造公平的竞争环境。1994 年推进以增值税为主体的新流转税制度，统一企业所得税和个人所得税。2016 年全面推开"营改增"试点。税改基本理顺分配关系，促进平等竞争，逐步建立起符合社会主义市场经济体制要求的税制制度。

四是投融资体制改革。20 世纪 80 年代初在基本建设领域进行"拨改贷"，1982 年率先利用外资贷款建设机场，让外资直接进入项目建设。80 年代中期在施工建设领域全面推行"工程招标承包制"。90 年代明确公益性项目、基础性项目和竞争性项目不同的投资主体，率先尝试"以地养地、以地养城"，通过土地有偿使用筹资改造老城区。1993 年在全国最早进行财政性投资建设工程代建制，逐步采用 BOT、BOOT、BOO、BT、PPP 等投融资模式。进入 21 世纪后进一步确立企业的投资主体地位，修订政府核准投资项目目录，大部分项目由审批改备案，激发了市场主体的活力，扩大了有效投资。

2. 要素市场化改革不断推进

一是商业流通体制改革。打破过去一统天下、独家经营的流通旧格局，逐步形成以公有制为主体，多种经济成分、多条流通渠道、多种经营方式并存的商品流通体制。1984 年，在全省率先将 93 家国有中心商业企业实行全面放开经营。1992 年全国第二家保税市场——厦门经济特区保税生产资料市场正式营业，共设 9 个专业市场。1993 年撤销商业局，精简粮食机构，恢复供销社经济实体的性质；组建商业、粮食、供销集团公司，不再行使政府行业管理职能。2015 年厦门推行国内贸易流通体制改革，构建流通开放创新促进机制，促进内外联通的内贸流通发展。

二是土地制度改革。1978 年后厦门提出征收土地使用费。1987 年厦门成为全国 6 个进行土地使用制度改革的试点城市之一。1988 年率先实行土地有偿转让和商业用地公开招标制度，使土地的商品性得到充分体现。20 世纪 90 年代中期后，厦门创造性地实施"金包银"工程和"腾笼换凤"战略。1999 年市政府授权市土地开发总公司行使土地使用权"收购、储备、出（转）让"职能，为城市的转型发展、土地资源的合理配置以及房地产市场的健康发展发挥了重要的作用。

三是劳动用工制度改革。改革"统包统配"的"铁饭碗"制度，释放人才活力，发挥用人主体积极性。1982 年开始推行以择业自由为特征的劳动合同用工制度。1985 年机关事业单位实行结构工资制，国有企业员工工资总额与经济效益挂钩，外商投资企业的工资分配形式完全由企业自主决定。1989 年率先开辟人才劳动力市场，市职业介绍所正式开业。1994 年启动职工最低工资制度。2007 年实施《劳动合同法》，逐步推进人力资源市场化。

四是金融体制改革。1979-1985 年，围绕机构改革形成中央银行体制，恢复和设立四大国有银行，1985 年率先成立总部设在厦门的中外合资的国际银行。1987 年率先实行外汇分配的改革。1993 年之后，逐步构建中资与外资金融机构并存，法人与非法人金融机构并举，金融办协调，人行、银监、保监、证监共同监管，覆盖银行、证券、保险、期货、信托等金融领域的金融体系。

3. 市场主体得到有效激励

一是国企改革。20 世纪 80 年代初，国企改革以强化经济责任制，为国企松绑放权为重点，实现所有权和经营权分离，撤转政府相应行业主管局为公司。80 年代中期开始开展国企股份制改革，先售后股，兼并联合，破产重组，率先拍卖国有小型商业企业。90 年代末开始组建国有资产投资公司，转换经营机制，首创建立由"国资局、投资公司和企业"三个层次组成的国有资产管理体制。2003 年后组建新的国资监管机构，进行国有企业战略性改组，全面整合市属国企和国有企业资产，形成 13 家市直管、4 家委托市主管部门管理和 2 家开发区管委会管理的国有企业集团。2012 年后加大混合所有制改革力度，厦门国有企业的混改比例达到 70%，走在全国前面。国有企业活力不断释放，建发、国贸进入世界 500 强。

二是民营企业发展体制机制创新。1978-1991 年承认个体经济是公有制经济的必要和有力补充，对民营企业采取"不鼓励、不禁止"的做法，以个体工商户、私营企业为代表的民营企业在经济困境中诞生，在探索中前行。1992-2001 年是厦门民企加速发展的黄金十年，非公经济是社会主义市场经济的重要组成部分，民营企业与国有企业平等地位在法律上得到确立。2002-2012 年鼓励和支持民营企业进入基础设施、垄断行业、公用事业以及法律法规未禁止的其他行业和领域，厦门民企还抓住中国加入 WTO 的机遇，积极融入全球产业链，参与国际竞争。2012 年后每年选取一定数量的重大项目向民营企业开放，减轻民营小微企业税费负担，促进厦门民企转型升级，向产业链高端迈进，形成一批拥有自主知识产权和市场影响力的光电、IT 服务等新兴优势企业。

（二）政府管理逐步从管制型政府向有限服务型政府转变

改革开放 40 年来，厦门市努力探索行政管理体制改革，加快政府职能转变，完善政府运作机制；深化行政审批制度改革，简政放权、放管结合、优化服务；不断提高依法治市水平，在适应经济新常态中充分发挥法治的引领、规划和保障作用。

1. 行政管理体制改革不断深化

一是行政区划及管理权限调整。1980 年中共中央、国务院批准设立厦门经济特区。1988 年国务院批准厦门在国家计划中实行单列，赋予相当于省一级的经济管理权限。1994 年中央编办批准厦门为副省级城市。1997 年厦门市辖鼓浪屿、思明、开元、杏林、湖里、集美、同安 7 区。2003 年为进一步缩小岛内外差距，加快推进海湾型城市建设，将行政区划调整为思明、湖里、集美、海沧、同安、翔安 6 个行政区。

二是行政机构改革。1983 年以来，厦门为理顺政府部门职责关系，构建权责一致、分工合理、运转高效的政府机构，进行了 6 次政府机构改革，分别是 1983 年大幅度撤并经济管理部门，1988 年撤销外贸局和外贸总公司，1993 年实行政企分开，2003 年体改办并入发改委，2010 年开始大部制改革，2014 年进一步深化大部制改革，形成现有 40 个政府工作部门。

三是干部人事制度改革。1982 年开始建立退休制度，废除领导干部终身制。20 世纪 80 年代中期率先实行任前公示制、票决制、竞聘制、试用期制，推动干部选拔任用的科学化和民主化。1998 年厦门市面向全国公开选拔正处（副局）级领导干部及部分企事业单位领导人。20 世纪 90 年代中期开始逐步推行公务员制度。2010 年率先推出事业编制单位管理岗位直接选聘台湾人才。通过改革，形成了一套较为科学、合理的干部人事制度。

2. 行政审批制度改革逐渐向纵深推进

一是简政放权。1999 年 7 月至今，厦门市完成 6 轮行政审批制度改革，精简审批项目，全面取消非行政许可审批类别，市级审批事项从 1177 项减到 197 项，审改成效居 15 个副省级城市前列。优化审批流程，一般行政审批项目实行"一事一核"，复杂项目严格控制在 5 个环节以内。压缩审批时限，进驻市政务中心的审批事项，承诺时限已压缩至法定时限的 33%，提高"即来即办"、"一趟不用跑，最多跑一趟"比例。在商事登记改革方面，率先推行"五证合一"、"一照一码"。

二是放管结合。厘清政府与市场边界，制定"权力清单"、"责任清单"和"负面清单"。调整部门职能、优化配置资源，整合食安、食药、质监、工商等部门的职责，组建市场监管局，加强对食品药品的监管。在全国率先推广"双随机、一公开"监管模式，着力解决重复执法、执法"任性"、执法空白等问题。深化综合行政执法体制改革，建立跨部门综合执法机制，开发跨部门综合执法平台，组建跨部门联动执法队伍。探索信用监管，完善商事主体登记及信用平台建设，建立经营异常名录和严重违法名单制度，使得违法企业"一处违法、处处受限"。

三是优化服务。健全四级行政服务体系，2012年正式启用市行政服务中心，行政审批体制由分散向集中转变。建设市行政审批信息共享平台、"多规合一"建设项目审批信息管理系统、"一照一码"审批信息共享平台等，逐步实现审批信息互联互通、实时共享、业务协同和网上审批，让群众"多走网路、少走马路"。厦门"多规合一"模式成为全国样板。国家行政学院组织的2016年中国城市电子政务发展情况报告中显示，厦门市电子政务发展指数在全省10个地市（含平潭）排名第1，全国338个城市中排名第4。

3. 依法治市不断深入

一是科学立法。厦门自1994年获得全国人大授予的特区立法权以来，先后制定130余部地方法规、法规性决定和150多部政府规章，其中有不少走在全省乃至全国前列，陆续制订出台大陆首部涉台地方性法规、全国首部社会保障性住房地方性法规等一大批含金量高的法规规章。

二是依法行政。厦门不断健全完善科学民主决策机制，制定行政裁量基准，强化监督制约，努力提升行政执法效能，获得2012年第二届"中国法治政府奖"提名奖。

三是公正司法。厦门在司法实践中大力推进阳光司法、司法为民，打造特色司法品牌，不断提升司法效率和社会公信力。厦门中院、市检察院、厦门海事法院在中国社会科学院法学研究所发布的2014年度《中国司法透明度年度报告》中排名前五。

（三）努力推进社会治理体系和治理能力现代化

厦门按照"核心是共同、基础在社区、群众为主体"的思路，树立美好环境与和谐社会共同缔造的理念，积极推动社会治理改革，让人民群众更多、更公平地共享发展成果。民政部将厦门作为第二批"全国社区治理和服务创新实验区"。

1. 社会事业改革成为公平典范

一是教育改革。1985年开始实施九年义务教育制度，大力发展职业技术教育，扩大高等学校办学自主权。1996年率先实现高水平高质量普及九年义务教育。2000年后，教育改革以大力推进教育公平化、均衡化为重点：2005年率先实现百分之百普及高中教育；取消进城务工人员子女借读费，已有10多万进城务工人员子女在公办学校就学；2011年率先实现义务教育完全免费。厦门成为全国义务教育均衡发展示范市和全国推进义务教育均衡发展先进地区。

二是医疗卫生体制改革。全国医改的核心是需求方风险分担机制改革。1978年开始逐步改革公费医疗、劳保医疗和农村合作医疗三种制度，同时引发看病贵等问题。厦门作为全国第二批医改试点城市，1997年开始探索医疗保险制度，将公费医疗和劳保医疗统一并轨为城镇职工基本医疗保险。经过20多年的探索，逐步构建了一个"保障基本、覆盖全民、统筹城乡、持续发展、管理服务一体化"的全民医保体系。全民医保、医疗费即时结算、建立补充医疗保险、健康账户和智慧医保信息管理平台、分级诊疗等做法走在全省乃至全国前列。积极推行公立医院改革，鼓励社会资本办医，形成了多元化办医格局。

三是住房改革。1978-1994年，厦门从福利分房逐步转向有计划的住房商品化。1992年出台《市住房制度改革实施方案》，逐步推行住房商品化。1994-1998年，按住房商品化、市场化、社会化原则全面启动住房改革。1998-2003年，建立新住房体制。停止住房实物分配，实行住房货币化；高、中、低收入者的供房体系逐步明确、规范；全面开放住房二级市场；加快住房金融发展，通过银行信贷支持个人购房；加强住房物业管理。2003 年至今，住房市场化改革继续深化，住房保障体系逐步形成。2006 年率先推进保障性住房建设，建立"全覆盖、分层次"的住房保障体系，被誉为中国房改新政蓝本。

四是社保体制改革。20 世纪 90 年代中期率先推行城乡居民最低生活保障制度，1995 年率先在进城务工人员中实行五险统征。1997-2007 年率先实现全民医保。2004 年首创"爱心超市"开辟了扶贫救困新模式，成为社会保障体系的有效补充。2005 年，在全省率先将被征地人员基本养老保险纳入全市基本养老保险管理体系。企业退休人员月人均养老金发放标准居全国前列。社会保险设立统筹和个人两个账户，实行管办分离，最大限度发挥社会保障体系"稳定器"的作用。

2. 社会治理体制改革成为全国蓝本

一是治理重心下沉，形成纵向到底的服务管理机制。市、区下放了办事权力给街道、社区，全市为村（居）委会"减牌"16790 块，清理率为 60.3%；对市区镇（街）村（居）纵向各层级的关系和横向各类组织的关系及其职能定位进行梳理，理出了"社区协助政府事项清单"和"社区自治清单"；实行了"以奖代补"、政府购买服务等机制，对社区建设和服务项目予以激励和支持。

二是激发各方参与积极性，形成横向到边的协同治理机制。搭建载体平台吸引群众参与，培育社会组织发动群众参与，统筹各方资源拓展群众参与，完善制度机制保障群众参与。如海沧区"美丽厦门·共同缔造"工作开展的前 4 个月参与各类项目建设征求意见就超过 10 万人，培育形成了一批社会组织，建立了大党工委、居民议事会、社企共建理事会等基层党组织和群众自治协商机制、志愿服务机制等。

3. 社会信用体系建设成为全国示范

一是建立公共安全管理平台。导入 71 个部门的信用数据，运用企业公共安全风险指数，对风险指数较高的企业及时进行预警，累计调用信用数据超过 30 万次，强化提升了厦门公共安全管理体系。

二是使用信用"白鹭分"正向激励。将市民参与社区治安巡防、举报食药品安全问题、提供违法违章线索等"厦门百姓"APP 积分，纳入市民个人信用评价产品——信用"白鹭分"统筹考虑，让诚实守法的市民享受优惠和便利。

三是开展实施联合奖惩。建立违法用地和违法建设"两违"综合治理平台，对"两违"失信行为分类警示，167 例"两违"失信行为当事人受到银行限贷等惩戒。出台的《厦门经济特区生活垃圾分类管理办法》、《厦门市民文明行动纲要》等法规，均明确将相关信息依法纳入市社会信用信息共享平台，实施联合奖惩。

二、厦门 40 年改革的经验

改革开放 40 年来，厦门在经济、政府和社会领域的改革硕果累累，关键在于思想观念、方法路径、目标方向三方面的坚持。

（一）坚持解放思想，敢闯敢试

改革是对旧体制的变革，没有现成的模式可以照搬照抄，需要以解放思想为先导，以突破重围的精神、敢冒风险的勇气、开拓创新的手段，在摸索实践中谋求突破，在化解矛盾中推向深入。

1. 积极发挥改革"试验田"作用

在改革开放初期，厦门存在所有制结构单一、市场发育落后、企业制度没有创新、经营机制没有活力等问题。"爱拼、敢拼、想赢、会赢"的厦门人首先通过加大基础设施建设力度，改善投资环境，集中资金"筑巢引凤"。没有资金，就向外资寻求贷款；缺乏人才，就向海内外引人留人；土地资源有限，就变土地使用为有偿、有期限的，使得土地资源流转起来。通过政企分开，逐步把企业推向市场；引进外资企业，不断提高对外开放度；充分发挥市场的作用，培育市场经济体系。

2. 积极引进世界先进理念和国际惯例

改革开放以来，厦门一直努力学习借鉴世界先进国家和地区的管理经验和国际惯例。如学习借鉴外国企业的经验，对厦门国企的产权制度、经营模式和管理体制进行改革。20世纪80年代中后期，厦门开始在货物、人员、资金进出等方面探索实施自由港某些政策。借鉴当代西方政府改革的做法，推进厦门全能型政府向服务型政府转变；借鉴台湾社区营造理论和实践，建立厦门多元共治的社区治理体系；借鉴香港和新加坡住房改革经验，建立厦门多层次住房保障体系，并成为全国住房改革蓝本。

（二）坚持重点突破，整体推进

抓住市场化改革重点，激发人民群众的劳动积极性，焕发企业创新创业的无限活力。在把握重点的同时，推进多领域综合配套改革，如1984年厦门总结特区建设经验教训时提出，为了建设好厦门经济特区，必须加快经济、政治、社会的综合配套改革。

1. 牢牢把握市场化改革

市场化是指用市场作为解决社会、政治和经济问题等基础手段的一种状态，意味着政府对经济的放松管制。比如在国有企业改革方面，松绑放权，实行所有权和经营权分离，推行厂长（经理）经营责任制、国企负责人"年薪制"；撤销"八大工业主管局"，增强企业自主权；推动国有资产证券化，鼓励上市企业国有股东通过增发、配股、发行可转债方式引入非公有资本，资产证券化率达到40%。

2. 整体推进全方位改革

厦门40年改革不断往纵深推进，从单一经济体制改革转变为经济发展、社会发展、城乡关系、土地开发和环境保护等多个领域综合改革，形成相互配套的管理体制和运行机制，建立起充满活力、富有效率、更加开放的体制机制。比如，从改革机构和改革推动机制演变历程看。厦门的改革机构历经市经济体制改革办公室（1984年）、市经济体制改革委员会（1985年）、市发展和改革委（2003年）、市综合配套改革领导小组办公室（2011年）和市全面深化改革领导小组办公室（2013年）。20世纪前独立的实体机构体改办和体改委，主要采用制定实施经济体制改革年度计划来推动改革；21世纪后挂靠的虚体机构综改办和深改办，主要依据深化两岸交流合作综合配套改革方案和全面深化改革决定来推动"五位一体"的改革。从名字变化、推进内容可以看出，厦门不断统筹经济、政府、社会、文化、生态领域改革，增强各方面、各领域、各层次改革的协调性、联动性和配套性，不断推进城市治理体系和治理能力现代化。

（三）坚持维护稳定，改革为民

厦门始终站在全局高度增强改革措施的协调性和人民性，正确处理改革、发展、稳定的关系。注重量力而行、循序渐进，既主动积极又比较稳妥，把改革力度与发展速度、社会可承受程度统一起来，确保以改革促发展保稳定。①

1. 循序渐进推进国企改革改制

国企改革综合反映各种利益矛盾，是一场深刻的变革。厦门推进国企改革改制，不是一改了之，而是

---

③ 邓仕仑，方和荣 . 厦门经济特区改革开放30年实践与探索［J］. 中共福建省委党校学报，2009(2):21-22.

将职工利益放在第一位，既着眼长远利益深化改革，又努力把职工眼前利益损失带来的困难降到最低限度，提出了"少破产、多联合兼并；少关闭、多嫁接改造"的指导方针，充分发挥企业职工代表大会在决定企业改革中的作用，建立了职工再就业中心；实行职工社会保险制度和最低生活保障制度。既保证了改革的顺利进行，又积极解决职工再就业，稳定下岗职工的生活。

2. 破解"三农"难题统筹城乡发展

厦门高度重视"三农"工作，率先创造出"基地型"、"订单型"、"链条型"、"服务劳动性"、"农业三产融合型"富农形式，推进农业产业化和现代化。为保障失地农民权益，发展壮大集体经济，不断创新完善人均 15 平方米的农村预留发展用地政策；厦门的"金包银"做法，使被征地农民成为资产的所有者、开发区建设的受益者、工业化城市化的拥护者；利用集体建设用地建设租赁住房试点，着力构建城乡统一的建设用地市场。

3. 着力解决民生痛点难点问题

就业是民生之本，厦门以增加就业岗位为目标，建立政府促进就业责任机制、劳动力市场机制、就业培训机制和就业服务机制；积极开展"再就业援助日"、"民营企业招聘周"、"零就业"家庭解困、创建"充分就业社区"等活动，为"4050"困难群体就业再就业提供重点帮助。住是人类最基本的生活需求，在过去多年建设的解困房、统建房、经济适用房的基础上，厦门推出了社会保障性住房，解决中低收入阶层"买房难"、"住房难"。"看病难"、"看病贵"是近年群众反映最强烈的问题之一，厦门通过扩建医疗设施、优化医疗资源配置、降低药价改进服务等，有效解决群众就医问题；同时针对特困群体提出了"惠民病床"。

4. 编实筑牢社会保障网

秉承"一个都不能少"的原则，提高社保覆盖面，不断完善社会保障体系，使之兼顾本地居民、来厦务工人员，全面建立城乡最低生活保障线，做到应保尽保；提高退休职工补贴政策，建立多层次、全方位的社会保障体系等。把来厦务工人员当做厦门新市民，为来厦务工人员提供培训、办证、就业、维权一条龙服务。设立外来员工服务中心，建设外口公寓，评选十佳外来青年，评选优秀来厦务工人员为市劳动模范。在首届全国文明城市考评的 119 项指标中，6 项涉及外来员工的评价厦门均得满分。

三、厦门 40 年改革的启示

面对新时代新形势新任务，厦门还要继续解放思想，抓好重点领域改革，奋力开创新时代"五大发展"示范市建设新局面，以实际行动当好新时代中国特色社会主义排头兵。

（一）深化国企国资改革

厦门要完善国有资产管理体制，深化国有企业改革，建立完善中国特色现代化企业制度，发展混合所有制经济，推动国有企业、国有经济做强做大，努力培育一批具有全球竞争力的世界一流企业。

1. 探索国有资本授权经营

探索以国资委、国资运营平台、国有实体企业的三层架构进行授权经营。国资委代表政府对国有资本投资、运营公司开展授权试点，国有资本投资、运营公司对授权范围内的国有资本履行出资人职责。新建改建国有资本投资公司，通过股权运作、价值管理、有序进退，加强国有资本流动性、提升国有资本效率和回报。改组较大型、投资能力强的国有大型企业集团，对新兴产业、高端服务业、高新技术业等领域进行重点投资。

2. 健全完善法人治理结构

探索国有企业建立外部董事占多数的董事会试点，开展监事会专职监事市场化选聘试点。由国资委牵头成立外部董事选聘委员会，完善外部董事的选聘、培训、评价及激励约束机制。建立外部董事备选库，拓宽外部董事来源渠道，推动专业化、职业化、市场化的董事队伍建设。加快建立职业经理人制度。实行内部培养和外部引进相结合，逐步扩大国有企业新增经理层人员市场化选聘比例。畅通现有经营管理者与职业经理人身份转换通道。

3. 稳妥有序推进混合所有制改革

针对商业竞争一类企业，充分利用证券市场、产权市场等资本市场，以市场化手段积极引入各类非公有资本实现产权多元化；对于商业竞争二类企业，原则上保持国有资本绝对控股地位，支持非国有资本参股。对于公益类国有企业，根据不同企业的业务特点，推进具备条件的企业实现投资主体多元化，在竞争性环节有序加大对社会资本开放力度，也可采取政府购买服务、特许经营等多种方式，鼓励非国有企业参与经营。探索混合所有制经济实行企业员工持股，优先支持人才资本和技术要素贡献占比较高的转制科研院所、高新技术企业、科技服务型企业、新兴产业型企业实行员工持股试点。

（二）深化要素市场改革

厦门要以深化农村土地、知识产权、劳动力市场化改革为契机，加快要素市场化建设，尽可能实现要素资源效率最优化，增强持续增长的内在动力。

1. 深化农村土地制度改革

推动农村土地征收、集体经营性建设用地入市、宅基地制度改革深度融合。探索建立具体用地项目公共利益认定机制，进一步完善征地民主协商程序，完善征地补偿标准，探索建立有效地征地补偿安置争议解决机制。依法保障农民宅基地权益，推行农村住宅集中建设试点模式，探索宅基地有偿使用制度和有偿退出机制。推进集体建设用地建设租赁住房试点工作，对于利用农村集体预留发展用地指标建设集体租赁住房的，项目土地使用权性质可保留集体所有，不再征收为国有土地，按使用集体土地方式供地。扎实推进房地一体的农村集体建设用地和宅基地使用权确权登记发证。

2. 深化知识产权改革

积极推动知识产权管理体制综合改革，改变专利、商标、版权"各管一摊"的并行式管理模式，将三者合一，便于实施综合监管，实现最大程度的知识产权保护。建立重点产业知识产权保护中心，开展集快速审查、快速确权、快速维权于一体，审查确权、行政执法、维权援助、仲裁调解、司法衔接相联动的产业知识产权快速协同保护工作。积极争取和推进知识产权法院在厦门早日成立。完善司法环境，提高司法保护效果。适应互联网时代需求，进一步完善专利执法案件报送系统与知识产权维权援助举报投诉系统，试运行专利执法网上办案系统，加快各相关系统的融合互通，探索以大数据等信息技术手段调查案件线索，为快捷维权提供更多方便，促进全系统执法质量与效率不断提高，以缓解执法人员不足的问题。

3. 深化劳动力体制机制改革

促进就业创业公平，破除劳动力、人才市场种种市场壁垒和歧视性政策规定，推动国有单位公开公平公正择优录取人员，防止"近亲繁殖"。消除就业歧视政策，特别是针对女性劳动者的不合理就业限制条件。改革户籍制度，减少户籍对劳动力的束缚以及对人口流动的负面影响。全面推进基本公共服务均等化，避免弱势阶层失去流动能力。

（三）深化行政管理体制改革

按照国际化、市场化、法治化要求，加快推进厦门政府管理模式创新，完善适应外向型经济政府职能。

1. 深化行政审批制度改革

全面推行市、区、镇（街）三级权责清单管理，全面完成市、区权力清单和责任清单融合。进一步精简工业生产、工程建设领域行政审批，进一步深化企业设立、投资建设、生产经营等各个环节的改革。在医疗、教育、文化、体育等领域，再削减或优化一批行政审批事项，放宽垄断行业和社会民生领域市场准入，吸引更多社会资本投资社会服务行业。全面清理调整各种行业准入证、生产许可证、经营许可证和职业资格证，研究建立"黑名单"、从业禁止等制度。继续清理、取消前置审批和行政审批中介服务事项。继续清理精简证照年检和证明办理事项，最大限度为企业减负松绑。探索各种审批后置事项"串改并"，探索各种审查和验收"单改综"，探索各种检验、检测、认定、认证事项"多变少"，不断提高办事效率。

2. 深化投资审批制度改革

修订形成全市统一的投资核准事项目录，制定出台《厦门市企业投资项目备案管理办法》。推动工程建设领域审批服务建立"多评合一"、"多图联审"、"区域评估"、"联合验收"等新模式，大力精简评估事项。组织实施厦门市场准入负面清单制度改革试点总体方案，放宽和规范市场准入，精简和优化行政审批，强化和创新市场监管。完善投资项目在线审批监管平台。推动"一张蓝图"的法律地位。

3. 进一步加大特殊区域改革创新力度

加大自由贸易试验区改革创新力度，积极探索自由港政策。对授权自贸试验区实施的省级行政许可事项承接情况进行评估，健全相关衔接机制。深化市场准入负面清单制度改革。推行行政审批标准化、模块化，加强部门间信息共享和业务协同，实现相同信息"一次采集、一档管理"。推动各部门审批系统、证照系统、监管系统信息交换与共享，建立基于大数据的高效监管模式。健全跨部门联合抽查监管制度，实行"双随机、四公示"监管机制。配合省审改办推动开展相对集中行政许可权改革试点，推进试点区域在行政审批、投资审批、商事登记等方面的改革创新，在项目投资、通商贸易等重点领域取得改革突破。

（四）深化社会事业领域改革

深化社会事业改革，解决好人民最关心最直接最现实的利益问题。

1. 深化高校和科研体制改革

完善高校自主开展教师等专业技术人员聘任和自主公开选聘教学、科研、学生辅导员、教辅等各类人才工作。完善高校绩效工资政策和经费政策，推动高校绩效工资改革，建立健全重实绩、重贡献、向高层次人才和一线教学岗位倾斜的分配激励机制，切实扩大学校分配自主权，提高高校教师的待遇。健全符合科研规律的市级科研项目经费管理机制，简化预算编制，下放预算调剂权限；提高间接费用比重，加大绩效激励力度；明确劳务费用开支范围，不设比例限制。加快构建以增加知识价值为导向的分配激励机制，推动落实高校、科研院所所在项目经费使用、成果处置、职称评审、人员聘用、薪酬分配、设备采购、建设项目审批等方面的自主权。

2. 深化文体和养老领域改革

推动公共图书馆、文化馆总分馆制，开展试点工作。深化体育领域的供给侧结构性改革，完善促进体育产业发展的相关政策，实现体育产业发展的新突破。加强体育市场监管，重点加强对游泳、帆船等高危性体育项目经营活动的事中事后监管。完善基本公共体育服务体系，促进群众体育、竞技体育、体育产业协调互动发展。建立"以居家为基础、社区为依托、机构为支撑"的养老服务体系。依托养老信息化服务平台，推进"互联网＋养老"模式，加快养老服务市场化、信息化和专业化进程，每个城市社区建设一个居家养老服务站，每个农村社区建设一个幸福院，实现社区居家养老服务全覆盖。加大政府投入力度，完善提升市、区社会福利中心服务品质，切实满足政府保障对象养老服务需求。吸引信贷资源和社会资本，建设医、养、护相结合的高端养老服务机构，努力推进养老服务产业化。

3. 深化医药卫生体制改革

推进公立医院综合改革，落实医院运营管理自主权；改革工资总额核定办法，完善绩效考核机制，调动医务人员积极性。推进临床路径管理和以按病种付费为主的复合式付费改革，激发医疗机构规范行为、控制成本的内生动力。深入实施完善医疗服务行动计划，简化服务流程，提升服务效能。积极推进分级诊疗工作，扩大家庭医生签约服务覆盖面，增强人民群众就医获得感。推进社会办医、医养结合、医疗旅游等健康服务业发展，推动落实医师多点执业政策，更好满足多层次、多样化服务社会需求。

（五）强化各项改革的统筹协调

全市改革一盘棋，以综改试验区、自贸试验区、自主创新示范区为基础，建设厦门综合改革区，加强各改革试验区以及各领域改革的统筹协调工作。

1. 增强改革创新的系统性、整体性和协同性

全面深化改革涉及各领域、各方面，必须加强统筹协调、形成合力。市改革办和各专项改革小组在推进改革中要做到职责清、制度实、协调顺、督查严、总结深、氛围浓。各专项小组是全面深化改革任务的具体责任主体，各专项小组的联络员要充分发挥承上启下、协调各方面的作用。市改革办和各专项小组要加强对上级的请示汇报，争取得到更大的指导支持。同时要做好：一是强调系统性、整体性、协同性不是没有先后、没有重点。应结合厦门市实际，聚焦群众强烈关注、发展亟须解决的问题，从中寻找和确定改革的重点任务，加快推进标志性改革事项。二是严格督查落实。市改革办不仅仅督查改革任务明确的牵头单位和协办单位，还督查重点改革事项未明确但涉及的单位。

2. 构建多区联动发展新模式

建立"综改试验区、自贸试验区、自主创新示范区"三区统筹协调工作机制，实现1+1+1>3功效。统筹制定"三区"空间发展规划及改革创新年度工作计划，统筹协调"三区"改革创新中的重大问题和共性问题，联合开展"三区"改革任务进度落实督查，力促两岸交流综合配套改革各项任务在"三区"先行先试落地。

参考文献

［1］中共厦门市委办公厅，中共厦门市委政策研究室.厦门经济特区建设二十五周年理论文集——厦门实践（1981-2006）［C］.厦门：华艺传媒，2006.

［2］厦门方志办.厦门市志（第三册）［EB/OL］，http://www.fzb.xm.gov.cn/dqsjk/xmsz/xmsz3/，2018-04-12.

［3］邓仕仑，方和荣.厦门经济特区改革开放30年实践与探索［J］.中共福建省委党校学报，2009(2):21-22.

［4］厦门方志办.改革开放30年纪事［EB/OL］.http://www.fzb.xm.gov.cn/dqsjk/dqs/gk30n/，2018-04-12.

课题执笔：兰剑琴

第十五章 厦门推动形成全面开放新格局成就与经验启示

一、厦门形成全面开放新格局取得的成就

厦门自古就是通商裕国的口岸，也是开放合作的门户。改革开放 40 年来，作为我国最早实行对外开放的经济特区之一，厦门率先主动融入全球经济体系，深入实施互利共赢的开放战略，努力构建全方位、宽领域、多层次对外开放格局，使厦门成为我国国际交通的重要枢纽、境外资本的重要聚集地、对外贸易的重要口岸和对外交流对内辐射的重要窗口，为国家全局性改革开放起到了积极的示范、引领作用。

（一）开放型经济快速发展

改革开放以来，厦门积极承接国际产业转移，大力发展对外贸易和促进双向投资，与世界上 200 多个国家和地区建立了经贸合作关系，开放型经济实现了快速发展，2018 年经济外向度达 125.3%。

1. 对外贸易快速增长

改革开放后，厦门外贸发展突飞猛进，外贸进出口总额年平均增幅达 19.2%，已成为我国对外贸易的重要口岸。1980 年厦门首家地方性外贸公司——厦门经济特区国际贸易信托公司成立，从事"三来一补"和以进口满足特区市场物资为主的贸易业务；1990 年厦门出口总值首次超过 10 亿美元；2000 年厦门外贸进出口总额突破 100 亿美元；2018 年厦门外贸进出口总额达 910.44 亿美元，外贸综合竞争力位居全国百强城市第 5 位。厦门已发展成为世界上最大的钨制品生产出口基地，中国主要电脑出口基地、液晶面板出口基地和民用飞机维修基地。建发集团、国贸集团、象屿集团 3 家以外贸为核心业务的厦门企业跻身 2018 年《财富》杂志世界 500 强。对外贸易结构不断优化，2010 年成为"国家服务外包示范城市"，2018 年服务贸易总额达 136.9 亿美元，占对外贸易比重由 2011 年的 9% 上升至 2018 年的 15%；市场多元化格局基本形成，在巩固传统市场（台湾、日本、韩国、香港、东南亚等）、做大发达市场（欧美等）的同时，对新兴市场出口占比逐步攀升，由 2000 年的 12.7% 上升至 2016 年的 25%。

2. 利用外资成果突显

自 1982 年 1 月开设首家外商独资企业"厦门印华地砖厂"以来，随着改革开放的不断深入，厦门招商引资工作不断完善，利用外资规模显著扩大，已成为国际资本对华投资的重要聚集地。截至 2018 年，已有超过 100 个国家和地区的外商来厦投资，累计合同利用外资 660 亿美元，实际利用外资 379 亿美元，其

中 62 个《财富》全球 500 强公司在厦投资 112 个项目，实际利用外资 30.27 亿美元。成功引进了一批经济效益强、带动效应大、社会口碑好的大项目，以及厦门重点发展产业中的行业龙头企业，包括戴尔、ABB、波音、亚马逊、松下、TDK、电气硝子、友达光电、宸鸿光电、联芯电子等。外商投资产业结构优化，投资重点由制造业为主向高端制造业和现代服务业并重方向发展，从劳动密集型企业为主发展为以科技、资本密集型为主，外资企业已成为厦门经济发展的重要力量，贡献约 70% 的工业产值、40% 的进出口、40% 的就业和 30% 的税收收入。

3. 对外投资实现飞跃

1982 年厦门首家境外企业厦铃在香港注册成立，随后厦门在境外陆续设立一些"窗口"型企业。至 2001 年前，厦门对外投资尚处于初始阶段，全市累计对外投资项目仅 65 个，投资额不足 5000 万美元，且基本上都是境外贸易网点。随着"一带一路"建设推进，企业"走出去"积极性显著增强，境外投资迅猛增长，2014 年和 2015 年全市境外投资额先后突破 10 亿美元和 20 亿美元大关，截至 2018 年，全市境外投资累计备案项目达 1328 个，分布在 70 多个国家和地区，协议投资总额 153.22 亿美元，制造业、采矿业等实体经济和新兴产业领域投资占主要比重。对外投资基本实现向利用境外资源、开展跨国经营、开拓新兴市场等良好方向发展，已成为构筑开放型经济体系、参与全球资源优化配置，促进厦门新一轮发展的重要动力。

4. 口岸功能全面发展

自 1980 年厦门经济特区批准设立以来，厦门口岸基础设施建设加快发展，口岸功能从主要为海港向海陆空口岸全面发展。1982 年东渡码头一、二号泊位建成，可同时停泊 5 艘万吨轮；2010 年厦门港和漳州港港区资源实现全面整合，厦门港由 8 个港区扩大为 12 个港区；到 2018 年末厦门港已拥有生产性泊位 165 个，港口货物吞吐量 2.17 亿吨，集装箱年吞吐量 1070.23 万标箱，集装箱吞吐量位居全球第 14 位。厦门港从区域支线小港发展为我国综合运输体系的重要枢纽、集装箱运输干线港、国际航运中心和对台航运主要口岸。1983 年 10 月厦门高崎国际机场建成通航，1985 年首个国际航班——马尼拉经厦门至北京航班正式通航，2003 年厦门空港在全国首开"第五航权"，2018 年，厦门空港开通国际（地区）航线已达 35 条，与 28 个国际及境外城市通航，旅客吞吐量由 1984 年 10.1 万人次增加到 2655.34 万人次，厦门空港由最初的"小航站"跻身全球百强机场。

表 15-1 改革开放以来厦门外向型经济主要指标对比

项目	单位	1978 年	2018 年	2018 年比 1978 年增长（倍）	改革开放以来平均增长（%）
外贸进出口总额	亿美元	0.82	910.44	1108.59	19.2
实际利用外资（1983 年以来）	亿美元	0.08	16.22	202.75	16.4
港口货物吞吐量（1981 年以来）	万吨	187	21720	116.15	13.7
集装箱吞吐量（1983 年以来）	万标箱	0.33	1070.23	3243.12	26.0
空港旅客吞吐量（1984 年以来）	万人次	10.14	2655.34	261.87	17.8

数据来源：《辉煌历程——厦门改革开放四十年（1978—2017）》、厦门市 2018 年国民经济和社会发展统计公报

（二）对外开放制度环境不断完善

自 1984 年 2 月邓小平同志视察厦门后提出"厦门可以实行自由港的某些政策"以来，厦门积极探自由港建设，从设立象屿保税区到中国（福建）自由贸易试验区（厦门片区），厦门向"人员自由往来、货物自由进出、货币自由兑换"的国际自由港方向不断迈进，对外开放制度环境不断完善。

1. 贸易便利化程度显著提升

改革开放以来，厦门稳步推进口岸扩大开放，先后设立了保税区、保税物流园区、出口加工区和保税港区，是全国海关特殊监管区种类最齐全的口岸之一，成为促进投资贸易便利化的重要平台。1992 年象屿保税区成立，2004 年获批"区港联动"试点，在国内首创"集中报关、分批出区"通关模式和"一线集中检验检，二线分批核销放行"监管模式，创造了当时全国最快通关速度。2008 年海沧保税港区成立，海关实行"一线放开、二线管住、区内自由、入港退税"的监管原则。2015 年 4 月厦门自贸试验区挂牌成立，推出进出境邮件"移动式"通关模式等 25 项贸易便利化举措，形成了符合国际基本方向的国际贸易"单一窗口"，实现关港贸一体化信息服务体系和数据元标准化，使进出口企业申报项目、通关时间、人力成本分别减少 30%、40% 和 50% 以上。在国内率先实施口岸"三互"合作、"一站式"查验通关改革，口岸通关效率提高 50% 以上。

2. 投资营商环境进一步优化

改革开放以来，厦门持续改善投资营商环境，对外资吸引力持续增强。从 1986 成立外商投资企业管理局，到 1991 年组建厦门市外商投资工作委员会，到 20 世纪初成立厦门市外商投资项目审批服务中心，外商投资服务效率持续提升，2006 年荣获世界银行评选的投资环境"金牌城市"。2015 年以来，在全国率先探索推动国际一流营商环境建设，主动对标世界银行标准和新加坡等世界先进水平，营商环境竞争力位居全国第二。率先全国实现"一照一码"商事制度改革，企业设立全程电子化、首创个体工商户简易登记模式；改革境外投资管理方式，实施"准入前国民待遇 + 负面清单 + 备案管理"的管理模式，降低和取消准入条件、控股比例等外商投资限制，进一步提高开放度和透明度；改革境外投资管理方式，对一般境外投资项目实行备案制，项目审批时限由 21 天缩短至 1 天，境外投资便利度不断提高；加强知识产权保护，建成专利、商标、版权"三合一"的知识产权综合保护和管理机制。

3. 金融业开放水平显著提高

改革开放以来，在金融风险有效管控的前提下，厦门金融改革开放取得新突破，2010 年获批建设两岸区域性金融服务中心，先行先试一些金融领域重大改革措施。经常项下外汇管理改革全面落地，资本项下外汇管理改革稳步推进，基本形成以登记管理为核心的资本项目外汇管理新框架。金融机构呈现两岸化和国际化发展趋势，1985 年成立了全国第一家总部设在厦门的中外合资的国际银行；交通银行、浦发银行、招商银行、平安银行四家离岸业务持牌银行在厦设立离岸业务中心。推进人民币国际化，2010 年 6 月试点开办跨境人民币结算业务，业务全面覆盖货物贸易、服务贸易、对内对外直接投资和跨境双向融资等领域，境外交易对手方遍布全球 157 个国家和地区；2012 年全国首创跨海峡人民币结算代理清算，与 17 个国家和地区建立业务合作，累计结算金额突破千亿元。对台金融交流合作不断深入，创下首笔新台币内部收兑、首批新台币兑换人民币试点、大陆对台人民币现钞调运等多项"全国第一"；2008 年厦门银行成为大陆第一家台资入股的银行，现拥有 11 家具备台资背景的金融机构，覆盖了银行、证券、保险、基金、融资租赁、消费金融等子行业。

（三）国际交流合作日益频繁

改革开放以来，厦门成功举办一系列国际性重大会议和赛事活动，通过国际性展会、品牌赛事、缔结友城等途径与世界各地、各国人民开展交往合作，国际交往的领域不断拓宽，城市国际化水平、国际知名度及影响力快速提升。

1. 国际高端展会取得突破

1985 年富山国际展览城竣工并举办首届国际展览会，经过 30 多年发展，厦门荣登"世界会展城市实力排行榜"第 54 位，培育了一批具有特色的国际大型品牌展会。1987 年厦门举办了首届"福建投资贸易洽谈会"，1997 年升格为"中国投资贸易洽谈会"，现已发展成为全球规模最大、功能最完善、影响力最广的双向投资促进盛会，成为国家级的国际交流交往重要窗口。2001 年举办首届中国厦门国际石材展，现已成为全球石材行业最高水准展会。2006 年举办首届中国厦门国际佛事用品展览会，现已发展为全球最大的佛事用品展，是业界公认的全球佛事用品专业贸易平台。2017 年 9 月，金砖国家领导人第九次会晤在厦门召开，作为福建省历史上承办最高规格的国际大型会议，厦门会晤的成功举办，极大提升了厦门的国际知名度和美誉度，"金砖 +"效应逐步显现，带来了厦门城市国际化水平的大提升。

2. 品牌赛事影响力日益扩大

改革开放以来，厦门积极引进和创办国际品牌赛事，厦门马拉松赛、中国国际钢琴比赛、世界合唱节等多项世界性大型艺术、体育赛事在厦门举办。1986 年厦门首次承办国际性体育比赛——第二届"七星杯"中国象棋国际邀请赛；2002 年厦门首次举办国际艺术赛事——第四届柴可夫斯基国际青少年音乐比赛；2003 年首届厦门马拉松赛举行，已连续 12 年荣膺"国际田联路跑金牌赛事"，成为享誉全球的精品赛事之一；2006 年第四届世界合唱比赛在厦门成功举办，共有 80 个国家和地区的 2 万多名歌手和各界人士参加；2007 年中国国际钢琴比赛永久落户厦门；2018 年国际排联世界沙滩排球巡回赛厦门站由三星级升级为四星级，成为中国承办的等级最高的国际排联星级赛事。众多国际性文体赛事的成功举办，打造了厦门包容多元的城市品牌形象，也让厦门的国际影响力不断提升。

3. 国际友城资源不断拓展

改革开放以来，厦门积极拓展国际友城资源，与世界各国的人文交流合作不断深化，城市国际化水平持续提高，自 2008 年起荣获国际友好城市交流合作奖"六连冠"。1983 年，厦门与英国加的夫市缔结了第一个国际友城，开启了主动走向世界的大门，目前拥有国际友好城市 20 个，国际友好交流城市 11 个，建立经常性联系的国家（地区）75 个，国际友好港口 22 个，海外联络处总计达到 27 个，并设立印度、南非、俄罗斯、日本、阿联酋等 5 个海外投资贸易联络点。厦门以友城为基点，拓展了一批友好港口和学校等对口友好交流单位，对外交流遍布五大洲，成为厦门吸引国外资金和技术、培训人才、扩大合作的重要渠道。

（四）"海丝"支点城市框架初步形成

"一带一路"建设是我国扩大对外开放的重大战略举措，是时代赋予特区对外开放的新使命，厦门主动融入"一带一路"国家战略，着力深化互联互通、经贸合作、海洋合作、人文交流四大枢纽建设，成效显著，"海丝"支点城市框架已初步形成。

1. 设施联通不断加强

抓住关节通道与节点建设，构建与"海丝"沿线国家和地区互联互通、高效便捷的海陆空运输网络。陆上通道内外联通，构建中欧（厦门）班列国家物流新通道，通达 12 个国家 34 个城市，"陆丝"和"海丝"在厦门实现了无缝对接，并通过海铁联运延伸至台湾地区，列入中欧安全智能贸易首条铁路线试点，累计发运 404 列，货值 70.48 亿元。海上通道取得新突破，拓展沿线港口深度合作，厦门港"一带一路"总航线已达 57 条，通达 24 个国家和地区，"丝路海运"正式开行并建立工作联席会制度。空中通道辐射四大洲，累计开辟 8 条洲际航线，搭建起以厦门为核心，辐射东南亚、东北亚，联通亚欧美澳四大洲的航线网络。

2. 经贸畅通不断提升

积极部署走出去与引进来，与"海丝"沿线国家经贸合作明显增强。贸易领域，厦门与"海丝"沿线国家和地区的贸易额由 2012 年的 1082 亿元增长至 2018 年的 1497 亿元，占全市外贸比重达由 2012 年的 23% 提升到 24.9%。双向投资领域，投资合作势头发展良好，2018 年吸引海丝沿线国家投资项目 66 个，合同外资 42.7 亿元，增长 79.4%；对海丝沿线国家投资备案项目 32 个，协议中方投资额 3.3 亿美元。金融方面，设立全国首支地方政府主导的"海丝"投资基金和知识产权引导资金；国家开发银行厦门分行获总行授权管理印尼、东帝汶等国家授信项目，累计支持印尼项目 64 个，发放贷款 5.72 亿美元，成为与东盟国家金融合作的窗口。

3. 海洋合作不断拓展

海洋合作枢纽方面呈现多方位发展态势。海洋合作载体平台加快建设，中国-东盟海洋合作中心落户厦门，中国-东盟海洋合作中心大数据平台、中国—东盟海洋公园生态服务平台、中国-东盟海洋产业服务平台建设稳步推进。与东亚海域环境管理伙伴关系区域计划（PEMSEA）、亚太经合组织（APEC）、保护国际（CI）等多个国际组织的合作进一步加强。东盟海洋旅游合作不断深化，相继开通厦门至越南、菲律宾、新加坡等东南亚国家的"海丝"邮轮航线，2018 年接待"一带一路"邮轮航次 12 个，占全国"一带一路"航次数量的 80% 以上。

4. 民心相通不断促进

通过教育合作、文化互动、举办城市活动、建立友城等方式，深化与"海丝"沿线国家和地区在人文交流领域的合作。教育合作成效明显，厦门大学马来西亚分校成为我国公立大学在海外开办的第一所分校，在校学生达 4000 余名。文化交流深入推进，交流平台载体更加丰富，南洋文化节、嘉庚论坛影响扩大。大力推动厦门与沿线城市缔结友城及友好交流点，2013 年以来，先后与塔吉克斯坦杜尚别、法国尼斯、泰国普吉府、土耳其伊兹密尔缔结友城关系。

（五）厦台融合发展成效显著

改革开放以来，厦门坚决贯彻中央对台工作方针政策，认真践行特区的历史使命，妥善应对两岸关系发展的复杂变化，充分发挥与台湾地缘相近、血缘相亲、语言相通、习俗相同的优势，全力打造两岸融合发展示范区，各项对台工作成效显著。

1. 经贸合作日益密切

厦门对台贸易始于 1980 年代中后期，经过三十多年发展，厦门已成为两岸经贸合作的重要基地。2018 年对台贸易额达 398.06 亿元，厦门口岸的台湾水果、酒类、图书等进口量稳居大陆第一。台商投资厦门始于 1983 年，1985 年第一家台资企业三德兴成立，自 1988 年出台《关于鼓励台湾同胞在厦门经济特区投资的若干规划》以来，先后设立海沧、杏林、集美三个国家级台商投资区，台商来厦投资发展迅速，截至 2018 年，全市累计批准设立台资项目（含第三地）6900 个，合同台资 171.7 亿美元，实际利用台资 108.5 亿美元，引进了友达、宸鸿、东元、联电等 20 多家台湾百大企业，在厦台资企业超过 3200 家，台资企业工业产值占全市规模以上工业总产值近 1/3，工业增加值约占福建省的 70%。

2. 人文交流持续深化

1987 年 11 月，台湾当局开放台胞到祖国大陆探亲、观光、旅游，厦金、厦台人员恢复交流，两地之间科技、文化、教育、卫生、体育、宗教、民俗等各方面交流日益频繁，厦门已成为两岸交流交往最热络、最活跃的重要基地。以闽南文化为纽带，文化交流平台不断拓展，打造海峡论坛、台交会、文博会、海图会、两岸乐活节等 50 多个大型对台交流活动平台，海峡论坛自 2009 年开办以来累计吸引了约 9 万名台胞参与，成为规模最大、参与人数最多、形式最多样、内容最丰富的两岸交流盛会。两岸累计在厦设立的交流合作基地和办事机构达 112 个。开展教育交流合作，举办两岸百名中小学校长论坛，促进两岸中小学建立校际协作关系，促进职教合作办学。推进两岸医疗卫生领域的交流合作，成功引进长庚医院等台资医疗机构和医师。深化两岸社区联系，全市 38 个街镇与台湾乡镇实现全对接，27 个村居与台湾村里签订了合作协议。

3. 直接往来更加便捷

厦门是大陆离台湾最近的城市，在促进两岸直接往来方面一直走在前列。物流通道更加顺畅，自 1997 年开通与高雄试点直航以来，累计完成集装箱吞吐量 354.13 万标箱；2008 年成为首批两岸包机直航点、海上直航口岸、通邮封发局，率先成为"大三通"的口岸之一；2014 年成为大陆首个获准经营两岸海运快件业务城市，构筑了海运快邮件业务快速物流通道；2016 年中欧（厦门）班列通过海铁联运延伸至台湾地区，台湾地区产品到欧洲比海运省一半时间，成本为空运的 1/7。人员往来更加便捷，1994 年率先实行台胞"落地办证"，2014 年大陆游客经"小三通"进入金门、马祖、澎湖，开始实行"落地签"，厦门已成为大陆对台政策齐全、运行高效、台胞入出境人数最多的口岸，自 2001 年开通与金门客运直航（"小三通"）以来，厦金航线累计运送旅客 1787.07 万人次，占两岸"小三通"的 90%；厦门口岸台胞出入境约 2000 万人次，居大陆首位；大陆居民经厦门口岸赴台湾旅游 198.35 万人次，占大陆居民经福建口岸赴台旅游的 80% 左右。2012 年建成海峡两岸第一条直通光缆——厦金海底光缆，结束两岸电话、网络等通过国际转接的历史，实现直通。2017 年首创厦金游艇"自由行"，率先实现台车入闽自驾常态化。

4. 同胞融合稳步发展

厦门是祖国大陆重要的台湾同胞祖籍地，台湾现有人口 70% 以上祖籍是闽南地区，随着两岸关系的不断突破以及厦门经济社会的快速发展，约 12 万台胞在厦门长期工作生活，台湾同胞累计在厦购置房产近 3 万套。2018 年随着"厦门惠台 60 条"及其细则顺利实施，台胞台企"双待遇"得到有效落实，厦门已成为台胞在祖国大陆工作创业、居住生活的温馨家园。鼓励台胞来厦创业就业，已向台胞开放律师、经济、会计等 39 类 40 项专业技术人员资格考试；全市已有 7 家国家级两岸青创基地和 30 多个省市级基地，入驻台湾创业团队 500 个，创业就业台湾青年超 3200 人。鼓励在厦台胞融入社区、参与管理，截至 2018 年，共有官任、兴隆等 58 个社区分别聘请 58 名台胞担任社区主任助理。推选台胞参政议政，2008 年首次推选五名在厦台胞担任市政协委员，2010 起每年推选 3 名台商列席人大会议，2015 年首次任命台商为人民陪审员。维护台胞合法权益，建立完善涉台纠纷多元化解与诉讼协调工作机制，截至 2018 年，累计受理台胞投诉及求助案件 5538 件，结案率为 93.7%，居大陆前列。

二、厦门全面开放的主要经验

改革开放 40 年来，厦门从一座封闭落后的海岛小城走向了世界前沿，成为中国对外开放的形象窗口。厦门的对外开放实践为我国推动形成全面开放新格局，发展外向型经济和在经济全球化的环境中有效地利用国内国外两种资源、两个市场提供了可资借鉴的经验。

（一）深度融入世界经济发展体系

改革开放 40 年来，厦门始终以积极主动的姿态拥抱世界、走向世界，灵活运用国际惯例和国际通行法则，推动外向型经济快速发展。一是坚持引进来与走出去相结合。坚持引资与引智并举，积极引进国外的资金、技术、知识、先进管理经验和优秀文化来发展壮大自己；在提高引进来质量和水平的同时，支持企业积极稳妥走出去，带动商品和服务输出、获取创新资源和营销网络，助力国内经济提质增效升级。二是加快构建与国际投资贸易通行规则相衔接的制度框架。学习借鉴发达国家制定负面清单的成功经验，实施外资"准入前国民待遇 + 负面清单 + 备案管理"的管理模式；建立国际通行标准的国际贸易"单一窗口"；依托世界银行营商环境评价指标体系，以国际先进经济体作为改革标杆，多措并举积极打造国际一流营商环境。三是强化对外开放风险把控和安全防范机制建设。渐进式推进开放，坚持有所为有所不为，紧紧掌握对外开放的主动权，注意防范和化解国际风险冲击，在对外开放的同时维护好国家安全、主权和发展利益。

（二）主动服务和融入国家发展战略

改革开放 40 年来，厦门始终紧紧围绕国家发展大局，主动服务和融入国家战略，切实履行好党中央赋予的重要使命，为对台交流合作、"一带一路"建设等方面探索提供新途径、积累新经验，并在服务国家战略中不断寻求对外开放新突破，推动开放型经济迈向更高层次，实现了自身的跨越式发展。一是服务国家对台战略。充分发挥厦门对台"五缘"优势，坚持原则性与灵活性相结合、坚持以人为本、坚持以经济促政治，深入实施深化两岸交流合作综合配套改革方案，在服务对台工作大局中先行先试，在三通直航、经贸合作、人员往来、文化交流、同胞融合、基层政党交流等方面进行了多项重大政策试点，为两岸关系和平发展和促进祖国统一大业做出了积极贡献。二是服务"一带一路"建设。发挥厦门在 21 世纪海上丝绸之路中的口岸、贸易、投资、华侨华人、人文历史等优势，出台《厦门市关于贯彻落实丝绸之路经济带和21 世纪海上丝绸之路建设战略的行动方案》，重点打造海上丝绸之路互联互通、经贸合作、海洋合作、人文交流四个枢纽，成为一带与一路无缝对接最重要的陆海枢纽城市，充分发挥了"海丝"战略支点城市作用。三是加快自贸试验区建设。厦门自贸试验区以制度创新为核心，围绕"三区一堡"建设目标，加强改革系统集成，累计实施了 234 项试验任务，集成推出近 343 项创新举措，其中国际贸易"单一窗口""多规合一""一照一码"等 52 项改革成为全国首创并获复制推广，为我国全面深化改革和扩大开放积累新经验。

（三）与时俱进调整开放重点与策略

改革开放 40 年来，厦门始终按照我国国情和厦门本地实际，注重发挥厦门自身区位、港口及产业优势，顺应国内外形势变化，与时俱进地调整开放重点与策略。一是招商引资方面。特区初创时期，注重"以侨引台、以侨引外、以台引台"，坚持引进生产型、先进型、出口创汇型企业；特区进入加快发展阶段后，重视引进跨国公司和高新技术企业；进入经济发展新常态后，重点围绕产业链缺失环节和产业集群短板，突出产业建链、延链、补链、强链。二是国际贸易方面。改革开放初期，以"两头在外，三来一补"型的轻型加工贸易为主；特区快速发展期，坚持科技兴贸战略，优化进出口商品结构，扩大具有自主知识产权、自主品牌的商品出口；在发展新阶段，加快发展服务贸易，鼓励文化、旅游、软件、飞机维修等服务出口，大力发展服务外包。三是投资环境方面。特区建设伊始，着重从解放思想、转变观念、制定特殊优惠政策、落实华侨政策、加大基础设施建设、培养和引进人才等方面改善投资环境；随着特区政策优势逐步淡化，更加注重改善营商环境，把保持特区优势的立足点和重点放在深化各项改革、调整经济结构、加强社会治理、完善社会信用体系等方面。

（四）以改革创新推动开放发展

改革开放 40 年来，厦门始终坚持解放思想、先行先试、大胆探索，以深化改革促进扩大开放。一是坚持和完善社会主义市场经济体制。加快现代市场体系建设，率先开辟与国际市场对接的生产资料市场、产权市场、人力资源市场、科技市场等，与国际市场接轨的市场规则日益完善。二是完善外贸服务体系和管理体制。1984 年以后，按照"政企分开、自负盈亏、工贸结合、推行代理制"的原则，对传统高度集中经营的外贸管理体制进行改革，打破了传统单一的国家外贸经营体制，积极赋予民营企业经营进出口贸易，培植了一大批具备开拓国际市场能力的外贸企业。三是积极探索自由港政策。按照习近平总书记当年在《1985 年—2000 年厦门经济社会发展战略》中谋划的"三步走"战略，率先启动对建设中国特色自由港的初步探索，通过设立保税区、出口加工区、保税港区、自由贸易试验区等特殊开放区域，探索改革海关监管制度、外汇管理制度、投资审批制度、事中事后监管制度等各项管理体制，不断改善贸易投资环境。

（五）持续丰富对外开放新内涵

改革开放 40 年来，厦门持续丰富对外开放内涵，拓宽对外开放的广度和深度，努力构建全方位、宽领域、多层次对外开放格局。一是对外开放的区域逐步扩大。厦门开放区域从特区设立之初的 2.5 平方公里，1984 年扩大到厦门全岛 131 平方公里，2010 年扩大到全市。二是开放层次不断丰富。先后构建了经济特区、台商投资区、出口加工区、保税区、保税港区、高新技术园区、自由贸易试验区等开放层次不同的特殊区域。三是开放的领域不断拓宽。由贸易领域扩展、延伸到设施联通、人文交流等多领域；由制造业开放发展到金融、教育等服务业的逐步开放；由从向发达国家开放向发展中国家开放并重，实现出口市场多元化、进口来源多元化。

三、厦门全面开放的启示建议

开放是厦门发展的活力之源，厦门对外开放的经验启示我们，在新时代推动形成全面开放新格局，实现高质量发展，要加快转变外贸发展方式，推进贸易强市建设；要坚持引进来与走出去更好结合，更好融入世界经济体系；要积极探索建设自由贸易港，打造开放层次更高、营商环境更优、辐射作用更强的开放新高地；要加快建设"海丝"战略支点城市，打造国际合作新平台；要更好发挥对台战略支点作用，建设两岸融合发展示范区。

（一）努力推进贸易强市建设

加快货物贸易优化升级。发挥贸易载体平台作用，加快外贸转型升级基地、贸易平台和国际营销网络建设；引导加工贸易转型升级，支持加工贸易向品牌、研发、分拨和结算中心等产业链高端延伸；加快推进市场多元化建设，加大对"一带一路"沿线、金砖国家市场开拓力度；加快品牌国际化，引导企业按照国际标准组织生产和质量检验，逐步从无牌、贴牌向自主品牌转型；做大做优进口，借力中国国际进口博览会，扩大先进技术设备、关键零部件、紧缺资源性大宗商品进口，积极拓展进口商品直采渠道，打造区域性进口消费品中心。

促进服务贸易创新发展。进一步壮大旅游、运输服务两大优势服务领域，抓住"后金砖"效应，围绕"一带一路"建设，打造国际化旅游城市；争创服务贸易创新试点城市，加快培育发展金融、计算机和信息服务、文化服务、检测认证、工业设计等发展潜力大的服务领域，打造全国重要的文化服务出口基地；大力发展服务外包，发展飞机维修、动漫游戏等特色服务出口，打造"厦门服务"品牌。

培育贸易新业态新模式。加快外贸综合服务发展，逐步完善外贸综合服务企业支持政策，培育一批新型贸易综合服务平台，加强其通关、物流、退税、金融、保险等综合服务能力；加快国家跨境电子商务综合试验区建设，建立跨境电商公共服务平台，支持通过"跨境电商 + 保税仓"、"跨境电商 + 海外仓"等模式扩大跨境电商进出口；做大做强厦门口岸汽车整车进口和二手车出口业务。

（二）坚持引进来和走出去并重

改善外商投资环境。完善外商投资管理体制，全面实施准入前国民待遇加负面清单管理模式，进一步落实国家外商投资产业指导目录，放宽相关领域外资准入限制，扩大服务业对外开放；营造公平竞争的市场环境，清理和取消资质资格获取、招投标、权益保护等方面存在的差别化待遇，实现各类市场主体依法平等准入相关行业、领域和业务，对内外资企业一视同仁、平等对待；保护外商投资合法权益，不以强制转让技术作为市场准入的前提条件，加强知识产权保护，严厉打击侵权假冒违法犯罪行为；构建"亲""清"新型政商关系，提高行政服务效率，加强社会环境建设，在公共安全、公共服务、文化融合等方面形成与国际接轨的体制机制。

创新对外投资合作方式。促进国际产能合作，强化"走出去"管理、服务和引导，重点支持技术合作型、资源开发型、市场开拓型境外投资项目；加强对海外并购的引导，重在扩大市场渠道、提高创新能力、打造国际品牌，增强企业核心竞争力；规范海外经营行为，引导企业遵守东道国法律法规、保护环境、履行社会责任，遏制恶性竞争；健全服务保障，搭建"走出去"服务便利平台，完善境外投资贸易联络点服务功能。

（三）探索建设自由贸易港

推进贸易自由化便利化。按照"境内关外"的要求，探索在自由贸易港内建立"一线放开、二线安全高效管住、港内自由"的贸易监管制度。除法律特定禁止的对公共利益、健康或安全有害的商品外，货物进出实行一线无条件准入、登记式备案，区内免证免审，免于惯常的海关监管，只对重点类型、重点货物实行抽检制度，境外货物进出自由贸易港不实施配额管理、不征收关税和进口环节增值税；在自由贸易港内，企业可以自由开展仓储、物流、销售、展览、维修、组装、加工、制造、包装等生产经营活动，区内的业务准入方面无须经过审核批准；货物、物品进出"二线"实行进出口申报管理，通过优化升级国际贸易"单一窗口"功能，将涉及贸易监管的海关、检验检疫、外汇、支付等相关监管部门接入"单一窗口"作业平台，实行集约式、一站化的高效管理，实现"二线"安全高效管住。

推动投资开放透明。提高投资准入的自由度和开放度，推动负面清单与国际惯例接轨，进一步调整缩减负面清单，探索试行除涉及国家安全、意识形态等领域外，逐步暂停或取消金融、交通、电信、商贸、卫生、法律等行业领域的准入条件、投资领域、控股比例等限制；提高企业经营自由度，试行对企业经营范围不设限制，只要在合法前提下，公司可自由经营任何业务，并可根据自身状况和市场行情自行变更经营范围，无须审批。

深化金融开放和监管创新。在风险可控前提下，在自由贸易港内稳妥有序实现资本项目可兑换，减少外汇管制，在港内实行"增量"外汇的自由流动；放宽外资金融机构设立限制，扩大外资金融机构业务范围，拓宽中外金融市场合作领域；建立以内外分离型为基础，适度渗透的离岸金融发展模式；探索建立与自由贸易港相适应的本外币账户管理体系，促进跨境贸易、投融资便利化；完善跨境资金监控体制机制，强化反洗钱、反恐怖融资、反逃税工作，探索利用金融科技加快金融创新与监管。

实施宽松灵活的人员进出政策。大力优化人才引进政策，降低外籍人才出入境、就业与落户限制，规范外国人来华工作许可制度，建立便捷高效的人才签证制度，为跨境务工人员出入境和停居留提供更大便利；进一步简化自由贸易港区内企业聘用的外籍高级管理人员和专业技术人才办理外国人来华工作许可审批，简化外籍人员申请永久居留手续所需的证明材料；进出自由贸易港区的各类商务人员和中介机构人员可实行短期落地签证，长期居留人员可通过商务开业和聘用证明获得绿卡备案。

推进区港一体化发展。以打造多功能复合型自由贸易港为目标，在港口基本的转口、加工贸易功能基础上，做大国际中转集拼业务和离岸贸易，发展与贸易相关的航运物流等配套服务，加强与周边港口联动，打造跨区域综合自由贸易港。同时，根据自由贸易港建设定位，科学合理规划全市港口、临港产业及主导产业布局，实现港区一体化发展。

（四）打造"海丝"战略支点城市

打造互联互通枢纽。加快国际航运中心建设，拓展完善海上航线网络布局，加强与"海丝"沿线国家和地区港口城市之间的互联互通，打响"丝路海运"品牌；加快翔安国际机场建设，打造成为区域性枢纽机场、国际货运口岸机场、两岸交流门户机场；提升中欧（厦门）班列集货能力和运营效益，扩大台湾、东南亚海铁联运业务，放大中欧（厦门）班列辐射牵引作用。

打造经贸合作枢纽。加强国际产能合作，探索在海丝沿线重要节点国家和地区设立经贸联络处，吸引"海丝"沿线国家和地区500强企业和行业龙头企业、华商行业龙头企业等来厦投资，稳步推动有实力的企业在"海丝"沿线国家和地区拓展贸易和投资布局；巩固东盟传统贸易市场，加快建设重点商品出口基地，扩大双向贸易规模；扩大金融合作，推动尼泊尔38家商业银行和"海丝"沿线9个重点国家的商业银行加入厦门"代理清算群"。

打造海洋合作枢纽。加快中国－东盟海洋合作中心、厦门南方海洋研究中心、南方中心研发基地等平台建设，推动中国－东盟海洋数据信息服务平台、海洋公园生态服务平台、海洋产业技术服务平台等项目实施；用好厦门国际海洋周合作平台，办好中国（厦门）国际游艇展览会、中国（厦门）国际休闲渔业博览会等各类国际大型展会平台；加强与国际海洋组织合作，加大与东盟国家在海洋产业、科研等领域合作。

打造人文交流枢纽。借助南洋文化节、世界闽南语文化论坛等活动，加强与马来西亚、新加坡等国家和地区闽南文化交流合作；加快厦门大学马来西亚分校二期建设，推动厦门大学马来西亚分校建成一所在东南亚有较大影响、涵盖本硕博教育的综合性大学；拓展与"海丝"沿线国家城市间的旅游合作，开发菲律宾、马来西亚、文莱、柬埔寨、越南精品邮轮航线；着力拓展与南亚、西亚、东非、北非、澳新等地区知名度高、与厦门产业互补性强的城市结为友城。

（五）建设两岸融合发展示范区

促进厦台经贸深度合作。深入推进厦台产业对接合作，加快"一区三中心"建设，加强厦台在集成电路、平板显示、生物医药、金融、冷链物流、健康养老、文化创意、都市农业等产业的对接合作力度，逐步在产业链、供应链、价值链三方面均形成紧密融合格局；拓展厦台贸易新增长点，做大两岸海运快件业务和跨境电商业务，争取率先在自贸试验区落实海峡两岸服贸协定若干对台开放措施，加快两岸服务贸易发展；鼓励支持台资企业转型升级，在技改、融资、增资、扩产、转型等方面给予支持，推动台商一代转型，留住更多台商二代在厦发展。

密切厦台人文交流合作。强化闽南文化纽带联系，联手台胞传承和发扬光大闽南文化，深入开展闽南文化、民间艺术、民间信俗交流交往，继续办好郑成功文化节、龙舟文化节、保生慈济文化旅游节等文化交流品牌活动；深化厦台教育交流合作，以建设海峡两岸教育交流与合作基地为依托，促进两岸围绕学前教育和职业教育培训方面加强合作，推进合作办学、师资互聘、师生互访、学历互认，建立两岸教学研究共同体；深化厦台医药卫生领域交流合作，鼓励台资来厦举办合资或独资医院，推进台籍医师在厦行医注册审批更加便利化，探索适度放宽行医期限限制。

深化厦台社会各界交流交往。推动厦台基层民众交流互动，推动厦台社区、村里对接合作，建设一批两岸社区交流示范点，拓展两岸基层民众交流形式，推动观光旅游、求学参访、合作论坛、宗亲联谊、宗教往来等互访互动；扩大厦台青年交流交往，加快建设两岸青创基地，加强基地扶持政策兑现力度和创业辅导，吸引更多台湾青年来厦就业创业，打造更多对台研学旅行基地，吸引更多台湾青少年来厦门研学旅行，推动设立一批台湾青年体验式交流中心，办好海峡两岸大学生创意文化节等两岸青年交流活动；加强厦台媒体交流合作，大力推动媒体双向驻点，加大宣传入岛力度，借助网络平台和新媒体，提升入岛宣传实效，让"和平统一、一国两制"方针和"两岸一家亲"理念深入人心。

打造厦金融合发展先行区。推动厦金基础设施互联互通，提升厦金"小三通"航线的软硬条件，推动建设厦金大桥，探索厦金间机场、路桥等重大基础设施共建共享；推动厦门对金门的"新三通"，在实现通水的基础上，以民间行业对接模式，逐步实现电、天然气、网络电信的畅通；探索建立厦金旅游协作示范区，加强厦门与金门、澎湖的旅游产品资源整合和线路串联，培育厦金亲子、健步、骑行、免税购物的新精品旅游线路，探索推动厦金游艇自由行；促进观光旅游、健康照护、执业技术教育及培训等产业深度合作，加快厦金跨境电子商务发展，推动厦金成为两岸快件及跨境电商的货物集散转运枢纽。

建设两岸同胞温馨家园。加快落实《关于进一步深化厦台经济社会文化交流合作的若干措施》，逐步为台湾同胞在厦门学习、创业、就业、生活提供与厦门居民同等待遇，便利台企在厦投资、融资、用地、用工；加强台胞权益保护，建立健全涉台法制法规，保护台胞正当权益，提升涉台集中管辖审判工作和司法服务水平；促进厦台同胞民心融合，鼓励在厦台胞参与社区治理和社区事务，拓展台胞服务窗口服务事项范围，提升服务水平。

参考文献

［1］新华社特约记者 . 习近平同志推动厦门经济特区建设发展的探索与实践［EB/OL］. http://www.xinhuanet.com/politics/leaders/2018-06/22/c_1123022140.htm，2018-06-22.

［2］汪洋 . 推动形成全面开放新格局［N］. 人民日报 .2017-11-10(4).

［3］中共厦门市委理论学习中心组 . 中国改革开放历程的精彩缩影——厦门改革开放 40 周年的实践探索与经验启示［EB/OL］.http://www.xm.gov.cn/xmyw/201812/t20181220_2191553.htm，2018-12-20.

［4］厦门市统计局课题组 . 改革开放四十年，厦门高素质高颜值城市发展之路［R］.2018 年 8 月 .

［5］周明伟 . 厦门与台湾关系发展 30 年研究［M］. 厦门 : 厦门大学出版社，2008:1-13.

［6］黄河明 . 以党的十九大精神为指引 奋力推动厦门对台工作再上新台阶［J］. 两岸关系，2018（01）:38-40.

［7］厦门市发展研究中心课题组 . 厦门经济特区改革开放成效及未来发展思路的汇报［R］.2017-09.

课题执笔：黄光增

第十六章　厦门推动社会事业发展成就与经验启示

社会建设与广大人民群众的切身利益紧密相连，直接关系千家万户的幸福安康。改革开放 40 年来，厦门社会建设取得了很大进步，社会事业[①]有了很大发展，基本建成了覆盖全体市民、覆盖市民全生命周期、覆盖公共服务全领域的民生保障体系，人类发展指数（HDI）提升至 0.865，相当于全球第 30 位水平。

一、厦门社会事业 40 年发展成就

40 年来，厦门大力推进教育、医疗卫生、住房、社会保障、文体、社会治理等社会事业发展，创造了多个全国率先、厦门模式和蓝本，居民享有的公共服务明显增强，生活品质得到大幅提升，厦门获得"全国文明城市"五连冠。

（一）达到了教育均衡发展新水平

1. 教育投入持续加大

义务教育全部纳入公共财政保障范围，逐步提高城乡义务教育学校生均公用经费定额标准，从 2016 年秋季开始，公办普通小学每生每年 920 元、公办普通初中每生每年 1380 元，并对公办寄宿制学校按照寄宿生每生每年 400 元标准增加公用经费补助。加大转移支付力度，不断改善农村办学条件，实行教育费附加、地方教育附加按学生数在市级和各区之间进行分配。2018 年，全市教育支出 136.46 亿元，同比增长 10.8%；市本级部门预算突破 40 亿元，同比增长 33.3%。见表 16-1。

表 16-1　厦门教育投入对比

比较项目	1978 年	2018 年	增长
一般公共预算累计教育支出（万元）	748.86	1364612	1821 倍
各级学校（含成人教育、社会办学）(所)	568	1357	1.39 倍
学年初招生数（万人）	5.21	26.59	4.1 倍
在校学生数（万人）	17.87	105.29	4.89 倍
各级各类学校中任职的专任教师（万人）	0.89	5.6	5.29 倍

数据来源：厦门市统计局

[①]　本章"社会事业"主要包括教育、医疗卫生、住房、社区治理、文化体育、社会保障等方面。住房原属于社会保障里面的，但因厦门有较好的经验做法，本章单列为一点。科技内容在本书第十一章"厦门创新型城市建设成就与启示"中有体现，本章不再赘述。

2. 教育公平位于全国前列

2000 年后，厦门大力推进教育公平化、均衡化。2005 年率先实现百分百普及高中教育；取消进城务工人员子女借读费，仅此一项就减轻进城务工家庭就学负担 1173 万元，截至目前已有 10 多万进城务工人员子女通过积分入学方式在公办学校就学。自 2006 年来，厦门率先对城乡贫困家庭学生免收学杂费、课本费、簿籍费、住宿费并补助生活费，率先通过义务教育发展基本均衡先进地区。2011 年率先实现义务教育免费，2012 年实现中等职业教育免学费，2017 年开始高中阶段逐步实施免费教育制度。

3. 素质教育全面提升

从 1998 年开始，实行"小升初"电脑派位，不以小学毕业成绩作为就读中学的依据，生源就近入学，让小学生摆脱应试的压力。2004 年，取消补课和早读，把国家规定的休息时间还给学生。2011 年，落实中小学生每天一小时校园体育活动；2008 年，体育以 12 分分值纳入中考成绩，2009 年提高到 15 分，2016 年达到 30 分。2013 年出台《关于减轻义务教育阶段学生过重课业负担的若干规定》，明确了作业总量及批改方式、每学期只组织期中期末两次考试等。减负后，厦门高考成绩在福建省仍然名列前茅，近 10 年福建高考 32 名状元中厦门独占 11 名，教师在全省教学技能大赛上也是屡创佳绩。

（二）成为闽西南医疗卫生区域中心

1. 医疗卫生供给不断增加

建立市、区两级公共卫生服务体系和区、镇、村三级医疗卫生服务体系，社区卫生服务中心、乡镇卫生院、村卫生所覆盖率均达 100%，基本公共卫生服务实现城乡全覆盖。率先统一城乡居民基本医保筹资标准，从 2018 年 7 月 1 日起，财政补助由每人每年 500 元提高到 650 元，财政补助占筹资标准总额的 70%。2010 年在全国率先实行年人均 500 元以内的基本药物由社保基金统筹的政策。从 2011 年开始，鼓励村卫生室实行基本药物制度，给予每个村医每人每月 2000 元的补助。统一岛内外基本公共卫生服务经费标准，2017 年标准从原来的每人 30 元提高到每人 63 元。详见表 16-2。

表 16-2 厦门医疗投入对比

比较项目	1978 年	2018 年	增长（倍）
卫生机构（个）	220	1804	7.2
卫生机构床位（张）	3114	16604	4.33
专业卫生技术人员（人）	3200	34175	9.68

数据来源：厦门市统计局

2. 医疗改革成为全国示范

厦门作为全国医改试点城市，很多做法走在了全省乃至全国的前列。探索医疗保险制度，建立补充医疗保险，推行全民医保、医疗费即时结算，建成全国领先的"厦门市民健康信息系统"，实现医疗卫生机构间的医疗卫生资源的互联互通、患者就诊信息区域共享。在全国首创以"三师共管"为核心的慢病管理、分级诊疗和智能家庭医生签约服务模式并在全国推广。推行公立医院改革，取消公立医院药品加成改革，患者年受益 2.2 亿元。

3. 医疗水平有了大幅提升

厦门人均预期寿命从 1981 年的 67.9 岁提高到 2018 年的 80.75 岁，已达到发达国家水平。建成了基本规范的现代公共卫生服务体系，公共卫生应急处置和公共卫生服务水平在全国领先。优质医疗资源显著增加，2018 年拥有 9 所三甲医院，是全省设区市中数量最多的城市。复旦大学附属中山医院、厦门大学附属第一医院上榜 2017 中国顶级医院竞争力 100 强。推动医学教育高质量发展，1996 年市政府与厦门大学合作共建了厦门大学医学院，结束了厦门没有高等医学院校的历史；厦门医学高等医学专科学校升格为厦门医学院。

（三）创造了住房保障"厦门蓝本"

1. 住房政策法规不断健全

率先提出建设社会保障性住房。2009 年，厦门出台全国首部住房保障地方性法规《厦门市社会保障性住房管理条例》，将解决居民住房困难明确为政府公共服务的重要职责。此后配套制定了《厦门市社会保障性住房管理条例实施办法》、《厦门市保障性商品房管理办法》等 40 多个政策文件，构建了厦门立体式多渠道的住房保障政策体系。

2. 住房保障人群全面覆盖

率先探索并基本形成一整套符合本地实际的分层次、全覆盖的住房保障体系，成为"全国蓝本"。现有保障性租赁房、公共租赁住房、保障性商品房等三种保障房类型。保障性租赁房，面向本市户籍低收入、中等偏下收入住房困难家庭租赁使用；公共租赁住房，面向本市中低收入和"夹心层"住房困难家庭及来厦稳定就业的新市民；保障性商品房，面向本市无住房家庭配售，按照市场价的 45% 买入，5 年之后可自由买卖。城市人均住房面积（建筑面积）从 1980 年的 6.95 平方米增加到 2017 年的 30.85 平方米，农村人均住房面积 67.34 平方米。

3. 保障住房各项配套逐步改善

2006 年以来，厦门根据住房保障群体的实际需要，不断完善保障住房各项配套。近年来，借鉴香港等城市地铁社区综合体的成功经验，在地铁社区里设教育、医疗、商业、生鲜超市、社区服务中心等设施，让群众住得进去、住得下来。地铁社区以小户型和经济实用为原则，在建设上坚持高品质，全部按照商品房标准设计建设；按照绿色建筑二星和海绵城市理念，建设滨水公园等高品质绿化景观；充分利用小区公共区域设置组团级"共享空间"，兼顾住户的储藏需求。

（四）树立了社区治理全国样板

1. "三社联动"汇集社区治理正能量

近年来，厦门创造条件实现社区、社会组织、社会工作者"三社"有效联动。全市购买社会工作服务的资金累计已达 1.8 亿元，实施项目 650 余个，主要服务空巢老人、散居孤儿、残疾人、低保户、流浪乞讨人员、外来务工人员等特殊群体。"三社联动"在提升居民自助能力、培育居民参与意识、化解社区居民矛盾、增进社区和谐等方面成效显著。截至 2016 年，3 个项目获首届全国优秀专业社会工作服务项目评选二等奖，5 个社区、3 家民办社工机构获评首批全国社会工作服务示范社区（单位）。

2. "共同缔造"成为社区治理全国范本

创新社区治理，以政府力量结合群众的参与，共办好事实事、共推改革发展，做到"决策共谋、共建共管、效果共评、成果共享"，推动社区治理从"靠政府"变为"靠大家"，进一步增强市民的"共同家园"意识。倡导志愿服务，全市发展形成 70 多万名志愿者，群众行动从"要我做"变为"我要做"。比如垃圾分类，从鼓浪屿推行"垃圾不落地"开始，到岛内试点，再岛内外全面推行，得到市民自觉响应。"共同缔造"形成了党的领导和政府职能落实纵向到底，社会组织和社区居民参与横向到边，多元主体协商共治的治理格局。

3."社区书院"成为基层终身教育品牌

为打造市民精神文化家园,厦门探索创建了集学习教育、文体活动、群众议事于一体社区书院。构建社区书院总部、社区书院指导中心、村(居)社区书院三级服务管理体系,目前全市已建成 1 家市级书院总部、6 家区级社区书院指导中心和 214 家社区书院。在书院的功能定位、场所设置、标识系统、课程资源、管理模式等方面形成了规范化标准和要求,建立完善了师资和课程资源库、信息服务网站、日常运行管理机制,构建起互联互通、资源共享的社区教育服务体系。社区书院利用互联网等现代科技手段,创新便民利民的阅读方式、学习模式和活动载体,形成了"总部 + 教学点"的扁平化架构,全面提高社区学习教育和文化活动水平。

(五)开拓了文体事业新局面

1. 公共文化事业不断进步

文化基础设施建设持续推进,截至 2018 年,全市共有公共文化馆 7 个;经省文物局登记备案博物馆(纪念馆)12 家;公共图书馆 10 个;广播节目 7 套、电视节目 7 套;院线影院 50 家。公共文化服务体系建设标准化均衡化建设水平、公共文化设施人均享有率、公共图书馆多项业务指标居全国前列。创建了小白鹭舞蹈团和厦门爱乐交响乐团等一批在国内外享有较高水平的文艺团体。成功举办金砖国家文化节等一系列具有国际和全国影响的重大文艺活动,文化精品工程取得突破。大力弘扬闽南文化,获批国家闽南文化生态保护试验区,南音、歌仔戏等列入国家非物质文化遗产保护名录。鼓浪屿成功列入世界非物质文化遗产保护名录。

2. 公共体育事业蓬勃发展

建成体育中心、嘉庚体育馆等一批公共体育设施;建成国内首家以奥林匹克文化为专题的博物馆——厦门奥林匹克博物馆。五缘湾帆船游艇港、双龙潭汽车运动场、环岛路沿线步道及沙滩等体育健身休闲场所功能不断齐全、服务配套不断完善。厦门国际马拉松赛成为中国最具影响力和国际知名度的马拉松赛事之一,从 2008 年起连续 11 年荣获"国际田联路跑金标赛事"认证。

(六)打造了全民社保先行城市

1. 制度体系日趋健全完善

在全国率先实行养老、失业、工伤、医疗、生育"五险合一"的保险制度,设立社会保险统筹和个人专户住房公积金制度。率先制定最低工资制。创建完善医保健康账户,有效激活个人账户沉淀资金。率先在全国建设全流程智慧医保信息管理平台,实现对浪费、滥用、欺诈医保基金的行为筛查和对各种不合理使用医保基金行为的实时监控,并推广应用到全国 96 个地级市。出台《厦门市补充工伤保险试行办法》,率先建立补充工伤保险制度,开创全国政策性补充工伤保险先河。全民医保政策体系被人力资源和社会保障部誉为"厦门模式"在全国推介。

2. 社会保障水平不断提高

逐年提高社会保险待遇水平,社会救助和保障标准与物价上涨挂钩联动,2017 年,城乡低保和特困人员基本生活标准分别提高到每人每月 720 元和 1080 元。2017 年,新增幼儿生活费补助项目,对家庭经济困难的幼儿,按照每生每年 1500 元的标准补助生活费。2018 年,企业退休人员月人均基本养老金提高到3540 元,最低工资标准为 1700 元,均居全国前列。2018 年率先实现大病医保城乡全覆盖。实现居家养老城区全覆盖、农村基本覆盖,各项养老保险待遇标准位居全国前列。

3. 社会保障体系公共服务能力持续提升

厦门已基本建成市、区、镇（街）、村（居）四级联网的综合就业和社会保障服务体系。建成就业、社会保险、劳动监察、劳动仲裁、人事人才等管理信息系统及智慧医保管理平台，2004 年在全省率先开通"12333"劳动保障咨询电话服务。累计制发社会保障卡超过 550 万张，应用范围不断拓展。加强微信 /APP 客户端服务平台建设，率先全国开通厦门社保 APP、厦门人力资源 APP、厦门人才网 APP 等，提升了全市人力资源和社会保障信息化服务能力和水平。同时，加强基层经办机构能力建设，持续改进作风，提高为民服务品质。

二、厦门社会事业 40 年发展的经验

厦门社会事业 40 年发展的实践证明，必须始终坚持以人为本、坚持改革创新、坚持统筹谋划，广大人民的生活水平和生活质量才能不断得到提高。

（一）坚持以人为本，落实政府在民生保障上的主体责任

政府高度重视，始终坚持把人民放在心中最高位置，始终把保障和改革民生作为发展的中心任务。加强顶层设计，通过经济社会发展五年规划、市委补齐民生短板实施意见、为民办实事项目策划等，多措并举保障改善民生。破解"住房难"，率先构建住房供应体系及住房保障体系；破解"就医难"，构建让市民及时就医、方便就医、合理就医、合理负担、具有厦门特色的新型医疗服务体系；破解"就学难"，完善教育体制与运行机制，促进各级各类教育协调发展。《瞭望》新闻周刊 2017 年有一项统计数据显示，厦门 90% 以上的常住人口为生活、工作在这座城市而感到幸福。这很大程度上可以归因于厦门市在就业、就学、就医、社保、住房等民生领域的投入和提供的相关保障体系。全市财政预算差不多 70% 以上都会用于民生和社会事业，努力让广大群众最大限度地共享特区改革发展成果。

（二）坚持改革创新，建立健全社会事业发展制度体系

厦门的教育、医疗卫生、文化、住房等体制改革走在全省乃至全国前列，社会事业体制改革探索促进了社会事业法治建设、资金保障、考核评价、运行机制、统计与监督体系等基本制度的完善。2007 年厦门就医疗卫生、教育、住房改革，制定了《关于改革和发展医疗卫生事业 破解人民群众"就医难"的决定》、《关于破解"就学难"促进教育事业又好又快发展的若干意见》、《关于破解"住房难"问题的实施意见》等文件：提出目标措施；确定项目建设，落实载体；筹集经费，保证破解需求难题；成立机构，形成落实机制及统计制度。2009 年，厦门出台住房保障地方性法规《厦门市社会保障性住房管理条例》，努力保障低收入人群实现居者有其屋。2017 中共厦门市委通过《关于加快补齐民生短板确保全面建成小康社会的决定》，完善社会事业发展制度体系，强化政府社会管理和公共服务职能的"试金石"。

（三）坚持统筹谋划，构建经济社会、城乡区域协调发展格局

厦门一直努力推动实现城乡统筹，社会事业发展与经济发展同步、与发展阶段和财力水平相适应。实践充分表明，只有符合基本市情，社会事业才能实现"从无到有"、覆盖群体"从小到大"、保障水平"从低到高"、服务能力"从弱到强"。率先实行城乡一致的居民户籍，积极推进城乡基本公共服务均等化。率先实行与城乡并轨运行的被征地农民基本养老保险和农村居民基本医疗保险制度，实施发展"金包银"工程，打破了城乡二元结构体制，促进了城乡一体化发展。2007 年提出 3 年内让所有外来员工子女进入公办

学校接受 9 年义务教育，目前厦门市义务教育阶段在校生总数中，小学和初中分别有 55.5%、52.3% 为外来务工人员随迁子女。尤其国民经济统计口径上，也都以常住人口为准，意味着厦门把外来员工纳入城市改革与发展的管理之中，被评为最受农民工欢迎的城市。

三、厦门社会事业 40 年发展的启示

按照覆盖全体市民、全生命周期、全公共服务领域的目标，优化公共财政支出结构和投入机制，加大对岛外及农村地区倾斜支持力度，加快补齐社会事业短板，进一步提升社会事业保障水平。

（一）推动教育增量提质

1. 全面普及学前教育

实施学前教育"工程包"。严格落实配套幼儿园与城镇住宅小区"同步规划、同步建设、同步使用"的政策，确保配套幼儿园建设与住宅建设首期项目同步建设、同步交付使用。鼓励利用闲置资源改建普惠性幼儿园，健全岛外农村幼儿园经费补助、园舍建设、师资配备机制，提高农村幼儿园办园水平。

2. 优质均衡发展义务教育

实施"加快义务教育学校建设三年行动计划"，探索实施学区招生制度。推进公办义务教育学校标准化建设，市、区统筹教育设施设备配置标准，促进义务教育学校教师资源均衡配置。缩小城乡办学差距，通过举办优质教育资源岛外实质性分校、优质教育资源托管相对薄弱学校、城乡学校结对发展、师资交流等形式，实现优质教育资源共享。改善民办义务教育学校的设施，健全政府购买服务机制，完善进城务工人员随迁子女积分入学政策，实施义务教育阶段农村学生营养改善工程，提高营养餐补助标准。

3. 促进高中教育品质特色发展

建设一批在德育、课程改革、校园文化、科技艺术等方面各具特色的高中。高中阶段入学实施综合素质评价与统一招生录取相结合的办法。加强与高等院校、科研院所、高新企业、国外优质高中等合作，推进培养模式多样化。对建档立卡的家庭经济困难学生实施普通高中免除学杂费。

4. 鼓励社会力量参与办学

提高普惠性民办幼儿园补助标准，降低民办幼儿园准入门槛，鼓励、规范社会力量举办面向不同人群需求的多层次幼儿园。提升现有厦门国际学校、岷厦国际学校 2 所外籍人员子女学校办学水平，加快推进协同外籍人员子女学校建设，引进境内外专业教育机构新办外籍人员子女学校。探索引进国外知名大学来厦筹建中外合作大学。支持国有企业探索集团化办学模式，扩大优质教育资源的供给。

（二）开创健康厦门新局面

1. 合理配置医疗卫生资源

岛内重点对存在功能欠账的公立医院完善配套设施，加强岛外优质医疗资源布局，加快推进集美新城医院、马銮湾医院、环东海域医院和翔安医院等重大医疗项目建设。加强中医、中西医结合、肿瘤等临床重点专科和专科医疗机构建设，进一步提升临床重点专科水平。积极应对全面两孩政策，抓紧解决产科、儿科供给不足问题，加强市区两级妇幼健康服务机构建设。增加儿科医务人员数量。完善精神卫生防治服务网络。

2. 完善分级诊疗体系建设

积极推进分级诊疗工作，扩大家庭医生签约服务覆盖面，增强人民群众就医获得感。以"强基层"为重点加快构建布局合理、分工协作的分级诊疗新格局。深化医联体建设，推动优质医疗资源向基层流动，建立三级医院与基层医疗卫生机构之间利益分配和共享机制。全面完善基层医疗卫生机构服务网络，提高基层医疗卫生机构硬件设施配备水平。完善基层绩效工资和绩效考核制度，调动基层医务人员积极性。加强基层全科人才培养引进，完善住院医师、全科医生规范化培训制度。将家庭医生签约服务扩大到全体人群，实现家庭医生签约服务制度的全覆盖。

3. 力促医疗技术水平提升

开展战略性市校合作，深化市儿童医院与复旦大学附属儿科医院的深度合作，引入知名医学高校管理团队运营管理集美新城医院。推进医学品牌学科建设，加大国家级、省级临床重点专科建设，实现各医院错位发展。成立全市胸痛中心联盟，提升区域内记性心梗救治水平。推进儿科医联体建设，打造厦漳泉区域性儿科医疗中心。加大高层次医疗卫生人才引进力度，继续实施"海纳百川"人才计划，完善人才评价选拔机制，采用特殊人才"一事一议"方法，提高高层次人才引进考核效率。对医院紧缺的高层次人才，可按规定由医院采取考察的方式予以聘用。

4. 加大社会资本办医力度

引导社会资本发展高端康复、妇儿、肿瘤、神经等特色专科和接续性医疗机构以及独立的医学检查检验机构，与公立医院形成差异化发展。加大引资办医力度，对社会资本举办高等医院、新增床位、获得资质认证等给予补助、奖励或贷款贴息支持。开展购买公共医疗卫生服务试点。健全全行业综合监管体系。建成厦门健康医疗大数据中心并争取成为全省大数据中心，稳步推进健康医疗数据资源向社会开放。结合健康医疗大数据中心建设大力发展医疗服务、保健养生、医疗制造、健康信息等健康医疗产业。

（三）提升住房保障能力

1. 增加保障性住房有效供给

多渠道筹集保障性租赁房、公共租赁住房和保障性商品房房源。推广保障房地铁社区"区位好、配套好、品质好、体量大"的"四好一大"规划建设理念，让市民不仅"住得进"，而且"住得好"，加强保障性住房管理，做好保障性租赁房、公共租赁住房和保障性商品房等各类保障性住房的政策衔接，建立健全租赁并举的保障性住房供给体系，有效解决本市居民和城镇稳定就业的外来务工人员的住房需求。

2. 推进住房租赁试点工作

培育机构化、规模化住房租赁企业，支持有条件的国有房地产企业和产业园区平台企业发展住房租赁业务，扶持一批品牌租赁机构开展连锁经营、跨区经营。创新住房租赁管理和服务体制，搭建政府住房租赁交易服务平台，多渠道解决租赁房源，充分利用农村集体预留发展用地建设租赁住房，整合和培育完善住房租赁市场体系，建立完善服务各类园区的住房租赁市场。建立和逐步完善住房租赁市场政策体系，修订《厦门市房屋租赁管理规定》，贯彻落实上级促进住房租赁企业发展的财税金融政策，制定租赁住房用地和房源供应政策，基本形成保基本、促公平、可持续的租赁住房市场体系。

（四）完善养老服务体系

1. 完善居家社区养老服务体系

加快建设镇（街）级社区老年人日间照料中心和农村幸福院。推动老旧小区适老化改造，推进坡道、加装电梯等项目建设。建立"互联网＋养老"信息化平台，健全"12349"养老服务热线与120、110联动机制，完善老年人安全、生活、医疗保障、养老等信息共享服务。通过政府补助、购买服务、评估认证等方式，引入社会力量参与运营老年家政服务、餐饮供应、日间照料等养老服务项目。对80岁以上的老人发放高龄津贴，将符合条件的农村老人全部纳入农村"五保"供养范围，实行分散供养与集中供养相结合。

2. 提升机构养老服务品质

推进公办养老机构改革，公办养老机构优先保障五保户、孤寡老人等特困供养人员和高龄、失能老年人需求。鼓励发展集医疗、文化、生活、娱乐等功能于一体的现代养老综合体、医养结合型养护中心等高端养老模式，满足有经济能力老年人的个性化需求。加强服务监管，限期完成已建养老机构安全达标和设立许可。

3. 推进医养结合发展

加快国家级医养结合试点城市建设。推进符合条件的养老服务机构设置医务室或门诊部，具备条件的可申请设立医院，所有养老机构能够以不同形式为入住老年人提供医疗卫生服务。在有条件的二级以上综合医院开设老年病科，推进专业老年病医院建设。创新社区医养结合，社区卫生服务机构为居家老年人建立家庭病床，对高血压、糖尿病等慢病高危老年人群进行全程干预，实现对老年人群体的有效健康管理。鼓励社会力量举办老年护理院，为老年人提供医疗护理、康复、临终关怀等服务，将符合条件的老年护理院纳入基本医疗保险定点范围。建构居家、社区、机构"三位一体"的老年人长期照护服务体系，发展多种形式的长期护理保险。

4. 培育壮大养老服务业

推动养老与医疗、旅游、健康、教育、保险等领域互动发展，拓展适合老年人特点的文化娱乐、体育健身、休闲旅游、健康服务、精神慰藉等服务产品。开发适合老年人的理财、保险等金融产品，探索开展老年人住房反向抵押养老保险。实行养老服务机构从业人员职业资格认证制度，实施养老护理培训补助，在厦门医学院等院校增设养老服务业，实施养老医护学生定向培养奖励补助制度。推行政府补贴通过市民养老卡等形式，直接发放给"三无"、农村"五保"、低收入、失能、失独、高龄和特殊困难的老年人。对各类养老机构用电、用水、用气、电视入网费、通信费实行优惠或减免政策。

（五）全面繁荣文化事业

1. 持续完善文化基础设施

实施文化惠民工程，推动由政府举办的各级文化服务设施的基本公共文化项目向社会免费开放。推进闽南戏曲艺术中心等文化设施建设。全面推行公共图书馆、文化馆总分馆制，实现所有镇（街）综合文化站、村（居）综合文化服务中心达标建设，有效保障公共文化产品的供给。建立市级书院总部、区（街）指导中心、村居社区书院三级服务体系，逐步实现社区书院全覆盖。采取政府购买服务、项目补贴等政策措施，鼓励引导文化单位到城乡基层演出，不断丰富群众业务文化

2. 构建市民"15分钟健身圈"

规划建设一批大型体育场馆设施，按照具备举办全国性比赛（如全运会）的标准，规划建设新的市级体育中心。建设和改造一批公共体育场地，重点推进社区（乡村）笼式多功能运动场、室内健身房建设；利用全市城乡公园广场、绿地等，规划配建多功能运动场、健身路径及健身步道等体育设施；推进各区中型全民健身中心建设，推进镇（街）建有小型全民健身中心或广场建设。推进公共体育设施和符合开放条件的学校体育设施向社会免费开放。

（六）持续社区治理创新

1. 优化提升社会工作者队伍

完善准入制度，严把候选人标准，真正把素质好、能力强、热心服务居民的候选人选成社区"当家人"；面向社会公开招聘，一大批素质高、学历高、能力强的大学生进入社区工作者队伍，改善队伍结构。健全培训制度，打造社区工作"全科医生"，组织"一口清"、"问不倒"、"难不倒"、"评不倒"等不同形式的能力素质提升工程，锤炼社区工作者的业务本领，提升职业能力。落实考核制度，逐步加大居民满意度测评在考核中的权重，对社区专职工作人员实施综合考核，考核结果作为续约、解聘、奖惩和岗位调整的重要依据。完善保障机制，为民办社会工作服务机构新聘用的社会工作者发放最高为2万的补贴，稳定社会工作专业人才队伍。

2. 大力发展社区社会组织

民政部门通过简化登记程序、提高审核效率、结合社区社会组织特点制定章程范本等方式优化登记服务。加快发展生活服务类、公益慈善类和居民互助类社区社会组织。重点培育为老年人、妇女、儿童、残疾人、失业人员、农民工、服刑人员或强制戒毒等限制自由人员的未成年子女、困难家庭、严重精神障碍患者、有不良行为青少年、社区矫正人员等特定群体服务的社区社会组织。加快农村社区社会组织发展，支持高校毕业生、复转军人和返乡创业农民工创建农村社区社会组织或到农村社区社会组织中就业。强化社区社会组织项目开发能力，通过开展社区服务项目交流会、公益创投大赛等方式，指导社区社会组织树立项目意识，提升需求发现、项目设计、项目运作水平。

3. 建设多元共治社会

推进多元共治模式下的社区治理体系现代化。每个主体都有参与社区治理的权利，在公共事务处理过程中，坚持民主协商原则。社区民主协商应以民为本，从大多数居民的利益出发。应运用现代化的信息技术工具，提升社区治理机制的运行效率，打造社区治理运行机制的现代化。建立信息公开与反馈制度、公共需求调查制度、财政收入与支出信息公开制度、工作绩效评估制度，打造社区治理管理制度的现代化。发挥先进分子的模范带头作用，树立典型，通过评优、奖优等形式，激发参与参与社区公共事务的动力。

参考文献

［1］黄光增.厦门基本公共服务均等化问题研究［J］.厦门特区党校学报，2017(4):71-75.

［2］岳世平.厦门实施公共服务均等化取得的成就措施与经验总结［J］.厦门特区党校学报，2012(4):57-61.

［3］岳世平.厦门实施公共服务均等化具体落实措施的建议［J］.厦门特区党校学报，2012(6):58-63.

［4］强化改革创新 加快社会事业发展［EB/OL］，http://www.xm.gov.cn/xmyw/201811/t20181107_2161783.htm，2018-11-07.

课题执笔：兰剑琴

第二篇　新时代发展篇

XIN SHI DAI
FA ZHAN PIAN

第十七章　新时代厦门建设高素质的创新创业之城

一、建设高素质的创新创业之城的基础条件

近年来，厦门以推进供给侧结构性改革为主线，牢牢抓好引育龙头项目、提升园区载体、优化创新环境三大中心工作，不断增强政策扶持力度和精准度，推动产业转型升级取得积极成效，新产业新业态活力迸发，为建设高素质的创新创业之城创造了比较坚实的基础。

一是创新驱动效应逐步增强。高新技术产业支撑有力，国家高新技术企业超 1626 家，约占全省总量的一半。2018 年规模以上高新技术产业实现增加值 1094.0 亿元，占规模以上工业的 67.9%。全社会研发投入占 GDP 比重达 3.4%，居 15 个副省级城市前列。每万人拥有有效发明专利数量为全国 2.4 倍，获评知识产权事业重大进展和突出成就典型城市。火炬高新区国家双创示范基地建设获国务院表扬。自创区建设在全省考评中获得第一，累计推出创新事项 89 项，落地产业科技项目 268 个。

二是人才引领作用更加突出。全市人才规模总量超过 80 万人，高端人才数量位居全省首位，入选国家"千人计划"专家约占全省的 80%，省"百人计划"专家占全省的一半。8 成产业急需紧缺人才入选对象集中在重点产业的龙头项目，成为引领产业升级的中坚力量。

三是供给体系质量日益提升。制造业转型蹄疾步稳，获评全国首批服务型制造示范城市。实施"中国制造 2025"、促进工业稳增长和转型升级连续两年获国务院表扬。服务业占 GDP 的比重提高到 58.2%，对经济增长的贡献率达 54.6%。千亿产业链群的支撑作用更加凸显，平板显示、计算机与通讯设备、机械装备、软件信息服务、金融服务、旅游会展、现代物流、文化创意等 8 条产业链群规模超千亿。产业布局进一步优化，岛内高端服务功能加快发展，岛外先进制造业基地的特色更加鲜明。龙头企业综合实力进一步增强，国贸、建发、象屿进入全球 500 强。

（一）产业转型升级加快推进

1. 先进制造业稳步提升

一是平板显示规模居全国前六。2018 年实现产值 1315 亿元。产业链日益完善，上游的电气硝子三期 8.5 代和香港杰峰柔性、中游的天马 5.5 代 AMOLED 改造、下游的宸美三代触控屏等大项目落地。二是计算机与通讯设备整机品牌具有全球影响力。2018 年产值突破千亿元。补链强链稳步推进，上游电子元器件的博威通讯小基站产业配套，下游整机的盈趣科技工业测试机器人生产线、弘益进、立林科技等项目加快建设。三是机械装备加快向智能化转型。2018 年产值突破千亿元，新能源汽车产量增长 15.7%。全球首款 L4 级量产自动驾驶巴士"阿波龙"正式量产下线，ABB 工业中心等一批项目建成投产。

2. 现代服务业加快发展

一是金融深度位居全省首位。金融业占 GDP 比重达 10.9%，绿色金融、金融科技、航运金融、财富金融等 4 大特色金融加快发展。政府产业投资基金跻身全国前 4，各类私募基金管理机构数量位居全国第 10。融资租赁等新兴业态快速发展，累计租赁引进飞机 103 架，金额 70.5 亿美元。二是集装箱吞吐量首超高雄港。物流业总收入 1180 亿元，增长 7.4%。被确立为国家四大航运中心之一，集装箱吞吐量完成 1070.2 万标箱，保持全球第 14 位。三是保持国内热门旅游目的地前 3 名。旅游会展总收入达 1660 亿元，接待游客 8900 万人次，形成海峡旅游、商展旅游、休闲旅游、滨海旅游和文化旅游等 5 大特色产品。接待邮轮 96 艘次，旅客运输量增长 100.8%。荣获国际友城交流合作奖 "六连冠"。获批外国人 144 小时过境免签政策。

3. 战略性新兴产业快速成长

一是软件信息服务保持高位增长。2018 年全市营收增长 17%，其中火炬高新区软件信息服务业营收首破 1000 亿。在动漫游戏、信息安全和移动互联等细分领域竞争优势突出，趣店科技、云知声等一批大项目落地。二是集成电路全产业链发展。2018 年产值增长 18.6%，规模居全国第 5，基本形成覆盖设计、制造、封装测试、装备材料的全产业链，通富微电子、士兰微电子等一批项目开工建设。三是生物与新医药迈入全国前列。2018 年产值增长 20%，生物医药港进入全国 9 大专业园区，构建起 "创新研发－孵化器－中试基地－加速器－产业园区" 的产业发展体系。在一类新药、体外诊断试剂、医疗器械、化学创新药、保健食品及化妆品等细分领域具有相当竞争优势。四是石墨烯等前沿材料开始量产。2018 年新材料产业产值增长 18%，厦钨永磁电机等一批项目增资扩产。

（二）创新载体平台建设稳步推进

1. 企业主体地位不断强化

2018 年，国家高新技术企业净增 200 家，累计达到 1626 家。新增国家级企业技术中心 4 家。3 家企业获国家级人工智能创新示范。新增成长型中小企业、小巨人领军企业、技术创新示范企业近千家。新增国际、国家、行业标准 189 项。厦门有 R&D 活动的单位数中，企业占 90% 以上，企业 R&D 经费内部支出占全社会 R&D 经费支出的近 90%，充分体现企业在创新体系中的主体地位。

2. 创新投入产出不断提升

2018 年，厦门 R&D 强度 3.4%，居十五个副省级城市前列，仅次于西安和深圳。每万人发明专利拥有量由 2010 年开始统计的 3.72 件，增长到 2018 年的 27.5 件，是全国平均水平的 2.4 倍。厦门大学、厦门钨业、亿力吉奥、金龙牵头或参与完成的 4 项科技成果获 2018 年度国家科学技术奖。

3. 创新创业平台稳步推进

累计建设科技创新公共服务平台 95 个，国家重点实验室 4 家、省部共建重点实验室 2 家、省级 13 家、市级 63 家；共有工程技术研究中心国家级 2 家，省级 36 家，市级 93 家。累计设立众创空间 203 家，在孵创业团队 4686 个。国家级两岸青创基地增至 7 家，在厦台湾创业团队达 500 个。

（三）人才强市战略实施取得积极成效

1. 积极引才聚才增强创新能力

陆续推出 "双百计划"（2010 年）、"海纳百川" 人才计划（2013 年）、人才政策新十八条（2016 年）、人才新政 45 条（2017 年），形成从硕博毕业生、海归人才到高层次人才、顶尖团队全覆盖的人才政策体系，较好地发挥了引才聚才的导向作用。全市人才规模总量超过 80 万人，高端人才数量位居全省首位。其中

"两院"院士 14 人，院士工作站签约院士 26 人；入选国家"千人计划"专家 110 人，占全省近 80%；省"百人计划"专家 209 人，约占全省一半；市"双百计划"引进人才累计评选十批、共 927 人。

2. 集聚高端人才引领产业转型升级

紧贴产业发展开展精准引才，重点支持互联网＋、集成电路、新材料、生物医药等重点产业和战略性新兴产业的高精尖人才。其中领军人才吴欣鸿创办的美图公司于 2016 年在香港上市，成为香港科技股近 15 年最大 IPO，影像及社区应用矩阵覆盖全球 11 亿台独立设备；领军人才滕达创办的美亚柏科电子取证技术在信息安全领域全国第一；"千人计划"专家郑立谋创办的艾德生物、"万人计划"创业人才林志雄创办的大博医疗等企业在创业板、中小企业板成功上市，成为国内生物制药、医疗器械板块的龙头企业；近八成产业急需紧缺人才入选对象集中在重点产业的龙头项目，成为产业升级的中坚力量。

3. 发挥多区叠加优势打造对台和"双自"特色牌

发挥综合配套改革试验区、自贸试验区、国家自主创新示范区等多区叠加优势，把深化两岸人才交流和自贸区人才改革试验等特色亮点打造成为特色品牌。大力引进集成电路、生物科技、文化创意等高端人才，全国首创台湾特聘专家、专才制度，累计入选台湾特聘专家（才）195 名。在人才的带动引领下，集成电路巨头台湾联华电子在厦投资建设的联芯集团已成为大陆技术水平最先进、产品良率最高的 12 英寸晶圆厂。在自贸区内突破编制、薪酬、年龄等限制，探索以市场化方式认定高端紧缺人才，首创面向海内外招聘厦门自贸片区重点专业人才和公务员。

但同时，我们必须清醒地认识到，厦门建设高素质的创新创业之城是一个螺旋式上升的过程，在前进道路上仍有不少突出矛盾和瓶颈因素需要加快破解。一是制造业整体质量效益不高。高新技术产业主要集中在产业链的低附加值环节，特别是电子制造业增加值率偏低，"弱芯强屏"问题突出。二是服务业辐射力不强。生产性服务业长期以服务两头在外、大进大出的外贸经济为主，服务周边市场和工业发展的金融、软件信息、商务服务等现代服务业整体规模偏小。三是企业研发活动覆盖面偏窄。尚有六成企业没有研发投入，八成企业没有设立研发机构。四是发展内生自主性亟待增强。与深圳等先进城市相比，扎根本地的大企业不多，民营经济发展活力不足。五是人才政策仍有不少提升空间。现行人才政策大多针对"高精尖"，对骨干人才、基础人才的关注度不够，人才管理体制机制不够灵活，人才的流失率较高。

二、创新驱动与构建现代产业体系

金砖后时期，厦门要紧紧围绕在新时代新起点建设高素质创新创业之城的目标，统筹推进高质量发展和实现赶超，全力打好"双千亿"攻坚战。充分发挥龙头企业带动作用，大力实施补链强链延链项目，加快发展战略性新兴产业，促进制造业智能化、服务业高端化，做大做强"四新经济"，提升厦门经济内生发展活力和能级，打造具有国际竞争力的千亿产业链群。

（一）壮大战略性新兴产业

1. 建设中国软件名城

培育细分领域"单项冠军"。围绕创建国家信息消费、下一代互联网、三网融合、服务外包等试点示范城市，重点发展壮大移动互联网、大数据、动漫游戏、工业软件等特色产业集群。移动互联网领域，着力引进领军企业，重点培育本地优势企业和新兴潜力企业，构建以骨干企业为核心的移动互联网生态体系。重点突破移动操作系统、人机交互、人工智能、深度学习等核心关键技术，推动可穿戴设备、互联网电视、智能路由器等趋势性终端产品设计与研发，推进基于移动网络、GPS、北斗导航等移动互联网技术应用。

大数据领域，重点完善产业发展新机制，提升信息化基础工程，以政府大数据开放利用为突破口，开放大数据资源。重点研发大数据通用处理、实时大数据处理、海量数据存储管理等关键技术。创新民生服务、城市治理、行业应用领域的大数据应用服务，发挥美图、美柚等社交平台企业以及咪咕动漫等游戏平台型企业的入口优势、行业数据优势，加大企业数据挖掘利用力度。动漫游戏领域，重点引入国内外知名动漫游戏企业制作和运营商，嫁接新媒体资源，延伸动漫游戏创作、发行、衍生产品开发等产业链环节，大力发展基于 IP 的内容产业。

推动融合跨界发展。拓展软件信息服务改造提升传统产业的市场空间，加快软件技术与新一代信息技术的融合，推进移动互联网、物联网、大数据、云计算、智能制造等相关信息技术服务的融合跨界应用，利用软件信息技术加快推进一二三产融合、产城融合、军民融合。针对平板显示、计算机与通讯设备、机械装备、水暖卫浴等制造业重点领域，围绕研发设计、生产制造、经营管理、运营服务等环节，推动形成软件技术与工业技术深度融合。在生活服务领域，以智慧城市、信息消费、数字家庭等重点工程为抓手，面向交通出行、社会保障、全龄驾驭、健康医疗、养老服务、社区服务、餐饮娱乐、移动社交、消费金融等方面，加快释放信息化服务市场需求，依托互联网企业和行业解决方案提供商，引导企业增强信息产品供给能力，加强共享经济消费模式创新，提供新兴信息技术和服务，不断优化信息服务业态结构，主动适应消费升级。

2. 提升集成电路厦门"芯"实力

培育壮大领军龙头企业。一是积极引进增量。健全集成电路设计、制造、先进封装测试、设备和材料、应用等全产业链，重点发展大尺寸晶圆制造，抢先布局第三代半导体碳化硅产业链。瞄准国内外先进技术和主流厂商，吸引知名大型集成电路企业建设运营、生产中心和研发基地，建设高端生产线。二是做优做大存量。针对双百人才等创建的市场开拓型企业，实施本土龙头企业培育工程，贯彻落实《厦门市加快发展集成电路产业实施细则》增产奖励政策，推动一批创新能力强、发展潜力大的中小规模企业加速成长。针对士兰微、通富微电等已落地项目，做好项目建设及跟踪服务，协调解决项目开工过程中遇到的土地、资金、人员招聘等问题，促进项目尽快达产。

提高产业链上下游供应配套比率。一是优化市场供需信息推送服务，引导 IC 设计、制造、封测与本地整机或应用企业形成虚拟 IDM（系统集成服务商）模式，促进形成本地上下游供应配套关系。吸引知名 IC 设计企业和研发技术转移，为智能终端、移动互联等领域提供基础芯片支撑。二是完善政策激励，落实集成电路企业本地首次工程流片的补助政策，补充鼓励 IC 制造企业在本地封装测试相关奖励、补贴内容。三是鼓励根植型重点企业做大市场规模，引导电子信息整机设备企业与本地集成电路企业构建供应链关系，适度调低整机终端企业采购本地芯片模组补助对象的年销售额门槛标准，提高本地集成电路芯片在下游终端设备的搭载量。

加快产业人才集聚和培养。发挥厦门与台湾的地缘相近优势，加大对台湾集成电路领域的工程师及高端经营管理、营销管理类人才引进力度。利用自贸区海外人才离岸创新创业基地人才柔性引进机制，吸引集聚美国硅谷等地集成电路顶尖技术人才。加强产业基础人才培养供应，加快中国科学院大学厦门微电子工程学院建设，支持有条件的高校设立集成电路学院，鼓励本地高校将集成电路列为大学一级学科。

3. 打造全国生物医药产业"第五极"

完善创新生态体系。加快建设企业协同创业中心，完善生物医药港"创新研发－孵化－中试－产业化"产业发展体系。依托已有生物医药孵化链条，完善创业苗圃和加速器，提升公共平台服务功能。深化"政府＋金融＋市场"的产业投入模式，培育发展区域性股权交易市场，解决生物医药企业投入大、周期长的难题，加速产业化进程。

做大做强细分领域。生物医药领域，重点发展新型疫苗、基因工程药物、蛋白和多肽类药物、抗体药物等生物制品，加快宫颈癌疫苗、长效干扰素等重大产品的产业化。围绕恶性肿瘤、重大传染病等开发创新化学药、新型抗生素、核素药物，推进长效干扰素等新药尽快形成医药大品种。依托闽南动植物资源优势，发展中药和天然药物，推动中药新药、中成药和中药饮片的开发和现有品种的二次开发。生物医疗领域，推动诊断试剂和仪器一体化发展，打造国内领先的诊断产品基地。发展数字化智能化的治疗、诊断和护理设备，推动骨科等高端介入医用材料、医学影像设备和耗材、移动医疗产品向高端化发展。生物制造领域，利用生物技术改造传统制造业，重点发展功能性食品、化妆品、生物制造装备，加强生物基产品研究。生物服务领域，推动生物服务在医药制造、生命健康领域的应用，重点发展公共技术服务、健康服务、合同研发和委托制造服务、中介服务。

延伸发展健康产业。加快建设健康医疗大数据中心及产业园国家试点工程。利用云计算技术、远程医疗系统等先进技术和数字化可穿戴设备等先进产品，发展健康评估、疾病预防、慢病管理等个性化健康管理和智慧养老服务等新模式。发掘中医养生文化资源，提供高质量的中医药治未病服务。围绕康复、健身、运动等多样化的大健康需求发展各类器材，依托大型群众性体育赛事，推广本地健身和体育运动品牌。

4. 建设全国最大的钨系超硬材料产业基地

加快前沿材料战略布局。能源新材料领域，重点研发燃料电池关键材料技术、高容量储氢材料技术、锂电多元复合材料、高容量锂电池材料、高效二次电池材料及关键技术、太阳能电池相关材料及其关键技术，发展高效能量转换与储能材料体系及可穿戴技术。纳米材料领域，突破石墨烯、富勒烯纳米功能材料、高端纳米滤膜等纳米材料制备与应用关键技术，重点开展石墨烯在电池材料、塑料改性、防护涂料等方面的应用研究，开展富勒烯在抗癌药物、化妆品方面的应用研究。半导体材料领域，发展LED芯片蓝宝石基片材料、功率型高亮度蓝绿色外延片及芯片制造、贴片式封装及功率型封装项目，以及碳化硅结晶体发光材料等。

推动优势领域创新升级。特种金属材料领域，重点发展高纯稀土氧化物、高纯稀土金属、稀土永磁、稀土储氢、稀土发光材料等精深加工产品，发展钨钼板材、大规格制品和零部件等钼系列产品和钨系列产品，研发纳米金、纳米铜等具有高附加值的稀有金属衍生产品。先进高分子材料领域，重点发展高附加值差别化纤维、高性能橡塑材料、先进涂层材料和特种功能性高分子材料。高性能复合材料领域，重点开发碳纤维复合材料，拓展在航空航天、高铁、风电等领域的应用，开发耐高温、耐腐蚀等其他纤维复合材料。

强化龙头带动作用。重点支持厦门钨业、厦顺铝箔、三安光电、正新轮胎等钨、铝箔和半导体材料领域的企业向外扩张和升级做强，积极培育和扶持新能源电池材料、膜材料、前沿新材料、生物医用材料企业。吸引一批央企和跨国公司等业内龙头、知名企业及配套项目落地，加快推进中船重工725所厦门材料研究院等重大项目。实施科技重大专项和新材料应用示范工程，突破产业创新和市场应用技术瓶颈，取得一批核心原创新材料关键技术，培育行业隐形冠军和具有全球竞争力的新材料重点品种。鼓励厦门大学、华侨大学等高校院所，围绕厦门市重点发展的新材料细分领域，引进学科带头人，引领产业发展。

优化产业功能布局。立足于提高产业集聚度，依托火炬同安翔安高新技术产业基地，培育壮大碳纤维复合材料、膜材料及组件、功能高分子材料、半导体发光材料等企业群。推进石墨烯新材料产业园建设，引导石墨烯、富勒烯生产企业，以及石墨烯生产设备企业、厦门大学石墨烯工程与技术研究院设立专门的产业孵化器和加速器加速集聚。推进厦钨永磁电机产业园建设，增强新能源材料竞争优势。与周边城市合作发展"飞地经济"，实现总部和研发基地布局厦门、生产制造环节布局周边的发展格局，有效缓解产业用地紧缺的矛盾。

5. 建设文化创意产业强市

大力推动业态融合创新。促进文化与科技、文化与互联网、文化与旅游、文化与金融等融合发展，推动数字内容与新媒体、创意设计、演艺娱乐、高端艺术品、文化旅游等细分领域不断创新突破，拓展新型文化产品和服务。依托厦门国家级文化和科技融合示范基地、闽台（厦门）文化产业试验区和软件园、创业园、厦门科技创新园等平台载体，加快发展文化与科技融合新业态，推进文化与科技孵化器、加速器、创客空间、创业空间的建设。把握全领域、全球化、大平台、大数据的互联网文创发展趋势，发展推动游戏引擎设计、动作捕捉、虚拟现实、影视数字制作处理、高清三维多媒体等新技术的应用，着力发展数字内容创意生产、数字内容集成传输和新媒体等文化产业，涵盖网络视听、动画创意和制作、网页游戏研发、手机游戏研发、数字人才培训、动漫游戏内容集成、全媒体传播、大型网站开发运营等产业范围。

提升园区平台特色和功能。一是增强各园区发展特色。推动软件园二期、三期重点引进和发展数字内容与新媒体产业，推动火炬高新区重点引进和发展文化与科技融合文化业态发展，推动龙山文创园精心打造厦门市工业设计中心、龙山时尚中心、创业平台、服务企业中心等四大平台，推动湖里文创园区重点发展创意设计、时尚产业、艺术品产业等，推动集美区重点发展影视演艺娱乐、音乐产业等。二是提升各类交流交易平台功能。做强做专海峡两岸（厦门）文博会、厦门国际时尚周、艺术厦门博览会等展示交易平台，进一步提升厦门国际动漫节、中国数字娱乐产业高峰会等展会水平。三是利用好自贸区制度创新平台优势。加快建设连通境内外、结合中高端的艺术品大市场，推动开展文化设备融资租赁业务，推动艺术金融创新发展，积极争取国家文物局和省直相关部门的支持，下放艺术品入境入关的鉴定权，进一步简化艺术品入境的海关手续。

力促重大项目落地建设。加快推进海丝艺术品交易中心、国家音乐产业基地、海峡出版物流中心等项目建设，推动与厦门大学共建电影学院，争取中国电影"金鸡奖"永久落户厦门。实施项目带动战略，以办节办展为抓手，吸引境内外影视资源在厦门市集聚发展，加大招商引资力度，策划生成一批重大文化产业项目。

（二）推进制造业智能化

1. 促进平板显示补链强链延链

补链。一是引进上游。大力引进技术门槛高、投资大的关键原材料和设备（如液晶材料、靶材、玻璃薄化、蒸镀设备等）生产企业，尽快补足上游产业链短板。二是做强中游。重点围绕天马微 LTPS 5.5 代线和 6 代线产能，通过"外引内推"形成关联产业集群。提升天马微产线的良品率，吸引其面板模组的应用端系统厂商，强化终端产品的成本竞争力。在触控屏领域，推进宸鸿与欧菲光整合，成立合资公司在厦投资新产能，进军车载等新兴市场，形成平板显示与智能汽车产业的对接。三是做大下游。重点针对冠捷、万利达等具有增长潜能的下游厂商，探索转型和增长模式，"一企一策"助其发展；培育做大根植型整机厂商市场规模。

强链。一是加强产业链融合。推动集成电路、平板显示和计算机与通讯设备领域企业组建电子信息产业联盟，收集在地产品信息，定期为上下游企业提供点对点、一对一的产品项目信息推送服务，打通企业协作信息渠道，促进形成本地上下游供应配套关系。二是完善政策扶持。加快研发支持，培育一批平板显示专用配套设备的制造企业。通过首购补贴等举措，鼓励面板制造和整机企业给予本地装备材料试用机会和需求空间，提高产业配套水平。三是布局公共技术平台。依托现有 LED 质量检测平台、科学仪器共享平台等，进一步完善提升平板显示产品认证和检测平台。借鉴深圳清华大学研究院、中科院深圳先进技术研究院等经验，探索建设新型研发机构，鼓励厦门大学等本地高校院所依托微电子等优势学科，发挥高校院原始创新、高新技术与应用技术研发、科技人才培养方面的作用。

延链。重点关注如 AMOLED、MICRO LED、柔性显示、量子点显示、石墨烯触控屏等新技术，及可穿戴设备、智能家居、小间距 LED 显示广告屏、车载显示等平板显示的创新应用。存量方面，扩大天马微 LTPS 产线的市场占有率，积极接洽天马 5.5 代 AMOLED 项目、上海 AMOLED 后道封装产线，争取吸引天马总部。增量方面，加强北京、深圳、台湾等重点城市和地区的驻点招商，做好新技术的产业布局。

2. 保持计算机与通讯设备领域领先优势

加快产品结构调整。适应技术发展趋势，加快产品结构调整，实现产品多样化、差异化发展。计算机产业重点发展高性能海量数据存储服务器、高端容错计算机、工业控制计算机、嵌入式计算机等；结合互联网、移动互联网和消费市场发展趋势，大力发展便携式、低功耗笔记本计算机，以及大尺寸、高性能、触摸型一体式平板计算机；推动高性能高可靠性配套零部件的开发，提升笔记本电脑产品的质量；重视服务和增值业务，由单纯的硬件产品销售，逐步向"终端＋内容＋服务"延伸，向价值链高端转型，提高企业盈利能力。通讯设备产业重点发展下一代互联网关键设备，包括高性能路由器、无线基站、光通讯设备等网络设备，支持下一代网络的智能终端芯片等核心器件；开展物联网感知终端设备、穿戴式智能设备、云计算及应用设备研发与制造；推进军民融合，发展卫星导航和通信；支持厦门企业形成系统集成服务能力，培育发展通信控制芯片、智能天线、功能模块及关键元器件，在局部关键器件模块形成技术领先。

加强创新能力建设。鼓励企业加大自主创新的研发投入，提高自主研发能力，掌握核心技术，支持新型智能手机产品、新型平板笔记本等移动终端的开发。建设区域性计算机及通讯设备产品研发中心，重点吸引基于行业应用的终端设备、智能手机、可穿戴设备三大领域的大型企业研发中心和中小研发创业企业落户厦门。开展移动芯片、移动终端传感器、人机交互等物联网核心关键技术攻关，设计与研发可穿戴设备、互联网电视、智能路由器等趋势性终端产品。建设完善的智能终端评测验证环境，实现智能终端软硬件的协同优化。持续打造科技创新平台，鼓励企业加强与高校院所的合作，加快科研成果转化，特别是基础理论、基础技术的成果转化，在计算机体系架构、基础协议等方面寻求突破。

3. 打造国内重要高端装备生产研发基地

培育发展工业机器人等新增长点。大力扶持本土机器人企业发展，积极引进跨国公司投资设厂，进行工业机器人研发设计和生产制造，逐步形成相对完善的产业体系。依托本地仪器仪表产业基础，结合智能化控制技术，重点发展工业自动化仪表、可编程控制器、实验分析仪器、环境监测专用仪器仪表等高端产品。

加快传统优势产品升级步伐。大中型客车领域，鼓励大小金龙研发生产新能源汽车和智能汽车，积极向车联网等服务领域拓展。积极与奔驰等大型跨国汽车企业合作，全面提升高端客车研发制造水平。深化与"一带一路"沿线国家和地区的产能合作，积极开拓国际市场。输配电设备领域，开发智能电网设备，扩大高压、超高压产品生产规模，开发特高压产品和超高压直流输变电设备，扶持培育一批高压开关零部件配套企业。航空工业领域，建设全球一站式航空维修基地，全面对接国家大飞机战略，从推进深度维修、拓展零部件及新材料的研发制造、航材保障及供应链服务、人才培训等四个方面进行全面升级。充分利用自贸区制度创新优势，进一步降低维修企业零部件的库存成本，节省零部件采购成本和航材保障时间，为做大航空维修业创造有利条件。工程机械领域，支持厦工与中航技自动控制研究所合作，开发控制系统和液压元器件。船舶工业领域，重点发展汽车滚装船、10万立方米以下的LNG船等新产品，结合厦门国际航运中心的建设，开发制造大型邮轮和游艇。

提升智能制造水平。支持条件成熟的企业先行启动实施"智能一代"试点，在机械装备重点领域试点建设智能工厂/数字化车间，实现"机器联网"、"工厂联网"、"机器换工"，集成创新一批人机智能交互、高档数控机床、自动化生产线、增材制造等技术和装备，加快智能控制在各类装备和生产过程中的推广应用。发挥软件信息、互联网等产业优势，在机械装备领域发展基于互联网的个性化定制、众包设计、云制造等新制造模式，建设一批重点领域制造业工程数据中心，促进"互联网＋制造业"融合创新。

（三）推进服务业高端化

1. 建设区域性金融中心

增强金融业创新发展动力。充分发挥区域和政策优势，努力打造科技金融、绿色金融、财富金融及航运金融等"四个金融"特色品牌。加快黄金产业园建设，引进境内外知名黄金企业入驻，建设面向两岸和海丝沿线国家和地区的区域黄金交易市场，发展黄金消费体验旅游、黄金珠宝文创设计等配套产业，打造黄金全产业链。强化自贸区金融改革创新，推动已实施的试验任务进一步做大业务规模，加快复制推广，争取国家金融监管部门支持，在金融扩大开放、人民币跨境使用等方面实现新突破，形成更多创新成果。深化对台金融合作，继续打造两岸货币、资本市场、保险业合作平台。抓住"一带一路"和自由贸易港的重要机遇，谋划厦门市金融业发展新路径，拓展金融业发展国际化。

增强金融业辐射服务周边能力。结合厦门及周边地区经济发展基础和未来金融行业发展趋势，通过打造金融产品服务创新，吸引国内中小微企业、总部企业、进出口企业以及互联网金融企业来厦集聚，增加金融业服务对象数量，夯实本地金融服务市场基础，增加区域性金融中心的人气。创新企业融资融智服务，以区域性股权交易市场为平台，整合银行、股权投资公司、管理咨询公司、小额贷款公司、融资性担保公司等地方金融资源，打造厦门版的中小微企业融资、融智、融资源的综合服务平台，吸引国内优质中小微企业来厦挂牌，为其转型升级、创业展业提供综合性金融服务的一揽子方案。创新总部经济金融服务，开展区内企业与台湾地区企业在企业集团内部跨境人民币借款试点，吸引外资银行、中资银行在厦开展面向跨国公司总部的现金池、虚拟现金池、净额结算、集中收付款、跨银行资金集中管理等金融服务，助力厦门打造总部经济新形式。

补强适应创新型产业发展的金融服务体系。一是推动创新型产业融资供给侧改革。鼓励银行业金融机构在考核机制、风险容忍度、审贷效率等方面进行创新，建立具有广泛认可性的第三方价值评估机制，完善产权交易平台建设，逐步扩大应收账款质押、动产质押、知识产权质押、股权质押等抵质押贷款规模。推动银行与其他金融机构加强合作，对创新创业活动给予有针对性的股权和债券融资支持。鼓励银行业金融机构探索与基金等外部投资主体合作开展投贷联动业务，支持创新创业企业发展。二是加大创新型产业融资保险保障力度。鼓励保险机构积极开展创新型、科技型中小企业产品研发类保险等促进科技创新的保险产品。加快建立以股权投资为基础的投保贷合作机制，着力解决科技人才的创业融资瓶颈制约。健全创新型产业融资风险补偿机制，扩充风险补偿资金池，提高创新型企业风险补偿能力，提升金融机构资金供给的积极性。三是支持创新型企业通过多层次资本市场直接融资。加大上市政策宣传力度，加强与券商、交易所、中介机构业务合作，重点面向创新型上市后备企业开展多种形式的政策推介。积极培育区域性股权市场，发挥新三板企业协会作用，完善上市服务机构体系的同时，优化创新型企业融资金融服务。

2. 建设东南区域物流枢纽城市

推动物流服务创新。推进国家现代物流创新发展和物流标准化等试点，聚集发展口岸物流、高端创新物流、城市配送物流、制造业商贸业联动物流和区域联运物流。着力打造全国供应链创新与应用重要中心城市，培育一批供应链创新与应用示范企业，建立一批跨行业、跨领域的供应链协同、交易和服务示范平台，高效整合各类资源和要素，提升产业集成和协同水平，打造大数据支撑、网络化共享、智能化协作的智慧供应链体系。以供应链管理、新技术应用和信息化建设为依托，鼓励企业创新供应链服务业态，推动物流业向供应链整体解决方案设计、供应链物流运营、物流云服务等产业价值链高端环节延伸。支持物流业与制造业、商贸业、软件信息业、金融业融合发展，着力建设工业物流中心、城市配送中心、冷链物流中心、农产品物流、快递物流中心、供应链金融中心等公共服务平台。

推进厦门国际航运中心建设。实施多式联运工程，加强资源整合和信息化进程，构建完善的综合交通运输体系，提升不同运输方式的协作能力，加快建设东南沿海物流中心城市。持续推进国际枢纽港建设，巩固厦门集装箱干线港地位，吸引更多集装箱班轮航线挂靠厦门港；推进陆地港发展及中欧（厦门）班列市场开拓，强化辐射牵引作用。发展国际中转集拼业务，建设资源配置型国际航运中心。探索港航管理与服务新模式，加快厦门国际航运中心港口智慧物流平台建设，促进港口转型升级。鼓励和支持国有港口龙头企业加快向外拓展，发挥带动示范效应。扶持晋江、龙岩、三明、吉安、赣州等陆地港建设，加大力度拓展内陆货源腹地。

做大做强中欧班列国际物流新通道。一是推动中欧班列加大揽货力度，改造提升场站装卸能力，优化运行线路，提高货物价值和运营效率，逐步形成良性循环，打造厦门对台和对接"海丝"特色，加快为周边地区商品贸易融通开辟一条新的国际贸易通道。二是完善厦门—汉堡、阿拉木图、莫斯科三条中欧班列的运行机制，向国家争取建设中欧（厦门）班列多式联运监管中心，推动铁路运输凭证从运单向提单转变；放大中欧班列辐射牵引作用，加强班列对台湾、东南亚的延伸服务，以通道带动投资贸易。

深化对台物流合作。推动厦台物流通道建设和海运快件业务拓展，整合厦门至台中、基隆、高雄等运力资源，增开厦门—金门—台湾本岛货运航线，提高对台海运快件航线密度和运量，探索构建厦门—金门—台湾海运快件线路，形成大陆货物经台湾地区中转的集散中心。

3. 打造国际旅游会展名城

促进"旅游+"融合发展。按照"全域旅游·跨界融合"的思路，着力推动旅游与会展、邮轮、乡村、工业、商贸、文创、康体等行业融合发展，放大全域"旅游+"倍增效应。

创新旅游会展产品体系。做深做足滨海旅游、乡村旅游、海峡旅游、商务会展旅游、休闲旅游等五大特色产品，积极培育邮轮等新增长点。推进厦门国际邮轮母港建设，提升邮轮旅游出入境便利化水平，以交通运输部在厦设立邮轮经济试验区为契机，重点培育邮轮旅游市场，打造邮轮产业链，有序推进公海游试点。大力发展游艇、帆船旅游和厦漳海上旅游，鼓励开发环岛游、串岛游、海上夜游、近海游、低空飞行旅游等项目。扶持游艇、房车露营地等旅游新业态及其装备制造业发展。加强与国际展览业协会、国际大会及会议协会等会展权威机构的合作，积极对接德国杜塞尔多夫、英国励展等境外国际会展企业，吸引更多大型国际会议落户厦门。根据我省厦门市产业发展的实际需求，整合引进中国科协、中国机械工业联合会、中国航空维修协会、中华医学会等国家级行业协会在厦门市举办高端化专业化会议和展览。

做足海峡旅游品牌特色。争取赴金旅游便利化政策，继续争取国家赴金游异地招徕、台胞来厦旅游奖励、厦金游艇自由行等政策。深化厦金旅游融合发展，继续办好"厦金两门旅游节"系列活动，策划培育厦金精品旅游线路，打响"厦金旅游一体化"品牌，完善两门旅游一体化发展协调机制，探索建立资源共享、人员自由往来、客源互送、信息互通的"厦金旅游协作区"。深入拓展台胞来厦入境旅游市场，重点推动青少年研学旅游。

提升旅游会展国际化水平。制定实施全球营销计划，拓展"一带一路"沿线、俄罗斯等金砖国家旅游市场，不断提升厦门国际旅游的吸引力和影响力。重新梳理定位更加符合"高素质高颜值"的厦门旅游宣传口号和标识，持续提升海峡旅游博览会、中秋旅游博饼嘉年华、厦门国际会展周等特色节庆品牌。充分发挥厦航独有的资源优势，联合"海丝"沿线国家各运营基地，进一步构建完善的航线网络，推动开通更多并服务好厦门到欧洲、澳大利亚、美国、加拿大等洲际航线。

培育一批龙头骨干企业。推动骨干旅游企业的资源重组和资本运作，鼓励和支持本市旅游企业在厦门市以外地区设立分社和拓展旅游业务，积极引进外市、外省旅行社来厦门设立分社。积极吸引境内外知名旅游企业来厦设立区域总部、营销中心，吸引各类资本开发旅游资源，参股旅游企业。加快推进悦海湾国际酒店、凯悦温泉酒店等在建大项目建设，加大国际顶级高端品牌酒店项目、国际大型景区项目招商力度。重点培育一批会展企业向专业化、规范化、精细化发展，强化会展策划组织、场馆管理、配套服务三大环节的专业服务能力和信息化水平，提高会展服务体系整体实力。积极引入一批境内外知名会展企业，重点争取德国、英国、香港、台湾等知名会展机构在厦门设立独资或合资公司，或者与本市机构和企业合作举办会展项目。

（四）做大做强"四新经济"

1. 推广新技术

一是人工智能。依托集成电路、计算机和通讯设备、软件和信息服务等产业基础，培育人工智能创新产品和服务，努力突破计算机视觉、智能语音处理、生物特征识别、自然语言理解、智能决策控制以及新型人机交互等关键技术研发和产业化。

二是下一代网络。以聚焦前沿、促进融合为重点，推进 5G 通信等关键技术的研发及产业化，加快发展 TD－LTE 等移动通信小型化基站，研发基带芯片、应用处理器等关键芯片，推动 SDN 和 NFV 技术应用及光网络接入传输、高性能路由芯片等产业化，促进新型显示、人机交互、虚拟现实和增强现实等技术与智能终端相融合。

三是大数据等计算技术。探索建设全国性的"大数据产权交易所"，吸引国内外大数据中心、大数据研发机构、大数据产品和技术服务商落户厦门；以创建国家大数据综合试验区为契机，鼓励美亚柏科、信息集团、科技谷、南讯软件、科华恒盛积极利用大数据构建产业生态链。

四是物联网等感知技术。加大物联网核心技术、非对称技术、"杀手锏"等技术攻关研发，支持物联网核心芯片、智能终端、射频识别等技术研发和产业化，加强标准规范建设，制定传感器网络、短距离通信、异构网络融合等关键技术标准。

五是生命健康技术。发展合成生物学技术、组学技术、高通量测序技术等行业平台技术以及抗体工程、干细胞、生物治疗、组织工程等行业前沿技术。围绕生活方式干预、慢病防治干预和疾病治疗等领域，开发生命全景数据、全时数据监测管理系统和预测信息系统，实现对生命健康进程及生命趋势的预测，提供个性化健康指数分析、预测和干预服务，培育发展数字生命产业。

六是节能环保技术。发展膜组件、高压泵、能量回收装置等关键部件及系统集成技术，支持浓海水电渗析制精盐，浓海水提取钾、溴素、镁等技术。

2. 运用新模式

一是个性化定制。鼓励支持纺织服装、水暖厨卫、运动器材等传统行业利用互联网采集并对接用户个性化需求，推进设计研发、生产制造和供应链管理等关键环节的柔性化改造，开展基于个性化产品的服务模式和商业模式创新，适应消费升级需求。

二是网络化协同制造。鼓励美图、三五互联、一品威客等有实力的互联网企业构建网络化协同制造公共服务平台，面向细分行业提供云制造服务，促进创新资源、生产能力、市场需求的集聚与对接，充分整合并高效利用中小企业分散的空余制造能力，加强企业间的协同生产和对市场的实时响应，提升中小企业的行业竞争力。

三是供应链管理。重点支持居于供应链关键环节的企业，面向产业集群和区域特色产业，整合产业链资源，围绕设计研发、原材料供应、物流、产品销售、金融服务、售后服务等方面，打造大型供应链 B2B、B2C、O2O 等类型综合服务平台。

四是平台经济。大力发展网络平台，为产业链各方提供资源耦合、供需对接，推动产品制造链与流通链、生活服务链的衔接。

五是分享经济。建立适应分享经济发展的监管方式，促进交通、旅游、养老、教育、医疗、金融、房屋、人力资源、日用品消费等领域共享平台企业规范发展，逐步将政府停车场、汽车、水电等公共服务领域推向公众分享。

3. 催生新业态

一是"互联网+"。以发展数字经济为重点，充分发挥互联网在生产组织、要素配置、产品形态和商业服务模式的优化和集成作用，促进新一代信息技术与现代制造业、金融、商贸、物流、旅游、健康、教育、文化等领域的跨界融合创新。

二是"零售+"。探索"零售+"跨界融合，鼓励发展"零售+餐饮"，利用生鲜类零售企业供应链体系和品牌效应，凸显餐饮主题特点，增加顾客到实体超市或线上网店消费频次和时间，改善盈利结构，提高盈利水平。鼓励发展"零售+服务"，在重点商业集聚区和大型购物中心，引入影剧院、教育培训、儿童娱乐、艺术展示等文化娱乐业态，吸引人流量，促进服务消费与商品消费共同发展。

4. 培育新产业

一是可穿戴设备。加快培育传感器、柔性原件到交互解决方案的完整可穿戴设备产业链条，引导本土龙头企业和中小创新创业企业加强新产品联合研发，积极开展智能手表、健康终端等可穿戴设备产品研发。

二是增材制造装备。以聚焦高端、加快应用为重点，发展高功率光纤激光器等金属增材制造装备，及光固化、熔融沉积、激光选区烧结等非金属增材制造装备，支持发展激光器、振镜等3D打印装备关键零部件，研制3D打印材料，加快3D打印装备在汽车、医疗、航空等领域应用，探索商业模式创新。

三是航空航天。以翔安临空产业园为载体，积极谋划航空电子元器件、机载模组、无人机、机场地面设施制造等领域的产业链，培育微小卫星、卫星导航基础构件及终端设备等研发制造业。

四是北斗导航及应用产业。依托卫星导航应用研发中试基地，完善芯片设计、模块研发、终端产品制造、系统集成、运营服务等各产业链环节。建设北斗卫星产业孵化中心和专业产业园区，鼓励现有卫星应用企业研制具有行业特点的北斗终端，替换GPS终端，推广北斗卫星导航系统在公共安全、交通运输、防灾减灾、农林水利、气象、国土资源、环境保护、公安警务、测绘勘探、应急救援等重要行业及领域的规模化应用。重点打造基于北斗系统的手持终端、车载终端、船载终端、授时终端等北斗民用产品。大力发展北斗导航、位置服务、空间地理信息等卫星服务产业，建设卫星遥感、通信、导航综合服务平台，以东南亚为重点为"一带一路"沿线国家提供卫星应用服务。建设国家北斗卫星导航区域运营服务中心，增强厦门在全国北斗卫星民用市场的竞争力。

（五）培育生根型企业

1. 补齐民营经济发展短板

壮大高成长创新企业集群。典型企业有美图、美亚柏科、4399、未名医药、大博医疗、万泰沧海等。积极构建由种子企业、瞪羚企业、独角兽企业、行业龙头企业构成的创新型企业梯度培育体系，加强与企业"关键人"的感情沟通，密切跟踪企业战略动向，持续完善创新创业、成果转化、人才引育、投融资、市场开拓、载体支持等全链条产业扶持政策，对潜在独角兽企业给予从初创到成长壮大的全过程扶持。

扶持转型成功的特色优势企业。典型企业有欣贺、万仟堂、蒙发利等。重点是推动这些企业向高端化、智能化、品牌化、服务化升级，充分发挥信息化在转型升级中的牵引作用，深化信息技术集成应用，促进以加工组装为主的"生产型制造"向服务和产品并重、为客户提供增值服务和解决方案为主的"服务型制造"转变；积极培育自主品牌，推动OEM企业向ODM转化、ODM企业向OBM提升，打造"厦门制造"和"厦门创造"的知名品牌。

集聚实力闽商企业。典型企业有安踏、乔丹、七匹狼、特步、盈趣、银鹭、如意、安井等。重点是针对泉州、漳州乃至整个福建省城市化水平偏低的现状，立足闽西南、面向福建省、辐射中西部和长三角，大力引进和培育民营企业区域总部，以及运营中心、研发中心、管理中心、贸易结算中心、采购销售中心等职能型总部，以发展总部经济为突破口，提升厦门经济的内生发展活力和能级，形成高端产业要素汇聚和虹吸效应。

2. 提升优势国企发展活力和效率

典型企业有厦钨、建发、国贸、象屿、翔业等。一是加强资本运作推进产融结合，借鉴清华紫光发展集成电路产业的经验，发挥市属国有企业的资金优势，设立混合型并购基金，支持市属国有企业跨地区、跨行业、跨所有制兼并重组，对产业链进行垂直整合，形成一批大企业大集团。二是积极发展混合所有制经济，通过上市公司、产权交易市场等平台以转让股权、收购资产、合资新设等方式加快国有企业股权多元化改革，试点引进民营资本和央企投资公司，推进整体上市，提高国有资产证券化率。三是激发企业家活力，加快建立职业经理人制度，逐步扩大国有企业新增经理层人员市场化选聘比例，通过股权激励等方式，引入高水平管理和技术团队。

3. 推动行业龙头外资和央企扎根本地

典型企业有 ABB、戴尔、联想、太古、林德、宸鸿、正新、厦顺铝箔、天马、中移动手机动漫基地等。一是引导龙头企业开展产业链上下游配套合作，建立本地的配套产业集群，鼓励龙头企业将配套中小企业纳入共同的供应链管理，建立稳定的供应、生产、销售等配套关系，提高专业化协作水平。二是发挥厦门在"一带一路"战略中的区位优势，吸引央企在厦门市设立面向海丝国家的区域总部。三是持续服务跟踪，滚动发展落地项目，重视增资项目，视同新招商项目。

（六）全力打造适应产业创新的保障机制

1. 实施精准招商

加大一把手招商力度，构建"项目＋载体＋政策＋推介＋队伍"全链条投资促进服务体系，实施更加精准的定向、定位、定点招商。围绕千亿产业链制定产业发展路线图，按图索骥，盯紧国际国内 500 强，研究分析企业发展方向和投资动态，充分了解并主动上门对接需求，着力引进在产业链构建中起关键作用的龙头企业和产业链缺失、延伸、升级项目。引进一批新兴产业的高成长创新型企业，完善独角兽企业成长链条，培育细分市场"单项冠军"。

2. 增强政策系统性集成度

加强产业基金扶持政策与高质量发展导向的一致性，归拢目前仍散布在各个部门的各项研发、技改等产业发展扶持资金，加大政策资源的协调和优化集成。借鉴深圳经验，促进厦门市已成立的产业领导小组和产业办功能真正发挥作用，由产业办负责全盘统筹和科学规划资金在各类产业和研发、应用示范、产业化各个产业发展环节的应用比例，明确重点、集中财力扶持实体经济和高质量发展。对标新加坡等先进地区或城市，查找差距，精准施策，全面深入开展涉企收费调查研究，滚动出台减负清费措施和相关政策，突出降低企业制度性交易成本、通关成本、财务成本、人工成本、物流成本、环保成本、用能成本等重点，打出降成本"组合拳"。加大企业帮扶力度，引导企业用好用足惠企政策。

3. 完善园区载体建设

进一步统筹协调各产业空间布局，加快形成差异化、功能化的专业特色园区和产业空间布局。抓住厦门生物医药港、软件园三期、厦门两岸集成电路自贸区产业基地、紫光集成电路产业园、翔安微电子育成暨产业基地等一批特色产业园区建设的机遇，促进产业链由生产制造型向生产服务型转变，形成制造业与服务业相互支撑、相互促进的发展格局。借鉴深圳新型产业用地（M0）政策，支持和促进工业向高新技术产业、高端制造业以及研发、总部经济等转型升级。探索突破老旧工业区可加建扩建、新建部分可确权办房产证、综合整治项目可享地价优惠等政策，允许停产、低效工业用地的业主自主更新、自主招商。

4. 加大品牌建设

支持品牌企业做强做大，扩大高端产品技术供给，对企业获得中国驰名商标、工信部工业企业质量标杆、品牌培育示范企业等称号予以奖励。强化标准引领，以先进标准引领、推动、倒逼产业转型升级，对标国际提高厦门产品和服务的标准水平，建立符合国际惯例的"厦门品质"第三方品牌评价认证机制。支持企业注重品牌资产的管理，加强企业在并购、资产重组中的商标专用权价值评估，鼓励企业运用商标权进行投资入股、质押融资、许可使用、转让等，提升商标品牌价值。加大品牌企业的宣传力度，组织企业参加国内各类展会，帮助企业开拓市场，扩大厦门品牌企业的影响。

三、建设福厦泉国家自主创新示范区

福厦泉国家自主创新示范区是国家支持福建、厦门进一步加快发展赋予的先行先试政策，必须全力抓好落实。金砖后时期，厦门应抓住新一轮开放的重大机遇，继续深耕创新政策优势，以创新驱动发展为核心战略和总抓手，提速建设国家自主创新示范区。着力在提升自主创新能力、营造一流创新创业环境、深化体制机制改革等方面，持续策划一批具有厦门特色的创新事项，打造一批优秀案例，增强创新发展动能，形成创新示范效应，建设具有国际影响力的区域科技创新中心。

（一）全面提升自主创新能力

1. 加强企业创新能力建设

强化企业创新主体地位。企业是创新驱动战略和产业业转型升级的微观载体，完善以企业为主体的技术创新体系，支持企业承担国家、省、市科技计划的决策和实施，鼓励企业开展技术创新、商业模式创新和管理模式创新。加大对企业发明创造的支持和奖励力度，形成一批拥有自主知识产权的新产品。引导龙头企业加强基础研究，提升原始创新能力，鼓励引导企业参与技术标准制定，开展技术并购和集成应用。着重培育一批掌握核心技术、拥有自主知识产权、技术创新活跃的成长型中小高新技术企业，引导和支持科技型中小企业朝"专、精、特、新"方向。支持企业与高等院校、科研机构等合作开展技术攻关、联合承担重大科技任务，支持企业牵头组织实施重大科技成果产业化项目。

引导企业加大创新投入。优化创新政策，继续完善企业研发加计扣除、研发费用补贴等政策，激励企业加大研发投入。支持有条件的行业骨干企业组建中央研究院和专业领域研发中心，开展核心技术和重大战略产品研发。持续滚动支持企业提升研发机构的层次和水平，充分发挥企业研发机构在服务企业创新、支撑产业发展中的重要作用。建立健全国有企业创新经营考核制度，加大创新在企业经营业绩考核中的比重，对国有企业开展科技研发的相关费用可视同利润。

支持企业积极利用全球创新资源。鼓励企业充分利用后金砖时代的"机遇＋"，加快"一带一路"孵化器国际合作，与国际知名高校院所、世界 500 强企业开展技术、标准、装备等方面创新合作。引导和支持企业实施"走出去"战略，采取多种形式建立海外研发机构，参与全球化产业创新网络和研发平台建设，通过并购获得关键技术和知识产权，提升企业参与国际技术交流合作的水平和整合利用全球研发创新资源的能力。

2. 强化科技创新源头供给

吸引和布局高端创新平台。持续吸引汇聚全球顶尖科研机构和重大创新功能型平台，建设全球领先的科学实验室、国家实验室，开展前沿性重大科学研究。在新兴产业领域，积极争取建设国家大科学中心和国家技术创新中心等。引进和建设与产业发展密切相关的应用型科研机构、企业研发中心、工程技术（研究）中心、博士后工作站等创新载体。实施公共服务平台升级改造工程，争取升格一批国家级创新平台，重点支持和推动清华紫光集成电路设计中心、中船重工 725 所厦门材料研究院、中科院厦门稀土材料研究所、清华大学海峡研究院、国防大学军民融合协同研究院、厦门大学创新性抗体药物研发平台、快速制造国家工程研究中心厦门分中心、厦门南方海洋研究中心等科研单位加强创新和公共服务能力建设，积极在第三代半导体、石墨烯、海洋高新等未来产业领域布局创新平台。

建设新型研发机构。有针对性地高密度走访"中"字头科研院所和重点高校，重点围绕新一代信息技术、高端装备制造、生物医药、新材料等领域，引进一批大院大所创新团队或技术创新专家，建设一批以科研成果产业化为目标导向的新型研发机构。引导新型研发机构在产品创新、产业链条的衔接路径和关键环节申请专利，创建行业技术标准，争取引进一个团队，带动一个产业。

谋划建设大学科技园。深化厦门大学、集美大学、华侨大学、理工学院、产业技术研究院、中科院环科所等本地高校院所与各园区、企业的合作，积极引进国际知名研究型大学和理工类大学技术研究中心，谋划建设以大学为基础的科技园区，为深化产学研深度融合和区域科技创新中心建设提供新载体平台。

（二）营造一流创新创业环境

1. 完善科技成果产业化服务体系

促进科技成果转化组织机制建设。以国际技术转移机构、国家技术转移示范机构、高校技术转移中心、科技成果转化服务中心、创新驿站基层站点为节点，加快技术成果产业化，打造从实验室到产业化的创新服务链，构建"研发团队 + 孵化器 + 产业化基金 + 产业化基地"的科技成果产业化模式。依托福建省技术转移公共服务平台，建设海峡科技大市场。围绕"一带一路"沿线国家发展需求，联合建立技术转移转化基地。

发展多层次的技术（产权）交易市场体系。继续支持基于互联网的在线技术交易模式，推动科易网等技术交易市场做大做强。借鉴国家技术转移东部中心（上海）、国家技术转移南方中心（深圳）等较有特色的科技服务业机构和产业集聚区建设思路和经验，研究推动设立国家技术转移海西中心。

加快研发设计与检验检测服务机构建设。围绕重点行业，以增强技术、知识供给为核心，建立支撑产业升级的研发设计服务网络，规划建设产业技术研究院，开展产业技术研发、企业孵化和成果转化。建设一批试验验证、中试放大、检验检测等专业技术服务平台，扶持一批 IC 设计、模具设计、软件设计机构，加快培育工业设计产业集群。

2. 建设多元化科技金融支持体系

发展创业投资等金融机构。大力引进风险投资机构，着力发展天使投资、创业投资，有条件的科技创业园区设立天使基金。依托高新区产业投资基金、孵化基金、创投基金、创业担保基金等，支持建立科技支行、科技小额贷款公司等新型科技金融组织，拓宽创业投资、小额贷款等多种融资渠道。引导和支持企业进入多层次资本市场，提升两岸股权交易中心服务能级。

探索开发科技金融新产品。发展互联网金融，开展知识产权证券化试点。利用财政资金成立创新创业小额贷款公司，面向创业中小微企业发放创新创业贷款。成立创新创业小额贷款担保公司，专门为创业企业提供低费率担保。引导各类科技金融机构提供知识产权质押、股权质押贷款、科技保险、科技担保等服务。鼓励企业股权融资、债券融资、并购重组、融资租赁。

构建科技金融政策支持体系。完善风险共担机制，扩充风险补偿资金池，扩大财政补偿资金对银行信贷、风险投资、担保贷款、科技保险及债券融资的覆盖面。发挥产业投资引导基金作用，形成涵盖各产业集群的投资基金群。引入专业信用评级机构，试点开展科技企业信用评级和创新能力评估工作，加大基于企业信用的金融创新产品供给。建立财政奖补政策体系，对金融机构为科技企业提供融资的给予奖励；对金融机构为科技企业提供优惠融资成本的给予补助。完善企业融资补贴奖励政策，完善贷款贴息、科技保险补贴、科技担保补贴、股份制改造补贴、融资租赁补贴等政策。积极探索投贷联动，促进银行业金融机构"信贷投放"与公司"股权投资"相结合，为科创企业提供持续资金支持的融资模式。

（三）深化体制机制改革

1."双自联动"建设创新自由港

强化自创区与自贸区在创新发展中的叠加效应，推进技术、资本、人才、信息等创新要素流动的"创新自由港"建设，探索有利于创新驱动发展的制度安排，充分利用国际国内"两个市场、两种资源"，提高城市创新效率。落实自贸试验区服务业开放措施，积极探索新一轮科技服务业扩大开放措施，发展国际科技服务业。发挥自贸区各种金融服务平台作用，为创新型企业的资产证券化、知识产权股本化、创新型企业海内外上市辅导和嫁接等提供服务。加快促进跨境研发活动便利化，探索与国际接轨的人才跨境流动制度。依托厦门海港空港铁路节点的优势，通过"双自联动"，全面提升厦门海空陆铁运输通关效率，降低创新的门槛和成本。

2.加快推进科技管理体制改革

加快落实国家自主创新示范区试点政策，落实科技成果使用处置和收益管理、股权和分红激励、职工教育经费税前扣除、企业向个人股东转增股本分期缴纳个人所得税、技术所有权5年以上（含5年）非独占许可使用权转让所得税优惠等。改革科技计划体系，设立"科技重大专项"，提高财政科技资源使用集中度，聚焦重大核心、关键共性技术、重点装备和标准的研发攻关，解决制约主导产业、战略性新型产业加快发展的技术障碍。转变科技管理服务方式，全面推进"互联网＋政务"，实现市级科技公共服务事项全程网上办理。

四、打造高素质人力人才资源聚集高地

人是经济发展、城市建设的基础。要把习近平总书记"聚天下英才而用之"的思想落到人才工作实处，以战略思维、开放视野、发展观点谋划和推动人才工作，进一步优化人才强市战略，努力营造尊才重才的社会环境、引才聚才的政策环境、识才用才的工作环境、优才留才的生活环境，做到人才资源优先开发、人才结构优先调整、人才资本优先积累、人才机制优先创新、人才工程优先配套、人才环境优先改善，打造高素质人力人才资源聚集高地，为厦门建设高素质的创新创业之城奠定强大的智力基础和人才支撑。

（一）促进"双招双引"深度融合

1.突出精准引才

紧贴产业发展开展精准引才，出"高精尖缺"导向，促进招才引智与招商引资的深度融合，建立以产引才、以才促产、产才融合的良好格局。围绕产业链布局人才链，放大软件园、生物医药港、两岸集成电路自贸区产业基地等平台引才效应，促进尽快集聚一批集成电路、软件与信息服务、生物医药、新材料等战略性新兴产业的高技能产业人才。在生命健康，北斗导航及应用，机器人、可穿戴设备和智能设备等前沿领域建立产业技术创新联盟，针对未来产业超前式引智。大力培育猎头公司、行业协会等，运用市场化、社会化方式精准引才。采取给予开办补助、引才奖励等方式，吸引人力资源服务机构来厦落地服务；发挥HR联盟等组织优势，开展组团招聘，提高引才成效。

2. 创新柔性引才

按照"不求所在、但求所用"原则，鼓励用人单位以更加开放的视野引进使用人才。对院士、"千人计划"专家、诺贝尔奖获得者等长期异地工作生活的高精尖人才，不要求人才所属关系，制定弹性工作制和成果激励制度，规定研发目标和工作总时间，根据需要提供资金支持、配强工作团队，通过柔性引才方式到厦门市开展科研成果产业化。在自贸区建设国际人才离岸孵化器，创新"海外预孵化＋厦门落地"方式，集聚海内外优秀人才和优质项目。支持厦门企业在外设立研发中心、孵化器，创新柔性引进人才、"飞地"使用人才等政策，打通人才输送通道。

（二）扩大人才政策惠及面

对标深圳等人才吸引力强的先进城市，建立政策覆盖面广、普惠性强的人才政策体系，以人才优先投入抢占人才发展制高点。坚持从产业和企业需求出发，鼓励引进人才和培养本土人才并重，不断完善人才政策体系，使人才队伍既涵盖高端人才、高层次创新创业人才，也包括中层骨干、技术技能人才等各层次人才。

1. 积极引进科技创新人才

重点引进拥有自主知识产权，初步具备实现产业化条件，能够引领重点产业发展的高层次科技创新创业人才（团队）。以建设公共技术服务平台为依托，加大企业研发投入补助，鼓励人才创业企业加大研发投入，扶持培育重点实验室、工程中心、博士后工作站等各类研发机构，培育造就一批在重点产业领域内具有高知名度的专业技术骨干和学科带头人，积极引进国内外知名高校和科研院所在厦设立研发机构和技术转移中心，吸引人才来厦创新创业。鼓励科技人员创新创业，提高事业单位科技成果完成人和为成果转化作出重要贡献人员的转化成果奖励比例，充分调动科技研发人员的创新热情。

2. 强化骨干人才培养

适时修订软件信息、金融、旅游、文化等"海纳百川"子计划，引入企业对高端和中层骨干人才的认定方法，提高政策精准度和匹配度。研究出台面向重点产业骨干人才的扶持办法，采取按比例配套人才薪酬奖励、分层次个税奖励、研发经费补助等措施，鼓励用人单位加大人才投入。鼓励支持企业选送骨干人才赴国内外知名院校和企业进行技术研讨、进修培训，

3. 增强本土人才的根植性

做大做强人才队伍的基本盘，启动本土人才特支计划，符合"海纳百川"计划的本土人才参照引进人才享受优惠，进一步开发本土人才资源，增强人才的根植性。实施"人才回家计划"，支持闽商返厦创业。掌握重点企业发展动态，有针对性地邀请目标企业回厦考察。设立重点企业"绿色通道"，向返厦创业的闽商提供融资担保、创业导师、场租优惠等支持。

4. 壮大基础人才总量

充分发挥人力资本红利在经济社会发展中的关键作用，协同推进人才战略与人口战略，集聚高素质人口、积蓄发展潜力。加大基础人才、储备人才的引进培育，通过提供落户便利、租房补助、生活补贴、创业辅导等支持，吸引大学生来厦就业创业。适当扩大毕业生生活补贴覆盖范围，对重点产业和紧缺行业引进的"双一流"大学本科毕业生参照给予一次性生活补贴或购房补贴，在新一轮的毕业生争夺战确立厦门优势。

5. 提高台湾人才集聚度

围绕深化两岸融合发展的大局，广泛吸引和使用台湾集成电路、金融服务等优势产业人才。积极向上

争取将上海、重庆等其他自贸区可享受的人才流动便利复制到厦门市，争取率先赋予台湾人才和台湾青年在科研项目申报、医疗保障、信用卡办理方面同等待遇，推动与台湾在职称互认、医疗互付、人才共同培养等方面率先取得突破。

（三）加强职业技术教育

完善职业教育和培训体系，深化产教融合、校企合作，提高职业教育办学质量、深化体制机制改革、强化服务产业发展能力。推进中等职业学校省级达标校建设，推进省级示范性现代职业院校建设。推进职业院校服务产业特色专业群项目建设。推进校企"双主体"育人，加快推进现代学徒制试点和"二元制"技术技能人才培养模式改革工作，培育现代工匠。推进优质高职院校牵头组建职业院校联盟，鼓励支持行业、企业、学校等主体组建职业教育集团。提升学生职业技能大赛水平，推进学生创新创业工作。

（四）完善人才激励保障机制

1. 推进人才评价市场化

充分发挥市场配置人才资源的决定性作用和用人单位评价使用人才的主体作用，加大简政放权力度，探索市场、专业协会等为主体的评价方式，探索推荐制、认定制等市场化评价机制。总结推广生物医药、航空维修产业职称评审改革经验，建立"能力＋业绩"的评审标准，实现人才评价激励对重点产业的精准化服务。创新简化人才评价认定办法，减少人才评审项目，根据人才实际贡献，更多采取"以奖代补"方式进行扶持。

2. 加大人才项目跟投

建立重点企业、重点项目"一事一议"支持机制，以"项目＋团队＋资本"的形式，让项目能落地、人才有发展、资金有保障。借助厦门市产业引导基金以及市属国企参与筹建的创投基金，加大人才项目跟投，促使社会资本投向创新创业，为人才企业提供全生命周期的"金融套餐"。针对初创型企业，提供"信用套餐"，帮助企业获得免抵押、免担保的平价贷款。针对发展型企业，提供"上市套餐"，为企业提供股权融资对接、私募股权发行等服务。针对成熟型企业，提供"并购套餐"，成立并购重组基金，结合"一带一路"战略鼓励企业走出去开展开外并购。

3. 加强人才安居保障

加大人才住房供应和保障力度，建立租、售、补、赠多层次、多元化的人才安居体系，积极采取配租公租房、配售保障性商品房、发放购房租房补贴等多元化安居方式，为各类人才提供安居保障。加快启动面向人才的保障性商品房配售，通过在商品房中配建、竞建、竞自持，在集体土地试点建设，在保障房中定量建设，以及在居住用地限地价、限租金、限对象建设等方式，多渠道建设人才住房，并在适当降低人才资格门槛、提供分层次普惠性租房补贴、提高购房补贴标准等方面加大保障力度。

4. 放宽人才落户门槛

突破固有的户籍、学历等限定，放宽人才引进的标准，研究探索"岛外原则放开、岛内逐步放松"的户籍政策改革意见，并简化落户程序，推行全网办理，为人才落户提供便利。结合产业布局，探索逐步放宽软件信息、生物医药、集成电路等战略性新兴产业领域人才落户门槛。

5. 增加人才的城市认同感

依托主流媒体宣传厦门良好发展环境，挖掘引才留才生动案例，以人才的视角推介厦门。通过成立高层次创新创业人才协会、开展人才咨政、组织国情研修等方式，加深人才对国情、市情的了解，促进人才与厦门经济社会发展深度融合。及时开发企业公众号等平台，结合毕业生生活补贴发放、人才保障性商品房单独配售等人才关注的焦点，加强正面宣传、常态宣传、立体宣传，营造尊重人才、近悦远来的良好氛围。

参考文献

［1］厦门市人民政府 .2019 年政府工作报告［R］.2019.

［2］厦门市发展和改革委员会 . 厦门市推进产业转型升级工作指导手册［R］.2016.

［3］厦门市发展研究中心 . 加快厦门高质量发展的路径探索［R］.2018.

［4］厦门市发展研究中心 . 金砖后厦门建设高素质的创新创业之城思路研究［R］.2018.

［5］厦门市发展研究中心 . 厦门市人才发展环境客观评价分析［R］.2017.

课题执笔：陈菲妮　谢　强

第十八章　新时代厦门建设高颜值的生态花园之城

一、厦门生态文明建设现状

（一）厦门生态文明建设成效

近年来，厦门市委、市政府牢记习近平总书记嘱托，深入推进国家生态文明试验区建设，持续打造高颜值的生态花园之城，走出了一条百姓富生态美的绿色发展之路。

1. 环境质量不断提高

空气质量优成常态，近几年始终保持全国 74 个大中型城市前列，2018 年空气质量优良率达到 98.6%，"厦门蓝"已成为城市新名片。水环境质量不断改善，9 条溪流 465 公里河道实现管养分离和社会化养护全覆盖，消除城市 6 处黑臭水体，并通过生态环保部和建设部复查，省级水功能区水质达标率达 100%，污水集中处理率达 96%，厦门湾局部海域海水一、二类水质比例达到 81.2%。海沧过芸溪、集美许溪等小流域综合治理实现"水清、岸绿、景美、民富"，集美村庄生活污水处理项目获得中国人居环境范例奖，海沧湾蓝色海湾整治工程被列为国家蓝色海湾综合整治示范工程。

2. 绿化美化水平提升

全市拥有公园 140 个，人均公园绿地面积 14.65 平方米，绿化覆盖率达 43.81%。特别是 2016 年莫兰蒂台风过后，结合灾后重建，实施完成"三线四片"及重要道路、重要节点、重要门户、重要客厅"四重"范围内 86 个重要项目的绿化恢复和提升，以及 35 条道路园林绿化改造提升工作，绿化的花化、彩化让城市变得更美，得到了习近平总书记"风景怡人"、"高颜值生态花园之城"的赞誉。

3. 垃圾分类成效显著

颁布实施《厦门经济特区生活垃圾分类管理办法》，是全国首部对生活垃圾全过程监管的地方法规。全市 100% 的建成区和 70% 的行政村已开展生活垃圾分类。初步形成全市生活垃圾分类"五全工作法"、城市垃圾分类"湖里欣悦园模式"和农村垃圾分类"翔安内厝模式"。生活垃圾分类知晓率达 100%，参与率达 80% 以上，无害化处理率达 100%。生活垃圾分类做法和经验成为全国范例，2017 年 11 月，住建部在厦门召开全国现场会推广厦门垃圾分类试点经验。

4. 资源利用清洁高效

坚持绿色发展，大力培育集约节约的发展方式和生活方式，严格执行水资源"三条红线"管理，推进节能减排降碳工作，资源总量得到严格控制，节约集约制度不断健全，绿色低碳循环产业体系加快形成，市民群众绿色出行、低碳生活意识不断增强。全市煤炭占能源消耗比重仅为 20% 左右，万元地区生产总值耗能 0.35 吨标准煤、耗电 562.65 千瓦时、耗水 8.82 吨，能源资源利用效率位居全国前列。

5. 环境保护更加严格

率先探索划定了 981 平方公里的生态控制线范围和 497 平方公里生态保护红线、640 平方公里城市发展边界、10.3 万亩永久基本农田，城市生态格局不断优化，形成"多规合一"厦门经验。率先全国建立了科学合理的生态文明建设评价考核指标体系，构建了激励约束机制，开展领导干部自然资源资产离任审计，推动落实生态文明建设"党政同责"、"一岗双责"，全面推行生态文明建设"一票否决"，生态文明建设政绩考核权重提升到 25%，居全国前列。先后制定 30 多部与生态环境保护相关的地方性法规规章，为生态环境保护提供了坚实法治保障。

6. 生态荣誉硕果累累

先后荣获国家生态市、国家森林城市、国际花园城市、首批国家低碳城市试点、绿色交通城市试点、绿色建筑城市试点、海绵城市试点、地下综合管廊城市试点、全国"城市双修"试点等荣誉称号。2018 年第 4 期《国家治理周刊》在《对 19 个副省级及以上城市发展质量的测评及排名》一文中显示，厦门的生态环境质量得分在 4 个直辖市和 15 个副省级城市中排名第一。

（二）厦门生态文明建设存在的困难问题

对照建设高颜值生态花园之城标准要求，与人民群众日益增长的优美生态环境需要相比，厦门生态文明建设还存在一些问题困难。

一是环境质量持续提升难度加大。空气方面，主要污染源减排遇到瓶颈。水方面，个别黑臭水体整治成效有待巩固提升，部分小流域水质仍为劣五类，近岸海域水质亟待改善。

二是环保基础设施存在短板。污水处理系统不够完善，老旧城区和城乡接合部等还需要加大雨污分流改造力度，固体废弃物处置能力还需提升。

三是生态经济转型升级有待加强。城乡接合部"散乱污"企业整治还不到位，石板材行业整治需要加快进度，部分工业区企业周边居民环境信访投诉仍然较多。

二、厦门生态文明建设环境分析

（一）国家生态文明建设的新要求

我国高度重视生态文明建设，特别是党的十八大以来，以习近平同志为核心的党中央大力推进生态文明建设理论创新、实践创新和制度创新，开创了社会主义生态文明建设新时代。

2012 年，党的十八大报告提出"生态文明建设要坚持以人为本"，将推进生态文明建设独立成篇集中论述，并系统性提出了今后五年大力推进生态文明建设的总体要求，强调要把生态文明建设放在突出地位，纳入社会主义现代化建设总体布局。

2013 年，党的十八届三中全会要求紧紧围绕美丽中国建设深化生态文明体制改革；中央首次召开城镇化工作会议，对生态文明建设作出新部署；把生态文明建设纳入地方党政领导班子和领导干部政绩考核工作；中央批准生态建设示范区项目更名为生态文明建设示范区，生态文明建设示范创建活动进一步深化。

2014年，党的十八届四中全会提出加快建立生态文明法律制度；中国政府提出要像对贫困宣战一样坚决向污染宣战；生态文明建设列入新环保法立法目的；社会期盼"APEC蓝"常态化；全国生态文明示范创建拓展提升；全国土壤污染状况调查结果公布；"中国生态文明奖"设立；中国明确碳排放峰值时间表；生态文明理念逐步走向世界。

2015年，党的十八届五中全会把绿色发展作为必须始终坚持的五大发展理念之一；中央先后出台了《关于加快推进生态文明建设的意见》和《生态文明体制改革总体方案》，对生态文明建设作出了顶层设计和全面部署。

2016年，中央出台《关于设立统一规范的国家生态文明试验区的意见》及《国家生态文明试验区（福建）实施方案》，将中央顶层设计与地方具体实践相结合，为完善生态文明制度体系探索路径、积累经验。

2017年，党的十九大进一步加强了对生态文明建设的部署，生态文明上升为千年大计，美丽纳入国家现代化的目标之中，提供更多的优质生态产品，成为满足人民日益增长的美好生活的新任务之一，绿水青山就是金山银山的发展理念，被细化为更多的具体措施。

2018年，十三届全国人大第一次会议表决通过《中华人民共和国宪法修正案》，生态文明写入了宪法，这在我国宪政史上尚属首次；全国生态环境保护大会召开，习近平总书记发表了重要讲话，科学分析了当前生态文明建设面临的任务挑战，深入阐述了保护生态环境、建设生态文明的重大意义，明确提出了新时代推进生态文明建设必须坚持的重要原则，并就坚决打好污染防治攻坚战进行了具体部署。

习近平总书记站在实现中华民族伟大复兴中国梦的战略高度，把生态文明建设和生态环境保护摆在治国理政的重要位置，开展一系列根本性、开创性、长远性工作，提出一系列新理念新思想新战略，形成了系统完备的习近平生态文明思想，成为习近平新时代中国特色社会主义思想的重要组成部分。习近平生态文明思想内涵丰富、博大精深，深刻回答了"为什么建设生态文明、建设什么样的生态文明、怎样建设生态文明"等一系列重大理论和实践问题，是新时代推进生态文明、建设美丽中国的强大思想武器。

（二）厦门生态文明建设的新机遇

新时期，厦门既有国家高度重视生态文明建设的东风，又有习近平总书记在厦门工作期间留下的生态文明实践财富和中央的关系关注，还有金砖会晤在厦成功举办等重大利好，推进生态文明建设迎来宝贵新机遇。

一是有习近平总书记的实践财富和中央的关心关注。福建、厦门是习近平生态文明思想的重要孕育地。习近平总书记在厦门工作期间，主持编制《1985-2000年厦门经济社会发展战略》，明确提出要"创造良好的生态环境，建设优美、清洁、文明的海港风景城市"；亲自牵头开展筼筜湖综合治理，创造性地提出"依法治湖、截污处理、清淤筑岸、搞活水体、美化环境"20字方针。在福建省工作期间，把生态环境工作作为一项重大工作来抓，极具前瞻性地提出建设生态省的战略构想；勉励厦门要在生态建设上彰显特色、走在前列，"成为生态省建设的排头兵"，为厦门留下了宝贵的精神财富。到中央工作后，作出"生态资源是福建最宝贵资源，生态优势是福建最具竞争力的优势，生态文明建设也应当是福建最花力气的建设"的重要指示。2017年金砖国家领导人厦门会晤期间，深情盛赞厦门"抬头仰望是清新的蓝，环顾四周是怡人的绿。""是一座高颜值的生态花园之城，人与自然和谐共生。"习近平总书记对福建、厦门生态文明建设的这一系列重要指示，将为厦门推进美丽厦门建设，打造高颜值生态花园之城注入不竭动力；习近平生态文明思想又为新时代厦门推进生态文明建设提供了根本遵循和行动指南。

二是有金砖会晤在厦成功举办的重大利好。在中外城市发展中，重大事件往往是驱动城市提档升级的极为难得的契机。1992 年巴塞罗那奥运会，让巴塞罗那城市脱胎换骨，从时尚型的旅游城市变成一个基础设施获得极大改善的度假中心。1996 年的亚特兰大奥运会，则让亚特兰大成功实现了产业转型和跨越式发展，成为"全球最佳经济环境城市"，奥运期间留下的大规模先进会议设施，使其成为全美的"会议之城"。2016 年的杭州二十国集团峰会（G20），也给杭州带来了城市跨越发展的重大历史机遇。G20 峰会后，杭州启动了建设"世界名城"的城市建设总目标。为实现这一目标，又先后提出了"拥江发展"和"杭州湾经济区"两大战略构想作为支撑。由此，让杭州从江南一隅，长期笼罩在上海和南京阴影下的历史名城，华丽转身为具有国际视野与全球影响的"世界名城"。厦门应该要学习借鉴杭州、巴塞罗那、亚特兰大等城市利用重大事件推动城市提档升级的经验，抓住后金砖效应，力争美丽厦门"美"出新高度。

三、厦门生态文明建设目标定位

站在新时代，厦门应坚持以习近平新时代中国特色社会主义思想为指导，深入贯彻习近平生态文明思想和对福建、厦门生态文明建设的一系列重要指示，按照全国、福建省生态环境保护大会部署要求，致力走前列、作示范，持续加大生态建设和环境保护力度，坚决打好污染防治攻坚战，深入推进国家生态文明试验区建设，努力在更高起点上建设高颜值的生态花园之城，切实以实际行动当好新时代生态文明建设的排头兵。要让"清新的蓝"、"怡人的绿"成为厦门恒久的骄傲，让良好的生态环境成为厦门的靓丽品牌和宝贵财富，从而为推动高质量发展、决胜全面小康、建设"五大发展"示范市提供坚实生态环境保障。

力争到 2020 年，生态环境保护机制更加健全，生态环境质量持续位居全国前列，人与自然和谐发展的现代化建设新格局基本形成，建成美丽中国典范城市；到 2035 年，绿色发展方式和生活方式总体形成，生态文明建设水平全面提升，实现生态环境治理体系和治理能力现代化。

四、厦门生态文明建设的对策建议

（一）打好污染防治攻坚战

污染防治是老百姓关心关注的重点话题。厦门应以打好空气、水、土壤等污染防治攻坚战为突破口，进一步提升生态环境质量，不断提高人民群众的生态获得感。

1. 确保空气质量优良率始终位居全国前列

一是强力推进移动源污染防治。加快淘汰老旧车和高排放柴油货车，加强外地转入二手车辆检测，推进国六车用汽油、柴油升级。大力推进绿色海港和空港建设。进一步推广新能源汽车，配套完善充电设施。二是着力深化固定源污染防治。推进高架源实施超低排放改造，大力淘汰城市建成区 35 蒸吨 / 小时及以下燃煤锅炉。强力整治"散乱污"企业，对不符规定企业坚决做到"两断三清"(断水、断电，清除原料、清除产品、清除设备)。严格落实工地扬尘污染防治和道路一体化保洁工作方案，提高扬尘综合管控水平。三是大力加强空气质量联防联控。一手抓本市联动，一手抓区域联动，不断提升区域协同、精细化应急管控水平。

2. 着力打好碧水保卫战

一是深化小流域综合治理。落实"河（湖）长制"，实行"双总河长"领导机制，严格落实"月调度、季分析、年考核"督办制度。建立"一溪一档、一段一档"，提高溪流管养水平。推动小流域综合开发，持续打造小流域综合治理典型。二是提升近岸海域水环境质量。开展九龙江——厦门湾污染物排海总量控制试点，建设"一网、一图、一系统"的海洋生态环境监测网络，推进筼筜湖、五缘湾等雨污分流，完成下潭尾湿地公园二期、马銮湾海域生态修复等工程建设。三是加强工业园区污水治理。编制工业布局专项规划和工业园区污水处理专项规划。全面摸排工业园区污水处理设施建设情况，加快配套建设集中式污水处理设施和自动在线监控装置，实现工业区内废水分流分治、深度处理和达标排放。四是加快补齐城乡污水收集和处理设施短板。加大老旧城区、城中村等雨污分流改造力度，全面推进污水管网建设及修复改造。推进农村截污纳管和分散式污水处理设施建设，强化镇、局、区政府分级调度，不断完善项目的建设运营管理机制。加快杏林、前埔等污水处理厂提标改造，推进马銮湾、西柯等再生水厂建设，尽快实现污水管网全覆盖、全收集、全处理。

3. 有效管控土壤环境风险

一是扎实推进土壤污染防治。开展土壤污染状况详查、调查，摸清"家底"，建立污染地块名录，确定土壤环境重点监管企业名单。切实执行农药使用量零增长，减少农业面源污染。开展土壤治理与修复试点，切实改善土壤环境质量。二是严格落实固废综合监管。落实全面禁止洋垃圾入境、垃圾焚烧发电行业达标排放专项行动，持续发挥危险废物电子信息化监管平台作用，加强建筑土头垃圾规范化处置，加快推进西部、东部垃圾焚烧厂二期以及工业废物、医废处置二期项目建设，切实增强处置能力。三是深化生活垃圾分类处理。大力开展垃圾分类宣传，培养市民自觉分类的意识和习惯。加强废弃玻璃处理设施、生物质处理厂等垃圾中后端分类体系建设，满足不断增长的垃圾的处理需求。开展考评检查，曝光典型案例，依法推动垃圾分类各项工作落实。

（二）以生态文明建设推动绿色发展

绿色发展是构建高质量现代化经济体系的必然要求。厦门应大力打造绿色产业、建设绿色交通、发展绿色建筑、建设集约节约型城市，加快形成绿色发展方式和生活方式，推动经济社会发展与生态文明建设协同共进，实现"双赢"。

1. 推动产业绿色转型

一是加快产业转型升级。强化创新驱动，狠抓关键环节、龙头企业、转型升级、平台完善和政策扶持，推动产业链群壮大规模、提质增效，构建形成以高端制造业和现代服务业为主体的现代产业体系。二是控制工业领域排放。调整优化不符合生态环境功能定位的产业布局、规模和结构，严格限制高能耗、高排放产业准入。积极推广低碳新工艺、新技术，强力推进传统设备更新、企业节能减排和园区集约集聚发展，淘汰落后产能。鼓励各类投资主体进入环保市场，大力提高节能、环保、资源循环利用等绿色产业技术装备水平。三是大力发展低碳农业。加快发展现代种苗业、休闲观光农业等现代都市农业，积极推广农林牧渔多业共生的循环型农业生产方式。实施化肥使用零增长行动，发展滴灌、喷灌、水肥一体化等节水农业，推进畜禽标准化规模养殖。

2. 推进能源资源集约节约利用

一是持续推进节约能源。严格执行能耗强度、碳排放强度、污染物排放总量控制制度。大力推进太阳能光伏发电、天然气等清洁能源使用，提高能源使用效率。推进工业节能，促进行业共性节能技术应用。实施重点用能单位节能监察、固定资产投资项目节能评估与审查、能效领跑者等机制。二是全面推进节约水资源。持续加强用水总量和用水强度双控行动，完善市级最严格水资源管理考核制度体系，落实"三条红线"管理，实施取水许可制度。加快建设节水型社会，完善阶梯水价政策。推进中水回用与海水利用，提升再生水利用水平。三是强化土地资源节约集约利用。持续推进老工业区、城市老城区等"三旧改造"，提高供地率和土地利用水平。结合马銮湾新城等城市建设，合理规划和开发利用地下空间资源。继续探索扩大土地有偿使用范围，落实耕地占补平衡制度。四是大力发展循环经济。加快建设回收站点、分拣中心、集散市场"三位一体"的再生资源回收体系。优化提升东部固废处理中心运营管理，大力推进东部垃圾焚烧发电厂二期等项目建设。

3. 发展低碳交通

一是完善城市交通路网。推进第二西通道、第二东通道等建设项目，加快形成"两环八射"快速路网。加快港口、机场集疏运体系建设。加强通村公路建设，实现建制村"村村通双车道"。二是打造更具吸引力的公共交通系统。完善轨道交通1号线周边配套，加快2、3、4、6号线建设进度。持续优化常规公交线网，推进"一纵一横"公交专用道建设，形成以"轨道交通＋ＢＲＴ"为骨架、以常规公交为网络、以出租车和水上公交为补充的岛内外一体化公共交通系统。三是大力发展绿色交通。推广新能源、清洁能源汽车，加快加气站、充电桩等基础设施建设。加快在公交、出租车等重点领域淘汰落后设备、更新高耗能车辆。发展绿色港口，推进装卸设备"油改电"、码头岸电改造。鼓励使用机场桥载电源，建设绿色机场。开展智能车联网系统示范项目，试点智能辅助驾驶、节能行驶策略、夜间城市智能配送等先进技术，提升厦门交通运营及城市物流配送的安全、高效、节能水平。

4. 建设绿色建筑

一是全面普及绿色建筑。加强绿色建筑监管，新建建筑全面执行绿色建筑标准。以翔安新城低碳示范城、集美新城低碳示范城绿色工业建筑发展为引领，带动海沧、同安等全市其他新建绿色工业建筑发展。积极推进绿色农房建设，编制农村住宅绿色建设和改造图集、村镇绿色建筑技术指南，科学引导农房执行绿色建筑设计要求。二是推进既有建筑节能改造。开展大型公共建筑和公共机构办公建筑用能系统节能改造，提高用能效率和管理水平。推动各区镇同步完成具有改造价值的既有居住建筑节能改造，整体提升人居环境水平。三是推进可再生能源规模化应用。大力推广太阳能热水利用，充分利用海洋资源，大力推广海水源热泵技术，鼓励采用其他形式的浅层地热以及城市污水资源化利用。制定引导建筑光伏发电上网政策，促进微电网工程示范与应用，逐步推进太阳能光伏建筑一体化应用。

（三）大力开展生态保护和修护

生态系统保护修复是提升生态系统质量和稳定性的重要保障。厦门应持续加强生态保护，全面推进生态修复，不断强化生态环境风险防范，为良好生态环境保驾护航。

1. 持续加强生态保护

着力提高绿色决策水平，推进规划环评与项目环评联动，完善绿色发展的科学民主决策机制，从源头上控制生态环境问题的产生。进一步落实主体功能区战略，明确全市国土空间功能分区和发展方向，形成与主体功能区定位相适应的产业发展格局、生态安全格局。严格落实生态红线和生态控制线制度，加快开展生态控制线定桩定界工作，确保生态功能不降低、面积不减少、性质不改变。加强水源地保护，守住

"水缸"安全。加大白海豚、白鹭、栗喉蜂虎等自然保护区等保护力度。加强本地物种保护，防范外来物种对厦门市生态系统侵害。持续开展"绿盾"自然保护区监督检查专项行动，坚决查处生态破坏行为，切实守住生态保护底线。

2. 全面推进生态修复

深化生态修复、城市修补试点工作。高标准建设海绵城市，总结试点区城中村海绵建设，工业厂区、房地产海绵改造，黑臭水体整治等相关工作经验，形成可复制、可推广的滨海海绵城市建设模式。加快推进新阳主排洪渠生态修复工程、乐活岛（一期）海绵工程 PPP 项目、鼓锣公园水系下游河道公园建设及末端治理工程等重点工程建设。大力治理莲花水库、石兜水库、汀溪水库等水源地、水库周边环境，开展植树造林、林分改造和森林抚育，实施废弃矿山、裸露山体生态修复。推进九龙江口海湾湿地保护修复，加快推进厦门长尾礁至五通的沙滩修复工程，马銮湾、海沧湾、东坑湾等湾区整治，营造优美生态环境。

3. 强化生态环境风险防范

加强大数据、云计算、物联网、无人机等新一代信息技术和智能技术在城市生态建设中的运用，提高空气质量预警预报、水环境监测预警、生态遥感监测、生态环境舆情分析等能力。不断健全环境风险防范管理体系，提高环境应急管理科学化、规范化、常态化水平。加强环境污染风险管理，督促环境风险企业开展环境风险评估，细化应急预案管理，强化环境应急培训和演练，加大应急设施建设投入，提升应急处置能力。持续开展重点行业、重点区域和重点企业环境安全隐患排查整治，突出垃圾焚烧发电、小散乱污企业等环境监管，切实防范由环境风险引发的社会群体性事件。

（四）将生态文明建设融入民生事业和公共服务

良好生态环境是最公平的公共产品，是最普惠的民生福祉。厦门应将生态文明建设融入民生事业和公共服务，拓展城市绿色空间，打造乡村宜居环境，提升全民生态意识，不断满足人民群众从"求温饱"到"求环保"的迫切需要。

1. 拓展城市绿色空间

一是打造生态廊道。保育十大山海通廊，打造十条流域廊道，建设绿道慢行系统，形成多层次、全覆盖的都市型、郊野型、生态型绿色休闲走廊，打造环岛路、环东海域等滨海浪漫岸线，形成"山海相护、林海相通"的生态安全格局。二是建设绿地公园。大力推进节约型、生态型和功能完善型的绿地建设，均衡园林绿地分布，完善城市绿地系统。积极推进综合公园、专类公园、社区公园等各级各类城市公园建设，大力推动翔安香山等一批郊野公园和同安美峰等生态公园建设。三是实施造林绿化。组织实施森林生态建设工程，完成重点生态区位林分修复和低效林造林更新。深入推进"四绿"工程、"四边"景观绿化提升工作。开展第二轮园林绿化综合整治提升工作，继续推进岛内外城乡绿化一体化。加快"两环八射"城市道路绿化建设，结合流域整治构建流域绿道系统，大力推进屋顶绿化、天桥绿化等立体绿化工作。

2. 打造乡村宜居环境

一是推进农村生活垃圾治理。推行农村生活垃圾干湿分离，提倡湿垃圾发酵、堆肥，实现可循环利用。村环卫基础设施的配置，健全"户分类、村保洁、镇收集、区转运、市处理"的城乡一体化处理体系。完善农建立健全村庄保洁制度，开展"文明农户"和"卫生家庭"等评选活动，引导村民参与垃圾治理。二是开展农村生活污水治理。加快农村污水截污纳管、分散式处理工程建设。完善处理设施运营管理机制，加强对已建项目的管理，健全区、镇（街）、代建单位的管理机制，组织相关部门对建设未移交的管网尽快进行接收管理。引入物联网技术，构建完善远程污水监测体系，实现对村庄污水处理空间管制、总量管控和环境准入的监管要求。三是着力提升村容村貌。推动村民房前屋后绿化美化，推行"收边"处理，规整房前屋后的绿地、菜地和台地，清理村庄废弃杆塔、线路，引导合理共杆，采用园艺手法形成菜地果林"微田园"。培育"一村一景、乡村客厅"，把文化美和自然美融入村庄发展中，建设有乡土味道的美丽乡村。

3. 提升全民生态意识

一是培育市民群众生态文明理念。充分利用厦门社区书院平台，开设生态文明系列课程。发挥新闻媒体作用，依托 i 厦门、厦门环境教育等 APP 和微信公众号，普及生态文明法律法规、科学知识，报道先进典型，曝光反面事例，提高全社会生态文明意识。二是普及未成年人生态文明基本常识。开设中小学生态文明教育主题课程，编写生态文明校本教材和读本。开展"助力生态厦门，争当环保小博士"等各类环保主题活动，继续举办"我爱红树林"、"海洋小卫士"等各类社会实践活动。三是提升党政干部生态文明建设能力。稳步提高生态文明教育占各级党校、行政学院教学计划和党政干部培训体系中的比重，重视经常性教育，加强专题式研讨，不断提高广大党员干部特别是领导干部的分析解决生态环保问题的能力和水平。四是广泛开展生态文明志愿服务活动。大力培育推广生态文明主题志愿服务项目，策划启动以植绿护绿、清洁家园、低碳节能等为主题的生态环保系列实践活动，引导广大市民为共同建设生态厦门做贡献。

（五）健全生态文明体制机制

完善的体制机制是生态文明建设的助推器和催化剂。厦门应大力推进生态文明体制改革，不断完善生态文明工作机制，构建全民参与的治理体系，不断激发生态文明建设活力。

1. 推进生态文明体制改革

始终把推进国家生态文明试验区建设作为一项重要政治任务纵深推进，不断释放改革红利，不断开创试验区建设新局面，力争率先建成科学完善的生态文明制度体系。认真抓好已出台的 51 项改革举措的落地见效，加强跟踪分析和效果评估，对试行有效的重大改革举措及时复制推广。加快制定其余 7 项改革方案。继续实施生态系统价值核算和九龙江－厦门湾污染物排海总量控制两项试点任务，从陆域、溪流、海域的污染物点源、面源、移动源加强污染物入海总量控制，力争形成"厦门样板"。对环评审批制度改革、生态环境损害赔偿、碳排放智能管理、排污权交易、环境监管网格化、海漂垃圾处理、绿色金融等较为成熟的改革做法，进一步提炼总结形成可复制可推广的经验，争取在省级范围内率先推广后在全国推开。

2. 完善生态文明工作机制

坚决执行生态环境保护"党政同责"、"一岗双责"。大力推行生态环境损害责任终身追究、环保督查等制度。深入开展党政领导干部自然资源资产离任审计，健全情况通报、结果公告、整改落实、结果运用等制度。抓住中央鼓励地方在生态环境保护领域先于国家进行立法的机遇，充分发挥经济特区立法权优势，抓紧制定、修改和完善厦门市生态建设、环境保护、清洁生产与发展循环经济等方面的地方性法规、单行条例，切实将实践中成熟的经验做法及时凝练并上升为法规制度。整合组建生态环境保护综合执法队伍，加强基层环境执法标准化建设，健全环境网格化监管体系。持续开展环境执法大练兵，建立生态环境保护综合执法机关、公安机关、检察机关、审判机关信息共享、案情通报、案件移送制度，加大生态环境违法犯罪行为的制裁和惩处力度，形成不能、不敢破坏生态环境的体制机制。

3. 构建全民参与的治理体系

细化各级各部门的生态环境保护工作职责，形成责任明确、分工协作、整体联动的生态环保监管格局。加大生态环境保护投入，加快出台激发企业污染治理、第三方污染治理市场培育等财税政策，加强企业环境信用体系建设，推动落实排污权交易政策和绿色信贷、保险、证券等政策。健全生态环境新闻发布机制，落实环境信息公开制度，对涉及群众切身利益的重大项目及时主动公开。完善公众监督、举报反馈机制，保护举报人的合法权益。强化企业生态环境治理主体责任，以健全环保信用评价、信息强制性披露、环境污染责任保险、严惩重罚为手段，推动企业严格守法，规范自身环境行为。充分发挥广大市民群众的主人翁意识，不断激发全体市民自觉保护城市生态环境的思想共识和行动热忱，引导社会公众最广泛地参与生态环境保护。推动生态环保社会组织和志愿者队伍规范化健康发展，形成政府、企业、公众群策群力、共建共享绿色生态厦门的良好局面。

参考文献

［1］厦门市人民政府 .2019 年政府工作报告［R］.2019.

［2］搜狐网 . 金砖会议：吹响厦门城市发展"镀金时代"的新号角［EB］.2017-09.

［3］中共厦门市委 厦门市人民政府印发《关于全面加强生态环境保护坚决打好污染防治攻坚战的实施意见》的通知［R］.2018.

［4］厦门市生态文明建设"十三五"规划［R］.2016.

［5］厦门市"十三五"控制温室气体排放工作方案［R］.2017.

［6］台海网 . 厦门生态环境保护大会和国家生态文明试验区建设推进会召开［EB］.2018-07.

课题执笔：董世钦

第十九章　新时代厦门建设国际化城市思考

金砖会晤在厦门成功举办，对厦门城市化进程的加快推进产生十分深远的影响，为在新时代背景下提升厦门城市国际化水平提供了良好机遇。一方面，金砖会晤推动了厦门市政交通、会展旅游、居住环境等硬件设施的提档升级，促进了市民素质、精神面貌、城市文明等软实力的长效提升；另一方面，金砖会晤也让世界上更多的国家感受厦门、认识厦门，关注这座美丽精致的"海上花园"城市，极大提升厦门在国际上的影响力。

一、厦门国际化城市建设情况

（一）开放型经济蓬勃发展

外贸竞争力持续提升。目前，厦门已和世界上 200 多个国家和地区建立了经贸合作关系，是我国重要进出口商品集散地，2018 年厦门外贸进出口总额 910.44 亿美元，经济外向度达 125.3%，外贸综合竞争力位居全国百强城市第 5 位。服务贸易快速发展，2018 年服务贸易总额达 136.9 亿美元，服务外包示范城市综合评价位列全国第 6 位，厦门软件园荣获中国服务外包产业集聚园区，太古发动机等 5 家企业入选中国服务外包百强企业。外贸综合服务、跨境电商、融资租赁和保税进口等新型贸易业态快速发展，获批国家跨境电商综合试验区，实现跨境电商零售进出口 5525.5 万件，增长 14.5%。

"引进来"与"走出去"成效明显。2018 年实际使用外资 16.2 亿美元，累计达到 379 亿美元，外资质量进一步提升，高技术制造业、高技术服务业实际到资分别占制造业和服务业实际到资的 52.1% 和 24.9%。对外投资合作进入快速增长阶段，2018 年对外协议投资项目 109 个，投资额 9.96 亿美元，累计协议投资总额 153.22 亿美元，对外投资基本实现向利用境外资源、开展跨国经营、开拓新兴市场等良好方向发展。

国际一流营商环境加快打造。从 2015 年起率先参照世界银行营商环境评价体系，逐项对标国际先进，提出深化放管服改革措施，切实提高改革实效和企业获得感。2018 年国家发改委营商环境试评价排名全国第二。经第三方机构评估，2018 年厦门营商环境相当于全球经济体第 25 位，比 2014 年提高了 36 位，厦门在"执行合同"、"登记财产"、"获得电力"、"办理破产"等领域实现较大提升，便利化程度分别相当于全球第 8、13、13、14 位水平。厦门在国内首创商事登记改革，经验推广至全国；依托"多规合一"平台推动建筑项目审批制度改革，财政投融资项目和社会投资项目审批时限分别压缩 60% 和 40%；率先建设"国际贸易单一窗口"，推动通关便利化，实现进出口企业申报项目、通关时间、人力成本分别减少 30%、40% 和 50% 以上；积极开展社会信用体系建设，居全国 36 个主要城市信用状况综合排名第 5 位。

（二）国际性综合交通枢纽加快形成

区域性航空枢纽加快形成。厦门空港已开辟国际（地区）航线 35 条，其中洲际航线 8 条，与 28 个国际及境外城市（含香港、澳门、台北、高雄、台中）通航，形成覆盖中国大陆各主要城市及港、澳、台地区，连接东南亚、东北亚，通达欧洲、北美洲、大洋洲的航线网络。2018 年厦门空港旅客吞吐量 2655.34 万人次，其中国际及地区航线旅客吞吐量 365.83 万人次。获批实施外国人 144 小时过境免签政策，法国等 53 个国家的人员适用该政策。加快翔安国际新机场建设，片区规划、用地保障、基础设施等前期工作正扎实推进，翔安机场快速路等对外交通路网建设不断取得新进展。

国际航运中心建设进展顺利。被确立为国家四大国际航运中心之一，获批国家现代物流创新发展城市和智慧物流城市试点，厦门港共有集装箱航线 143 条，其中外贸航线超过 100 条，通达 44 个国家和 138 个港口，基本形成了辐射全球的集装箱快速航运网络，2018 年集装箱吞吐量 1070.23 万标箱，排名稳居全国第七位、世界第十四位。邮轮母港加快建设，中国首家国有邮轮企业运营总部星旅远洋国际邮轮（厦门）有限公司正式落户，厦门港邮轮母港航线覆盖对台、东北亚和东南亚港口，2018 年度完成旅客吞吐量 32.48 万人次，同比增长 97.78%，接待邮轮 96 艘次，同比增长 24.68%。

铁路枢纽功能日益完善。随着福厦铁路、龙厦铁路、厦深铁路相继建成通车和中欧（厦门）班列的开通运营，厦门已从原来的铁路"末梢"城市，变成东南沿海重要的铁路枢纽中心城市。目前，中欧（厦门）班列已实现从每周一列发展为每周六列常态化运营，开通了厦门到布达佩斯、汉堡、杜伊斯堡、哈萨克斯坦阿拉木图、莫斯科等 6 条国际线路，通达 12 个国家的 30 多个城市，为福建及周边地区企业乃至台湾及东南亚地区搭建起一条欧洲贸易的绿色通道。截至 2018 年 12 月底，中欧（厦门）班列已累计发运 404 列，货值达 70.48 亿元，成为全国运行质量最好的班列之一。

（三）国际交流合作日益频繁

国际会展名城建设富有成效。2017 年 9 月金砖厦门会晤成功举办，全方位提升厦门专业办会办展水平及重大外事活动综合保障能力，"后金砖"效应推动厦门会展业向高端化、国际化发展，投洽会、工博会、石材展、佛事展、文博会等品牌展会国际影响力不断增强，国际大会及会议协会（ICCA）发布的中国城市国际会议排名厦门位列 8-10 位。2018 年共举办展览 229 场，外来参会总人数 188.32 万人，同比增长 12.1%，全球 150 多个国家和地区近 10 万名境外客商来厦参加会展活动，展览涉及 40 多个行业、会议涉及 50 多个专业。

国际品牌赛事影响持续提升。厦门积极培育符合城市定位的国际知名赛事，每年举办厦门马拉松赛、世界铁人三项赛、世界杯攀岩赛、世界沙滩排球巡回赛、世界车辆模型锦标赛、国际女子高尔夫球公开赛、世界摩托艇锦标赛等十多项国际大型体育赛事，厦门马拉松赛已连续 12 年荣膺"国际田联路跑金牌赛事"，成为享誉全球的精品赛事之一。

国际友城交往不断深入。2018 年与土耳其伊兹密尔市正式结好，现拥有国际友好城市 20 个，国际友好交流城市 11 个，建立经常性联系的国家（地区）75 个，国际友好港口 22 个，海外联络处总计达到 27 个。以国际活动为载体，稳步推进与现有友城及友好交流城市的交往项目，积极拓展经贸、教育、旅游、体育、人才等各领域交流合作，先后举办"后金砖·看厦门"摄影、"法国尼斯《玫瑰人生》友好交流音乐会"、2018"行·摄友城"系列交流活动摄影展暨槟城书画展和 2018 厦门国际青少年足球邀请赛及夏令营，促进友城间文化艺术交流与合作，连续第六次荣获"国际友好城市交流合作奖"。

（四）国际宜居品质不断提升

公共服务国际化初显成效。拥有厦门国际学校、岷厦国际学校、厦门协同外籍人员子女学校等 3 所国际学校，10 所具有接受外国学生资格的学校；厦门一中等 9 所普通高中开展国际教育试点，出台中小学外籍教师管理办法。厦门大学附属第一医院通过 JCI 认证，全市三级综合医院和专科医院通过设立外籍人士就诊特需诊室等方式为外籍人士就医提供便利。

国际化社区初具雏形。推动官任社区、前埔东社区等国际化试点社区建设，其中官任社区共吸引了来自 42 个国家和地区的境外人士 1300 多名外国居民在此居住，社区内建立了外籍志愿服务队，聘请多名外语交流能力强的青年加入社区工作者队伍，开通了外籍人士服务热线，为有需要的外籍人士提供就医、就学、报警事务等咨询和服务。同时，社区还开办了"走进中国书画课"、"中国太极武术"、"编贯中西，情牵一线"中国编织课等中国传统文化课堂，为中外居民提供一个参与、互动、交流的平台。

生态文明水平有效提升。厦门拥有美丽的自然环境，素有"海上花园城市"的美誉，宜居竞争力在全国 289 个城市中排名第二，2018 年空气质量优良率 98.6%，在全国 169 个重点城市排名第二。园林绿地持续提升改造，拥有公园 140 个，建成区绿化覆盖率达 43.81%，建成区人均绿地面积排名计划单列市第 3。

二、厦门国际化城市建设存在的不足

（一）国际化综合实力不强

从经济总量看，2018 年，深圳、香港、新加坡的国内生产总值都在 3600 亿美元左右，厦门 GDP 总量为 724 亿美元，差距较为明显。从人均 GDP 看，厦门 2018 年为 17834 美元，仅为深圳的 63%，香港的 1/3，新加坡的 1/4，差距较大。从国际贸易来看，2018 年厦门进出口总额为 910.44 亿美元，仅为深圳的 20%、新加坡的 11.6%、香港的 7.6%。从外商直接投资来看，2018 年厦门实际利用外资 16.2 亿美元，仅为深圳的 19.8%。

（二）资源全球配置能力有待提升

厦门对资本的全球性配置能力仍然较弱，一是对金融资本的配置能力较弱，缺乏全国性金融机构总部和证券交易所等金融市场交易场所，两岸股权交易中心、市股权托管交易中心、碳和排污权交易中心等要素市场基本都还在起步阶段，在金融资本控制能力和资本获得便利性上较为薄弱，与香港、新加坡、深圳等城市差距较大。二是对投资资本的配置能力较弱，国际知名的企业和品牌少，投资入驻的世界 500 强企业数只有 62 家，其中总部仅 3 家，在新加坡设立总部或区域总部的跨国公司有 4200 多家，深圳投资入驻的世界 500 强企业数近 300 家。

（三）基础设施和居住环境国际化水平不高

在城市交通方面，仅开通地铁 1 号线 30.3 公里，而香港、新加坡、深圳已开通运营的地铁总长度均超过 150 公里，交通管理水平也与国际化城市相比差距较大。在公共服务方面，外籍人士的教育、医疗和卫生保健、保险等方面需求仍有很大制约，缺少成熟、完整的国际化生活社区；仅有 3 所国际化学校和 1 所国际化医疗机构；还存在着路牌等公共场合外语标识不规范的情况，缺乏英语标识相关标准等问题。国际高端会议配套设施方面如专机停机位、大型国际展会场馆、大型国际酒店等服务设施的不足，也在阻碍厦门成为国际会议目的地。

（四）社会人文国际交流水平较低

厦门目前虽拥有投洽会、国际石材展等国际知名展会，但国际性知名展会数量少、规模小，仍然缺乏重量级的国际合作项目和平台，深圳培育了高交会 IT 展、文博会等 9 个获得 UFI（国际展览业协会）认证的国际性品牌展会，新加坡、香港更是享有"国际会展之都"的美誉。市民英语普及率较低，仅为 34.7%，熟练掌握外语的人才不多，制约着对外交流水平的提升。从外籍人口来看，据不完全统计，厦门外籍人口约为 1 万人，占常住人口的比重为 0.24%，低于新加坡、香港、深圳。从国际游客看，2018 年厦门国际旅游入境人数为 430.43 万人次，占常住人口比重为 105%，与香港、新加坡、深圳差距较为明显。

（五）国际化人才较为缺乏

厦门人才国际化离国际化大都市相差很远，尚处在初级发展阶段。据统计，厦门累计引进海外留学人员数量 1 万多人，远远落后于深圳的 10 万多人；国际化人才呈现结构性短缺，从 2008 年至今共引进 3858 名外国专家，大部分外国专家主要集中在教育领域，产业领域的国际人才短缺；本土人才中取得国际化执业资格的高级人才、能够熟练运用一门甚至多门外语的专业技术人员、熟悉国际运作规则、具备国际视野、有自主创新能力的人才还十分缺乏。

三、厦门国际化发展的战略构想

充分发挥后金砖会晤效应，乘势而上，立足自身优势、弥补现有短板，以人创产，以产兴城，以城促产，以业聚人，人产城融合，形成城市国际化良性循环，力争将厦门打造成为一个具有全球知名度的高素质的创新创业之城、高颜值的生态花园之城。

（一）打造国际产业集聚区

加快高质量转型发展，推进"双千亿"建设，着力打造一批产值或营收超过千亿、具有更高产业水平与带动力的产业链群，实施一批拉动投资快速增长、提升城市承载力和宜居度的工程项目，形成一批具有国际竞争力的产业集群，构筑支撑城市快速发展的新增长极；以创新驱动为引领，推进制造业高端化、智能化，推进现代服务业高品质化、精细化；增强招商引资的针对性，提升招商引资的实效性，打造招商引资载体平台；力争把厦门打造为以高端制造业和现代服务业为代表的国际产业聚集区。

（二）打造国际交流交往中心

借助"金砖会议"为厦门带来的城市国际化水平、国际知名度和影响力的提升，加快对接国际资源，打造以会展龙头企业为核心，促进会展产业链全要素协调发展，培育一批具有国际竞争力的品牌展会和一批新的"生根型"专业展会项目，积极引进国际知名品牌展会，建设国际会议会展名城，加快推进国际人文交流合作，扩大官方和民间的友好往来，争取缔结更多的国际友城和友好交流城市，提高文化传播能力和影响力，建设国际文化名城，力争把厦门打造为国际交流交往中心。

（三）打造国际交通门户枢纽

提升机场门户功能，打造区域性枢纽机场；优化港口功能布局，建设国际航运中心；衔接国家"八横八纵"铁路大通道，优化提升既有福厦铁路、深厦铁路、鹰厦铁路、龙厦铁路服务能力，建设区域性铁路枢纽；加强空铁联运，实现高铁、城际铁路和城市轨道交通在高铁站点的同站换乘；完善高等级公路建设，全面融入国家和区域网络，形成"两横四纵"高速公路系统；构建以"地铁+BRT"为骨架，以常规公交为网络，以出租车、水上巴士和慢行交通为补充的岛内外一体化公共交通系统，力争把厦门打造为高度通达的国际交通门户枢纽。

（四）打造 21 世纪海丝支点城市

发挥政策、口岸、贸易、投资、华侨华人、人文历史等优势，以国际视野和战略思维，以更加主动的姿态走向世界，大力推动与金砖国家、"一带一路"沿线城市缔结国际友城，形成有点有面、有层次有深度的友好交流整体布局，加强政策沟通、设施联通、贸易畅通、资金融通、民心相通，进一步巩固和拓展与海上丝绸之路沿线国家和地区交流合作渠道和领域。着力建通道、搭平台，促进信息互联互通、货物通关和人员往来便利化，汇聚物流、人流、资金流和信息流，办好经贸活动，拓展海洋合作，深化人文交流，将历史优势、人文优势、经贸优势转化为开放合作优势，提升全球竞争力，努力把厦门打造成为 21 世纪海丝核心区建设支点城市。

四、提升厦门国际化水平的主要途径

（一）加快打造"海丝"开放合作新高地

1. 大力发展总部经济

高标准规划建设总部集聚区，积极引进跨国公司总部、金融机构总部和区域总部，以及运营中心、研发中心、管理中心、贸易结算中心、采购销售中心等职能型总部，发展壮大一批处于产业链关键环节、竞争力强、辐射带动作用大的总部企业。引进和壮大一批国际知名的商务服务企业和机构，推动法律、资产评估、认证认可、信用评估、知识产权等商务服务专业化、规模化、网络化发展。

2. 推动国际招商

加强国际化专业招商队伍建设，着力引进一批世界 500 强企业、全球行业领先企业、国际创新型企业，抢占产业链、价值链高端环节，提升产业国际竞争力。

3. 鼓励市场主体"走出去"

推动设立"海丝"投资基金，建立境外投资贸易联络点，支持有条件的企业拓展境外投资，开展境外商贸、物流等多形式多领域的跨国经营，培育一批本土跨国企业，拓展"厦门制造"、"厦门服务"、"厦门品牌"的国际市场空间。

4. 培育贸易发展新增长点

优化外贸结构，创新外贸方式，加大拉美、非洲等新兴市场的开拓力度，加快培育以技术、标准、品牌、质量、服务为核心的外贸竞争新优势和新型贸易业态，大力发展服务贸易和服务外包，打造对外贸易新增长点。利用自贸试验区制度创新优势，做强做大航空保税维修、跨境电商、融资租赁等外向型优势产业。积极发展多种模式的跨境电子商务，创新跨境电商 + 海外仓模式，建设国际营销服务网络。支持象屿集团、盛屯矿业、建发物流等厦门企业开展海外贸易布局和合作。

（二）加快建设国际会展旅游目的地城市

1. 提升展会品牌影响和服务水平

一是加强营销推广，做大做强展会品牌。建立面向全球的会展营销网络，用好投洽会、厦门国际海洋周等重要国际性展会平台，加强与金砖国家、"一带一路"相关国家和地区会展行业及 UFI、AFECA 等会展国际权威机构的交流合作，引进国际知名会展项目和机构落户厦门，向世界传播美丽厦门城市形象。持续提升投洽会、石材展、佛事展、工博会（台交会）、茶博会、文博会、游艇展等现有品牌展会国际化高端化水平。二是加快平台硬件建设，提高会展综合服务能力。推动会展中心和会议中心硬件设施改造升级，完善会展服务商业带及会展生态建设，从餐饮、交通、场馆标识、停车场配备等方面进一步优化配套，推动海峡旅游会展中心、海峡和平广场等会展产业综合体建设，培育引进一批会展高端专业人才、大型专业会展集团和专业会展服务主体，提升举办国际展会承载服务能力。建设高端大型酒店和引入国际知名酒店管理品牌，引导和鼓励旅游饭店完善会展接待设施和举办国际高端会议的能力，提升旅游饭店和旅行社接待会展活动的专业服务和国际化水平。发挥自贸试验区优势，推动建立大型保税性质展览展示交易活动和平台。

2. 完善旅游开发服务体系

全面实施旅游产品品牌、服务管理、环境设施、营销推广国际化提升工程。推进旅游与会展、科技、文化、生态、休闲等深度融合，打响"美丽厦门"旅游品牌，形成"美丽厦门"旅游产品体系。一是不断拓宽旅游市场。创新多媒体新媒体营销手段，做好线上线下、展会与推介的组合营销、立体营销，全方位提升"美丽厦门"的知名度、认知度和美誉度，构建全方位、多角度、多形式、多渠道的国际营销网络。围绕"一带一路"战略和厦门市国际直飞航线国家，加大"走出去、请进来"营销力度，巩固欧洲、美洲、澳洲和东南亚等主体市场，大力开发印度、俄罗斯等新兴市场，加大国际营销力度和精准度，充分发挥境外旅游代表处的作用，加快厦门旅游国际化进程。二是发展旅游新业态，提高国际化服务能力。培育发展邮轮帆船、房车露营地和低空飞行等旅游新业态。大力发展邮轮旅游，加快厦门邮轮母港建设，深度开发"一程多站"邮轮旅游产品，开辟厦门至金砖国家及"海丝"主要节点城市的精品旅游线路和邮轮航线，提升厦门旅游在金砖国家及"海丝"沿线国家和地区的知名度和影响力。提升旅游从业人员的国际化接待水平，加快建设与国际接轨的、满足国际游客多元消费需求的旅游公共服务基础设施，推进旅游集散中心体系、旅游咨询服务体系、城市道路旅游导识系统建设，努力提升旅游国际化服务水平。三是开展全域旅游。建设全域旅游示范市，加快发展乡村旅游，打造莲花健康小镇、汀溪温泉小镇、大嶝台贸小镇等一批旅游特色小镇品牌，构建以城市休闲、文化演艺、绿色生态、休闲养生等为特色，观光、休闲、度假、康养、研学等并重的全域旅游新格局。

（三）加快形成国际文化交流窗口城市

1. 塑造特色文化品牌

传承和发扬厦门闽南文化、海丝文化、华侨文化、特区文化等多元并蓄的文化特质，借助厦门会晤，讲好"厦门故事"、传播厦门"好声音"。发挥鼓浪屿、闽南红砖建筑世界文化遗产的带动效应，推进全市历史文化名镇、名村、名街区及文化生态保护区重点区域、文物保护单位等文化遗产保护与开发。加强闽南方言及闽南文化的传承和学习，打造闽南文化品牌，建设闽南文化展示中心，创新闽南文化主题产品。提升爱乐乐团、小白鹭等文化艺术品牌影响力，打造若干文化艺术知名品牌。建设"厦门国际休闲岛"和"世界设计之都"，深入挖掘厦门独特的"休闲文化"和"时尚创意"特质，进一步提升鼓浪屿、曾厝垵、龙山文化创意园、华美空间文创园、五缘湾、杏林湾、海沧湾等若干载体的文化气质和格调，充分展现厦门优美的人文环境，提升厦门的知名度和美誉度，增进国际社会对厦门的了解和认同。

2. 拓展国际人文交流

大力推动厦门与金砖国家、"一带一路"沿线城市缔结友城及友好交流点，以金砖国家、海丝沿线、国际知名城市为重点目标拓展厦门的国际友城和友好交流城市网络，形成有点有面、有层次有深度的友好交流整体布局。提升厦门国际马拉松赛事品牌，加强与国际奥委会、国际单项体育组织等国际体育组织的友好合作关系，争取举办更多具有较强国际影响力的国际单项体育赛事，利用国际赛事提高厦门的国际知名度。充分发挥使领馆的作用，推动金砖国家、"海丝"沿线国家在厦设立总领事馆、领事代表处或签证代表处。推动友城等友好交流点以及其他国际贸易组织和机构等在厦设立办事处或贸易代表处。提升南洋文化节、嘉庚论坛、中国一东盟中学校长论坛、"21世纪海上丝绸之路"大学校长论坛等文化交流平台的国际影响力。发挥闽籍侨胞、侨团等侨务资源优势，支持金砖国家、"海丝"沿线国家和地区侨胞积极开展宣传闽南文化、弘扬嘉庚精神的交流活动。充分发挥厦门大学研究优势，支持厦门大学南洋研究院、南海研究院、两岸关系和平发展协同创新中心、中国（福建）自贸区协同创新中心建设，加强与联合国教科文组织、国际知名智库等机构对接，建设具有重要影响的非政府国际文化交流平台。

（四）加快打造国际一流营商环境

1. 对标先进重点突破

把建设国际一流营商环境作为推进供给侧结构性改革的主要抓手，并与开展"降成本、优环境"专项行动相结合，借鉴新加坡、新西兰、香港等拥有国际一流营商环境的先进地区的经验，对标国际高标准，坚持问题导向，参照世界银行全球营商环境评价指标体系，从企业开办、建设许可、电力获取、产权登记、信贷获得、少数股东保护、纳税支付、国际贸易、合同履行、破产清算等10个方面着手，逐项梳理，建立健全符合厦门市情的评价体系和动态管理的改革任务清单，定期开展督察评估，查找短板弱项，加大改革力度，确保营商环境改革任务落到实处，着力打造稳定、公平、透明、可预期、与国际接轨的一流营商环境。

2. 简政放权优化服务

纵深推进"放管服"改革，实施新一轮"降成本、优环境"专项行动，推出一批降成本措施，最大限度为企业减负松绑。清理规范现有审批服务事项，提升业务协同平台功能，进一步缩短建设项目审批时限，精简工业生产、工程建设领域行政审批。放宽垄断行业和社会民生领域市场准入，吸引更多社会资本投资社会服务行业。继续推进"一趟不用跑、最多跑一趟"工作，大力推行"互联网＋政务"服务模式，拓展网上办事大厅功能，推进实体政务大厅与网上办事大厅融合发展，提高行政审批智能化水平。

3. 营造开放法治环境

一是进一步放宽外资投资准入，为外资企业营造更加公平、更加透明、更可预期的投资和经营环境。加快放开育幼养老、建筑设计、会计审计、商贸物流、电子商务，以及一般制造业和服务业等竞争性领域对外资准入限制和股比限制。落实2018年版负面清单，重点推进金融、航空维修、电信、互联网、文化、教育、育幼养老、航运、科技、建筑设计、会计审计、物流、电子商务等服务业和制造业领域的对外开放。二是进一步完善法治保障体系，用好经济特区立法权，做好相关法律、法规、规章和规范性文件的调整实施和落实工作，强化法律服务与司法保障，完善多元化纠纷解决机制。加强社会信用体系建设的顶层设计，实施《厦门市社会信用体系建设规划（2015—2020年）》，应用大数据建设继续完善全市统一的社会信用信息共享平台，加大信用主体建设和信息成果的应用力度。健全知识产权保护，深化专利、商标、版权等"多合一"的知识产权综合管理改革，综合提升知识产权创造、运用、保护、管理和服务能力，健全知识产权纠纷的争议仲裁和快速调解制度，加大知识产权侵权违法行为惩治力度。

（五）加快形成国际一流宜居环境

1. 提升城市空间生态环境

提升城市绿地率和城市环境品质，积极构建城市绿地、绿廊、绿楔、绿网框架，切实抓好城区公共绿化，按照厦门市绿道建设规划，抓紧建设全域覆盖、互联互通的绿道网络体系。推进综合公园、郊野公园、儿童主题公园、社区公园及山地公园等各级各类公园建设。改善空气质量，加强海洋生态保护和修复，改善河流水质，提升污水处理能力和垃圾处理能力，打造国际知名花园城市。

2. 优化公共服务水平

一是提升教育国际化水平。推进外籍人员子女学校建设，在提升现有 3 所外籍人员子女学校的同时，加快推进拟新建的外籍人员子女学校建设。鼓励普通高中学校与国外优质高中合作举办独立设置的中外合作高中学校，支持、推动民办学校在高中部设立国际部，持续推动普通高中国际化试点。丰富师生国际交流的形式和领域，鼓励各阶段学校开展艺术、体育等多种形式的国际交流与合作。支持金砖国家、友城、"一带一路"沿线国家和地区的学生来厦留学。二是提升医疗卫生服务国际化水平。着力提升为外籍人士提供优质医疗服务的能力，发挥厦门大学附属第一医院获得国际标准 JCI 认证的带动效应，加快推进全市 12 家三级医院 JCI 认证工作。鼓励医疗机构建立服务外籍人员的 VIP 诊室、特需病房、绿色通道等方式为外籍人士就医提供便利。建立与国际接轨的远程会诊系统，鼓励具备条件的医疗机构开展国际医疗保险结算服务。三是提升社会保障体系国际化水平。整合公安、外事等外籍人口服务项目，建立统一的外籍人口服务窗口。对接国际有关跨国劳动者社会保障的劳工公约，建立和完善在厦工作的境外人员就业管理服务和社会保障服务体系。提高市民外语普及率，提高公共服务行业外语交流能力，营造国际化语言环境。积极争取外籍高层次人才、外国留学生、外籍华人及配偶、未成年子女等出入境居留便利政策，为国际人才提供停居留便利。

3. 建设国际化生活社区

在现有厦大周边、官任路等外籍人口较集聚的区域，以国际化水平、国际化标准，集中打造一批功能集聚、服务先进、国际风情浓郁的典范国际社区。加快国际标识改造，在社区公共场所设立外语服务标志，增加国际性元素，配备具有外语水平的社区工作者。紧贴社区生活服务国际化需求，推进基础服务向社区延伸，提升网格员综合素质，为外籍人士提供各种个性化服务。采取聘任外籍人士担任社区主任助理、社区物业主任助理、社区社会组织负责人、列席社区居委会会议等方式，提高外籍人士对社区治理的参与度。推行"社工＋志愿者"服务模式，组织境外人士围绕语言教学、环境保护、慈善捐助、社区科普、节日庆祝、儿童教育、心理疏导等参与社区活动，促进中外居民交流融合。

（六）加快形成现代化立体化综合交通体系

1. 建设通达全球的国际交通网络

以国际化的要求高水平加快厦门新机场建设，着力打造具有一定国际影响力的我国东南沿海重要区域门户枢纽。争取开通直飞欧、美、澳以及东南亚、东北亚国家和地区更多国际客货航线，积极拓展金砖国家、"一带一路"沿线国家和地区的空中通道，增加东南亚、日韩等地区的航线、航班密度。推进建设国际集装箱干线港，以金砖国家、"一带一路"沿线国家为重点，拓展和加密与国际重要城市和地区的班轮航线，打造国家重要港航枢纽。加快完善福厦、渝长厦等干线铁路网络，加强与"一带一路"节点城市铁路骨干支线网衔接，积极开拓欧洲国际客运班列，充分发挥中欧（厦门）班列、中亚班列作用，提升班列综合服务能力，着力打造"一带一路"无缝联结点。加强多式联运高效衔接和设施互联互通，打造东南区域物流中心。

2. 提升城市交通承载能力

加快轨道交通和"两环八射"骨干快速路建设，加强城市公共交通系统建设，形成集快速轨道交通、快速公交（BRT）、普通地面公交等于一体的综合客运网络。改造提升环岛路、成功大道、高崎机场周边、火车站、厦门北站、邮轮母港等重点道路、重点节点，建立主要交通枢纽、会议设施、酒店之间 15 分钟快速交通系统。统一设置国际化交通标志标线，建设智慧交通保障系统，完善交通诱导系统、交通视频监控、流量采集和事件检测系统，推动信号灯路口联网联控，提升交通管理国际化水平。

3. 推动信息数据开放共享平台建设

以创建国家信息消费、下一代互联网示范城市为契机，推动互联网 IPv6 应用，加快搭建下一代互联网基础构架。完善"三网融合"发展体系和信息基础设施，打造 5G 应用先行区，加快实施宽带厦门、光网城市、无线城市等重大信息工程，提高网络承载力和宽带接入水平，构建电信宽带"100M 引领、50M 普及、20M 起步"的产品格局，全市宽带用户平均带宽达 69.4M，全市 4G 网络覆盖率达 99.5%。推动建设互联网骨干直联点，建设互联网国际出口专用通道，着力提升国际和本地网络交换能力。

（七）培育聚集人才的"港湾"

1. 完善引才网络体系

充分发挥多区叠加的政策联动优势，对标国际，试点建立人才管理、投资融资、股权激励、成果转化、离岸创新创业等与国际规则接轨的制度，吸引境外高端人才提供专业服务。构建高层次人才目标库及留学回国人员意向信息库，不断拓宽引才渠道，实现规模化引才。完善海外人才工作站管理机制、激励机制和经费保障机制，鼓励企业和社会团体在境外设人才工作站，开展招才引智工作。

2. 围绕重点产业引才聚才

推进高水平国际化科研院所和机构建设，围绕重点产业发展，引进境内外高水平大学、科研机构、世界 500 强企业合作建设高端科研院所和新型产业技术研究院，积极争创国家创新示范区。深化自贸区人才改革，根据产业、行业发展需要，完善"海纳百川"政策子计划，将集成电路、智能制造、轨道交通等新增重点产业、新兴业态人才纳入"海纳百川"政策支持范畴，有针对性地吸引技术研发、文化创意业和交通轨道业等高水平的专业化人才。

3. 加强人才国际交流合作与深耕两岸人才交流合作

积极运用金砖会晤效应，鼓励企业、高校或科研院所举办高水平国际性人才交流活动，大力培养和引进具有国际视野、通晓国际规则、熟悉"海丝"沿线国家政策法规的外向型、复合型人才。引进台湾专才和青年人才，鼓励重点产业、重点项目、重点学科聘用急需紧缺台湾专业人才，邀请台湾青年来厦参访、学习、实习、就业。

参考文献

[1] 厦门市发展研究中心.2016 年厦门城市国际化推进情况与 2017 年展望 [R].2016.

[2] 厦门市发展研究中心.厦门推进城市国际化指标体系研究 [R].2015.

[3] 吴伟强、姚伟钱等.后 G20 时代提升杭州城市国际化水平的关键指标和建议 [J].杭州学刊，2017（03）.

课题执笔：姚厚忠

第二十章 厦门"十三五"规划实施情况及建议

厦门"十三五"规划实施以来，以习近平新时代中国特色社会主义思想为指导，深入贯彻习近平总书记系列重要讲话和对福建、厦门工作的重要指示精神，遵循"五位一体"全面布局、"四个全面"战略布局和"五大发展"基本理念，着力推进"五大发展"示范市建设，深入推进供给侧结构性改革，打好防范化解重大风险、精准脱贫、污染防治的攻坚战，各领域发展取得积极成效，经济持续平稳发展，产业转型升级步伐加快，城市建设与管理同步推进，各项社会事业不断进步，人民生活水平进一步提高，"十三五"规划确定的总体目标和主要任务取得明显进展。

一、厦门"十三五"规划实施情况

（一）培育引领发展新动力

1. 创新能力进一步提升

高新技术产业加快发展，2018 年，高新技术企业总数超过 1600 家，全市规模以上高新技术产业实现增加值 1094 亿元、增长 9.3%，增加值占全市规上工业增加值比重达 67.9%。大力推进产学研合作，推动集成创新、原始创新以及商业模式创新相结合，在软件和信息服务业、生物医药、集成电路、新材料等细分领域突破了一批关键核心技术。进一步加大创新投入，全社会研发投入占 GDP 比重达 3.4%，每万人口发明专利拥有量超过 27 件，为全国平均水平的 2.4 倍。累计设立众创空间 203 家，在孵创业团队 4686 个。实施新一轮引才计划，发展壮大重点产业人才队伍，加快引进和培养一批专业拔尖、掌握核心技术的产业领军人才。2018 年，新增企业类"千人计划"专家 3 人、"国家万人计划"专家 26 人，新评定"双百计划"人才 83 人。

2. 供给侧结构性改革取得实质进展

深入推进供给侧改革，不断在补短板、降成本等方面下力气，持续优化供给结构。"三去"有序推进，部分产能过剩行业产品产量下降，全市规模以上工业产品产量中，钢材、纺织面鞋、服装、日用塑料制品产量持续下降。积极推进"降成本、优环境"专项行动，实施营改增、下调社会保险费率、取消 47 项涉企收费等政策措施。切实降低企业生产要素成本，一般工商业企业用电价格、管道天然气非居民用气价格下调。加大基础设施、产业发展、社会事业、民生保障等四个领域短板项目投入，确保项目总量与质量，补短板成效明显。

3. 营商环境持续优化

国际一流营商环境扎实推进，对标国际一流，着力补齐开办企业、办理施工许可、获得电力、纳税、获得信贷等领域短板。根据第三方机构评估，营商环境参照世界银行评价体系相当于全球经济体第25位水平，2018年18项具体改进目标任务全部完成，建筑许可、开办企业、跨境贸易、纳税服务等被列为全国专项改革试点。纵深推进"放管服"改革，80%以上审批服务事项实现"一趟不用跑"、"最多跑一趟"。积极推进多证合一，推动涉企证照整合，降低市场主体准入制度性成本。开展"证照分离"改革试点，重点推进食药领域"证照分离"，全面实行"五证合一、一照一码"登记制度改革。全面实施商事主体简易注销登记改革，有效破解部分企业"退出难"问题。在实施"多规合一"基础上，进行审批事项梳理和流程再造，科学划分项目类型、审批主线和审批环节，实行"分阶段并联审批"、"分主线并行推进"，审批时限从122个工作日缩短至49个工作日。

4. 重点领域改革持续推进

深化国企国资改革，推动混合所有制改革和员工持股试点。深入推进医药卫生体制改革，"三师共管"家庭医生签约服务模式在全国推广，全面实施公立医院绩效考核、薪酬制度改革等重大改革举措。持续深化价格体制改革，实现公交票价差别化管理，完善管道天然气输配价格机制，率先全省出台农业分类水价及差别化水价政策，落实公平竞争审查机制。稳步推进公车改革，公务用车纳入"全省一张网"信息化管理平台。社会信用体系加快建设，获评全国城市信用建设示范市和创新奖，全国36个主要城市的城市信用状况监测综合排名前五。

5. 开放发展新格局加快形成

外向型经济加快发展。2018年，全年实现进出口总额6002.1亿元，增长3.2%，其中：进口2663.5亿元，增长4%；出口3338.5亿元，增长2.6%。厦门外贸综合竞争力居全国前七位，作为中国东南沿海的航运物流中心、福建省的最大贸易口岸的地位进一步突显。利用外资成效明显，成功引进了一批经济效益强、带动效应大、社会口碑好的大项目以及厦门市重点发展产业中的行业龙头企业，2018年合同利用外资465.9亿元，实际使用外资107.3亿元。

主动融入"一带一路"建设。新增"海丝"港口航线13条，开通国内首条连接东南亚六国的邮轮航线；开辟厦门–金边等3条空中航线；中欧（厦门）班列新开通厦门至布达佩斯班列，共通达12个国家30多个城市。实现与"海丝"沿线国家和地区贸易额1515亿元，新增"引进来"项目68个、"走出去"项目30个，承办国家"一带一路"创新大会。成功举办2018厦门国际海洋周，中国–东盟海洋合作中心、厦门南方海洋研究中心加快建设。举办第二届嘉庚论坛、第三届"一带一路"财经发展论坛。设立海外华侨华人社团厦门联络总部、"一带一路"城市商会联盟，厦门大学发起成立"21世纪海上丝绸之路"大学联盟。与土耳其伊兹密尔市结为友好城市，友好城市总数达20个。

加快推进自贸区建设。集成推出361项创新举措，其中63项全国首创；国务院四批89项复制推广的自贸试验区改革试点经验中，厦门片区首创并在全国推广的经验达22项。平台建设持续推进，航空维修、艺术品、青创基地、游艇等重点平台加快建设，引进壳牌、亚马逊、法国硕达等世界500强企业，全省首个在自贸区成立的海外人才离岸创新创业基地正式挂牌运作。

城市国际化水平稳步提升。金砖厦门会晤成功举办，全方位提升厦门市专业办会办展水平及重大外事活动综合保障能力。推动官任社区等国际化试点社区建设，加快国际标识改造，组建中外社区志愿者队伍，举办国际学堂等活动。加快思明、湖里、集美和海沧区国际化学校建设，推进厦门英才学校、厦门工学院附属中学等民办学校在高中部设立国际部。在一中、双十等9所普通高中开展国际教育试点。

（二）构筑科学协调发展空间

1. 城市空间格局持续优化

"一岛一带多中心"空间格局加快成型。本岛功能持续优化提升，旅游会展、金融商务、文化创意、高端服务核心功能得到强化，教育医疗等非核心功能加快疏解，城中村和工业区改造有序推进，自贸区湖里片区、东部国际金融中心区加快建设。环湾城市带持续整合拓展，依托海沧港区、海沧 CBD，航运服务要素加快集聚，集美新城、马銮湾新城公建配套加快完善，环东海域新城不断拓展，产城融合日益紧密，翔安南部片区、航空城片区"高起点、高标准"推进实施。多中心格局建设持续加快，海沧、集美、同安、翔安等区级中心和片区组团中心加快打造。

2. 蓝色经济空间不断拓展

按照"多规合一"思路，强化海洋经济空间布局与城市总体规划、土地利用总体规划的协调对接，《厦门市海洋功能区划》获省政府批准实施。加快海洋产业优化布局，加快建设海洋高新技术产业园区及游艇产业基地、南方海洋创业创新基地，科学推进海洋资源开发利用。建立海陆联动、市区捆绑、厦漳泉跨区域协作的海上执法机制，对各类涉海违法行为秉持"零容忍"态度，对非法采砂、非法经营餐饮船、非法捕捞等行为进行联合打击根治，海洋综合管控水平显著提升。

3. 新型城镇化扎实推进

持续推动公共资源均衡分布，优质资源进一步向岛外倾斜，义务教育发展基本均衡区获国家认定，大病医保实现城乡全覆盖，城乡低保标准实现全市统一。加快实行积分落户制度，制定并通过《厦门市积分落户试行办法》，推动按积分高低差别化享有养老服务、社会福利、社会救助等权利，加快外来人口市民化。产城融合步伐持续加快，岛外新城和重大片区在集聚众多优质产业项目的同时，更加注重教育、医疗、商贸等配套服务资源的导入，优越的公建配套、高品质的居住条件，使得岛外新城逐步成为宜居宜业、产城融合、共享发展的典范区。加快美丽乡村建设，创建和培育澳头渔港小镇、大嶝台贸小镇、集美动漫小镇等 8 家市级特色小镇，乡村品质进一步提升。

4. 新城建设与旧城改造加快推进

环东海域新城雏形基本确立，东部新城主干道路和起步区路网和管网建设全面启动，马銮湾新城"三横三纵"骨干路网实现通车，翔安南部新城"五横五纵"路网基本成型，集美新城初步建成，同安新城配套日益完善，岛外新城建设全速推进。全面推进 140 个老旧住宅小区改造，完成建筑物及周边环境整治，修缮水、电、气、路等基础设施，完善社区公共服务配套，民众幸福感、获得感持续提升。启动岛内东部片区、湖里 7 大片区旧村改造，释放岛内发展新空间。结合"双创"政策创新试点，推进思明龙山工业区、湖里老工业区、湖里火炬园及龙头山枋湖片区等老旧厂房改造，打造具有各类主题特色的创新创业集聚区，使老旧厂房重新发挥效益。

5. 加快推进闽西南协同发展区

召开闽西南协同发展区联席会议第一次党政联席会议建立健全"党政联席会－实体化协同办－牵头部门－对口部门"四级协作机制。闽西南协同办挂牌办公，五市选派的挂职干部全部到位。启动规划、交通、工业和信息化、山海协作等 17 组对口部门对接机制，建立市领导挂钩推进机制和工作台账，加快推进涉及厦门市的第一批 22 个重大重点项目。

（三）构建现代产业体系

1. 产业转型升级成效明显

实施"中国制造2025"、促进工业稳增长和转型升级获国务院表扬，进入全球可持续竞争力百强。在平板显示、软件和信息服务、旅游会展、现代物流、金融服务等5条产业链群产值（收入）突破千亿的基础上，新增计算机与通讯设备、机械装备、文化创意3条千亿产业链群，千亿产业链群总数达到8条。千亿产业链支撑作用进一步加强。岛内高端服务功能加快发展，软件信息服务等高新技术产业集聚发展。岛外先进制造业基地加快形成，火炬翔安产业区、机械工业集中区、同安工业集中区等企业加快集聚，形成全市产业发展"一盘棋"和错位发展、协同发展的产业格局。龙头企业实力进一步增强，3家企业进入世界五百强，7家企业进入中国五百强。

2. 先进制造业加快发展

实现规模以上工业增加值1611.4亿元，增长8.8%，工业对经济增长的贡献率达34.9%。平板显示产业链产值已超千亿，涵盖玻璃基板、面板、模组、液晶显示器、整机等领域，覆盖平板显示产业上、中、下游，天马微电子、宸鸿科技、电气硝子、友达光电、冠捷显示等龙头企业带动作用明显。计算机与通信设备产业整机、服务器及监视器出货量位居全国前列，戴尔、华联电子、美图移动等带动作用明显。大中型客车、航空维修、输配电设备、工程机械、船舶工业等优势产品高端化、智能化、服务化发展加快推进。

3. 现代服务业快速发展

物流业快速发展。2018年，现代物流业总收入1180亿元，厦门港集装箱吞吐量1070.2万标箱，位居全球第14位。鼓浪屿成功入选世界文化遗产名录，方特二期、闽南古镇二期等项目建成运营，璞尚、万豪等高品质酒店投入运营，2018年，全年接待国内外游客8900万人次，实现旅游总收入1402.1亿元，会展业实现经济效益403亿元。金融业加快发展。2018年，中外资金融机构本外币各项存款余额10995.00亿元，中外资金融机构本外币各项贷款余额10554.05亿元。引进中金资本项目，海峡黄金珠宝产业园开工。厦门人工智能公共服务平台、超算中心及AI语音芯片等项目落地。金鸡百花电影节落户厦门。

4. 战略性新兴产业加快发展

深入实施《厦门集成电路产业发展规划纲要》，成立厦门集成电路产业投资基金，集成电路规模进一步扩大，集成电路全产业链格局基本形成，产值居全国第5位，形成覆盖设计、制造、封装、测试的集成电路全产业链，突出联芯、清华紫光、三安等龙头项目带动效应，配套引进设计、关键设备仪器等补强产业链。引进封测企业通富微电子、士兰微、美日丰创光罩、敦泰等一批优质配套项目落地建设。4399、吉比特等4家企业入选2018年中国互联网企业百强。南讯软件、科技谷入选商务部电子商务示范企业，软件园三期加快建设。生物医药港跻身全国九大生物医药产业园，全球首个戊肝疫苗进入世界卫生组织采购体系，特宝等4个项目入选国家"十三五"重大新药创制项目。石墨烯、碳化硅等开始量产。

5. 打好防范化解重大风险攻坚战

加大对金融风险的防范力度，加强对融资担保、小额贷款等地方金融机构的监管，开展互联网金融风险专项整治，严厉打击非法集资等违法违规行为，控新化旧压降不良贷款，确保不发生系统性金融风险。加强政府性债务风险防控，加强企业债务风险防控，确保资金链运转安全顺畅。健全完善房地产市场调控长效机制，推进租购并举住房制度建设，有效引导市场预期，加强商品住宅土地供应，加快商业地产去库存，确保去化周期和房价控制在合理区间。

（四）提升城市建设和管理水平

1. 现代化综合交通运输体系加快完善

厦门国际航运中心加快推进。厦门港成为海峡西岸经济区首个千万标箱强港。世界最大集装箱船成功靠泊，厦门港主航道四期建设提前完成，结束二十万吨级船舶进港需封航的历史。厦门国际航运中心港口智慧物流平台示范工程入选全国智能港口试点。集装箱承运人满意度指数排名全国第二。开通厦门—汕头—蛇口集装箱班轮航线，"一带一路"航线增至 44 条，与马来西亚巴生港、美国迈阿密港等 13 个港口结成国际友好港，集装箱航线不断拓展。扶持晋江、吉安、赣州、三明、龙岩、武夷山等陆地港建设，推进"海丝"与"陆丝"无缝对接，开通中俄班列、厦门–汉堡直通线和厦门（前场）—赣州（南康）木材海铁联运专列，台湾、东南亚海运货物通过班列直达欧洲，海铁联运增长 30%，货源腹地拓展取得明显成效。加快建设"海上世界"综合体，打造国际邮轮母港暨高端旅游目的地，邮轮母港建设成效显著。

机场枢纽地位不断上升。厦门机场成为我国东南重要的区域性航空枢纽，是国内重要的干线机场和国际定期航班机场。厦航增开直飞温哥华、墨尔本等洲际航线，空港开通运营城市航线 171 条，与 28 个国际及境外城市通航，2018 年厦门机场旅客吞吐量超过 2655 万人次，排名全国第 12 位，跻身全球百强机场。翔安国际机场建设加快推进。

城市交通网络逐步完善。"两环八射"快速路系统外环全线贯通，市域范围内实现"点对点"半小时通达。第二西通道、机场快速路、第二东通道等城市快速路加快建设，启动第三东通道前期工作。地铁 1 号线建成并开通运营，创造了领先全国的"厦门速度"，2、3、4、6 号线全速推进，厦门正式迈入地铁时代。继续实施公交优先发展战略，公共交通机动化出行比例达到 44%，新能源、清洁能源车辆比例达到 50%，公共交通出行愈加环保、便捷。厦沙高速建成通车，福厦高铁厦门段开工建设，完成厦漳城际铁路 R3 线可研报告并上报，启动厦漳泉城际铁路 R1 线前期规划研究，城市对外辐通道建设持续加快。

2. 能源和水资源保障不断增强

大力推进华电厦门集美分布式能源站二期扩建工程、厦门抽水蓄能电站、福建厦门后田 110kV 输变电工程等重点能源项目，建成 500 千伏厦门变电站三期等电力设施，城市电力供给保障进一步增强。长泰枋洋水利枢纽一期工程实现通水，莲花水库顺利下闸蓄水，全市供水水源由"一江两库"转变为"两江四库"。完成海沧、同安门站建设，实现管道燃气双气源保障。

3. 市政基础配套加快完善

完成高殿水厂扩建工程，供水能力达 90 万吨 / 日，位居全省水厂第一，加快翔安水厂、西山水厂和杏林水厂建设，完成本岛老旧供水干管改造工程，推进农村自来水进村入户，全市供水能力不断增强。推进集美、杏林、前埔、筼筜等污水处理厂提标改造，加快杏林污水处理厂扩建，全市建成区污水基本实现全收集、全处理。着力推进垃圾分类和减量工作，岛内全面实现垃圾分类目标，岛外垃圾分类有序进行，全市垃圾分类知晓率达 90% 以上，参与率达 80% 以上，垃圾分类成效水平位居全国前列。率先全国确立海绵城市建设管理标准体系，地下综合管廊绩效评价全国第一。

4. 城市公共安全体系稳步建立

高危行业安全生产责任保险制度加快完善，安全生产责任制落实有力，标准化建设持续完善，安全生产大检查和重点行业领域专项整治全面推进。完善社会治安立体防控体系，重点信访积案办结率大幅提升。军民融合深度发展，国防动员创新推进，实现省级双拥模范城（区）"满堂红"四连冠。食品药品安全追溯系统投用，全国食品安全示范城市创建中期评估名列第一，在生态环境优良的南平等地建立万亩优质副食品供应基地。

5. 智慧城市建设加快推进

实现 WiFi 网络全城覆盖，内主干道及三线四片重点区域 4G 覆盖率达到 99%。加快实施综合交通运行信息指挥中心二期建设，推动现有智能交通资源优化整合。加快实施智慧便民举措，厦门市民卡 App 正式上线，儿科智能导诊系统建成投用，市民在交通出行、医疗健康、政务服务、生活服务等领域智慧便利化程度进一步提高。大力推进"互联网＋电子政务"建设，推进行政审批服务事项全程网办，建设"e 政务"便民服务站，将政务服务延伸到社区，实现让民众和企业"少跑腿、好办事、不添堵"的目标。

6. 城市综合管理水平显著提高

圆满完成厦门会晤安保维稳工作，城市综治平安建设迈上新台阶。完善厦门公共安全管理平台，拓展气象自动观测、海上船舶 AIS、公交站点、微型消防站、基础大排查、信用等 10 类公共安全要素数据功能，实现城市运行风险有效防控。创新城管执法机制，户外广告、流动摊贩、露天烧烤、不文明施工等专项整治成效明显。创新综治平安建设体制机制，建立组长例会、专题会、情报会商等一系列议事机制，完善"分级落实、分工负责、分组考评"的运行机制，确保各项工作有序推进。加快提升社会治理现代化水平，创新应用"厦门百姓"APP 和"互联网＋群防群治"平台，调动各方积极性创建平安厦门。

（五）共享温馨包容幸福生活

1. 就业和收入水平加速提升

实施积极的就业政策，稳定和扩大就业规模，2018 年，新增就业 18.7 万人，开展来厦务工人员岗前培训 4.1 万人。居民收入水平稳步增加，2018 年，厦门全体居民人均可支配收入 50948 元，比上年增长 9.3%。城镇居民人均可支配收入 54401 元，比上年增长 8.8%。农村居民人均可支配收入 22410 元，比上年增长 9.5%。

2. 教育水平稳步提升

扩大优质学前教育资源，积极推动厦门国贸教育集团举办普惠性幼儿园。实施农村教育质量提升行动计划，完成"义务教育管理标准化学校"市级评估工作。推进 9 所普通高中国际教育试点工作，出台中小学外籍教师管理办法。名校跨岛战略初见成效，科技中学翔安校区、厦门一中海沧校区投入使用，双十中学、外国语学校、实验小学等学校的岛外分校加快建设。鼓励吸引社会力量办学。思明区协和双语学校正式开办，湖里区成立天地教育集团设立天地学校、并正式招生，厦门协同外籍人员子女学校启动设计建设。厦门华锐双语学校落户集美区。着力提升职业教育服务产业能力，推动中职学校与企业共同开展订单培养，现代学徒制试点工作有新进展，16 个专业被列入福建省"二元制"人才培养模式改革试点建设项目。编制了《厦门市"智慧校园"建设与应用指导意见》，实现对校园的设备、资产、水、电、校园安检管理、电子巡课系统等进行集中监控、管理和控制、远程操作等。

3. 医疗卫生服务能力加速提升

厦门特色分级诊疗和家庭医生签约服务模式向全国推广。医疗救治应急指挥平台投入运行，国家健康医疗大数据中心及产业园建设扎实推进。整合儿科资源，建立儿科智能导诊平台。医高专升级为厦门医学院。马銮湾医院、环东海域医院、翔安医院等项目加快推进。复旦大学中山厦门医院建成投用，北京中医药大学与厦门中医院开展深度合作，成立厦门分院。厦门市儿童医院通过整体委托复旦大学附属儿科医院托管，实现了与国内顶级儿科医院的品牌、管理和技术"三平移"，成为福建省有影响力的儿童专科医院。集美新城医院由中国医大管理运营，积极创建国内一流医院。完善基层医疗卫生机构布局，湖里康乐、殿前马垅等一批社区卫生服务站投入使用，禾山等社区卫生服务中心新址前期工作全面启动。形成了具有厦门特色的慢病分级诊疗模式，逐步实现慢性病全程管理。

4. 体育事业全面发展

软件园三期体育场馆、市游泳馆改造、市体育中心综合健身馆等项目加快推进。完成环东海域滨海旅游浪漫线跑道一期工程。五缘湾帆船游艇港、香山帆船游艇港，双龙潭汽车运动场、观音山休闲运动中心、集美龙舟赛场、椰风寨海泳指挥中心、环岛路沿线步道及沙滩等已基本形成功能齐全、服务配套完善的体育健身休闲场所。在观音山商务区，形成了安踏、特步、361度、匹克等体育集团公司总部及研发中心的体育总部经济。在南湖公园、松柏公园、湖滨一里、江头公园、桂林村、后田村和南洋学院等地加大运动场地设施建设力度。在白鹭洲公园、植物园、忠仑公园、筼筜湖等公园建设便民体育设施102件（套），市、区、街道（镇）、社区（村）四级公共体育设施网络不断完善。建立了市级国民体质监测中心，每年平均为3000人开展体质监测，城乡居民达到《国民体质测定标准》合格以上的人数比例为90.07%。

5. 社会保障体系不断完善

巩固社会保障制度覆盖面，2018年，基本养老、工伤、失业保险参保人数分别达到295.88万人、225.20万人、224.50万人。科学合理制定救助供养标准，实现特困人员救助供养制度保基本、全覆盖、可持续。2018年共发放低保金8955.91万元，其中城市低保金6214.74万元，发放低保对象8.32万人次；农村低保金2741.17万元，发放低保对象4.53万人次。共有养老服务机构38家、床位9707张，每千名老人养老床位数达37.7张。厦门市爱鹭老年养护中心、厦门市爱心护理院扩建、湖里区社会福利中心、厦门迦南地安养中心、厦门市蔡塘养老院、社区老年人日间照料中心、农村幸福院等项目加快推进，实现居家养老服务全覆盖。同时，获批国家医养结合试点城市。华铃花园、东方新城、新阳一期等保障性住房项目加快推进，开工建设九溪、黎安等保障性住房项目和园博、珩琦、后吴等公租房项目。新店、祥平、马銮湾、岩内等四个地铁社区全面开工。结合五缘湾医疗园区、软件园二期三期等产业园区发展，落实产业园区公租房选址规划，策划生成4个项目。

6. 治理创新全面深化

在110联动基础上升级打造公共安全管理平台，建立全市统一的公共安全数据库。精心打造"家安、路安、业安、心安"等系列平安建设工程，实现了危爆物品动态、可视、全流程、能追溯监管，达到"全程掌控、风险归零"。积极推进"雪亮工程"，配套建立全市统一的道路视频图像资源云平台。食品药品安全追溯系统投用，加强食品监控建设，全国食品安全示范城市创建中期评估名列第一。社区治理创新实践被新华社选为全国典型经验予以推广，72个城乡社区获评"全国综合减灾示范社区"。全面推进智慧社区建设。

（六）推动社会主义文化大发展大繁荣

1. 核心价值观加快培育

以社区为突破口，推动社会主义核心价值观家喻户晓、入脑入心。注重家庭、注重家教、注重家风，弘扬中华民族传统家庭美德，促进家庭和睦相处、亲人相亲相爱、青少年健康成长、老年人老有所养，在家庭中培育核心价值观。结合道德模范评选和各行业诚信创建活动，树立和表彰社会诚信典范，引导人们诚信做人、守信做事。在各领域加大信用保护和治理力度，强化社会和舆论监督，广泛开展各行业诚信承诺活动。发挥爱国主义教育基地作用，扩大爱国主义教育覆盖面。积极培育"温馨广场""鹭江讲坛""红领巾读书""故事妈妈"等群众文化品牌。

2. 公共文化服务体系不断完善

"公共文化服务标准化"和"基层综合性文化服务中心"两项国家文化体制改革试点通过文化部评审验收并在全国推广，公共文化服务体系建设标准化、均等化水平居全国前列。市图书馆、文化馆、少儿图书馆、博物馆等公共文化场馆深入推进资源共建共享和数字服务建设,公共文化场馆的服务质量和公共文化产品供给水平继续保持全国先进行列。完成中山路、集美学村、厦港、同安旧城四个历史文化街区的保护规划编制。"鼓浪屿历史国际社区"成功申报世界文化遗产。成功举办"厦门会晤"《扬帆未来》专场文艺晚会、闽南及福建非物质文化遗产展示、金砖国家文化节等系列文化演出。

3. 文化产业加快壮大

大力推进海丝艺术品中心项目、方特二期、厦门老院子景区等重点项目建设,着重支持建设移动咪咕动漫基地、4399网络游戏运营中心、趣游网页游戏运营中心(国际)、国家文化出口基地、博乐德艺术品保税平台、海峡收藏品交易中心等平台基地建设,提升厦门文化产业在国际国内的影响力。提升华美文化园、龙山海峡文创园、沙坡尾艺术西区、集美集影视产业园、华强文化创意产业园、海峡建筑设计文创园、海西工业设计中心等文化产业园区,加快推进厦华1#、7#厂房文创园项目、两岸客家青年文创中心、五洲汇跨境电商文创园等项目建设。

4. 国际文化名城建设加快推进

做强做专海峡两岸(厦门)文博会、厦门国际时尚周、艺术厦门博览会等展示交易平台。进一步提升厦门国际动漫节、中国数字娱乐产业高峰会等展会水平,积极推动厦门金莲升高甲剧团、厦门艺术学校、厦门市台湾艺术研究院、同安吕实力芗剧团分别与台湾戏曲学院、台湾新锦珠南管剧团、台北木偶剧团以及金门文化部门与团体等互访交流、加强合作。办好金砖国家领导人厦门会晤及新兴市场国家对话会主场外交系列文化交流活动,增强了厦门文化的国际知名度。赴巴西、阿根廷、秘鲁等南美三国,学习借鉴当地文化遗产保护传承经验。

(七)打造绿色宜人生态环境

1. 打好污染防治攻坚战

制定对各区和市直有关部门空气质量指数考核奖惩办法,建立可量化、易操作、科学合理的评价体系。开展两轮"守护蓝天百日攻坚专项行动",加快"绿色海港"和"绿色空港"建设,建立扬尘防治标准体系。六项主要污染物浓度均优于国家二级标准,PM2.5浓度比上年下降1毫克/升并低于全省平均水平。出台《厦门市全面推行河长制实施方案》,将小流域治理任务纳入河长制统筹协调范围,推进岛外九条小流域的综合整治和生态修复,推动全市6处黑臭水体基本消除黑臭现象。推动坂头、莲花水库和在建枋洋水库环境整治,开展集中式饮用水水源地环境状况评估。实施筼筜湖、五缘湾等重点片区截污工程。继续推进五缘湾、马銮湾等海域清淤、岸线整治,严控陆源污染物入海。推进五缘湾、马銮湾、杏林湾等生态修复工程。建立健全海漂垃圾处置机制,完成鼓浪屿、环岛路等沙滩岸线养护14.5公里。开展土壤污染状况详查和重点行业排查,明确土壤污染防治任务清单和责任清单,落实农用地质量调查,开展土壤污染修复试点工作。

2. 低碳厦门建设加快推进

引导产业集聚区、高新区、工业园区和现代服务业集聚示范区等载体平台优先发展低碳产业。提升森林、土壤等陆域环境碳汇能力,巩固湿地、海洋等水域环境固碳潜力。制定控制温室气体排放工作方案。提高新建建筑节能标准,所有新建建筑全面执行绿色建筑标准,带动绿色建筑建设改造投资和相关产业发展。积极参与省碳排放权交易市场建设,厦门市重点企业在全省率先完成碳排放配额履约工作。探索企业温室气体排放智能化管理,启动碳排放智能管理云平台项目建设。控制温室气体排放年度考核成绩名列全省前列。成功启动金砖厦门会晤碳中和项目。

3. 生态文明体制机制不断完善

探索产业园区规划环评与项目环评联动，在自贸区厦门片区探索推行环境影响后评估，试行排污许可证"一证式"管理模式。推进生态系统价值核算，探索建立生态系统价值核算的"沿海样本"。推进生态环境损害赔偿试点，选择同安区开展试点工作。出台《厦门市排污权有偿使用和交易管理办法》，推进全行业排污权有偿使用和交易，对现有工业企业初始排污权进行核定与分配，倒逼企业淘汰落后产能和转型升级。

4. 海洋生态文明加快推进

完善海洋生态红线管控措施，编制《厦门市蓝色海湾整治行动方案》，开展海洋生态修复，建设下潭尾红树林湿地公园，"生态岛礁"修复工程和滨海沙滩岸线修复项目，完成长尾礁至五通段沙滩、环岛路沿线及鼓浪屿沙滩岸线修复工程，完成海堤纪念公园的景观改造提升。启动同安湾浪漫海岸线红树林绿化工程建设。持续推进《厦门近岸海域水环境污染治理工作方案》，加快开展截污和水体生态修复工作，改善溪流入海水质。深入开展海上垃圾监测与预警，优化监测站位和监测指标，推动海上保洁范围不断扩大。建立海洋生态文明建设考评机制，将近岸海域整治指标纳入各区党政领导班子 综合考核评价范围。

（八）发挥对台战略支点作用

1. 两岸经贸合作拓展提升

对台经贸合作稳步增长。贯彻落实国家"31条"、省"66条"惠台措施，率先出台厦门"60条"并已全部落实，实现对台贸易额398.1亿元，"一区三中心"加快建设。两岸新兴产业和现代服务业合作示范区的起步区控制性详细规划通过评审。两岸区域性金融服务中心初步建成集货币清算、跨境贷款、现钞调运为一体的两岸货币银行合作平台，推动两岸直接投资业务和证券投资业务。两岸贸易中心形成完整的邮件、快件、跨境电商、跨境供应链 B2B 四种通关模式，120 多种台湾商品采用"源头管理、口岸验放"快速模式通关。率先获准经营两岸海运快件业务，实现快件专区双向运营。厦门国际航运中心率先开启邮轮物流供应快速信道模式，大陆首家台商独资海员外派机构台塑兴公司落户。

2. 两岸文化交流持续强化

文化方面，持续强化以闽南文化为纽带的文化联接，坚持民间推动和市场运作并举，创新交流方式，打造交流活动品牌。海沧区石室书院获国台办授牌"海峡两岸交流基地"。教育方面，成功举办海峡两岸职业教育论坛、第四届两岸学子论坛等活动，16 对厦金中小学结对共建。医药卫生方面，成功举办首届两岸精准医疗品质论坛、十二届两岸中医药发展与合作研讨会等活动，审批台湾医师在厦注册执业 83 人次。体育方面，成功举办第八届两岸马拉松城市邀请赛、第六届海峡自行车公开赛等品牌赛事。厦门已成为两岸文化交流最活跃基地。

3. 两岸直接往来更为便捷

完善两岸直接"三通"基础条件，创新两岸直接往来机制，推进厦金居民自由往来。空中直航航线进一步拓展，开通厦门往返高雄、台中航线。厦金航线软硬条件优化完善，厦金厦台旅游成效显著。打通经金门中转厦门、经金门中转台湾至国际的海运快件通道，创造性开展对台海运拼箱业务。打造两岸跨境电商快速通道和货物集散转运枢纽。

4. 两岸同胞融合持续深化

推动在厦台商台胞市民化待遇，创新台胞融入社区治理、参政议政和吸引台湾的人才机制。推选台商台胞担任市政协委员、社区主任助理。通过成立厦门市台胞服务中心、台胞驿站等涉台服务机构，以及涉台司法服务"一条龙"机制等便利台胞在厦生活，保障台胞合法权益。建设两岸青年创业基地，提供"一站式"就业创业服务,鼓励和支持台湾青年来厦就业创业,现有两岸青创基地近 30 个,累计入驻台湾青创团队 500 个,吸引台湾青年超 3000 人。厦门两岸青年创业创新创客基地、一品威客创客空间、宸鸿科技公司和云创智谷获国台办授牌"海峡两岸青年创业基地"。

5. 两岸民间交往持续热络

创新载体、搭建平台,扩大两岸基层民众交往交流覆盖面,推进两岸民俗传统、乡土文化交流融合,推进厦台村里社区交流合作。通过民间论坛、寻根祭祖、民间信仰等多种形式为,成功举办海峡论坛、两岸婚恋旅游文化节、两岸孝亲文化节等系列活动。推动两岸社区交流,成功举办两岸社区治理论坛、两岸社区服务恳谈会、"同名村心连心"联谊活动。推动厦门市社区与台湾社区(村里)签订对接共建协议,实现和金门县 35 个村里对接全覆盖。

(九)建设法治厦门

1. 法治环境不断完善

2016 年以来,厦门市完善地方立法体制机制,推进科学立法、民主立法、依法立法,加强重点领域立法,完善法律实施监督制度。围绕促进自贸试验区建设、促进文明城市建设等目标,提请审议了包括厦门经济特区促进中国(福建)自由贸易试验区厦门片区建设规定(草案)在内的多项法规草案。坚持立改废释并举。强化规范性文件备案审查。在全省率先推行规范性文件有效期届满提醒制度,开发建设厦门市法制局规范性文件网上审查平台,建立厦门市行政机关规范性文件查询检索数据库。

2. 法治政府建设持续加强

依法履行政府职能。编制完成"行政权力清单"、"责任清单",完成"两单融合"工作,形成"权责清单",建立权责清单管理系统,在全省率先实现清单管理信息化,并对"清单"实行动态管理,有序开展市场准入负面清单改革试点工作。打造"阳光政府",厦门市政府透明度列全国 49 个较大城市的第一名。健全依法决策机制。修订出台《厦门市人民政府工作规则》、《厦门市人民政府重大行政决策若干规定》。全面推行行政执法三项制度。创新"多规合一"平台应用,通过改造多套"多规合一"建设项目审批信息管理系统,推进投资项目在线审批监管平台建设。创新行政执法体制。稳步推进综合执法体制改革,探索新型"互联网+"跨部门综合执法机制,入选国内贸易流通体制改革发展综合试点可复制推广经验。完成全市行政执法机关两法衔接信息共享平台接入工作,实现信息共享。

3. 法治社会建设全面推进

推动全社会树立法制意识。推动社会主义法治文化建设,把宪法列入党组理论中心组学习内容。重视新媒体普法宣传作用,加强"两微一站多端"建设,市检察院微信被高检院评为"检察新媒体名牌"、"全国检察新媒体优秀奖",门户网站获评中国优秀政法网站、全国百佳检察门户网站。提升基层治理法制化水平。依法惩治刑事犯罪,开展互联网金融领域等的专项整治行动。积极参与防治校园欺凌及侵害幼儿园儿童犯罪工作,设立 58 个未成年人成长关爱基地,开展法治宣讲、防性侵教育等活动 114 场。推动强化对社区矫正人员的监督管理。促进司法公正。推动完善检察监督和依法行政工作互动机制。加强立案和侦查监督,推进"两法衔接"信息共享平台建设。开展司法体制和检查机制改革。积极开展认罪认罚工作试点,相关经验被最高检察院在全国检察机关推广。不断完善未成年人保护模式,湖里、同安区院的观护、救助机制入选全省未成年人检察工作创新实践项目。

4. 加强反腐倡廉

坚持全面从严治党,坚持有腐必反,有贪必惩,违纪必究,加大纪律审查力度,构建不敢腐、不能腐、不想腐的长效机制。出台市委落实全面从严治党主体责任清单,开展落实主体责任检查。开展领导干部落实主体责任全程纪实试点、镇（街）党委（党工委）书记履行主体责任述责评议。完成市廉政宣传教育基地二期建设。抓紧党员队伍建设，开展各种党建主题实践活动，加大干部交流轮岗、业务培训力度，实现基层纪检干部培训全覆盖。

二、主要问题

（一）产业结构有待于进一步优化

制造业供给质量有待提升，新兴产业培育壮大有待加快，服务业的快速发展仍过于依赖金融和房地产支撑，新旧动能接续转换任务比较艰巨。创新体系较为薄弱，研发机构实力不强，创新型人才供给不足，国家重点科研机构、高水平大学、高精尖人才和国家级重大科研项目较少。龙头企业实力不强，缺乏领军型企业，企业规模不大，带动作用有限。民营经济较为薄弱，生根型企业有待加快培育发展。金融服务实体经济有待加强，中小企业融资服务较为缺乏。

（二）城市功能有待进一步提升

以本岛为单中心的城市空间格局尚未根本改变，岛外"有城无人"、"有城无市"难题依然存在，岛外各新城中心功能培育有待加强。港区集疏运体系尚未完善，高崎机场容量已近饱和，城区骨干路网分布不均匀，岛内路网相对完整，翔安、同安主干路网尚未成型，海沧、翔安进出岛通道拥堵问题日益严重，城市交通组织有待进一步优化。

（三）公共服务有待进一步提升

公共服务存在不平衡不充分的问题，不能满足人民日益增长的经济和社会公平需求。在教育方面，优质学位供给不足。优质医疗资源主要集中在岛内，布局不合理，床位紧，千人床位数仅为 3.8 张，低于全国 5.1 张的平均水平。厦门人均体育用地仅 0.4 平方米，体育设施总量较少，同安、翔安、湖里都缺少区级综合性体育设施，布局不合理、服务不足。缺少有代表国际化城市形象的标志性文化设施，文化服务的数量和质量还不能满足多方面、多层次、多样化的文化需求。社会保障不充分，城乡之间还有差距。

三、对策建议

全面贯彻党的十九大精神，以习近平新时代中国特色社会主义思想为指导，坚持稳中求进工作总基调，坚持新发展理念，紧扣当前社会主要矛盾变化，按照高质量发展的要求，统筹推进"五位一体"总体布局和协调推进"四个全面"战略布局，坚持以供给侧结构性改革为主线，加快建设高素质创新创业之城和高颜值生态花园之城，不断满足人民日益增长的美好生活的需要，推动质量变革、效率变革、动力变革。

（一）构建现代产业体系

深化供给侧结构性改革，着力发展实体经济，深入实施创新驱动发展战略，大力培育新增长点、形成新动能，瞄准国际标准提高水平，推动 12 条千亿产业链群加快形成，促进厦门市产业迈向全球价值链中高端，显著增强产业发展质量优势。

1. 提升创新能力

充分发挥企业科技创新的主体作用，鼓励行业骨干企业与高校、科研机构联合组建研发平台和创新战略联盟，加速科技成果转化。培育一批有国际竞争力的创新型领军企业，支持科技型中小企业快速发展。鼓励行业龙头企业整合上下游产业链，建设产业技术创新公共服务平台，向中小微企业、创业者提供技术支撑服务，带动产业集聚发展。引导和支持企业开展技术、产品、营销、管理的全面创新升级。

2. 大力发展先进制造业

围绕增强制造业核心竞争力，加快结构优化和转型升级，提升集聚化、高端化、智能化水平。加强技改奖补等扶持政策系统集成，重点支持优势产业发展壮大。发挥平板显示千亿产业链带动作用，推进一批产业链配套延伸项目，力争计算机与通讯设备、机械装备产业链产值分别突破千亿。促进太古飞机维修基地搬迁、天马二期、宸美科技等重点项目建设，加快建设智能制造试点示范项目。

3. 加快发展战略性新兴产业

集成电路产业重点加速垂直整合，发挥联电、展讯、通富微电子等龙头企业作用，推进瀚天天成、华天恒芯等晶圆制造项目建设，促进一批重点 IC 设计项目落地。软件信息服务业重点扶持移动互联网、云计算、大数据、人工智能等细分产业发展，打造软件开发云和制造云。生物医药与健康产业重点加快建设企业协同创业中心，引进一批重点项目，做强做精特宝生物、艾德生物等龙头骨干。新材料产业重点发展钨钼材料及合金、新能源电池、第三代半导体材料，建设石墨烯公共服务平台，争创国家新材料产业集聚区。文化创意产业重点发展动漫游戏、创意设计、演艺娱乐等，做强做大 4399、咪咕动漫等全国性平台。

4. 推进现代服务业高端化发展

积极推动生产性服务业向专业化和价值链高端延伸，推动生活性服务业向精细和高品质转变，加快培育开发一批高品质旅游景区，策划引进一批旅游重点项目建设，推动邮轮、游艇、帆船旅游做大，促进会展服务高端化发展，推动航空维修展、健康产业展等生根型会展项目，争取举办更多的大型国际会议。加快推进两岸金融中心建设，继续引进国内外知名银行、证券、保险等金融机构入驻，支持地方法人机构做大做强。完善总部经济扶持政策，大力吸引区域性、专业性总部企业落户。大力拓展空间载体，加快建设丙洲、美峰现代服务业基地，提升发展 9 个省级现代服务业集聚示范区，建设前场、翔安等 5 个物流产业集聚区。

5. 改造提升传统产业

应用先进制造技术、信息技术改进优势传统产业生产组织方式和商业模式，提高产品价值含量，打造全球知名品牌。围绕两化融合、节能降耗、质量提升、安全生产等领域，推广应用新技术、新工艺、新装备、新材料，实施新一轮企业技术改造，提高企业生产技术水平和效率。以卫浴、橱柜、服装、眼镜等行业为重点，推进数字化设计、信息化改造，实现生产自动化、智能化和绿色化。

（二）提升城市综合承载力

以国际化视野、高标准要求，着力推进跨岛发展，拓展优化 "一岛一带多中心" 城市空间格局，全面提高城市综合承载力和宜居度。

1. 优化城市空间布局

推动岛外新城基地建设提速提质提效，促进城乡建设统一规划、产业合理布局、基础设施互联互通。东部（翔安）体育会展新城片区重点加快起步区建设，推进新会展中心、新体育中心、地铁社区及公共配套设施建设。马銮湾新城重点加快生态修复、环境整治和主干路网等建设，完善地铁社区等配套公共服务功能。环东海域新城重点加快推进同安新城现代服务业基地、环东海域酒店群、丙洲文化旅游岛建设，完善公建及基础设施配套。新机场片区加快片区骨干路网建设，完善商务、会展、酒店等设施。加快推动本岛有机更新，持续实施城市市政设施、绿化、街区立面的综合整治及老旧小区的提升改造，补缺提升城市门户节点等重点片区夜景照明，逐年逐片推进，不断提升城市品位和文明城市创建工作水平。结合轨道交通站点建设，加快商圈改造。加快岛内旧村整村改造，推进两岸金融中心五通金融商务区二期建设，打造现代化中心城区。

2. 提升城市综合承载力

完善国际航运中心软硬件设施配套，力促翔安机场主体工程正式开工，推进建设国际集装箱干线港。加快地铁 2、3、4、6 号线建设，统筹地铁沿线综合开发。完善"两环八射"快速路网，持续推进福厦高铁、第二西通道建设等项目建设，开工建设第二东通道等项目，做好第三东通道等前期工作。改造提升环岛路、厦门北站、邮轮母港等重点道路、重点节点，建立主要交通枢纽、会议设施、酒店之间 15 分钟快速交通系统，规划建设进出岛通道公交换乘枢纽。建成西水东调新通道、汀溪水库群至翔安输水工程等水源连通工程，推进九龙江北溪雨洪利用、进岛输水第二通道等前期工作。投运一批输变电项目，加快建设世界一流城市配电网。加大燃气基础设施建设，全面完成地下综合管廊和海绵城市试点建设任务。加快推进成功大道、仙岳路沿线等交通堵点改善工程，新增一批公共停车泊位，切实解决"出行难"问题。

3. 提升城市精细化管理水平

大力推进城市精细化管理，集中整治占道经营、油烟扰民、破墙开店、共享单车无序停放等问题，深化"两违"整理工作，实施"厕所革命"行动计划。推进智能交通、智能安防和城市智能服务，完善公共安全智能监控体系，建立完备的数据安全监管机制。设置国际化交通标志标线，建设智能交通保障系统，完善交通诱导系统、交通视频监控、流量采集和事件检测系统，推动信号灯路口联网联控，提升交通管理国际化水平。提升信息化便民服务水平，创新发展城市教育、就业、社保、养老、医疗、文化服务模式。加快社区治理创新，按照"纵向到底、横向到边、协商共治"的架构，形成和完善社区治理体系的整体框架。深化城市管理综合执法体制改革，探索安全生产、交通运输、资源环境等领域跨部门综合执法。

4. 推动实施乡村振兴

按照产业兴旺、生态宜居、乡风文明、治理有效、生活富裕的总要求，统筹谋划、科学推进实施乡村振兴战略的各项任务，扎实做好乡村规划，因地制宜发展具有特色的都市型观光休闲农业、品牌农业，加快促进一二三产融合发展。以农业供给侧结构性改革为主线，大力开发农业多种功能，鼓励发展乡村民宿业，促进特色观光休闲农业与乡村旅游业相互促进、共同发展。推进农村生活污水截污纳管处理和分布式处理项目建设，加快实现全市农村生活污水治理全覆盖和生活垃圾治理城乡一体化。加快建设农村公路、供水、信息、学校、医院等农村基础设施，实施农村人居环境、蓝色海湾整治。深化农村集体产权制度改革，推动资源变资产、资金变股金、农民变股东。

5. 加强区域协作

推进厦漳泉同城化、闽西南协同发展区等建设。主动加强对接协调，积极推进一批厦漳泉同城化、闽西南协同发展区基础设施、产业融合、公共服务等项目建设。聚焦产业合作和毗邻区域规划对接，推动临空产业园区规划对接和建设。支持厦门龙岩山海协作经济区建设，作为闽西南协同发展区突破性、示范性项目加以推进。

（三）扩大优质公共服务供给

找准着力点，补齐公共服务有效供给短板，让群众生活更有保障，机会更加公平，社会更加温暖，给居民带来实实在在的"获得感"。

1. 努力使群众享有更优的教育

努力挖掘公办学位潜力,增加民办学位数量。坚持公办民办并重,创新财政投入方式,大力发展普惠性幼儿园。加大义务教育段薄弱学校的改造提升力度,持续实施城乡义务教育一体化发展工程,不断扩大中小学学位供给。推进高中教育特色化、多样化发展,不断扩增高中优质资源,高水平普及高中教育。在岛外新城启动新建一批示范性学校,加大对学区制改革和乡村学校的支持力度。推动落实同安、翔安职业学校用地选址,推动厦门南洋职业学院申报本科民办高校。支持厦门大学建设世界一流大学,推动华侨大学、集美大学、厦门理工学院在国内综合排名上升。

2. 努力使群众享有更高水平的医疗服务

立足全人群和全生命周期两个着力点,加快推进马銮湾医院、环东海域医院、中山医院门急诊楼等重大项目建设,力促翔安医院、第三医院三期、市心血管医院新址建成投用,推动厦门弘爱医院等提升水平。加强与知名医学院校和高端医院的合作、加大力度引进,培育名医名科名院。强化基层医疗卫生机构布局,推动社区卫生服务中心的升级达标。完善分级诊疗制度,每个区至少建设一个紧密型医联体,加快发展专科医联体。

3. 努力使群众享有更高质量的文化服务

对照世界著名湾区城市,按照国际一流、国内领先的要求,优化提升市本级公共文化设施,加快推进闽南戏曲艺术中心等重大项目建设。优化提升区级公共文化设施,实现区市级公共文化设施提档升级。大幅提升乡镇(街道)、行政村(社区)综合文化中心、文化室等基层公共文化设施的建设管理水平及使用效率,打通基层公共文化服务"最后一公里"。挖掘、传承、开发利用厦门历史文化资源、文化线路、文化元素。加强对中山路、集美学村、厦港、同安旧城等历史文化街区的保护和开发。加快推动厦门市闽南红砖建筑聚落保护。建立市级书院总部、区(街)指导中心、村居社区书院三级服务体系,逐步实现社区书院全覆盖。建设新的市级体育中心,提升现有市区体育场馆及学校体育设施层次,建成一批可承办国际综合型体育赛事和高水平单项体育赛事的体育场馆。

4. 努力使群众享有更好的保障和福利

弘扬劳模精神和工匠精神,做好被征地农民和海域退养渔民、农村富余劳动力、城镇困难人员等重点群体就业创业服务和技能培训。推动社区老年人日间照料中心和农村幸福院项目建设,加快爱鹭老年养护中心、湖里区社会福利中心、市爱心护理院扩建工程等项目建设,促进厦门环东海域康养产业园等养老PPP项目生成落地。建立综合性老年津贴、居家养老巡视探访等制度,推进养老护理师改革试点。推进医养结合,深化政策性长期护理保险试点。高起点高标准推进新店、祥平、马銮湾等地铁社区建设,推动湖边公寓、洪茂居住区、五显起步区三期等一批保障房新项目开工建设,同步完善教育、医疗、交通、商业、生活服务等配套。推进集体建设用地建设租赁住房,规范住房租赁市场管理,落实承租人稳定居住和享受公共服务的各项保障政策。

(四)进一步释放改革红利

持续推进"放管服"改革,实现政府服务便利化、集约化、高效化,推进重大改革任务落实,深入国有企业改革,进一步激发各类市场主体活力。

1. 抓好重大改革任务落实

切实推进"放管服"改革,全面推行"一趟不用跑"和"最多跑一趟"办事清单;完成投资项目在线审批监管平台二期建设，加强审批事项办理情况及项目建设事中事后监管。深化价格体制改革，进一步推动垄断行业价格改革，加快完善公用事业和公共服务价格机制。完善产权保护制度，创建国家知识产权综合管理改革试点城市。深化财税体制改革。加快国资国企改革，不断完善现代公司治理结构。完成事业单位和国有企业公车改革。推进公共资源交易平台整合。

2. 深化国有企业改革

分类推进国有企业改革，做强做优做大一批优势企业集团。健全各类国有资产管理体制，以管资本为主加强国有资产监管，促进国有资本合理流动，改善国有资产结构和质量。支持国有资本、集体资本、非公有资本等交叉持股、相互融合的混合所有制经济发展，进一步强化多元化股东在公司法人治理中的制衡作用，推动国有企业加快完善现代企业制度。

3. 加快政府职能转变

加大简政放权、放管结合、优化服务改革力度，实现政府服务便利化、集约化、高效化。深化行政审批制度改革，进一步规范审批行为，逐步建立公开透明、便利高效、程序严密、权责一致的行政审批制度。落实市场准入负面清单管理制度，对清单以外的行业、领域、业务等，各类市场主体皆可依法平等进入，政府不再审批。推广随机抽查，规范监管行为，加快形成事中事后监管的制度框架和有效运行机制。

（五）进一步提高开放活力

大力实施引进来和走出去相结合，努力提高外贸发展水平，建设海丝战略支点城市，探索建设自由贸易港，深化对台融合发展，形成开放发展新优势。

1. 推动双向投资发展

完善全市统筹、市区联动招商机制，加大一二三产招商力度，密切跟踪世界 500 强、大型央企、台湾百大企业和优质民企投资动态，促成更多项目落地。深化产业链招商，围绕全市产业规划和产业链群发展情况，引进一批高附加值、高科技含量项目。强化"走出去"管理、服务和引导，重点支持技术合作型、资源开发型、市场开拓型境外投资项目。鼓励企业参与国际战略资源开发，推进象屿集团印尼不锈钢一体化等项目。

2. 积极培育外贸新增长点

支持外贸综合服务、跨境电商、融资租赁和保税进口等新型贸易业态发展，鼓励企业建设外贸综合服务信息平台，大力拓展出口订单和异地货源，积极争取国家跨境电子商务综合试验区试点。加快发展融资租赁，做大做强飞机融资租赁业务，推动医疗设备、高端生产设备等进口和国际产能合作项目生产设备出口。发挥自贸试验区和特殊监管区优势，吸引外商企业在厦门市设立区域投资平台、采购中心、结算中心等。

3. 发挥"海丝"战略支点作用

着力建设互联互通、经贸合作、海洋合作、人文交流四大枢纽。推动面向"海丝"的国际航空枢纽建设，做大做强中欧（厦门）班列。加强国际产能合作，发挥"海丝"投资基金、知识产权运营引导基金作用，完善境外投资服务平台，助力企业走出去。充分发挥中国——东盟海洋合作中心、南方海洋研究中心作用，提升海洋合作水平。加强"一带一路"财经发展研究中心、厦门大学"一带一路"研究院等智库建设，持续拓展友城、友港资源，办好嘉庚论坛。打造"一带一路"战略支点。

4. 建设自由贸易港

重点挖掘商事制度、贸易监管、金融开放创新、事中事后监管等改革潜力，努力建设集贸易、投资、金融、科创的开放与创新为一体的综合改革区。对标国际经贸通行规则，率先试验共性难点、焦点问题，加快建立开放型经济体系的风险压力测试区。深化"单一窗口"、证照分离等改革创新，建设提升政府治理能力的职能再造区。对标国际最高水平，实施更高标准的"一线放开"、"二线安全高效管住"贸易监管制度。根据国家授权实行集约管理体制，在口岸风险有效防控的前提下，依托信息化监管手段，取消或最大程度简化入区货物的贸易管制措施，最大程度简化一线申报手续。

5. 推动对台融合发展

充分发挥厦门对台战略支点作用，贯彻落实"惠台31条措施"，并结合厦门实际，实施更有厦门特色的惠台政策措施。推动在厦台企享受陆企待遇，在市场准入方面放宽对台企限制。夯实基层交流，促进同胞融合，深化拓展基层一线的交流交往，继续办好海峡论坛、文博会等大型对台活动，进一步密切厦台社区村里对接合作。支持厦门开展相关试点试验，出台厦金深度合作方案，进一步促进厦金人员往来、投资贸易便利化，把厦金深度合作作为推进两岸融合发展切入点。

（六）加快生态厦门建设

瞄准现代化国际大都市生态宜居标准，把生态环境作为厦门城市发展不可逾越的底线和红线，切实改善生态环境质量，为市民提供更多优良的生态环境产品。

1. 实施重大生态修复工程

加强九龙江口海湾湿地保护和修复，推进鳄鱼屿整治与生态修复，完成马銮湾海域生态修复和杏林湾截污整治工程，加快推进环东海域和环西海域的生态修复。

2. 严守生态保护红线

完善生态保护红线制度，健全生态保护补偿机制，定期发布生态保护红线状况信息。建立生态保护红线台账系统，完善生态保护红线常态化执法监督和成效考核机制，积极开展红线区受损生态系统修复。

3. 实施绿化提质工程

实施界边、山边、路边、水边景观提升工程，提升园林绿化品质和公园服务功能，推进城市主干道和主要进出口景观创建。对思明区禾祥东片区、厦港片区、湖里区江头街道片区、火炬片区、殿前片区、同安区老城片区、翔安区火炬一期片区等片区实施园林绿化改造提升。启动狐尾山－观音山步道建设工作。推进美峰山生态公园（一期）、马銮湾带状公园、环东海域带状公园等建设，持续推动海沧蔡尖尾山、大屏山、同安西山、翔安香山（四期）、集美天马山等郊野公园和翔安后山岩综合性公园（二期）的建设。实施绿道慢行系统建设，沿着山体和海岸线构筑环山面海绿道，并依托溪流水系形成山海连通的绿道网络，实现城市、海洋、河流与山体的有机连接。

参考文献

[1]厦门市人民政府.2019年厦门市政府工作报告［R］.2019.

[2]厦门市发改委.关于厦门市2018年国民经济和社会发展计划执行情况与2019年国民经济和社会发展计划草案的报告［R］.2019.

[3]厦门市统计局.厦门市2018年国民经济和社会发展统计公报［R］.2019

[4]厦门市人民政府.厦门市国民经济和社会发展第十三个五年规划纲要［Z］.2016.

课题执笔：林汝辉　刘飞龙　陈国清

第二十一章 中美贸易摩擦对厦门发展的影响分析及应对措施

厦门是我国东部沿海地区经济外向度较高的城市，2018 年外贸依存度为 125%，美国是厦门第一大贸易伙伴，对美出口、进口占全市出口总额、进口总额的 20% 和 13%。密切跟踪分析中美贸易摩擦对厦门进出口、工业生产等领域的影响，及时采取应对措施，不仅有利于厦门市扎实做好"六稳"工作、加快推进高质量发展落实赶超，而且有利于厦门市充分把握国家新一轮扩大开放的战略机遇，打造开放型经济发展的新平台新优势。

一、对货物贸易的影响

（一）整体影响

总体上看，中美经贸摩擦对厦门市进出口的不利影响逐步显现，对进口的影响比出口更为直接、更为明显。出口方面，2018 年受企业抢期出口、人民币对美元贬值 5% 的影响，厦门市对美出口不降反升，全年增长 7.2%，增幅高于全市出口平均增速 4.6 个百分点。进口方面，2018 年厦门市自美进口下降 6.3%，与全市进口平均增长 3.9% 形成鲜明反差。

（二）两轮加税及反制措施的影响

1. 美国第一轮 500 亿美元加征关税及我国反制措施的影响

出口方面，涉税商品主要涵盖水暖厨卫、电子元器件、飞机发动机零件等行业，波及 4 家外资工贸企业。进口方面，涉税商品主要是高粱、大豆等农产品，波及 3 家大型国有流通型外贸企业和 2 家民营农产品深加工企业。

2. 美国第二轮 2000 亿美元加征关税及我国反制措施的影响

出口方面，涉税商品主要涵盖水暖厨卫、家具家居用品、塑料制品等行业，波及 8 家外资和民营工贸企业。进口方面，涉税商品主要集中在胶片、木材、铅矿、飞机用阀门及液压装备等机械设备，波及 2 家外资工贸企业、2 家大型国有流通型外贸企业和 1 家大型航空运输企业。

二、对服务贸易的影响

近年来，美国一直是厦门市离岸服务外包的最大市场，2018 年美国市场占全市离岸服务外包执行金额的 48.3%。贸易摩擦增加了双方服务贸易合作的不确定性和风险，厦门市承接的美国市场服务外包业务量增长放缓，2018 年执行金额 10.2 亿美元，下降 1.1%，与全市平均增长 13.2% 的水平大相径庭。

三、对工业生产的影响

（一）正面冲击总体较小

从 2018 年全年运行情况看，厦门市规上工业增加值增长 8.8%，增速排名副省级城市第 4 位，超过八成的工业行业保持增长态势。贸易摩擦对全市工业的直接影响有限，主要是美国两轮加征关税及我国反制措施在 2018 年第 3 季度启动实施，因而对厦门市工业的实际影响主要体现在第 4 季度，多数企业都具有一定调整能力，如通过与美国进口商共担新征关税等方式，还能维持出口。

（二）对电子信息产业的间接影响逐步显现

根据火炬高新区的相关统计，园区被列入两轮加税清单的涉美出口企业共 10 家，直接影响出口额 2.6 亿美元，总体规模较小。间接影响体现在四个方面：4 家企业因人民币汇率波动挤压利润超过 10 亿元；4 家企业因外地下游产品受影响，抑制自身产品需求及价格，影响营业收入；3 家企业计划在境外设厂；2 家企业因股价下挫产生一定程度的股权质押风险。

四、对赴美投资的影响

贸易摩擦对厦门市企业赴美投资的影响较小。2018 年，经有关主管部门备案，厦门市企业赴美投资项目共 12 个，中方投资额 2.14 亿美元，项目数、投资额均创近 4 年新高。主要项目是 1 家生物医药龙头企业投资并购美国品牌保健品公司，推动实现企业的全球化布局。

五、对策建议

（一）趋势研判

中美贸易谈判已取得重要积极进展，两国采取升级关税措施的可能性微乎其微。但我们对贸易摩擦必须要有深刻的认识，贸易摩擦既是国力、科技、产业等综合实力的比拼，也是国际经济贸易规则制定权、主导权的较量。全球投资贸易新规则构建的不确定性、复杂性和长期性，意味着贸易摩擦不仅限于中美之间，中国和欧盟、日本、印度、东盟等主要经济体之间也有可能产生一定程度的贸易摩擦。贸易摩擦可能长期化、常态化，对厦门市经济的影响可能从贸易领域扩展到主要产业链、关键技术和设备、人员交流等方面，将对正处在转型攻坚期的厦门市经济带来相当程度的下行压力，我们必须坚持底线思维，做好充分应对准备。

展望 2019 年，中美贸易摩擦对厦门市经济的不利影响可能进一步显现，增加了外贸发展的不确定性和风险因素。一是出口企业为规避美国征税清单，主动减少或取消订单，再加上 2018 年抢期出口提前履约的订单，2019 年全市对美出口增幅将有所回落。二是我方采取的反制措施相当程度上增加了厦门市生产企业、进口企业从美国进口设备、原料、大宗农产品的成本，寻求替代进口市场也要付出时间成本，2019 年全市对美进口可能进一步下降。

（二）应对思路

应对贸易摩擦，要兼顾短期、中长期综合施策。从短期看，要结合优环境、降成本工作，做好应急政策储备，帮助企业消化美方加征关税和我方反制措施给生产经营带来的影响。从中长期看，要把握国家新一轮扩大开放的时间窗口，更加注重推进自贸试验区等开放功能区制度创新，更加注重开拓国内外多元化市场，更加注重发展服务贸易，更加注重依靠科技进步培育自主产业链条，努力打造开放型经济新平台新优势。

（三）具体措施

1. 加强贸易摩擦跟踪评估

积极跟踪事态发展，持续评估各类企业所受影响，进一步分析贸易摩擦对上下游产业链、贸易环境间接造成的影响和不确定因素。建立完善重点企业联络员机制，定期了解相关企业进出口动态和应对情况，及时传达最新信息。加强多部门协同整合，建立以发改、经信、商务、海关、税务等部门为主的应对贸易摩擦联席会议制度，不定期研究协调应对措施，增强政策系统性。

2. 帮扶企业防范和应对风险

加强知识产权保护。强化海外知识产权维权援助，支持企业提高自主知识产权产品在国际市场的占有率。持续开展外贸领域打击侵权假冒专项行动，完善知识产权海关保护执法程序。鼓励企业联合制定具有自主知识产权的技术和行业标准，积极参与制定各类国际标准。加强对企业的帮扶指导，提高防范和应对国际技术性贸易壁垒的能力。

做好金融服务。支持有条件的企业在进出口贸易等业务上使用人民币跨境结算，规避汇率风险。引导金融机构依托风险补偿资金池、扩大出口信用保险保单融资、出口退税账户质押融资规模，加大对有订单、有效益的外贸企业的信贷支持力度。推进"关数 e"平台建设，应用金融云计算为企业核定纯信用授信额度，降低融资门槛。

用好政策性保险。支持小微企业积极参保，通过出口买方信贷保险、特险等项目类产品实现大型成套设备出口等应保尽保。引导企业利用出口信保的资信调查、行业研究等服务，加深对海外市场和买方信息的了解。落实出口信保保单融资担保风险分担补偿机制，推动银行、保险、担保、企业紧密合作，进一步拓宽出口信保保单融资。

抓好技术指导。一是摸清受关税影响的具体商品编码，对被美方加征关税的厦门市出口企业，如对商品编码前六位存在疑义且对出口行业影响较大的，向上争取海关总署通过规定渠道向 WCO 协调制度委员会提出相关归类议题，争取从技术层面为企业出口商品取得国际通行证。二是积极争取关税豁免政策。针对出口企业，尤其是涉及只能从我方进口、没有替代品，且不属于"中国制造2025"鼓励发展的产品范围，积极协调美方进口商，争取符合美方规定条件的关税豁免政策。针对进口企业，向上争取国家有关部门比照其他国家的做法，明确关税豁免条件和程序，对单一美国来源的不可替代进口商品豁免加征关税。

3. 优化环境减轻企业负担

优化口岸通关环境。创新口岸查验和综合执法模式，推行"先放行、后改单"，对铁矿石等大宗原材料采取先验放、后检测等便捷措施，对生鲜产品开设快速通关"绿色通道"，提高通关效率，压缩整体通关时间。针对进口集拼拆箱货物整体通关时间较长的问题，持续深化流程梳理，敦促码头、仓储等部门提高物流效率，提醒企业及时报关。规范和降低口岸检查检验服务性收费，继续免除海关查验环节没有问题的外贸企业吊装、移位、仓储费，降低企业通关成本。在厦门港全港区推广集装箱智慧物流平台，加快海运小提单电子化步伐。

改进出口退税服务。全面落实国家出口退税新政，梳理退税流程，支持外贸综合服务企业代办退税。继续推广出口退税无纸化申报，简化企业申报手续，进一步提高退税效率。加强对企业培训辅导，积极宣讲退税操作及风险防控等相关知识，帮助企业提高相关业务能力，促进企业规范经营。

4. 积极拓展多元化市场

鼓励企业充分利用俄罗斯、印度、日本、巴西、阿联酋等海外联络点的信息渠道及本地人脉资源，通过设立境外分支机构、零售网点、售后维修服务网点、海外仓等方式，扩大国际营销网络覆盖面。着眼打造区域品牌，以"优势出口商品＋知名专业展平台"的模式，加大在境外市场举办精品展、品牌展的扶持力度，推动本地组展机构提升境外展会代理资质、延伸服务链，提高企业境外参展成效。支持企业参与"广交会"品牌展位评选和特色展品参与相关设计评比，提升厦门品牌的影响力和出口竞争力。支持全球布局的跨国企业，加强与跨国关联企业的沟通，在国内生产中间产品出口境外关联企业再加工出口。鼓励企业开辟非加征关税国家市场，通过对外投资在"一带一路"沿线国家设立成品组装厂，成为出口美国的中转基地。对有意外迁或将订单转移国外的企业，从提供"一对一"政策到贴近服务入手，帮助企业降低市场风险和运行成本，增强企业根留厦门的信心。鼓励企业寻求大豆、小麦等大宗商品进口替代货源地，降低对美市场的依赖程度。

5. 大力发展服务出口

依托厦门国家服务外包示范城市的政策优势，落实服务外包营改增试点政策、技术先进性服务企业所得税减按15%征收的优惠政策，新认定一批技术先进型服务企业，促进服务贸易、服务外包示范和特色园区集聚发展。依托厦门自贸区"国家文化出口基地"等平台载体，聚集数字出版、数字影视、网游动漫、影视演艺、创意设计、高端艺术品等重点领域，积极推动文化产品和服务"走出去"。努力拓展国际旅游市场，创新旅游营销模式，实施全球推广战略，加大运用TripAdvisor等新媒体，讲好厦门故事，打响"海上花园 大厦之门"宣传口号和标识，展现高素质高颜值的国际旅游目的地形象。加快制定国际航线和包机等奖励政策，提升境外游客到厦门旅游的便利性。做大邮轮旅游品牌，打造"一带一路"等独具厦门特色的邮轮线路，借助邮轮总部新项目落户厦门的契机，全力争取免税等多个业务板块到厦门市投资布局。

6. 加强自主产业链建设

密切关注被美方列入限制出口到我国的产品清单变化情况，系统梳理厦门市集成电路、生物医药等重点培育的千亿产业链群上的薄弱环节，积极围绕产业链部署创新链、资金链，加大对企业创新研发的支持力度，推动企业技术改造升级和新产品开发。紧密对接培育战略性新兴产业、提升支柱产业的需要，稳步扩大先进技术装备、关键零部件进口，促进引进消化吸收再创新。加紧研究出台集成电路产业高端人才评定标准等政策，加快集成电路产业人才交流培训平台建设，积极引进产业发展急需的中高端人才。扶持生物医药行业重点科创型企业加快发展，培育一批标志性自主创新成果，推动创新产品国际化。完善自创区、自贸区创新改革政策"互联互通"机制，争取在跨境研发活动便利化、降低科技企业融资成本等方面取得实质性突破。

参考文献

［1］张海梅，陈多多.中美贸易摩擦对广东出口的影响及应对［J］.岭南学刊，2019（1）.

［2］徐建，王凯民.中美贸易摩擦对外向型区域的影响及应对研究——以浦东新区为例［J］.哈尔滨市委党校学报，2019（1）.

课题执笔：谢　强

第二十二章 厦门促进消费增长对策建议

一、2018 年厦门消费情况

（一）商品消费情况

2018 年，厦门市实现社会消费品零售总额 1542.42 亿元，同比增长 6.6%，较上年同期回落 6.1 个百分点，分别低于全国、全省增速 2.4 和 4.2 个百分点。

从消费形态看，餐饮消费增速 6 年来首次超过商品零售。2013-2017 年商品零售年均增长 11.1%，餐饮收入年均仅增长 5.1%。2018 年，全市餐饮收入实现 170.8 亿元，同比增长 12.8%，比商品零售增速高 6.9 个百分点。见表 22-1。

表 22-1　厦门市社会消费品零售总额构成表

指标		社会消费品零售总额	商品零售	餐饮收入
2012 年	绝对值（亿元）	881.9	771.1	110.8
	增速（%）	10.2	9.9	12.4
2013 年	绝对值（亿元）	974.5	860.2	114.3
	增速（%）	10.5	11.5	3.7
2014 年	绝对值（亿元）	1072.3	950.1	122.1
	增速（%）	10	10.8	4.2
2015 年	绝对值（亿元）	1168.4	1037.8	130.7
	增速（%）	8.9	9.2	6.3
2016 年	绝对值（亿元）	1283.5	1143.2	140.7
	增速（%）	9.8	10.4	5.2
2017 年	绝对值（亿元）	1446.7	1297.7	149
	增速（%）	12.7	13.5	6.2
2018 年	绝对值（亿元）	1542.42	1371.6	170.8
	增速（%）	6.6	5.9	12.8

数据来源：厦门市统计局

从商品种类看，服饰类商品增长较快，汽车类负增长。服饰类销售是拉动限上零售额增长的主要动力，2018 年服饰类实现零售额 191.6 亿元，占比 18%，同比增长 30.2%，高于上年 16.5 个百分点，拉动限上社零增长 4.57 个百分点。升级型消费增长有力，金银珠宝类消费实现零售额 12 亿元，同比增长 22.8%。但占限上零售近 1/3 的汽车零售额仅实现 314 亿元，同比下降 3.6%，较上年回落 7.7 个百分点。

从经营业态看，便利店发展快于传统零售业态。近几年，百货、超市等传统零售业态增速大幅回落，相比之下，便利店行业增势喜人，成为零售业中增长速度最快的业态之一。截止 2018 年末，厦门知名品牌门店数量达到 700 多家，便利店门店增长率为 15% 以上，增幅在传统零售业态中位居榜首，中国连锁经营协会发布《2017 中国城市便利店指数》，厦门在全国 36 个一、二线城市中居第十位。

从区域发展看，岛外市场增速高于岛内

近年来，岛外各区城市化速度加快，众多知名商贸企业纷纷到岛外布点，已有万达、阿罗海等大型购物中心，以及天虹、新华都、永辉、苏宁、国美等知名百货、超市、电器卖场进驻岛外，商业层级日益提升，发展迅猛。岛外四个区社会消费品零售额十年年均增速 24.9%，比岛内 12.2% 的年均增速高出 12.7 个百分点，占全市比重从 2007 年的 14.6% 提高到 2018 年的 40.83%，岛外商业氛围显著提升。见表 22-2。

表 22-2　2018 年各区社会消费品零售总额情况

	2018 年（万元）	比上年同期增长（%）	占全市比重（%）
全市合计	15424224	7.0	100
思明区	5794276	10.8	37.57
湖里区	3332781	−4.8	21.61
海沧区	1498524	0.6	9.72
集美区	1573434	13.5	10.20
同安区	2455398	12.0	15.92
翔安区	769817	15.1	4.99

资料来源：厦门统计月报（2018.12）

（二）文化消费情况

演艺娱乐消费方面，已成为区域性演艺中心。近年来厦门营业性演出市场总体保持较好增长，周杰伦、陈奕迅、张学友等知名歌手陆续来厦举办个人演唱会，百威啤酒音乐节、草莓音乐节等音乐品牌落地厦门，闽南大戏院、嘉庚剧院、沧江剧院三条院线引进优秀剧目常态化，2018 年全市共举办营业性演出 979 场次，其中引进境外 255 个演出团体和个人来厦进行 281 场营业性演出。60% 以上的演出观众来自外地，厦门已成为闽西南的演艺中心。商业影院消费方面，全市共有商业影院 50 家，银幕 319 块，座位数 4.5 万个，1-11 月电影票房 4.6 亿元，观影人数超过 1300 万人次，厦门以全国约第 150 位的常住人口数贡献了第 28 位的票房收入。

数字内容消费方面，形成一批具有全国影响力的平台。动漫网游、数字内容与新媒体等文化和科技融合型新兴业态呈现集聚发展态势，拥有较具影响力的平台型文化消费企业，如：全国最大的小游戏平台 4399、网页游戏平台趣游、手机动漫平台中国移动手机动漫基地、美图科技、吉比特等。

艺术品消费方面，成为全国艺术品拍卖十强城市。厦门在 2017 年中国城市纯艺术拍卖市场成交总额排名中，列大陆城市第 8 位。2018 年仅保利春季拍卖就实现 3.5 亿元成交额。国内首家艺术品保税共享平台——博乐德艺术品保税共享平台落户厦门自贸片区，作为集艺术品仓储、展览展示、拍卖交易、艺术品金融、艺术品进出境等服务为一体的高端艺术品服务平台，将大力推进高端艺术品展览、销售及特色文化旅游等消费发展。

（三）旅游消费情况

2018 年，厦门市共接待国内外游客 8900 万人次，增长 13.7%；实现旅游总收入 1400 亿元，增长 19.8%；游客人均花费 1573 元，增长 5.3%。除了传统的旅游景点外，近年来邮轮、游艇、帆船、乡村旅游等新业态也成为拉动旅游消费的主要动力。

邮轮市场方面，在全国消费下降情况下实现逆势增长。作为全国四大邮轮母港之一、邮轮运输试点示范港，厦门在全国率先建立邮轮旅游联盟，首次开通 68 艘定期邮轮航次，打造横跨东南亚六国的长距离"一带一路"邮轮母港新航线；在菲律宾、文莱、马来西亚举行"海丝路·闽南情"中国厦门文化旅游交流营销活动；举办"妈祖下南洋"活动，开启"邮轮 + 旅游 + 文化"的新消费模式，得到市场热烈响应。2018 年共接待邮轮 96 艘次，其中邮轮母港 85 航次，旅客吞吐量 32 万人次。同时，游艇、帆船等业态也加快发展，积极推进五缘湾、香山、中澳码头基地建设，吸引大量游客进行休闲消费。

游艇帆船市场方面，休闲消费蓬勃发展。厦门帆船游艇制造业基础良好，拥有捷保（中国）帆船、翰盛游艇、飞鹏帆船等一批帆船游艇制造业企业；五缘湾游艇帆船港是华南地区首个游艇专业保税仓库，拥有近 300 个泊位。厦门目前拥有帆船 260 多条，年度帆船体验旅游收入达 3 亿元。每年举办新年帆船赛、海峡两岸高校帆船赛、海峡杯帆船赛、中国俱乐部帆船赛等，带动了帆船运动及消费的发展。

乡村旅游方面，不断促进提质升级发展。重点打造汀溪镇为四星级休闲集镇，东孚街道为三星级休闲集镇，军营村和院前社为四星级乡村旅游村，前格村、白交祠村和后寨村为三星级乡村旅游村，评定鑫美园农场和云和农家乐为三星级乡村旅游经营单位。制定乡村振兴战略旅游业发展纲要，到 2020 年把乡村旅游在整体旅游经济指标中的占比提升至 15% 左右。

（四）居民生活服务消费情况

家政服务方面，形成较大消费市场和较具影响力平台。据行业估算，全市家政服务业的服务消费规模约为 40 亿元。好慷在家是国内规模、质量双领先的家庭服务预定平台，2018 年营业收入达到 8.5 亿元，业务辐射全国 26 个一、二线城市，已发展成为全国最大互联网家政企业。小羽佳成为国内第一家上市的家政企业，同时涌现出好邦尼、齐邦月嫂等一批家政细分行业领域品牌企业。

健康消费方面，高端医疗服务初具规模。厦门支持、鼓励社会资本举办高水平医疗机构，厦门长庚医院是目前大陆台资规模最大的医院，王子妇产、美莱医疗美容、百特盛康血液透析中心、登特口腔、州信医学影像诊断中心、弘信泰和康复等医院均落户厦门。目前全市社会办医疗机构占全市机构总量的 68%，诊疗服务人次占全市总量的 26.8%，具备提供一定高端医疗服务的能力。厦门在全国率先创建了全新的数字化市民健康管理和区域协同医疗服务模式，建成了"健康医疗云"，为全市 95% 的常住人口建立个人健康档案。体育服务业发展态势良好，全市实现总产值 18 亿元，其中体育管理活动、体育竞赛表演活动、体育场馆服务和体育传媒与信息服务分别实现产出 2.7 亿元、2.5 亿元、2.4 亿元和 2.1 亿元；体育彩票 2018 年销量突破 20 亿元，增长 20%，居全省第一。

二、厦门消费存在的问题

（一）消费品市场缺乏新增长点，线上线下均竞争力不足

一是过度依赖汽车增长，但目前汽车消费趋于饱和，机动车保有量今年已突破 150 万辆，且受到全国汽车市场下滑以及外地消费者购车上牌政策调整、进口车关税调整、购置税优惠政策取消等政策因素影响，汽车的支撑作用减弱，后劲堪忧。二是与周边商贸发展水平差距日益缩小，消费面临网络分流、周边回流，由于缺乏重量级商圈、核心商圈主力店不强，配套街区层次不高、特色不突出，同质化严重，很难吸引到外地高端客户群。大型零售企业增长乏力、营业额明显下降，近两年来厦门市大型零售企业关店数约 10 家，2018 年，以百货超市为主体的传统实体零售企业仅实现零售额 111.65 亿元，较上年下降 0.2%，比上年同期回落 2 个百分点，限额以上法人单位中，利润总额亏损的有 704 家，占比 30.8%，亏损面较大。三是互联网零售增速回落，2018 年全市限上企业通过互联网实现零售额 270.63 亿元，同比仅增长 8%，增幅比上年回落 73.3 个百分点，比全国同期的实物商品网上零售额增速也低 17.4 个百分点，热卖网、万翔等电商平台均增长乏力。

（二）文化消费区域发展不平衡，品牌效应较弱

一是岛内外文化消费不均衡。据统计，2017 年农村地区居民的教育文化娱乐支出仅占消费支出的 5.8%，远低于全市 10.1% 的平均水平。大型场馆、艺术馆、商业影院等文化消费设施主要集中于岛内，各区文化设施布局参差不齐。二是骨干文化企业不强、创新能力不足。目前厦门市文化创意企业产值超过 10 亿元的不多，主要集中在动漫游戏产业，还没有一家产值超过百亿的文化企业。文化消费领域具有独特创新能力的文化产品供给仍不足，具有全国影响力的文化产业品牌较少，品牌效应仍较弱。

（三）旅游产品结构单一，游客消费水平不高

一是厦门旅游产品供给不丰富，绝大部分属于观光旅游，国际化、多元化、体验式旅游产品尚不足，旅游新业态亟待规范和培育、旅游营销机制需进一步创新。游客人流量较多的特色消费街区，如中山路、大嶝小镇等，商品层次不高、假货、仿货泛滥，缺乏与闽台风俗文化相契合的高品质伴手礼，难以满足游客的消费需求。二是游客消费水平无明显增长，且以刚性消费为主。近年来，厦门游客人数飙升但人均消费不涨，从 2009 至 2018 年的十年间，厦门年接待国内外游客人数从 2194 万人次增至 8900 万人次，增长 4 倍；但每人次平均消费始终保持在 1500 元左右的水平，比杭州市目前 1867 元 / 人次的游客消费水平低 20%。厦门理工学院对来厦游客消费结构的调查显示，餐饮是游客消费支出的第一位，接下来依次为住宿、交通，均为刚性需求；而娱乐、门票、购物等弹性需求则排在靠后的位置。

（四）房价仍然偏高，对消费支出存在挤出效应

虽然经过新一轮调控，厦门市房价过快上涨局面得到基本控制，但房价仍维持在 40000 元 / 平方米左右的高位，由于房价过高，厦门居民与同类城市居民相比较，不敢消费的现象较为严重。2018 年，厦门市按常住人口进行平均的人均消费品零售增额仅为 37528 元，不仅在 15 个副省级城市中居末位，也仅为福州市（60290 元 / 人）的 2/3 水平。见表 22-3。

表 22-3 2018 年 15 个副省级城市人均社零情况表

城市	人均消费品零售总额（元）
厦门	37528
沈阳	52097
大连	65223
长春	39028
哈尔滨	42354
南京	82337
杭州	60361
宁波	50657
济南	85707
青岛	52126
武汉	80172
广州	104721
深圳	49239
成都	41652
西安	55127

注：人均消费品零售总额＝全社会消费品零售总额／常住人口

（五）扶持政策力度弱于同类城市，促进消费增长政策体系支撑不够

一是部分政策扶持力度弱于同类城市，如北京市、福建省、泉州市等地均出台文件推动便利店限制政策松绑，允许服务能力较强的连锁便利店现场经营熟食和设置便民药柜，但厦门至今未放开该限制，在厦便利店仍需和餐饮企业一样经过严格审核才能取得销售简餐的资质，经营受到较大影响。二是财政扶持政策与消费升级不匹配，补贴往往是给生产企业而不是消费者；重商品消费、轻服务消费，缺少支持服务消费的财政政策和统计制度，教育、医疗、文化、养老等领域，对社会资本的进入还存在一些限制，部分服务业和新兴产业还难以充分发展和有效竞争；适应新消费的金融产品与金融服务创新不足。

三、2019 年厦门消费展望

（一）促进消费增长的有利因素

1. 投资、出口对经济的贡献度下降，消费将成为经济增长的主要动力

2018 年以来，支撑我国经济的投资、消费、净出口"三驾马车"中投资和净出口都出现较大幅度下降。2018 年，固定资产投资同比增长 5.9%，其中基建投资同比增长仅为 3.8%，比 2017 年 19% 的增速回落了 15.2 个百分点，资本形成总额的贡献率为 32.4%；受中美贸易摩擦影响，净出口的贡献率为 −8.6%。2019

年如果中美贸易摩擦持续升级，在 2019 年 2500 亿美元对美出口商品加征关税，或出现继续扩大加税商品的情况，出口将继续呈断崖式下降。而随着劳动力供不应求状况的持续以及产业工人工资收入的增长、政府民生支出的增加，消费将保持较为稳定的增长，成为 2019 年经济增长的主要动力。中央经济工作会议把"促进形成强大国内市场"作为 2019 年重点工作任务之一，提出"要努力满足最终需求，提升产品质量，加快教育、育幼、养老、医疗、文化、旅游等服务业发展，改善消费环境，落实好个人所得税专项附加扣除政策，增强消费能力，让老百姓吃得放心、穿得称心、用得舒心。"

2. 居民消费需求升级，个性化、多样化消费渐成主流

从消费需求看，居民消费以生存型消费为主逐步转向以享受型消费为主，个性化、多样化消费渐成主流，这从客观上要求加快服务业的发展，特别是加快推动养老、养生、医疗、文化、体育、旅游等康养产业发展，大力推动信息传输、信息技术、信息内容等信息服务业发展，培育新产品、新服务以及新模式等消费增长点。近年来，随着改革开放的全面深化和供给侧结构性改革的持续推进，新业态继续快速增长，新商业模式不断涌现，国内市场发展的活力和后劲持续释放，消费将成为经济迈向高质量发展的重要支撑。

3. 个人所得税改革有利于增强居民消费能力

2018 年 10 月起，新的《个人所得税法》开始实施，个人所得税起征点由原来每月 3500 元提高至 5000 元，2019 年 1 月起将实施子女教育、继续教育、大病医疗、住房贷款利息、住房租金、赡养老人支出等 6 项专项附加扣除，此外，还扩大了各档税率的级距。以上措施有助于实现不同收入阶层个税缴纳金额的普遍下降、可支配收入的普遍上升，有助于提高居民消费能力，从需求端促进消费扩张和升级。

4. 促消费政策持续发力有利于释放消费潜力

2018 年 9 月，国务院先后印发《关于完善促进消费体制机制，进一步激发居民消费潜力的若干意见》和《完善促进消费体制机制实施方案（2018-2020 年）》，厦门市了相应制定了《厦门市关于完善促进消费体制机制进一步激发居民消费潜力的实施方案（2018—2020）》，旨在完善促进消费的政策体系，并通过促进实物消费不断提档升级、推进服务消费持续提质扩容、引导消费新模式加快孕育成长、推动农村居民消费梯次升级等途径，进一步释放消费潜力。预计相关措施将于 2019 年起逐步落地，并从供给端发力，促进消费升级。

（二）影响消费的不利因素

1. 经济下行压力较大，社会需求难旺盛

2019 年中央经济工作会议指出，在充分肯定成绩的同时，要看到经济稳中有变，变中有忧，外部环境复杂严峻，经济面临下行压力。特别是如果中美贸易摩擦持续升级，将增加宏观经济运行的不确定性，其影响仍将持续释放影响收入和就业预期，进一步影响居民消费意愿，消费增速的提升及提质升级将面临较大压力。

2. 有效供给不足制约消费增长

现阶段改善型、享受型商品和服务有效供给明显不足，导致大量中高端商品和新兴服务消费外流，也制约全市网上消费持续增长，特别是网上消费方面，伴随着消费模式创新出现了消费者安全保护不到位和监管不适等一系列问题，阻碍网上消费规模扩大和消费内容升级。

3. 房地产市场持续低迷将影响住宅消费

一方面，经过最近一轮房地产市场调控，厦门市房价过快上涨局面得到基本控制，但房价仍维持在 40000 元 / 平方米左右的高位对消费的挤出效应很难根本缓解。另一方，2018 年，厦门全市一手住宅共成

交 5619 套，比 2017 年的 9450 套少了 3831 套，环比下跌 40.54%；商品房新开工面积下降 31.5%。2019 年，预计整个房地产市场仍将延续调整态势，拖累家装、家庭耐用品等住宅消费增长。

4. 汽车将继续拖累消费增速下滑

汽车销售政策影响短期内不会有明显消除，随着网约车、汽车分时租赁的发展，居民对汽车的购买必要性下降，汽车销售量增速持续下滑的格局将在短期内延续。

综上，长期来看，消费规模持续增长、消费结构持续升级是大趋势。短期而言，影响消费增速回落的因素难以得到根本性缓解，未来宏观经济运行依然面临诸多不确定因素。

四、促进厦门消费增长的对策

针对当前消费出现的变化和厦门市消费存在的问题，从中长期看，要维持经济稳定，继续稳定收入、就业预期，为消费增长提供根本的基础和条件。从短期看，一方面要稳定重点消费市场和领域，同时扩大消费新增长点和促进传统消费升级，特别是要着力促进服务消费，从而推动消费结构性升级，满足人民美好生活需要。

（一）促进实物消费不断提挡升级

1. 创新发展传统商品消费

一是高标准布局消费商圈。以打造区域消费中心城市为目标，进一步完善城市商业网点规划，高标准布局具有品牌影响力的大型消费商圈。开展中山路高品位步行街、筼筜咖啡一条街等改造提升，推动高品位步行街建设。布局多点式免税消费区，精细定制免税特色商品。支持布局"商旅文"特色街区，建设观音山梦幻海岸休闲区闽台特色主题街、南华街风情街、顶沃仔猫街、高崎渔人码头滨海美休闲旅游区、五缘湾娱乐商业步行街等特色旅游休闲街区，促进休闲街区旅游购物和游憩功能的充分结合。

二是推动传统商贸创新发展。支持大型商贸企业应用互联网、物联网、大数据等新一代信息技术建设"智慧商店"。鼓励商贸企业发展新零售，支持企业发展以设计、定制、体验为特点的个性化商业模式，打造服务型、体验型、主题型消费新业态。鼓励骨干商贸企业发挥对消费的引领和支撑作用发展连锁经营，鼓励发展智慧型社区便利商业，推广"智慧＋零售"、"零售＋便利"、"线上＋线下"等懒人消费模式。积极引进国内外大型实体零售和网络零售龙头企业在厦设立法人公司或结算中心。

三是鼓励重要消费品进口。支持企业扩大日用消费品尤其是关系民生的商品进口。对进口鼓励类消费品进口商品目录内的商品达到一定规模的，按进口规模给予企业一定补助。

三是加快建立高效的物流配送体系。进一步优化商贸物流设施空间布局，优化物流车辆泊位设置，切实解决企业物流配送停车难、卸货难等问题，为商业发展提供物流保障。

四是出台促进消费提质升级政策。扶持有利于提升产业辐射力、可引领带动消费的商贸流通项目。放宽对实体零售业限制，如学习北京允许便利店现场经营熟食和设置便民药店、学习上海允许便利店开展餐饮和物流配送业务等；允许商业用户选择执行行业平均电价或峰谷分时电价等。

2. 优化升级汽车消费

一是加大新能源汽车推广应用。落实实施好新能源汽车免征车辆购置税、购置补贴等财政优惠政策，加快新能源汽车充电基础设施建设，优化公共充电站布局，推动"互联网＋充电基础设施"，提高充电服务智能化水平。

二是扩大汽车平行进口。发挥厦门汽车平行进口口岸资质优势，用好国家汽车进口关税下调政策，扩大平行汽车进口业务，满足中高端进口商品和服务需求。积极向商务部争取扩大试点企业数量，对试点企业实行动态调整。完善从厦门口岸进口汽车整车补助以及在厦销售奖励政策。

三是贯彻落实二手车、报废汽车管理办法，全面取消二手车限迁政策，便利二手车交易，完善报废汽车回收拆解行业管理制度。

四是构建多层次、差异化的城市交通出行体系。鼓励发展小微型客车租赁和新能源汽车分时租赁。鼓励城市人流密集区域的公共停车场为分时租赁车辆停放提供便利。

3. 加快升级信息消费

一是推动信息基础设施提速升级，扩大信息消费覆盖面。完成广电、电信业务双向进入，鼓励发展三网融合第三方服务等新兴业务。严格执行光纤到户国家标准，完成老旧小区光纤改造，实现新建小区、办公楼、商业楼宇和大型场馆光纤到户设施建设一步到位。积极布局窄带物联网，推进数据中心、超算中心、通信铁塔等基础设施建设，完成 4G 全覆盖，扩大"4G+"覆盖广度和深度。在国内率先开展 5G 移动通信网络建设，实现有线/无线宽带"双千兆"服务能力。拓展城域网出口带宽，并采用 SDN、NFV、CDN 等网络新技术推进城域网向智能云化网络演进，提升网络承载和分发能力。

二是推进新型智慧城市建设，支持云计算、大数据、物联网技术在城市管理与便民服务领域的应用，提高居民生活信息消费便利度。依托"i厦门"平台，丰富线上政务服务内容。

三是提升消费电子产品供给水平。利用物联网、大数据、云计算、人工智能等技术推动电子产品智能化升级，推进智能可穿戴设备、虚拟/增强现实、等产品的研发及产业化。针对家庭、社区、机构等不同应用环境，鼓励发展便携式健康监测设备、家庭服务机器人等智能健康养老服务产品，满足多样化、个性化健康养老需求。

四是增强信息消费体验感。办好厦门国际动漫节、海峡工业设计大奖赛等，支持企业建设信息消费体验中心，运用虚拟/增强现实、交互娱乐等技术，丰富居民信息消费体验；推进动漫游戏等数字娱乐、数字视听产业的转型升级，培育形成一批拥有较大市场、较强实力的数字内容创新企业。

4. 引导发展绿色消费

一是倡导绿色生活方式。推广绿色居住，提倡家庭节约用水用电，鼓励步行、自行车和公共交通等低碳出行，支持发展共享经济，鼓励个人闲置资源有效利用，有序发展网约车、汽车分时租赁、共享单车、民宿出租、旧物交换利用等。

二是鼓励绿色产品消费。推广空气净化器、净水器、节能节水器具、节能环保汽车、绿色家电、绿色建材等节能产品，鼓励居民优先购买节能环保产品，落实居民购买节能环保产品相关补贴政策。

三是推动企业增加绿色产品和服务供给。出台促进节能环保产品普及的政策，加大对绿色产品研发、设计和制造的投入，增加绿色产品和服务有效供给，不断提高产品和服务的资源环境效益。大力发展节能汽车、节能建材、节能技术装备、各类环境污染防治专用材料、可降解塑料制品，不断壮大节能环保产业规模，提升节能环保产业综合实力。

（二）推进服务消费持续提质扩容

1. 推动文化消费规模扩大

一是加强影视精品创作生产，促进影视文化消费。着力发展主流院线市场，提升岛外电影消费水平，优化服务保障，促进电影票房稳中有升；继续落实农村公益电影和"温馨家园"社区公益电影放映惠民工作。充分运用国家、省市专项资金，加大对影视作品创作生产的扶持力度。鼓励厦门市影视制作单位开展"影视精品工程"，鼓励拍摄一批反映"中国梦"、海上丝绸之路和具有厦门特色文化题材的影视作品。打造全域影城，办好中国金鸡百花电影节，带动全市影视产业发展。扩大演艺娱乐消费市场，推动行业转型升级。

二是扩大演艺娱乐消费市场，推动行业转型升级。支持文艺表演团体、演出经纪机构和剧场经营单位连锁经营，引进国内外知名营业性演出项目；鼓励娱乐场所跨区域开展连锁经营，鼓励连锁场所入驻城市文化娱乐综合体，通过连锁经营促进场所管理和服务的标准化和规范化，通过提升服务水准，引领行业创新，鼓励其与社会资本对接，支持连锁企业上市，做大做强行业品牌。促进上网服务场所、歌舞娱乐场所、游戏游艺娱乐场所等文化休闲娱乐行业转型升级，支持增设上网服务、休闲健身、体感游戏、电子竞技、音乐书吧等服务项目。鼓励歌舞娱乐场所利用场地和设备优势，依法提供演出、游戏、赛事转播等服务，办成多功能的文化娱乐体验中心。鼓励在大型商业综合设施设立涵盖上网服务、歌舞娱乐、游戏游艺、电子竞技等多种经营业务的城市文化娱乐综合体。鼓励娱乐场所参与基层公共文化服务，有条件的可按照政府购买服务相关规定，承接公益性文化艺术活动。

三是支持实体书店壮大发展。用好民营实体书店发展扶持专项资金，支持实体书店融入文化旅游、创意设计、商贸物流等相关行业发展，建设成为复合式文化场所。办好书香鹭岛全民阅读活动月。

五是完善文化消费促进机制。举办厦门文化惠民消费季、文创设计大赛、音乐节等促进文化消费活动，推动发行厦门文化惠民卡、文化电子消费券，集成线上资源和线下活动，不断提升市民文化消费水平。推动厦门国际时尚周做大做强，以冠名招商、赞助等方式撬动社会资本投入，打造具有国际影响力的时尚产业集聚平台。健全文物合法交易体制机制，推动全市各级博物馆、图书馆、艺术馆、非遗中心等文化文物单位积极开展文创产品研发和经营活动；积极向国家文物局争取扩大享受文物进口免税政策的文物收藏单位名单，促进海外文物回流；积极争取厦门成为开展文物流通领域登记交易制度试点地区，并纳入全国文物购销拍卖信息与信用管理系统。

2. 促进旅游消费升级

一是打造新的旅游核心吸引点。实施 A 级景区质量大提升三年行动计划，推动争创更高等级的 A 级景区、国家级旅游度假区、国家生态旅游示范区。完善 A 级景区年度复核和动态进退机制，重点推动五缘湾申创旅游度假区，启动集美大景区、园林植物园申创 5A 级旅游景区和灵玲国际马戏城申创 4A 级旅游景区。

二是进一步丰富旅游新业态。培育和规范游艇、帆船、房车、自驾车、露营地等特色旅游新业态。做强做大邮轮旅游产品和品牌，推动"邮轮＋目的地"运营管理模式创新，打造"一带一路"等独具厦门特色的邮轮线路。积极开发跨区域的国内外、中远程、闽西南 144 小时入境免签等专属旅游线路。积极引进夜间旅游项目，提升文艺剧目展演对游客的吸引力，推动游客由一日游向过夜游转型。

三是推进"旅游＋"高渗透融合发展。进一步深化"旅游＋"会展、文化、农业、工业、教育、康养等深度融合发展，进一步丰富海峡旅游、商务会展、休闲旅游、滨海旅游、闽南文化旅游等五大特色产品内涵。

四是提高旅游住宿品质。发展和完善高端会议型酒店、目的地度假酒店、精品文化酒店、特色民宿等适合不同消费群体、多层次、多元化旅游住宿体系。加快红树林度假世界、波特曼、华尔道夫等 22 个高端酒店建设，着力引进安缦、悦榕庄、四季等国际顶级品牌酒店。鼓励乡村民宿有序发展，试点开展登记备案制度，强化事中事后监管。

五是提升"购娱"经济效益。加快市内免税店建设，鼓励和支持开发具有鲜明地方特色的旅游商品及伴手礼，打造高端优质的休闲购物环境。

3. 培育健康消费多样发展

一是促进健康保健消费。支持社会力量提供多层次多样化的医疗健康服务，鼓励与公立医院优势互补、错位发展，支持、鼓励、引导社会资本举办精神病医院、老年病医院、康复医院、慢性病医院、护理院（医养结合项目）、临终关怀（安宁疗护中心）、妇产、肿瘤科、医疗美容等专科医院。鼓励支持第三方独立医学检验实验室、独立血液透析中心、医学影像诊断中心等新业态医疗机构在厦落地。鼓励有实力的企业、基金会等社会力量引进境外优质资源，举办综合性、连锁性的大型医疗集团。积极发展向亚健康人群的中医药养生保健服务，鼓励发展以个性化健康检测评估、健康咨询服务、营养保健指导、健身美容等健康管理服务产业，构建健康服务体系，促进健康消费需求由简单、单一的治疗型向疾病预防型、保健型和健康促进型转变。探索集预防、评估、跟踪、随访、干预、指导、教育与促进为一体的新型健康管理服务模式，培育一批以个性化服务、会员制经营、整体式推进为特色的健康管理企业。

二是培育养老服务消费。加快养老设施布局建设，重点推进高端养老服务设施，加快弘爱养护院、兰馨颐养院、迦南地安养中心等高端养老项目建设，研究利用闲置社会资源兴办养老服务设施。推动医养结合发展，鼓励"嵌入式"发展养老服务机构内设医疗机构。研究提升医护人员服务养老服务机构能力水平的激励机制，加强老年人就医需求与医疗资源精准对接，多渠道多方式满足住院老人就医需求。扎实开展养老院服务质量专项行动和星级评定，全面推动养老机构服务质量规范化、标准化建设，推动养老服务品牌建设。加快公办养老机构改革，实行"公建民营"，委托民间资本管理、运营公有产权的养老服务机构。加大政府购买居家养老服务力度。加快推进社区助老员服务，鼓励专业化服务机构与其他社会组织及个人为老年人提供服务。

三是繁荣体育消费市场。继续做好厦门马拉松赛、世界铁人三项赛、世界沙滩排球巡回赛、攀岩世界杯、世界摩托艇锦标赛、厦金海峡横渡、海峡杯帆船赛等赛事组织和品牌建设。积极引进和培育符合厦门经济特区优势和城市特质的国际高水平品牌赛事，构建多层次赛事体系，培育体育赛事产业链，打造区域赛事中心城市。通过政策和资金鼓励社会力量参与办赛，鼓励体育协会、俱乐部或相关企业举办或参与举办各类体育赛事活动。推进职业体育俱乐部建设，在继续办好羽毛球、象棋职业俱乐部联赛基础上，积极推进其他运动项目的职业化发展。扩大体育产品供给，扶持健身器材、运动器材、按摩椅、体育保健用品等体育用品产业科技创新，鼓励体育企业研发智能化、创新性体育产品，打造体育产业链，促进体育消费升级。以构建"十五分钟健身圈"为目标，加快推进全民健身体育设施建设，重点支持各区全民健身场地设施的建设和维修改造，推动体育设施进公园、进社区、进机关，积极推进社区健身中心改造和建设。积极推进新的市级体育中心建设和市游泳馆、保龄球馆改造工程。推动体育与文化、旅游、健身休闲等产业融合发展，推动互联网＋体育建设，加快建设"智慧体育"，提高体育智慧化服务的水平。继续支持举办全国电子竞技大赛（NEST）和中国电子竞技大会（CIG）项目，积极引进知名电子竞技商业活动。

4. 提升家政服务消费水平

一是推动品牌建设。打响家政服务"厦门品牌"，提升家政服务水平。完善新设立和新引进的家政品牌连锁企业扶持补助政策，鼓励引进国内外家政品牌企业，支持在厦家政服务企业做大做强，打造一批高品质专业细分龙头企业。

二是推进"互联网＋家政"。推动家政龙头企业搭建跨区域、覆盖全国的信息交流平台和呼叫服务中心，形成线上、线下相结合的家庭服务公共平台。对于纳入统计直报平台、年营业收入增长达 10% 以上的规上家政服务业企业，按其采用移动互联网 B2C 第三方支付的手续费用给予补助。

三是推进家政服务行业规范化和标准化建设。鼓励行业协会、企业和相关专业机构制定家政服务标准和行业规范。选择基础性好、积极性高的企业开展以贯彻落实相关标准（规范）为重点的家政服务标准化试点示范建设活动。支持企业对家政服务人员开展诚信培训。

5. 引导教育培训托幼消费健康发展

一是引导教育培训托幼消费健康发展。健全有关管理制度和办学规范，建立教育培训托幼健康发展的长效机制。结合国家正在研究修订《民办教育促进法实施条例》，配套完善有关政策，制定更加合理更符合行业发展需求的校外培训机构的准入条件。

二是鼓励社会力量办学。允许事业单位利用单位房产资源，企业、社会资本改造旧厂房、仓库、办公等闲置房产，不需改变用地性质申请举办普惠性幼儿园。探索国有企业组建教育集团，参与办学模式改革，优化、拓宽教育资源供给渠道。完善全市国际化民办学校的布局，鼓励国际知名教育机构、研究机构、培训机构落户厦门。

三是开发研学旅行消费。将研学纳入中小学教育教学计划，促进研学旅行和学校课程有机融合。加强研学旅行基地建设，依托自然和文化遗产资源、红色教育资源和综合实践基地、大型公共设施、知名院校、工矿企业、科研机构等，遴选建设一批安全适宜的中小学生研学旅行基地。有针对性地开发自然类、历史类、地理类、科技类、人文类、体验类等多种类型的活动课程，打造一批示范性研学旅行精品课程。

（三）营造安全放心消费环境

1. 强化产品和服务标准体系建设

全面推行企业产品和服务标准自我声明公开和监督制度，鼓励企业争当"企业标准领跑者"。鼓励标准创新，支持企业参与国内外标准制定工作，争创全国、全省标准创新贡献奖。鼓励行业协会商会等组织制定并公布本行业相关产品和服务标准清单。加强家政、养老、旅游、物流等领域标准研究制定，推进服务业标准化试点建设。进一步打造厦门标准信息服务平台，为重点产业建立标准体系、研制标准等提供服务。

2. 加强重要产品质量追溯体系建设

建立完善厦门市重要产品追溯统一平台。制定统一数据传输标准，打造跨部门、跨环节的追溯信息互联互通的统一通道，开通公共服务窗口，面向消费者提供一站式查询服务，营造安全放心消费的市场环境。鼓励企业自愿共享产品出产信息和质量追溯信息，推动统一平台与市公共信用信息平台实现数据共享，开通投诉举报渠道，加强产品质量安全舆情信息搜集，向社会公示消费投诉等信用信息。加大追溯体系宣传力度。引导更多企业主动参与追溯，鼓励消费者通过门户网站、微信公众号等查询产品追溯信息，提高消费者维权意识。

3. 加强消费领域信用体系建设

完善信用信息共享应用机制，推进市社会信用信息共享平台和各有关部门业务系统对接，按照《厦门市信用数据政务共享和市场化应用暂行办法》，推进信用数据共享应用，鼓励信用大数据企业开发消费者信用产品。强化"信用中国（福建厦门）"网站公开功能，推进行政许可、行政处罚、产品抽检结果等不涉及个人隐私、企业和国家秘密的信息向社会公开，为公众提供信用信息"一站式"查询和消费预警提示服务。建立重大信息公告和违法违规记录公示制度。落实《厦门市守信联合激励与失信联合惩戒暂行办法》，建立健全守信"红名单"和失信"黑名单"制度，完善守信激励和失信惩戒机制。

4. 健全机制维护消费者合法权益

完善12315、12331两条热线的消费投诉举报平台，用好全国12315消费者投诉举报互联网平台，进一步畅通并拓展消费维权渠道，提高消费维权效率和消费者满意率。进一步扩大"12315"进商场、进超市、进市场、进企业、进景区工作向基层和新领域延伸的覆盖面。加强质量监管，以投诉热点为导向，强化服装、日用百货、家用电器、家装建材等商品质量监管。适应网络消费需求，继续加强网络商品交易监管平台建设，加快建立完善网上消费安全事件应急处理机制，加强对跨境电商商品质量监管，运用抽检结果进一步规范行业经营。通过行业评议等活动载体，加强广播电视、银行业、保险业等公用事业领域消费监管，提高服务质量，维护消费者权益。构建消费市场多元共治模式，实现部门内部监管方式和跨部门监管协同。

（四）稳定居民消费能力和消费信心

1. 有效增加居民收入

适时调整最低工资标准，合理确定调增幅度，相应提高与最低工资标准挂钩的劳动者加班工资和养老金待遇等。推动工资集体协商，保障职工工资增长落地见效。完善人才激励机制，鼓励和引导企业建立与职业技能等级相挂钩的工资收入分配制度，在关键岗位实行特岗特薪。按照国家统一部署，健全完善机关事业单位工作人员收入增长机制。

2. 完善财税土地配套政策

落实个人所得税改革政策，增加居民收入，释放消费潜力。落实专项资金，支持商贸冷链建设，推进农产品批发市场标准化改造，改善居民消费环境。积极争取口岸进境免税店等试点政策，营造更加便利实惠的消费环境。优化纳税服务、创新服务手段、强化绩效考评，积极、主动落实国家出台的促进消费机制、体制的税收政策。完善土地配套政策，加强文化、旅游、体育、健康、养老、家政等领域建设用地保障。面对中美贸易战的持续影响，以不增加企业经营成本和不减少个人实际收入为指导原则，进一步适当降低社保费率，保障居民就业和收入预期稳定；对出口导向型民营企业进行适当补贴等临时性支持政策，缓解贸易摩擦持续升温对就业的冲击，稳定居民经济预期和消费信心。

3. 完善金融配套政策

积极培育和发展专业化消费金融机构组织体系。支持法人消费金融公司拓展线下和线上业务渠道和内容，针对细分市场提供特色服务。鼓励有条件的金融机构围绕新消费领域，设立特色专营机构，在商贸中心、旅游景区、批发市场等消费集中场所，通过新设或改造分支机构作为服务消费为主的特色网点。加快推进消费金融服务和产品创新。支持金融机构在风险可控并符合监管要求的前提下，运用互联网、大数据、云计算等技术手段，实现消费金融业务网上运营。鼓励金融机构加大对新消费重点领域的支持力度，推出面向汽车消费、信息和网络消费、绿色消费、旅游休闲消费、养老家政健康消费以及教育文化体育消费等领域的金融服务产品。改善各商业聚集区银行卡支付环境，提高用卡便捷度，促进移动支付、互联网支付等新兴支付方式规范发展。

4. 健全消费宣传推介和信息引导机制

充分运用好各级各类媒体，构筑良好的消费宣传推介机制，向社会各界及消费者宣传解读重大消费政策，推介各类商品、旅游、文化等服务，促进供需有效对接，引导积极健康的消费理念和消费文化。利用国庆、春节等重大节假日和各类主题日，开展形式多样的宣传活动，引导正确的消费习惯及消费预期；及时曝光消费领域各种假冒伪劣的丑恶现象，严厉惩处各种涉嫌虚假宣传的行为，净化消费市场，提升消费信心。

参考文献

［1］厦门市人民政府.2019 年政府工作报告［R］.2019.

［2］厦门市统计局.厦门市 2018 年国民经济和社会发展统计公报》［R］.2019.

［3］周楚楚.商贸流通持续发展 消费市场不断扩容—2018 年厦门市消费品市场分析［R］.厦门市统计局，2019.

［4］厦门市统计局，国家统计局厦门调查队.厦门统计月报［Z］.2018(12).

［5］中共中央 国务院关于完善促进消费体制机制进一步激发居民消费潜力的若干意见［Z］.2018.

课题执笔：彭梅芳　许　林

第二十三章 厦门加快数字经济发展对策建议

一、数字经济内涵

数字经济是指以使用数字化的知识和信息作为关键生产要素、以现代信息网络作为重要载体、以信息通信技术的有效使用作为效率提升和经济结构优化的重要推动力的一系列经济活动。[①] 随着大数据、云计算、物联网、人工智能、区块链等数字技术的飞跃发展，数字经济已成为全球经济的重要组成部分，并推动产业和全社会的数字化转型。

数字经济既包含了数字化要素催生的一系列新技术、新产品、新模式、新业态，也包括数字化要素与传统产业深度融合带来的经济增长。中国通讯研究院发布的《中国数字经济发展白皮书 2017 年》指出，数字经济包含两部分：一是数字产业化，也是数字经济基础部分，即信息产业，具体业态包括电子信息制造业、信息通信业、软件服务业等。二是产业数字化，也是数字经济融合部分，包括传统产业由于应用数字技术所带来的生产数量和生产效率提升，其新增产出构成数字经济的重要组成部分。（见图 23-1）

二、厦门数字经济发展现状

（一）发展成效

近年来，厦门以建设国家信息消费示范城市为抓手，以"两化"深度融合为发力点，深入推进"互联网 +"行动和大数据战略，推动信息技术产业发展，推进实体经济和数字经济融合，数字经济快速发展，集聚了平板显示、计算机与通讯设备、集成电路、大数据与人工智能、数字文化创意、电子商务、移动互联、智慧城市与行业应用软件等众多企业，覆盖从基础到应用、从硬件到软件较为完整的产业图谱（见图 23-1）。2018 年厦门数字经济规模 5805 亿元，占全省 41%。新华三集团数字经济研究院发布的《中国城市数字经济指数白皮书（2019）》显示，2018 年在全国 113 个城市数字经济发展水平排名中，厦门位列第 21 位。

[①] 根据中国通讯研究院《中国数字经济发展白皮书 2017 年》，国家统计局《统计上划分信息相关产业暂行规定》、《2017 年国民经济行业分类 (GB/T 4754—2017)》、《中国制造 2025》等文件整理。

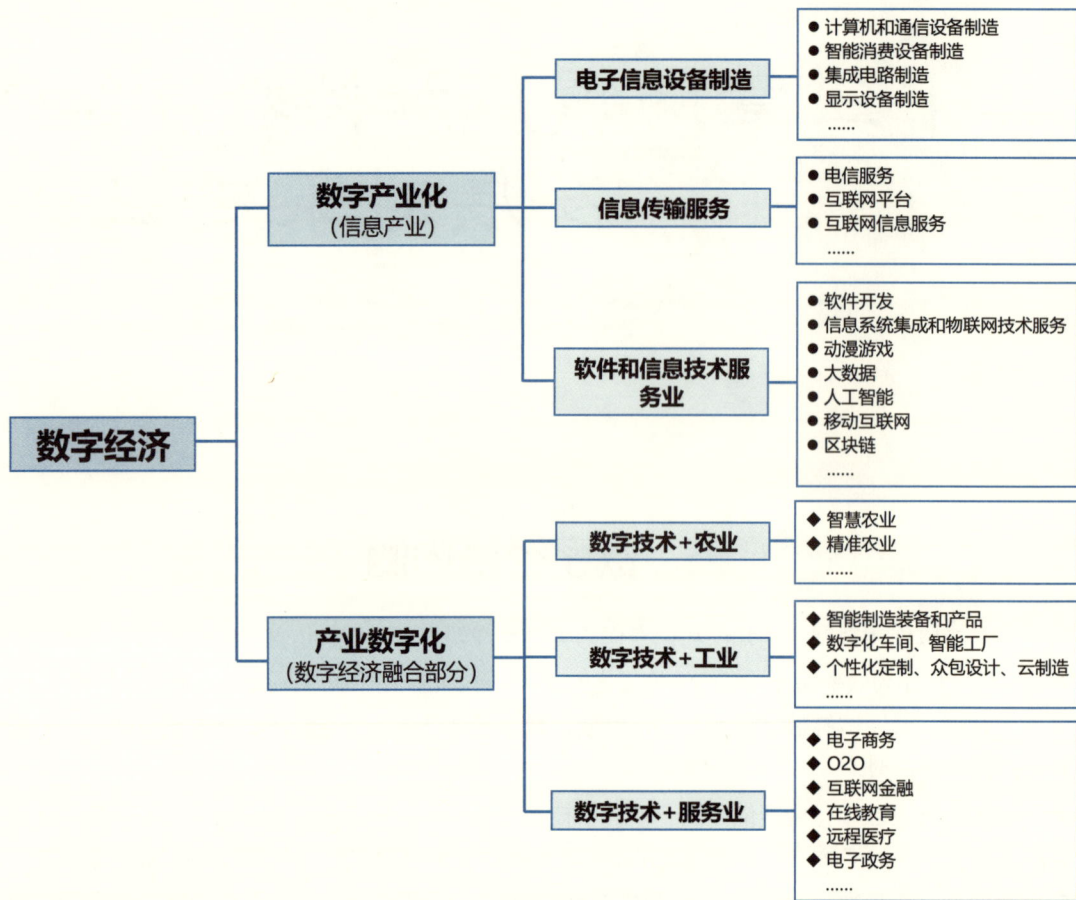

图 23-1　数字经济构成

1. 数字基础设施支撑能力快速提升

一是宽带通信网络建设成效显著。实现与福州互联网骨干直联点高速光缆互联，互联网骨干层级已达到省中心定位和水平，IP 城域网出口带宽达到 1.26T，IDC 出口带宽达到 2.0T。互联网用户普及率达168.19%，固定宽带家庭普及率达 92%，3G/4G 用户普及率达 120%，8Mbps 及以上无线宽带用户渗透率达81.06%。

二是窄带物联网建设加快推进。2017 年 6 月，实现 NB-IoT 窄带物联网正式商用。全市已完成 1600个基站建设，实现岛内全区及岛外主城区的全面连续覆盖，初步形成围绕窄带物联网的覆盖传感、网络、平台、应用各层次的完整产业链，在智慧城市、智慧医疗、智能抄表、车联网等多个领域成功开展了 200项物联网应用，连接用户突破 100 万。

三是城市基础大数据库日益完善。率先在全国启动了政务部门信息共享业务协同市级平台的建设，基础数据不断完善，市民、法人、空间、交通等基础数据库为全市 33 个部门、多个业务领域提供基础数据共享服务，目前市民基础数据库汇聚了 25 大类与市民相关的业务数据，覆盖厦门 100% 人口；法人基础数据库汇聚了 10 大类与法人相关的业务数据，覆盖全市 100% 企业；空间库数据汇聚了各类地图图层 175 个。

2. 数字化产业加快发展

一是电子信息制造业规模跃上新台阶。其中，平板显示产业 2018 年总产值达 1314 亿元，增长 7.9%，在工信部国家新型工业化试点基地质量评价中，厦门市光电显示在细分行业中排名全国第一；友达光电研发生产的电竞屏市场占有率全球第一，宸鸿科技、天马微电子、电气硝子产值增长超过 25%。计算机与通讯设备 2018 年产值 1204 亿元，增长 14.5%，首次突破千亿规模；戴尔公司加快高端产品市场开拓，产值增长 16.5%；雅迅厦门产业园、泰伟智科智能移动终端等项目开工建设，新引进亿联网络产业基地、惯航激光陀螺与惯性导航系统等项目，加快向物联网、汽车电子、传感器等新兴领域发展。半导体与集成电路产业 2018 年产值 417 亿元，增长 19.3%，联芯集成电路成为国内最先进的 28 纳米晶圆专业生产企业，通富微电子主厂房封顶，士兰微 12 英寸特色工艺项目及 4/6 吋化合物项目、强力巨彩 LED 显示屏产业园开工建设，紫光科技园、美日光罩、三安集成电路氮化镓/砷化镓功率器件、瀚天天成碳化硅外延、全磊光电 5G 芯片等进展顺利。新引进星辰科技、芯达茂微电子、凌阳华芯、天虹半导体设备等优质项目以及清华大学厦门半导体工业技术研究院等平台项目。

二是软件和信息服务业保持快速发展势头。2018 年全年实现软件业务收入 1493 亿元，增长 16.4%。"中国软件特色名城"创建通过工信部实地评估。厦门软件园在国家火炬计划特色产业基地评价中综合排名全国第七，成长性指数蝉联全国排名第一。美图、四三九九、吉比特、美柚 4 家企业入选 2018 年中国互联网企业 100 强，美亚柏科、易联众、厦门卫星定位 3 家企业入选"2018 年全国大数据产业发展试点示范项目"，南讯软件入选"2018 中国大数据企业 50 强"，太古发动机服务、特力通信、歌乐电子等 5 家企业入选"中国服务外包百强企业"。电子商务平台营收增长 33.4%。厦门人工智能公共服务平台、超算中心及 AI 语音芯片等项目落地。软件园三期交付 160 万平方米研发楼及公寓楼。

三是物联网产业形成完整的产业链体系。已初步形成了包括射频识别、传感器、设备、软件、系统集成、电信运营及物联网服务在内较为完整的产业链体系。在高端智能传感器、射频识别电子标签、GPS/北斗定位系统等领域也已取得关键性技术突破，诞生了考特、在踏等具备竞争力的本地低功耗物联网协议及相关应用，孵化了一批拥有自主知识产权和较强市场竞争力的产品。理源物联网科技产业园竣工，骐俊物联网项目开工建设，2018 年，累计主营业务收入超过 250 亿元，同比增长 10%。

3. 产业数字化转型步伐加快推进

一是互联网与零售业深度融合。据不完全统计，目前全市有电子商务服务企业 600 多家，网络零售企业 2.8 万个，2018 年全市限额以上网络零售额 270.63 亿元，增长 8.0%，电子商务发展水平位列全国"电商百佳城市"第九位，特步、安踏、诚益光学等一批传统商贸企业正逐渐转型升级成为实力较强的电商品牌企业，南讯软件、万翔商城、一品威客、盈拓商务、美柚科技入选商务部"2017-2018 年电子商务示范企业"。

二是线上线下一体化加快拓展。2013 年以来 O2O 模式进入高速发展阶段，在会展、家政、社区服务、家居、教育、团购等领域快速发展，涌现了一品威客、好慷家政、神州租车、任我游等成长型平台企业和盈拓商务、美家帮、会计乐等 O2O 发展模式企业，实现线上与线下业务相结合。其中，一品威客是国内领先的企业一站式众包服务和新型创意服务交易平台，拥有超过 1300 万注册用户，平台累计在线交易额近百亿；铂爵采取了 O2O 模式，通过线上完成接单、预约、销售等各项服务，每日有数百对境内外新人预约拍照，2018 年销售业绩近 10 亿元；好慷在家是全国最大的互联网家政企业，业务辐射全国 30 多个城市。

三是智能制造加快推进。对接中国制造 2025，加快推动工业企业上云，降低工业企业进入信息化门槛，提高工业企业数字化转型成功率。开展智能制造试点示范，推动物联网、智能工业机器人等技术在生产过程中的应用，形成一批试点示范企业、样板车间。截至 2018 年，厦门拥有国家级智能制造示范项目 7 个，认定厦门卫星定位应用股份有限公司等 15 家企业项目为 2018 年厦门市智能制造试点示范项目。同时，积极开展国家信息化和工业化融合管理体系贯标工作，加快数字化转型变革。

4. 数字化技术在民生和治理领域广泛开展

一是公共服务数字化转型加速。教育方面，实现"人人通"，中小幼所有教师和初中生网络学习空间开通率达 100%，全省排名第一；建设"厦门数字学校"平台，拥有本地网络课程有 400 多门、微课 20980 节，98% 的学生利用手机客户端进行学习。医疗方面，成为健康医疗大数据国家试点，发行电子健康卡，在全国率先建立了区域卫生信息服务平台，已为全市 95% 的常住人口建立了全生命周期的电子健康档案，信息化共享医疗服务居全国领先水平。交通方面，建成"交通大数据分析应用平台"，实现路网运行状态的可视化监测、预报预警和分析研判。

二是智慧政府治理能力持续提升。初步建成覆盖市、区、镇（街）、村（居）四级网络，线上线下一体化的智慧审批综合平台。开发"多规合一"综合管理平台，推动审批服务事项跨地区远程办理、跨层级联动办理、跨部门一窗办理。"互联网＋政务"加快推进，电子证照系统加快建设，电子证照共享库共登记 40 个部门和 6 个区的 1680 类事项，入库 728.41 万多条数据。探索推行信用监管模式，厦门市获评全国信用信息共享平台和信用门户网站一体化标准平台网站。

三是智慧社会服务水平不断提升。市民卡正式上线，是全国首个推出的，以信用服务模式，按全市统一二维码技术规范建设的手机应用客户端。市民卡 APP 通过"一码多用""多卡合一"管理模式，实现市民卡虚拟帐户管理及行业应用融合，可用于日常生活中乘坐公交、医疗保险、社会养老、移动支付等，实现一卡多用，大幅提升民生便捷度。"i 厦门"平台功能不断扩展，平台用户总数突破 216 万人。

（二）存在问题

1. 顶层设计和重视程度不够

福建省发改委内设数字福建综合规划处、数字福建技术应用处、互联网经济发展处 3 个与数字经济相关的处室，厦门市没有相应的处室。宁波市把数字经济作为"一号工程"来抓，而厦门没有将数字经济上升到城市发展战略，难以形成上下一致共识、调动全市之力协同发展数字经济，更没有进行顶层设计，全面统筹规划数字经济发展。

2. 数字基础设施与中心城市需求不相匹配

厦门不是全国互联网骨干直联点，网络带宽质量受限；缺少一流的数据中心、超算中心等产业基础平台；数据资源共享开放程度还不够高，尚未建立全市统一的政务数据开放接口平台，政府各部门及公共服务单位的数据相对封闭，尚未实现全市范围数据的汇聚和互通共享。

3. 数字产业核心竞争力不强

平板显示以代工业务为主，产业链不完整，本地创新能力不足；集成电路刚起步，高端晶圆环节缺失，研发设计企业数量相对偏少；软件信息服务业缺乏独角兽企业，超 10 亿规模的企业仅有咪咕动漫、三快在线、吉比特、四三九九等有限几家企业且都局限在细分领域，综合性知名企业和品牌缺乏；人工智能、虚拟现实、区块链技术等技术研发和应用均处于起步阶段，核心技术、人才、平台较为缺乏，新一代信息技术产业尚未形成产业规模。

4. 数字经济融合发展能力有待增强

一是改造提升传统产业面临较高壁垒。传统产业利用数字技术动力不足，如在智能制造领域，由于短期投入大，企业智能化改造积极性并不高，厦门在数字化车间、数字化工厂、智能工厂等设计、研发领域处于空白。二是数字化技术在民生和治理领域运用有待深入。如厦门在电、水、气联合集采集抄程度较低，智能气表实现远程采集仅占 40%，智能水表户数仅占 3%；市民卡 APP 应用还需进一步完善和拓展。

三、加快厦门数字经济发展的建议

贯彻落实十九大的关于"推进网络强国、数字中国和智慧社会建设"精神，把发展数字经济作为新时代厦门转型发展的新引擎、服务社会民生的新途径、促进创业创新的新手段，围绕数字产业化和产业数字化，大力发展技术型、融合型、应用型数字经济，培育数字新产业，激发实体经济新动能，释放数字消费新潜力，推进数字技术新应用，将厦门打造成为东南沿海重要的数字经济发展高地。

（一）明确数字经济发展重点

一是发展技术型数字经济，构建信息产业新高地。做强做优电子信息制造业，着力"增芯强屏"和终端产品创新，加快集成电路产业聚集，完善芯片设计、制造、封装测试的全产业链布局，支持新型显示、智能终端等产业链持续创新发展。着力培育软件信息服务业，以创建"中国软件名城"为抓手，围绕大数据、物联网、"互联网＋"等新兴业态，着力发展软件产品研发、信息技术服务、电子商务、数字内容、信息安全服务，培育壮大重点软件企业。加快发展物联网产业，出台物联网应用实施方案，率先在政务民生核心领域推广应用物联网智慧城市示范工程。支持建设一批物联网公共服务平台，加快物联网产业园区建设，促进物联网产业快速集聚发展。建立大数据研发创新平台，加强数据存储、清洗挖掘分析、数据可视化、数据安全与隐私保护、自然语言理解、机器深度学习等大数据技术创新，逐步推进大数据技术创新；探索大数据产权交易模式，建立健全数据采集、存储、加工、开放的政策法规体系，营造大数据产业良好生态。壮大云脉、中控、商集等本地企业，积极布局虚拟现实、可穿戴设备、人工智能等新兴前沿领域。

二是发展融合型数字经济，激发转型升级新动能。加快数字技术与二、三产业的融合应用，推动实体经济的数字化、智能化转型和提质增效，形成数字融合型经济新增长极。持续推进智能化改造和示范应用，建设一批智能工厂或数字化车间，深化推进制造业与互联网融合发展试点示范，开展两化融合管理体系标准建设和贯标推广；推动百企上云，开放引入优势企业，建立云上制造业、软件业服务体系，利用云上资源提升制造业、软件业整体水平。加快数字技术与服务业融合发展，培育数字金融、数字旅游、数字创意、数字物流、共享经济等数字化、网络化的现代服务产业新业态，着力提升服务水平和服务质量，再造数字消费"新蓝海"。

三是发展应用型数字经济，打造智慧厦门新形象。提升人民生活、城市治理、政务服务、社区服务等领域的数字化程度，实现智慧生活、智慧治理、智慧政务、智慧社区、智慧商圈，把厦门建成智慧城市。

（二）夯实数字经济承载基础

一是优化新一代网络基础。优化宽带网络基础，争取在国家、省网络布局中的地位，实施全光网工程，加快百兆宽带普及，推进千兆城市建设。升级移动通信网络设施，扩大 4G 覆盖广度和深度，跟进发展 5G 网络，实现 WLAN 热点广泛覆盖。加快互联网协议第六版（IPV6）和窄带物联网（NB−IoT）规模部署。加强全市通信管线、基站等信息基础设施共建共享。

二是建设数据中心和先进计算中心。集约化布局数据中心（IDC），按国家 A 级机房标准，启动数据中心建设，并与厦门市三大运营商及数码港海西营运中心的数据中心机房等共同构成"1+N"数据中心群，满足移动互联网、物联网、云计算、大数据、工业互联网、电子政务等新兴产业快速发展需求。启动先进计算中心建设，填补闽西南地区高性能计算服务空白，为厦门市"雪亮工程"、信用服务、交通研判、健康医疗、气象预测、海洋研究、动漫渲染、生物医药等应用提供就近服务，形成产业聚集、辐射带动效应。

三是推进电子政务基础设施集约化建设。拓展完善全市统一的政务云计算平台，为全市各政务信息系统提供统一的计算、存储和网络基础设施。加快数据中心整合，将分散在市直部门和各区的数据中心整合迁移到市级数据中心，为信息化应用提供统一保障。完善市政务数据共享交换平台，推进重点领域信息汇聚，构建市、区两级互联互通的政务数据交换平台，并与省级政务数据汇聚共享平台对接，实现省、市、区三级数据互联互通。完善全市统一的实名认证体系，为个人、法人等提供统一的电子身份，实现在线公共服务的单点登录和访问使用。

（三）加快建设一批数字经济载体平台

一是创建国家数字经济示范区。积极向中央网信办申报"国家数字经济示范区"，为厦门今后发展数字经济集聚更多信息服务及大数据相关的企业。

二是打造一批数字经济示范基地。积极组织开展数字经济试点示范，支持现有火炬高新园、软件园等优势产业集聚区将发展数字经济作为重点方向，充分发挥资源优势，先行先试，积极开展数字经济创新政策试点。坚持集聚化、特色化标准，建设以数字经济特色小镇、传统行业数字化转型发展示范园区和特色景区、数字经济创新孵化器和创新空间等为代表的一批数字经济发展示范基地，加快闽台云计算产业示范区建设。

三是建设技术研发创新平台。围绕数字经济重点行业领域发展需求，以行业数字化共性关键技术研发为重点，打造一批实验室、研究院、研发中心、技术中心、工程中心等技术研发创新平台，提高技术研发能力。策划建设数字经济产业研究院，加快国家健康医疗大数据厦门研究院、国家健康医疗厦门开放大学的建设。加快建设企业孵化器、众创空间等各类数字经济创业创新载体，提供低成本、便利化、全要素的开放式综合服务平台，推动数字经济创新资源共建共享。鼓励美亚柏科、信息集团、科技谷、南讯软件、科华恒盛积极利用大数据构建产业生态链，吸引国内外大数据中心、大数据研发机构和技术服务商落户厦门。

四是建设一批数字经济公共服务平台。构建市级统一的数据共享交换平台和统一开放平台。搭建面向数字经济的人才交流服务平台、资本融通平台、科技金融服务平台、技术转移公共服务平台、培训服务平台等公共服务平台，促进数字经济生产要素的流通与对接。

（四）加快培育一批龙头骨干企业

一是加快汇聚一批领军企业。编制全球数字经济产业重点招商项目库，重点引进和壮大一批世界级龙头企业项目。依托国家自主创新区、同翔高新技术产业基地、软件园三期、厦门现代服务业基地（丙洲片区）等重大战略性平台，开展各具特色、优势互补、联动发展的主题招商。充分利用"九八"国际投资洽谈会、工博会等高端平台，打造万商云集、名企汇聚的活力之区。

二是加快培育一批知名企业。建立重点企业扶持清单，鼓励和支持高成长性数字经济企业在海西股权交易中心、"新三板"、创业板、中小板、主板等多层次资本市场挂牌上市。深入实施标准化、品牌发展战略，引导企业深耕质量、标准、品牌建设，支持企业"走出去"拓展海外市场，打造具有国际竞争力的本土跨国企业和国际知名品牌。

（五）加快攻克一批核心关键技术

突破核心关键技术。瞄准世界科技发展前沿，积极跟踪云计算、大数据、物联网、人工智能、虚拟现实、区块链、下一代通信网络、数字化装备、高端芯片等重大关键核心技术，推进关键技术开发，加快多种技术的集成应用，促进新一代信息技术与各行业的广泛深度融合。

加强标准体系建设。鼓励企业、高校、科研院所积极参与国内、国际数字经济领域的标准化工作，支持企业参与国际、国家及行业标准制（修）订。全面推进信息技术服务标准建设、宣传推广、应用示范等，建成需求引领、企业主体、政产学研用共同推进的信息技术服务标准体系。

（六）加快开展数字经济顶层设计

要充分认识到数字经济的重要性，将其提升到厦门城市发展战略的高度，健全组织，强化宣传，统一认识，上下一心，集全市之力发展数字经济。

一是健全数字经济发展组织机构。成立由市主要领导为组长的数字厦门建设领导小组，研究制定全市信息化、数字经济和网络安全发展战略、总体规划和重大政策，统筹协调解决重大问题。领导小组下设办公室，负责落实领导小组的决策部署，协调推进信息化建设、信息资源开发利用和网络信息安全保障等各项工作。借鉴沈阳、贵州、广州等地经验，在市大数据办基础上成立大数据管理局，统筹全市大数据发展。

二是建立数字经济法规规章体系。针对数字经济及其重点领域发展特点和发展需求，重点围绕数据所有权、数据使用权、大数据知识产权等内容，加快制定出台一批地方性法规或部门规章，形成灵活反应、兼容与可持续的法规体系。

三是制订规划和扶持政策。尽快制订出台数字经济发展中长期规划，并配合细化可操作的产业发展规划和专项支持计划。科学制订、细化完善引导数字经济发展的产业政策。

参考文献

［1］G20 杭州峰会发布.二十国集团数字经济发展与合作倡议［R］.2016.

［2］中国通讯研究院.中国数字经济发展白皮书 2017 年［R］.2017.

［3］新华三集团数字经济研究院.中国城市数字经济指数白皮书（2019）［R］.2019.

［4］腾讯研究院.中国"互联网＋"数字经济指数 2018［R］.2018.

［5］国家统计局.统计上划分信息相关产业暂行规定［S］.2004.

［6］国家统计局.2017 年国民经济行业分类 (GB/T 4754—2017)［S］.2017.

课题执笔：彭梅芳　黄光增

第二十四章 厦门引进应用型研究机构对策建议

一、厦门引进应用型研究机构情况

（一）已引进的主要研究机构情况

1. 总体情况

目前厦门市引进的研究机构主要有中科院城市环境研究所、北京化工大学厦门生物产业研究院、中国船舶重工集团公司第七二五研究所厦门材料研究院、中科院海西研究院厦门稀土材料研究所、清华海峡研究院（厦门）、国防科大军民融合协同创新研究院等。详见表 24-1。

表 24-1　已引进的主要研究机构表

序号	机构名称	引进时间	合作方	主要研究方向
1	中科院城市环境研究所	2006	中科院	城市生态、环境、循环经济等
2	北京化工大学厦门生物产业研究院	2012	北京化工大学	生物医药等
3	中国船舶重工集团公司第七二五研究所厦门材料研究院	2012	中国船舶重工集团公司第七二五研究所	新材料、涂料材料、生物质材料技术研发与制造等
4	中科院海西研究院厦门稀土材料研究所	2012	中科院海西研究院	稀土功能材料开发应用等
5	中科院海西研究院厦门市新能源材料工程技术研究中心	2012	中科院海西研究院	新能源材料开发应用等
6	清华海峡研究院（厦门）	2015	清华大学、新竹清华大学校友会	大数据、新能源、半导体等
7	国防科大军民融合协同创新研究院	2015	国防科技大学、中国电子信息集团公司	机器人、网络安全、海洋科学、信息技术等
8	厦门微电子产业研究院	2015	中科院微电子研究所	集成电路等
9	厦门半导体工业技术研究院	2018	清华大学微电子研究所	半导体等

2. 研究机构运行情况

目前中科院城市环境研究所、中科院海西研究院厦门稀土材料研究所相对人员规模较大，在科研项目和推动科技成果转化方面取得一定成效；北京化工大学厦门生物产业研究院、清华海峡研究院（厦门）、国防科大军民融合协同创新研究院等机构实际开展工作与起初的设想目标尚有一定差距；中科院海西研究院厦门市新能源材料工程技术研究中心尚未有实质性运作；厦门微电子产业研究院、厦门半导体工业技术研究院尚处于筹建阶段。

（1）中科院城市环境研究所

中科院城市环境研究所为中科院下属事业法人单位，是中国科学院资源环境与高技术交叉领域的研究所，建设用地面积200.7亩，目前拥有科技人员200多人，在学研究生274人，2014-2019年共承担科研项目700多项，近两年每年获得科研项目经费约1亿元左右，2018年通过科技成果转化获得收益3200多万元。目前通过科技成果转化孵化企业12家（其中1/3为外地企业），参股公司营收11.8亿元，利润合计1.8亿元；培育和引进高新技术企业30多家；2014-2018年对接项目为厦门市企业新增销售收入10.66亿元，新增利税7500万元。

（2）中科院海西研究院厦门稀土材料研究所

中科院海西研究院厦门稀土材料研究所为中科院海西研究院下属事业法人单位，2017年底完成筹建，建设用地面积97亩，建筑面积11万平，已引进8个研发团队，拥有科技人员130多人。目前已承担国际、国家、省市相关科技项目80余项，获得项目经费约9000多万元，建有厦门市稀土光电功能材料重大研发平台、厦门市稀土生物医学材料研发与转化重大研发平台，引进中科院深圳育成中心专业企业孵化管理团队，培育和引进高新技术企业30多家。

（3）北京化工大学厦门生物产业研究院

北京化工大学厦门生物产业研究院为北京化工大学和厦门海益生物科技有限公司共同出资设立自收自支的科技型企业单位，独栋厂房，总面积2400平，现有常驻专职职工9人，已承担国家、地方及企业各类科研项目26项，总合同额为2434万元，总到款额为1735万元。研究院先后与崇仁（厦门）医疗器械有限公司、厦门蓝湾科技有限公司、厦门凝赋生物科技有限公司、福建绿标生物科技有限公司等10余家厦门企业签订了技术开发协议。

（4）国防科大军民融合协同创新研究院

国防科大军民融合协同创新研究院为厦门市政府、国防科技大学、中国电子信息产业集团有限公司三方共建独立事业法人单位，目前起步区只有一栋厂房，建筑面积2.7万平，专职工作人员8人，已推动生成合作项目38个、引进企业36家，正推动国防科大"小超算"高性能计算系统、无人驾驶试验线等3项科技成果落地转化。

（5）清华海峡研究院（厦门）

清华海峡研究院（厦门）独立事业法人单位，独栋办公用房，总面积2000多平，专职工作人员近40人，2018年底正式设立清华海峡研究院产业配套基金首只子基金，将切实推进清华海峡研究院在厦设立项目成果转化及产业化进程。

3. 研究机构存在的主要问题和困难

（1）自我造血功能较弱

目前的几家主要研究院（所）主要依靠科研项目经费维持运作，通过产业化获取收益的能力还不足，部分科研项目较少的研究院（所）运行较为困难。如，北京化工大学厦门生物产业研究院没有固定的运行经费来源，日常运行主要是依靠科研项目到款滚动进行，研究院所得到的国家和省市科技项目经费以及企业开发经费采用高校科研经费管理体制，由项目负责人支配经费，研究院提取的一点管理费远不能支撑本身的运行，特别是随着大多数项目执行完毕，滚动资金也急剧减少，研究院运行资金较为紧张；清华海峡研究院（厦门）靠政府财政补助维持；国防科大军民融合协同创新研究院靠办公楼和厂房房租收入维持。

（2）科技成果产业转化落地较少

成果产业转化落地总体还较少，中科院城市环境研究所基础研究能力较强，成果产业转化工作相对滞后，同时由于厦门本身环保产业相对较小，中科院城市环境研究所产业化项目许多都在外地开展，其孵化的 12 家企业有 1/3 都在外地；北京化工大学厦门生物产业研究院生物医药方面的成果主要以工业生物技术为主，而海沧生物医药港的企业主要是医药、诊断试剂、医疗器械等，工业生物技术企业不多，导致北化工业生物技术科技成果在本地转化的机会较少；清华海峡研究院（厦门）目前基本没有实质性的项目成果转化落地；国防科大军民融合协同创新研究院近期也仅正推动 3 项成果转化落地。

（3）科研团队建设较难

从引进团队方面看，随着近年来各地在引进人才方面力度不断加大，厦门的科研院（所）在引进人才方面缺乏优势，科研团队建设面临较大困难。如，中科院城市环境研究所 2015 年以来离职人数 88 人，极大削弱了研究所的科研力量；北京化工大学厦门生物产业研究院也仅有 3 名北京化工大学教师常驻；中科院海西研究院厦门稀土材料研究所计划建设团队规模 800 人，但目前也仅到位 100 多人；清华海峡研究院（厦门）、国防科大军民融合协同创新研究院的相关合作方基本没有派驻科研团队。

（二）相关支持政策

1. 一般性政策

（1）对设立科技研究机构支持政策

一是在 2010 年出台《厦门市人民政府鼓励在厦设立科技研发机构的办法》，主要支持政策包括：

——在本市新设立的研发机构，按其新增研发设备等实际投入额的 30% 予以补助，在建设期 3 年内拨付完成。

——鼓励研发机构研究开发拥有发明、实用新型专利技术、安全技术和高新技术成果，以及与高校、企业和其他研发机构合作研究开发新技术、新产品，申报市级各类科技计划项目，将优先立项给予科技经费重点支持，并优先推荐上报国家各类科技项目。

——鼓励研发机构申请厦门市高新技术企业认定，经认定符合高新技术企业标准的研发机构按规定享受国家和本市现行高新技术企业财税扶持政策。

——鼓励研发机构积极创建工程技术研究中心、企业技术中心和重点实验室，申请确认厦门市工程技术研究中心、厦门市企业技术中心和厦门市重点实验室资格。

——鼓励研发机构与本市其他研发机构、高等院校及企业进行多种形式的合作，向社会开放其实验室、研究中心、试验基地，提供有偿服务。研发机构依照有关规定为本市孵化器在孵企业提供服务的，可申请经费资助。

——鼓励研发机构积极申请国内外专利，依法保护其知识产权，并可给予一定的专利申请费和专利维持费补贴。

——研发机构在本市辖区内完成的发明、发现和其他科技成果，可优先推荐参与厦门市组织的各类奖项的评奖，其研发人员可以按照厦门市职称评审的有关规定参加职称评定。

——对厦门市研发机构引进的高级专业技术人才，按市政府相关规定，给予：符合引进人才有关文件规定条件的，可申请引进人才经济补贴或者人才住房，并在子女就学、配偶就业、户籍迁入等方面，享受相关优惠政策。赴国（境）外培训纳入本市人才培养计划，并提供便利。根据国家和省市有关规定，享受厦门市相应医疗待遇。因公出国赴港澳台申请予以优先办理。

二是在 2016 年出台《关于实施创新驱动发展战略建设创新型省份的决定》的实施意见，提出对海内外各类投资主体在厦设立具有独立法人资格或企业非法人、符合产业发展方向的新型研发机构、研发总部，引入核心技术并配置核心团队的，按其研发设备投入额的30%给予最高不超过2000万元资助支持。

（2）相关人才支持政策

出台《厦门市引进海外高层次人才暂行办法》、《关于加快建设海西人才创业港，大力引进领军型创业人才的实施意见》、《关于深化人才发展体制机制改革加快推进人才强市战略的意见》、《关于进一步激励人才创新创业的若干措施》等文件中对引进海外高层次人才、领军型创业人才、重点团队相关优惠支持政策。详见表24-2。

表24-2　研究机构人才引进可享受的支持政策

《关于深化人才发展体制机制改革加快推进人才强市战略的意见》	对引进符合条件的重点创业团队，给予1000万元至1亿元项目资助。
《厦门市引进海外高层次人才暂行办法》	引进的海外高层次人才，可获得最高150万元人民币补助，主要用于改善引进人才的工作生活条件。
《关于加快建设海西人才创业港，大力引进领军型创业人才的实施意见》	对引进的领军型创业人才，创办的企业可获得最高500万元的创业启动资金；可申请获得最高1000万元的创业投资资金；可申请获得年贴息额在200万元以内科技创新贷款贴息，贴息额度为以基准利率计算的贷款年利率的50%，单个项目的贴息年限一般为2年；可申请获得不超过300万元科技创新贷款担保支持；可申请获得最高300万元的科技创新研发资金。

2. 一事一议政策

《厦门市人民政府鼓励在厦设立科技研发机构的办法》、《关于深化人才发展体制机制改革加快推进人才强市战略的意见》中，均提出对厦门市经济建设和社会发展发挥特别重大作用的研究机构及对于省部属知名高校、国家级科研院所与地方共建学院，按"一事一议"政策，在建设用地、开办经费、运营补助等方面给予优惠，加大扶持力度。

二、苏州、深圳、南京等地引进应用型研究机构的经验做法

（一）政府高度重视，强化政策支持

1. 加强组织推动

如南京从市委书记、市长，到区委书记、区长，都带头抓创新；从市级层面到各个园区，再到基层一线，都有专门的力量在服务创新、推动创新，每月定期召开座谈会，重点关注新型研发机构和科创型企业，及时协调解决发展中遇到的难题。苏州、南京等积极通过举办大院大所苏州行、南京首届新型研发机构创新发展峰会、南京新型研发机构国际合作大会等交流对接会推动研发机构的联络引进工作。

2. 强化政策支持

如苏州《关于打造产业科技创新高地的若干措施》、《苏州市支持新型研发机构建设实施细则（试行）》，深圳出台《关于加快高等教育发展的若干意见》、《关于促进科技创新的若干措施》、南京出台《关于建设具有全球影响力创新名城的若干政策措施》、《南京市支持研发机构开放创新实施细则（试行）》、《南京市关于新型研发机构的备案管理办法（试行）》等政策文件，对科研院所、研发机构设立建设给予大力度政策支持。

（二）紧扣产业发展，发挥科技引领作用

1. 苏州

苏州提倡和推进创新的直接目标是带动产业升级优化，从地方产业发展的需求出发，引进适合当地产业和企业发展有特色的高校科研院所。对高校院所的学科优势充分调研，尽可能按照"一区一战略产业、一县一主导产业"的创新发展要求来引进资源，达到"引进一个人、带来一个团队、培育一个产业"的效果。如，苏州独墅湖科教创新区重点发展生物医药、纳米技术应用、人工智能三大新兴产业，依托苏州生物医药产业园、苏州纳米城、创意产业园、腾飞创新园、国家大学科技园、上市企业产业园等创新载体，加速布局新兴产业，聚集了信达生物、同程艺龙、旭创科技、南大光电、苏大维格、康宁杰瑞、华为、思必驰信息科技等超 4000 家技术先进、具有良好产业化前景的企业。

2. 深圳

深圳新型研发机构如深圳清华大学研究院、深圳光启理工研究院、中科院深圳先进技术研究院等，在产生之初就紧紧围绕地方产业发展需求，将研发创新立足点放在产业优化升级上，建立了融合"应用研究—技术开发—产业化应用—企业孵化"于一体的科技创新链条，论文、专利等不再是绩效评价的唯一指标，催生新兴产业、创造社会财富才是创新团队追求的最终目标。如，中科院深圳先进技术研究院 2006 年成立时，就定位为以集成技术为学科方向，主要从事现代制造业自主创新研发的科研机构，积极开展产学研合作，目前在取得丰硕学术成果的基础上，与知名企业签订工业委托开发及成果转化合同超过 500 个，争取了 400 余个地方科研和产业化项目，带动新增工业产值超过 200 亿元。

3. 南京

南京将加快新型研发机构发展作为发力点，结合具备一定产业化条件和市场化前景的项目，采取混合所有制形式来组建，把科技当成产业抓，打造可持续孵化创新企业的"老母鸡"，形成从高水平学科群建设—打造新型研发机构—孵化科技型企业—培育未来产业—形成创新集群—引导学科群科学研究和人才培养的价值链良性互动、创新链贯通发展。如，南京先进激光技术研究院坚持为产业提供技术支撑的总体功能定位，培育和引进了中科煜宸、模幻天空、百川行远等 40 多家激光与光电领域的高科技公司，2017 年总销售额达 5 亿元。

（三）集中布局，促进创新资源集聚

1. 苏州

在苏州工业园区最初苏州研究生城的基础上，经过从独墅湖高等教育区到独墅湖科教园区的不断转型，紧密结合苏州工业园区产业发展需求，打造了独墅湖科技创新资源集聚区，独墅湖科教园区总规划面积约 51.85 平方公里，目前已形成中科院苏州医工所、浙大苏州工研院等 100 多家"大院大所"高质、高效创新源头。

2. 深圳

引进学校、科研院所以集中方式为主进行布局，创建了深圳大学城和国际大学城。深圳大学城规划建设面积为 10 平方公里，目前已引进清华大学深圳研究生院、北京大学深圳研究生院、哈尔滨工业大学深圳研究生院、中国科学院深圳先进技术研究院等 7 所以国际前沿性的基础科学研究和促进区域经济发展的应用科学研究为发展方向的科研机构。深圳国际大学城规划建设面积 2.66 平方公里，目前已引进香港中文大学（深圳）、深圳北理莫斯科大学、深圳墨尔本生命健康工程学院、北京大学光华管理学院深圳分院、哥伦比亚大学、华盛顿大学等，未来，将陆续引进国际前 100 名中的 25 所一流大学，致力于打造国际性"大学城"，丰富"国际范"的载体和平台。

3. 南京

依托国家级江北新区和三个国家级开发区，以及 15 个高水平综合性的高新园区，保障各类创新项目高效落地，推动创新资源集聚发展。2018 年来，引进 123 个新型研发机构，其中 122 个落户在 15 个高新园区，围绕高新区主导产业集聚创新资源和要素，初步培育形成了一批创新集群。

三、厦门在引进应用型研究机构中存在的不足和问题

（一）政策支持力度还有待加大

1.资金支持政策

对新设立研究机构经费资助政策方面（一事一议的除外），厦门仅在相关政策中明确对新设立研究机构新增研发设备等实际投入额给予最高不超过 2000 万元资助支持，与苏州、深圳、南京等地相比，政策灵活性不够。见表 24-3。

表 24-3　鼓励引进研究机构资金支持政策比较表

	政策文件	政策内容
厦门	《鼓励在厦设立科技研发机构的办法》（2010）	对新设立的研发机构，按其新增研发设备等实际投入额的 30% 予以补助，最高 1000 万元，在建设期 3 年内拨付完成。
	《关于实施创新驱动发展战略建设创新型省份的决定》的实施意见（2016）	对海内外各类投资主体在厦设立具有独立法人资格或企业非法人、符合产业发展方向的新型研发机构、研发总部，引入核心技术并配置核心团队的，按其研发设备投入额的 30% 给予最高不超过 2000 万元资助支持。
苏州	《关于打造产业科技创新高地的若干措施》（2016）	对新建的国家级科研机构给予不低于 5000 万元的重点支持。
		对国家级科研院所、重点高等院校、国家重点实验室、等国家级重大创新载体在苏州建立独立研发机构、分支机构的，给予最高 500 万元的支持。
		对海内外高层次人才、创新创业团队发起设立专业性、公益性、开放性的新型研发机构建设，给予最高 1000 万元支持。
		对新型研发机构上年度非财政经费支持的研发经费支出额度，给予最高 20% 的补助，单个机构补助最高 500 万元。
		对新型研发机构购置进口设备所产生的设备关税和增值税，给予一定额度的补贴。
深圳	《关于促进科技创新的若干措施》（2016）	对海外高层次人才创新创业团队发起设立专业性、公益性、开放性的新型研发机构，予以最高 1 亿元支持。
		对央企、国内行业龙头企业、知名跨国公司、国家科研机构、国家重点大学、广东省高等院校和科研机构在深圳设立独立法人资格、符合深圳产业发展方向的研发机构和研发总部，引入核心技术并配置核心研发团队的，予以最高 3000 万元支持。
南京	《关于建设具有全球影响力创新名城的若干政策措施》（2018）	对与国际名校合作在宁举办特色学院和高端服务机构，最高给予 1 亿元支持。
		对国内外研发机构、知名跨国公司等在宁落户或设立研发机构，最高给予 3000 万元支持。
		对新型研发机构人才（团队）持有多数股份，政府科技创新基金、投资平台和社会资本等多方参股的股权结构，政府股权收益部分不低于 30% 奖励高校院所。

2. 人才支持政策

厦门引进研究机构的人才优惠政策主要是通过申请"双百计划"享受相关个人及团队的优惠政策。与深圳相比，深圳在人才资助强度和力度上更大；与南京相比，南京更加突出了对新型研发机构相应人才的政策支持力度。此外，深圳、南京等城市在引进人才方面对于所有主体一视同仁，而厦门对于央系研究机构（如中科院城市环境研究所、中科院海西研究院厦门稀土材料研究所）在人才支持政策上力度小于市属单位，如，央系研究机构在申请相关人才优惠政策时给予减半支持；引进的高层次留学人员没有 2000 元/月补助；引进的福建省高层次人才和"双百计划"领军型创业人才，不能选择购房补贴，只能选择购买人才保障房。见表 24-4。

表 24-4　人才支持政策比较表

	政策文件	政策内容
厦门	《关于深化人才发展体制机制改革加快推进人才强市战略的意见》	对引进符合条件的重点创业团队，给予 1000 万元至 1 亿元项目资助。
	《厦门市引进海外高层次人才暂行办法》	引进的海外高层次人才，可获得最高 150 万元人民币补助，主要用于改善引进人才的工作生活条件。
	《关于加快建设海西人才创业港，大力引进领军型创业人才的实施意见》	对引进的领军型创业人才，创办的企业可获得最高 500 万元的创业启动资金；可申请获得最高 1000 万元的创业投资资金；可申请获得年贴息额在 200 万元以内科技创新贷款贴息，贴息额度为以基准利率计算的贷款年利率的 50%，单个项目的贴息年限一般为 2 年；可申请获得不超过 300 万元科技创新贷款担保支持；可申请获得最高 300 万元的科技创新研发资金。
苏州	《关于进一步推进人才优先发展的若干措施》	对引进符合条件的重点创业团队，给予 1000 万元～5000 万元项目资助，并给予引才单位 100 万元奖励。
		对引进领军人才，给予最高 400 万元项目资助，给予单位 50 万元奖励。
深圳	《深圳市海外高层次海外留学人才（孔雀计划）认定办法》、《深圳市高层次专业人才认定办法（试行）》	对海内外高层次人才团队创新创业资助，给予单个团队项目平均资助强度 2000 万元、最高 1 亿元资助。
		对引进海外高层次人才，分档分别给予 160 万元～300 万元的奖励补贴。
		对引进国家级领军人才、地方级领军人才，分别给予 200 万元～300 万元的奖励补贴。
南京	《关于建设具有全球影响力创新名城的若干政策措施》、《南京市关于优化升级"创业南京"英才计划实施细则》	对引进符合条件的顶尖人才，按 1∶1 的比例，给予引才企业最高 1 亿元配套资助。
		对引进外国专家、海外高端创新团队，给予用人单位最高 500 万元资助。
		对新型研发机构顶尖专家，给予 1000 万元项目资助；对团队领军人才，给予 500 万元项目资助。
		对培育期内的创新型企业家，可享受不超过 3000 万元贷款贴息，贴息期限五年。
		对三年培育期内，创新型企业家所创企业被认定国家、省级企业研发机构的，可分别给予 100 万元、50 万元的奖励。

3. 科技金融支持政策

应用型研究机构核心在于形成从科学发现－技术发明－产业发展的创新链、产业链，推动科技成果转化的现实生产力。而一项创新性技术的开发应用，不仅仅需要较大的资金支持，而且面临较大风险，因此打造良好的科技金融生态环境是支撑应用型研发机构科技成果转化的重要条件。从厦门的情况看，通过厦门创投直接、间接管理的各类基金共计 51 支，基金规模合计超过 600 亿元，政府出资支持的天使类投资基金规模已超过 7 个亿。但与苏州、深圳、南京等地相比，在规模上、支持力度上还有一定差距，如，深圳国资系统主导或参与设立的基金超过 210 只，涵盖天使、创投、产业、母基金等各种基金类型，基金群总规模超过 4200 亿元，为深圳创新发展持续培育领先全球的产业集群，提升深圳城市核心竞争力提供有力支撑；苏州市全市共有创业投资机构 312 家，管理的资金规模超过 1000 亿，为产学研合作解决了资金难题。见表 24-5。

表 24-5　科技金融支持政策比较表

	政策文件	政策内容
厦门		2011 年起厦门市财政出资 3.5 亿元参与国家新兴产业创投计划，主要投资初创和中早期企业。
		2013 年厦门市财政出资 2 亿元设立市科技成果转化与产业化基金，是全国首支科技领域的政府直投基金，投资厦门高新技术领域开展科技成果转化的初创期企业。
		2016 年厦门市财政出资 3000 万元参股设立小微企业创新创业基地示范城市专项基金，投资种子期、天使期新兴产业企业。
		2017 年厦门市财政出资 2 亿元设立厦门市科技创业种子暨天使投资基金，投资种子期、天使期新兴产业企业。
苏州	《苏州市天使投资引导资金实施办法》（2014）	设立苏州市天使投资引导资金，用于引导天使投资机构向初创期科技型企业投资，引导资金的支持方式为奖励补贴、风险补偿、阶段参股、跟进投资和投资保障等。
	《关于打造产业科技创新高地的若干措施》（2016）	对新设立的天使投资基金，苏州市财政给予最高 3000 万元的阶段参股资金支持，参股比例最高 30%；在天使投资机构投资初创期科技型企业后，按其实际投资金额给予最高 15% 的奖励补贴，单个项目奖励补贴最高 50 万元；天使投资机构投资初创期科技型企业发生投资损失的，按其实际损失金额给予最高 50% 的风险补偿，单个项目风险补偿最高 500 万元。
深圳		2018 年深圳市财政出资首期规模 50 亿元天使投资引导基金，投资支持天使期的创新创业企业。
南京	《关于建设具有全球影响力创新名城的若干政策措施》（2018）	市政府分期出资不低于 50 亿元，设立市级科技创新基金，重点支持新型研发机构及其具有高成长性的早期科技创新。

（二）引进研究机构的服务产业能力还有待提升

厦门已引进研究机构服务产业发展能力还不强，如较早引入的中科院城市环境研究所研究成果相对偏理论，对产业带动作用有待加强；北京化工大学厦门生物产业研究院的成果主要以工业生物技术为主，而海沧生物医药港的企业主要是医药、诊断试剂、医疗器械等，工业生物技术企业不多，导致北化工业生物技术科技成果在本地转化的机会不多；清华海峡研究院（厦门）、国防科大军民融合协同创新研究院目前也基本没有实质性的项目成果转化落地。与苏州、深圳、南京等地相比，在服务产业发展上还有不小差距，如，苏州工业园区聚焦发展生物医药、纳米技术应用和人工智能三大新兴产业，有针对性的引进中国科学院纳米研究所、苏州医工所等科研院所，有力地支撑了苏州纳米相关产业的快速发展；江苏产业技术研究院只用不到三年时间，就成为一家拥有 23 间专业研究院所的产业技术攻关平台，仅汽车一个领域，孵化的企业销售总值就超过 20 亿元，研究院累计投入则只有 6 亿元，收效比达到 1 比 3。

（三）引进研究机构的厚度、集聚度有待增强

厦门已引进研发机构的数量还比较少，较大的科研院所还不足 10 家，布局也比较分散，中科院城市环境研究所、中科院海西研究院厦门稀土材料研究所、厦门微电子产业研究院位于集美；清华海峡研究院（厦门）、中国船舶重工集团公司第七二五研究所厦门材料研究院位于湖里；北京化工大学厦门生物产业研究院、国防科大军民融合协同创新研究院、中科院海西研究院厦门市新能源材料工程技术研究中心位于海沧；厦门半导体工业技术研究院位于火炬高新技术产业园，在创新厚度、集聚度上与苏州、深圳、南京等地相比有不小差距。如，苏州仅苏州工业园区目前已引进中国科学院纳米研究所等"国字号"科研院所 10 余家，哈佛大学韦茨创新中心等合作创新平台 20 多家，巨大的创新集聚力成为苏州工业园区创新发展的重要动力；南京将全市创新载体整合为 15 个高新园区，已落户 122 家新型研发机构，厚植创新生态，汇聚要素资源，促进产生一批科技企业、新兴产业、创新集群。

四、促进厦门引进应用型研究机构的对策建议

（一）明确引进应用型研究机构目标定位

一是目标定位上。应用型研究机构的引进应着眼于成果能够转化和孵化，克服科技与经济"两张皮"问题，以跨越从成果到应用的'死亡谷'，建立产业共性技术创新应用平台，培育新型产业，孵化科技型企业，大幅提升科技成果转化效率。

二是组织方式上。应用型研究机构引进应着眼于推动城市产业形态向"微笑曲线"高端转移，加快知识形态生产力向物质形态生产力的转化，将创新链从基础性科学研究直到产业化、创业服务化、科技金融等活动进行有机高效联系，形成活跃的创新生态，建立"政策＋创新＋产业基金＋VC/PE"的新机制，构建"科研＋教育＋产业＋资本"为一体的微型协同创新生态系统，高效地实现创新链上下游资源的共享与协同。

（二）优化研究机构布局

一是加强研究机构战略性规划布局。根据厦门的千亿链产业布局和产业园区布局，配套布局研究机构创新集群，加快形成"一园（产业园）一业（产业）一院（研究院）"的产业创新生态体系，既保障各类创新项目高效落地，又为全市创新发展提供有力支撑。如海沧，可聚焦生物医药产业、集成电路产业，依托

生物医药港、集成电路产业园，布局生物医药、集成电路研究机构；集美，可聚焦软件信息产业、机械制造业，依托软三、机械工业集中区，布局软件信息、智能制造等研究机构；同安，可聚焦光电产业、健康产业、文化旅游产业，依托同翔高新技术产业基地、现代服务业基地，布局生命健康、光电等研究机构。

二是按照"一机构、一平台"的思路，设立独立研发大楼，规划建设人才公寓、商业服务等配套设施和小试基地、中试基地、科技企业孵化器、科技企业加速器等企业承载空间，形成"一对一、点对点、小而特"的空间布局，为研究机构的创新创业提供概念认证、产品研发、工艺开发、小试生产、中试熟化、检验检测与产品认证等支撑。

（三）加大对引进研究机构政策支持力度

一是研究出台专项引进发展应用型研究机构支持政策。虽然厦门在一些综合性文件，如《关于深化人才发展体制机制改革加快推进人才强市战略的意见》《贯彻落实＜关于实施创新驱动发展战略建设创新型省份的决定＞的实施意见》等文件中对研究机构的扶持政策有一定体现，但比较分散，针对性不强。建议借鉴广东、苏州、南京等省、市做法，研究出台引进支持研究机构的专项政策，给予研究机构分级分档支持，统领全市研究机构的建设与发展。

二是提高对应用型研究机构的政策支持力度。针对应用型研究机构建设面临创新投入较大、人才引进较难和运行成本较高等问题，建议借鉴深圳、苏州、南京的相关政策，在加大财政资助、培养引进高层次人才、科技创新平台建设、促进成果转移转化等方面加大对引进研究机构政策支持力度。如：

——经费资助方面：对于初创期研发机构，根据研发机构不同档次，一次性给予100万元—500万元建设经费补助。

——研仪器设备补助方面：五年期内，按非财政资金购入科研仪器、设备和软件的购置经费50%给予后补助；并根据研究机构不同档次，5年内补助总额不超过5000万元。

——创办企业补助方面：对科研机构或依托其绝对控股的投资平台，利用自身科研成果在厦创办并参股达10%以上的企业被认定为国家级高新技术企业的，每认定一家给予研究机构一定金额奖励。

——引才资助方面：五年期内，给于研究机构每年1000万的引才资金支持，用于支持研究机构人才引进工作，同时对于落户厦门的央系研究机构实行与厦门市属单位同等的人才支持政策。

——绩效奖励方面：对于研究机构每两年开展一次针对研发条件、研发能力、人才团队建设、科研成果转化等方面的绩效评估，根据评估结果给予最高不超过500万元的绩效奖励。

——投资基金方面。设立规模1亿元人民币的科技产业投资引导资金，支持研究机构按创投企业对企业实际投资额的30%以内比例跟进投资；设立资金总额度为5000万元的科技成果转化引导资金，面向生物医药、新材料、集成电路、智能制造、软件信息等产业的应用需求，给予贷款风险补偿等支持。

（四）聚焦产业发展需求加强引进的服务保障力度和针对性

一是组建专职的招商队伍，每年安排一定数额的招商工作经费，专门开展应用型研究机构引进服务工作。

二是加大科技中介机构培育引进力度，促进科技成果与产业需求"无缝对接"。出台吸引科技中介机构的政策，吸引国内外行业影响力强的中介机构来厦门设立总部或分支机构的，为研究机构科技成果转化提供项目评价、技术交易、知识产权、法律、财务、管理咨询、市场咨询等中介服务，搭建科技成果与产业需求高效对接、服务、交流平台，推动科技成果资源的快速应用和流动。

三是针对厦门目前重点发展的计算机与通讯设备产业、机械装备产业、生物医药与健康产业、新材料产业、文化创意产业等千亿产业链群，围绕企业技术需求，建议聚焦未来科技（厦门）产业研究院、中国科学院计算技术研究所厦门分所、微软亚太互联网工程院、中科院自动化所中控智慧研究院、中科院苏州生物医学工程技术研究所等研发机构，加快厚植应用型创新资源集群。详见表 24-6。

表 24-6　推动引进的主要研究机构表

序号	机构名称	主要研究方向
1	中国航天十二院厦门分院	卫星应用、高端装备制造、网络空间安全、节能环保、先进材料及应用等
2	沈阳新松机器人产业研究院	机器人等
3	未来科技（厦门）产业研究院	人体增强、人工智能、特种涂料等
4	中国科学院计算技术研究所厦门分所	大数据与人工智能等
5	微软亚太互联网工程院	人工智能等
6	中科院自动化所中控智慧研究院	生物识别和人工智能等
7	中科院苏州生物医学工程技术研究所	生物医学仪器、试剂和生物材料等
8	中科院广州生物医药与健康研究院厦门分院	干细胞与再生医学、公共健康等
9	北京邮电大学华东研究院	影视动漫等

参考文献

［1］中科院城市环境研究所.中科院城市环境研究所调研材料［R］.2019 年 4 月.

［2］北京化工大学厦门生物产业研究院.北京化工大学厦门生物产业研究院调研材料［R］.2019 年 1 月.

［3］中科院海西研究院厦门稀土材料研究所.中科院海西研究院厦门稀土材料研究所调研材料［R］.2019 年 4 月.

［4］国防科大军民融合协同创新研究院.国防科大军民融合协同创新研究院调研材料［R］.2019 年 4 月.

［5］火炬管委会.火炬管委会引进研发机构调研材料［R］.2019 年 1 月.

［6］巢俊:《江苏新型研发机构建设现状与发展思考》,《江苏科技信息》［J］.2018 年第 6 期.

［7］苏州工业园区:改革开放"试验田"蝶变记,《瞭望》［N］.2018 年 7 月.

课题执笔：姚厚忠

第二十五章　厦门引入台湾地区优质高等教育资源的建议

一、台湾地区高等教育资源基本情况

20 世纪 80 年代，伴随台湾地区经济的快速发展，台湾地区的高等教育也进入"快车道"，实现了跨越式发展，逐步实现了教育层次和办学模式的多元化，形成了比较完备的教育体系和更加自主、更具适应性的教育运行机制。当前，台湾地区的高等教育已从大众化阶段进入普及化阶段。

在高校数量上，台湾地区目前大专院校合计共 153 所，其中公立院校 44 所，私立院校 109 所。一般高校 65 所，技术职业学校 84 所，师范类院校 4 所。

在高校实力上，根据 2018-2019 年 U.S. News 世界大学排名，台湾地区进入全球前 500 名的大学有两所，分别为台湾大学和台湾清华大学，这两所大学都是综合性公立大学，在艺术设计、工程科技、电子工程、生命科学、机械制造等领域都处于世界领先水平。在 QS 世界大学排名中，台湾地区进入全球前 500 名的有 10 所。这 10 所学校的多个专业排名都位列全球前 100 位，科研实力较强。见表 25-1。

在教育体系上，台湾地区高等教育人才培养体系相对较为健全。高等教育学制在中学之上主要分为普通教育及技职教育两大体系。台湾技职教育形成了从中学、高级职校、专科学校、技术学院及科技大学到研究所硕博士班的完整体系，学制间注重纵向衔接与横向的弹性转轨，且与普通教育体系相互畅通。与经济发展相适应的现代技职教育体系和技职教育政策，对台湾地区缔造经济奇迹做出了巨大贡献。

表 25-1　台湾地区排名前十位的大学基本情况介绍

区域	大学名称	学校类型	王牌专业	U.S. News 世界大学排名	泰晤士高等教育世界大学排名	QS 世界大学排名
台北市	台湾大学	综合研究型公立大学	QS 学科排名： 工程科技全球 29 位 艺术设计全球 70 位 计算机科学及信息系统全球 49 位 医学全球 50 位 生物科学和医学全球 59 位 经济学与计量经济学全球 68 位 土木与结构工程全球 37 位 电子电气工程全球 37 位 机械、航空及制造工业全球 46 位 护理学全球 29 位 材料科学全球 67 位 化学全球 48 位	166	170	72

续表

区域	大学名称	学校类型	王牌专业	U.S. News 世界大学排名	泰晤士高等教育世界大学排名	QS 世界大学排名
新竹市	台湾清华大学	综合研究型公立大学	台湾清华大学共设有理、工、原子科学、人文社会、生命科学、电机资讯及科技管理等 10 个学院。 QS 学科排名： 工程科技全球 53 位 计算机科学及信息系统全球 70 位 电子电气工程全球 68 位 材料科学全球 68 位 化学全球 67 位	370	401~500	163
台南市	台湾成功大学	综合研究型公立大学	台湾南部的顶尖综合性研究型大学，有"北台大、南成大"之美誉，为世界大学联盟成员。 QS 学科排名： 艺术设计全球 69 位 工程科技全球 97 位 计算机科学及信息系统全球 114 位 土木与结构工程全球 119 位	519	501~600	234
桃园市	台湾中央大学	综合研究型公立大学	该校的重点研究领域为环境与能源、复杂系统与电浆科学、光学与光电科技及咨询应用，特色研究领域为人文与社会科学及生物医学；并有地球科学、工程、电脑科学、物理、化学、材料等 6 个学科进入 ESI（基础科学指标）排行世界前 1%。	529	—	415
新竹市	台湾交通大学	理工类研究型公立大学	学校以理工著称，在电子、资通讯及光电领域居于世界前列。 QS 学科排名： 工程科技全球 83 位 计算机科学及信息系统全球 69 位 电子电气工程全球 67 位	573	501~600	208
台北市	台湾科技大学	理工类研究型综合大学	该校以培养高科技工程与管理人才为主、人文及社会科学并重，尤以商科和工科见长。 QS 学科排名： 艺术设计全球 69 位 工程科技全球 120 位 计算机科学及信息系统全球 166 位 土木与结构工程全球 120 位 机械、航空及制造工业全球 166 位	704	401~500	257
高雄市	台湾中山大学	综合研究型大学	管理学院、社会科学院、海洋科学学院的排名，均为全台前五之列，产官学合作密切。	726	601~800	402
台中市	中国医药大学	医药专门私立大学	QS 学科排名： 医学全球 255 位	750	501~600	

区域	大学名称	学校类型	王牌专业	U.S. News 世界大学排名	泰晤士高等教育世界大学排名	QS 世界大学排名
台北市	台湾阳明大学	医学、生物科技、生命科学研究为主的研究型公立大学	以医学、生物科技、生命科学研究为主的,该校现设有医学院、医学技术暨工程学院、生命科学院、牙医学院、护理学院及人文与社会科学院学院 6 个学院,28 个研究所。QS 学科排名:医学全球 166 位生物科学和医学全球 167 位护理学全球 61 位	756	501~600	292
桃园县	长庚大学	理工类私立大学	目前该校设有医学、工学、管理等三个学院。QS 学科排名:医学全球 253 位	785	601~800	429

资料来源:根据网络公开资料整理

二、厦门与台湾地区高等教育资源的差距

厦门与台湾地区高等教育资源在供需配置、办学理念、产业人才培养体系、产学研结合、科技成果转化等方面还存在较大差异。

(一)高校数量方面

厦门的高校数量不足,目前厦门全市共有高校数量 16 所,其中本科院校数量为 7 所,专科院校数量为 9 所,本专科高校数量排在全国第 27 位,落后于泉州和福州。台湾地区目前有大专院校合计共 153 所,其中一般高校 65 所,技术职业学院 84 所,师范类院校 4 所,为台湾经济发展提供了大量的人才储备。

(二)高校综合实力方面

厦门市仅有厦门大学是全国 985 和 211 重点院校,并进入国家"双一流"院校建设名单,除此外本地没有第二所 985 或 211 重点院校。根据 U.S. News 世界大学排名和 QS 世界大学排名,厦门大学分别位于全球第 336 位和第 476 位。在 U.S. News 世界大学排名中,台湾地区进入全球前 500 名的大学有两所,在 QS 世界大学排名中,台湾地区进入全球前 500 名的有 10 所,台湾大学分别位于 166 位和 72 位。台湾清华大学分别位于 370 位和 163 位,学校综合实力较强。

(三)高校学科实力方面

台湾地区的艺术设计、电子电气工程、工程科技、计算机科学及信息系统、生物科学、医学、护理学等学科实力较强,在 QS 世界大学学科排名中,有多所大学的学科排名位居全球前一百位,其中台湾大学工程科技全球 29 位、土木与结构工程全球 37 位、电子电气工程全球 37 位、护理学全球 29 位。台湾清华

大学工程科技全球、计算机科学及信息系统、电子电气工程、材料科学、化学等专业都位居全球前 100 位，为台湾培养了大批的工程技术、信息技术、设计、医学等专业人才，推动了相关产业的发展。相比之下，厦门大学人文社会学科专业实力相对较强，而与厦门产业发展紧密相关的理工科专业实力较弱，排名低于台湾地区的大学。这也在一定程度上不利于厦门相关产业的发展。

（四）产学合作方面

一方面，台湾地区已经形成了一套体系独立，层次相对完善的技职教育体系，包括高职教育、专科教育、本科教育、硕士教育及博士教育，与普通教育体系是齐头并进。同时还构建了各类相互衔接的人才成长立交桥，包括技职教育之间、技职教育和普通教育之间的衔接融通，技职教育学生同样可以考入普通教育体系就读。在产学研合作方面，2002 年起台湾地区设立了 6 个以上的"区域产学合作中心"，分设在台湾科技大学、台北科技大学、云林科技大学、屏东科技大学、高雄应用科技大学、高雄第一科技大学等多所科技大学中，各校依据区域产业特色需求，制定了自身发展定位和规划，通过整合区域内的资源和技术，推动学校专项能力发展。技职教育的完善，产学高度融合也成就了台湾地区电子产业的快速发展。而相比之下，厦门的职业教育体系还不够健全，与普通教育沟通不畅，高职更多是一种终极教育，到了专科，高等职业教育体系内部已经不能提供继续深造的空间，所以造成了职业教育的吸引力不足，大众接受职教的热情度不高等问题。同时职业教育的专业设置和地方经济联系不够紧密，普遍存在着校企合作环节流于形式，实训环节难以落实等问题，职业教育对厦门产业发展的贡献有限。

（五）科技成果转化方面

台湾地区的产业研究院和产业孵化中心对台湾产业的发展发挥了巨大的作用，其中最具有代表性的是台湾工业技术研究院，工研院是台湾地区最具活力的科技研发和服务机构，工研院自成立以来始终坚持清晰的目标定位、开放式创新的思维、并以公益性为导向，持续带领台湾产业技术升级。自成立以来，工研院已经培育超过 70 位产业 CEO，育成 174 家新创公司，成功孕育了台电、台积电、台湾光罩等多家世界知名企业。而厦门近年来，也成立了多家产业孵化中心，并陆续引进中科院城市环境研究所、北京化工大学厦门生物产业研究院、清华海峡研究院等多家研发机构，但成效不明显，科技转化率严重偏低，对地区产业发展的贡献较小。科技成果转化率低成为影响和制约厦门战略性新兴产业发展速度、规模和效益的一个重要因素。

三、厦门引入台湾地区高等教育资源的对策建议

台湾地区研究型大学、应用型大学与国际接轨，在科学与工程技术开发、应用型技术转化及技术应用等方面，取得一定成效，推动了当地产业发展。为了引入台湾地区优质高等教育资源，福建省专门在平潭设立"两岸教育合作试验区"，给予政策、土地、资金优惠，吸引两岸高水平高等院校合作办学、建立科研合作中心。厦门在与台湾地区高等教育合作方面已有一定基础，如厦门大学与台湾大学共同成立"两岸关系和平发展协调创新中心"，厦门理工学院和台湾中华大学、台湾铭传大学设立了联合办学项目。为了适应厦门产业发展需要，需要在更高层次、更广范围、更多样化形式上，努力引入台湾地区优质高等教育资源。

（一）引进台湾地区知名大学

借鉴香港中文大学（深圳）的办学模式，引进台湾地区世界综合排名在世界前 500 名的名牌高校与厦门大学、集美大学、华侨大学、理工大学等高校开展联合办学，台湾高校负责日常管理、教学科研、招聘

教师，并参照台湾大学的办学理念和运作模式。本地大学负责落实学校所需要的办学场所和相关配套设施。充分发挥合作各方优势，创新体制机制，探索高水平大学建设新模式。

（二）加快引入一批台湾特色学院

立足于厦门产业发展需求和特点，依托台湾高校的优质教育资源和科研成果转化经验，推动厦门市政府、厦门大学与台湾大学、台湾清华大学、台湾交通大学、台湾科技大学、台湾阳明大学等知名高校，以及台湾工业技术研究院等知名产业研究院探索建立电子信息、电子电气工程、材料科学、医学等领域的特色学院，结合厦门主导产业，加强技术开发推广，促进科研成果转化落地，以学促产，以产促学；联合培养博士、硕士研究生、本科生，形成一批技术应用型人才。

（三）引入台湾地区一流高等职业教育机构

学习台湾地区先进的职业教育理念、标准与模式，加强顶层设计，制定关于加快建设现代职业教育体系的意见，统筹行业产业与教育资源，融合创新创业，将教学、实训、竞赛和创新创业活动有机结合起来；加强与台湾地区私立技术大学董事会或校长们的联系，鼓励台湾地区高水平技术大学（私立）到厦门创办科技大学、技术学院，也可以与现有学校合作共建二级学院；推动厦门软件职业技术学院、城市职业学院的与台湾技职学校合作办学，加强学生、师资的交流，实现人才共育、专业共建、师资共享、实习就业共推、共同创新、资源共享的"六共"协同机制，努力建成国际品牌职业院校，为厦门产业发展培养人才；加强地方立法和财政金融支持，探索突破校企合作瓶颈，突破资格认证限制，建设高水平"双师型"队伍，形成技术型人才培养新模式。

参考文献

［1］李雁玲，王晖.台湾高等教育发展的困境与两岸教育发展的空间［J］.对外经贸实务，2013（1）.

［2］林中燕，陈永正.海峡两岸高等院校本科教育交流与合作模式研究［J］.闽江学院学报，2010（3）.

［3］吴锦程，林清泉，练晓荣.闽台优质高等教育资源共享机制研究［J］.福建农林大学学报(哲学社会科学版)，2018，21(1):86—90.

［4］苏茂财.台湾地区高等职业教育体系的特点及启示［J］.武夷学院学报，2017（8）.

［5］刘婷婷，王洁.台湾高等教育现状的理性思考［J］.高等教育，2016（5）.

［6］黄丽丽，王金水.台湾高校产学合作现状及启示［J］.教育观察，2017（6）.

课题执笔：黄榆舒

后记

2018 年，厦门市发展研究中心在市委、市政府和发改委的领导和支持下，认真履行决策咨询职能，围绕市委、市政府及发改委中心工作，真抓实干，全力拼搏，在政策咨询、政策评估、政策解读、智库传播、智库合作等方面取得了较为丰硕的工作成果，全年共开展 102 项研究工作，多篇研究报告获省、市级主要领导批示，充分展现了新型智库的应有作为和担当。本书是对 2018 年来研究中心部分研究成果的总结，对 2018 年厦门经济社会发展的评价和 2019 年的发展展望；围绕改革开放 40 周年主题，梳理概括了厦门改革开放 40 年来取得的巨大成就和宝贵经验，对新时代厦门未来发展进行了比较系统地思考。

在本报告各篇章的调研编撰过程中，我们得到了厦门市政府各有关部门以及各区发改局等单位的大力协助，在此谨表示衷心的感谢。

本书观点仅代表研究中心对相关问题的看法和思考，用于学术交流和讨论，不代表厦门市政府的决策和政策倾向，书中涉及大量统计和调查数据，由于数据来源不同，可能与实际有出入，2018 年全年的实际数据以厦门市统计局正式公布的数据为准。由于时间和水平有限，书中难免存在不当和不足之处，敬请广大读者批评指正。

编 者
2019 年 5 月